노화와 시각 상실

Aging

Vision Loss

박순희 저

학지사

머리말

저자는 20년 넘게 시각장애 분야에서 학문 연구를 해 온 특수교육 전공자다. 학령기의 시각장애 학생 교육에 관심을 두고 연구해 오면서 노년기에 오는 시각 상실에도 자연스럽게 관심을 두게 되었다. 인간의 수명이 길어지면서 노년기에 나타날 수 있는 시각 상실은 생애에서 주요 화두가 될 수밖에 없다. 저자도 하늘의 명을 깨달아 안다는 지천명(知天命)의 연령을 넘어간지라 이 화두를 다루고 싶은 생각이 들어 노년기의 시각 상실을 중점으로 다룬 책의 집필을 결심하게 되었다.

인간이 겪는 사고(四苦)라고 하는 '생로병사(生老病死)' 에서 '노(老)' 는 '사(死)' 와 직결된다는 점에서 비관적이고 부정적으로 느껴지곤 한다. 따라서 노화의 진행으로 나타나는 시각 상실도 그와 같이 인식되곤 한다. '노(老)' 가 모든 인간이 겪게 되는 자연스러운 '생(生)' 의 과정이라고 할 때, 시각 상실 또한 노화의 자연스러운 한 모습이라고 할 수 있다. 이 책은 시각 상실을 자연스럽게 받아들이면서 시각 상실 당사자가 사회 구성원으로서 자신의 삶을 구성해 나갈 수 있도록 하자는 사회구성주의적인 관점에 바탕을 두고 있다.

이 책은 총 2부 8장으로 구성되어 있으며, 제1부는 노년기의 시각 상실, 제2부는 시각 상실 적응 활동에 대해 다루었다.

제1부는 노년기의 시각 상실에 관한 내용을 전반적으로 포함한다. 우선 노년기 시각 상실의 추세를 살펴보고, 노화와 시각 상실의 개념, 노년기 시각 상실의 영향과 그에 대한 반응과 적응 지식을 제공한다. 다음으로는 시각 상실로 오는 노년기

의 시각 기능의 변화와 주요 시각 상실 유발 질환을 살펴본다. 마지막으로는 미국의 사례를 들어 노년기에 제공할 수 있는 시각 재활 서비스를 다룬다.

제2부는 노년기에 시각 상실을 경험하는 노인이 자신의 주거지에서 생활하면서 보다 높은 삶의 질을 보장받는 시각 상실 적응 활동을 제시한다. 구체적인 내용으로는 저시각 기능 활용, 방향정위와 이동 기술, 일상생활 적응 기술, 시각 기능 강화 환경 구성이 있다. 시각 상실을 겪는 노인이 시각 상실을 자연스럽게 받아들이고 상실로 오는 어려움을 극복하고 원만한 생활을 하는 데 필요한 적응 기술을 제공한다. 또한 노인이 시각 상실이 있지만 자신의 거주 환경에서 적응을 잘할 수 있게 도와주는 환경 구성 요령을 제시한다.

시각 상실을 경험하는 당사자뿐만 아니라 가족도 노년기의 시각 상실에 대해 바른 지식을 지니고, 적극적으로 대처하는 것이 필요하다. 또한 노년기 복지 서비스를 제공하는 전문가 및 관련 서비스 제공자는 노년기의 삶의 질을 높이는 데 동참해야 한다. 그런 점에서 이 책이 우리 모두에게 '노(老)' 라는 생애 과업을 당당하고 힘차게 수행해 나가는 데 도움이 되었으면 한다.

이 책이 나오기까지 관심과 격려를 아끼지 않으신 분들께 감사드리고 싶다. 책 출간을 흔쾌히 허락하여 주신 학지사 김진환 사장님과 출판과정에서 수고해 주신 김경민 차장님을 비롯한 편집부 관계자 여러분께 감사드린다. 또한 15년 넘게 고령자와 장애 어르신을 위해 일해 온 노하우로 아낌없는 자문을 해 주시고 시각 상실에 적응하는 활동사진 모델까지 돼 주신 강남구청 소속 서울시 재가관리사 박순자 선생님, 활동사진에서 고령자를 돕는 가족 구성원의 역할을 해 준 경희대학교 국제교류처 강혜선 선생님, 바쁜 일정에도 책 교정에 도움을 준 박수경 실장님께 깊은 감사의 마음을 전한다.

보통 사람으로 묵묵히 생로병사의 길을 걸으셨던 아버지 고 박홍부(朴興富) 님, 어머니 고 전금선(田錦善) 님께 이 책을 바친다.

2013년 9월
박순희

차 례

| 제2부 |

시각 상실 적응 활동

제1부

노년기의 시각 상실

제1장

노화와 시각 상실

1. 노년기 시각 상실의 추세

인간은 "하나의 생물적 유기체로서 생존하고 변화하고 사멸하는 존재에 그치지 않고 환경 속에서 어떤 사물이나 현상을 감지하고 생각하고 반응을 보이고 목적이 있는 행동을 하는 실체"다(최성재, 장인협, 2010, p. 71). 인간은 노화(aging)라는 과정을 통해 시간의 흐름에 따라 세포, 조직, 기관 조직 또는 전체 조직에 일어나는 점진적인 변화를 경험한다(Beaver, 1983). 노화는 인생의 후기 단계에 나타나 건강의 악화, 신체 및 인지 기능의 저하, 생산적인 활동의 부족을 가져오며(Crews & Whittington, 2000), 결국 죽음에 이르게 하면서 부정적으로 인식되어 왔다.

노년기는 인간의 심신 활동이 최고인 성인기 이후에 점차 쇠퇴가 나타나는 때부터 시작된다. 일반적으로 생활연령(chronological age)으로 65세부터 80~90세가 넘는 고령까지를 노년기로 보고 있다. 65세는 중년기와 노년기를 가르는 분수령적인 연령으로 통용되고 있다. 고령인구는 보통 65세 이상으로 3개 계층으로 나누어진다. 65~74세, 75~84세, 85세 이상으로 구분되고 각각 연소노인(young-old), 중고령노인(middle-old), 고령노인(old-old)으로 불린다(Neugarten, 1968). 이 구분은 각 인생 단계의 전형적인 요구에 기반을 두고 있다. 65~74세인 경우는 은퇴를 하고 이후의 새로운 활동에 열중하는 시기이고, 75~84세인 경우는 적어도 몇 가지 건강 문제가 생기며 신체적 기능도 제한되는 시기다. 마지막으로, 85세 이상인 경우는 허약한 고령자(the frail elderly)로 일컬어지는 시기다.

UN에서는 전체 인구 중 65세 이상 고령인구의 비율이 7~14% 미만인 사회를 고령화 사회(aging society), 14~20% 미만인 사회를 고령사회(aged society), 20% 이상인 사회를 초고령사회(super-aged society)로 규정하고 있다.

미국 인구조사국에서는 1965년과 1995년 사이에 인구 조사를 한 결과 65세 이상의 인구가 30년간 82%나 늘었다고 보고하였다. 그 결과 인구 8명 중 1명이 65세 이상이라는 것이다. 미국은 베이비붐 세대의 고령화와 저출산으로 인하여 노령화 사회에 진입해 있다. 미국에서는 1946년과 1964년 사이에 7500만 명의 아기가 태어났는데 이때 태어난 세대를 베이비붐 세대라고 부른다. 이들은 2010년과 2030년 사이에 65세 이상이 된다. 65세 이상의 인구는 1990년 4.1%였는데 1996년에는 3배나 뛴 12.8%로 증가하였다. 2000년에는 65세 이상의 인구가 13%, 2030년에는 20%에 달할 것으로 예측되고 있다(Orr, 1998).

미국에서는 노년층 인구가 1900년에는 310만 명, 1980년에는 2300만 명, 1990년에는 3100만 명이었고, 2030년에는 6600만 명이 될 것으로 예측하고 있다(American Association of Retired Persons, 1990). 노년층의 증가 속에서 이들 대부분은 혼자서 혹은 지역사회에서 가족과 함께 살고 있고, 단지 5% 정도만 요양원 혹은 기타 평생 양로 시설(long-term-care settings)에서 살고 있다(Duffy, 2002).

Orr(1998)는 최고령층인 85세 이상 인구의 빠른 증가 속도에 주목한다. 최고령 인구는 1%만 있어도 국가의 건강 관리와 사회 서비스 전달 체계에 중요한 영향을 미친다. 왜냐하면 85세 이상의 인구는 복합적인 만성 건강 문제(예: 심장질환, 관절염, 당뇨 등)와 기타 신체 상태에 심각한 제약이 있어서 건강 관리 서비스를 지속적으로 요구하고 있기 때문이다. 자녀도 60세 이상이 되면 부모를 부양할 정도의 경제력이 없거나 그들 자신도 건강 문제를 가지고 있어 부모를 부양하지 못하게 될 수 있다. 따라서 85세 이상의 고령층은 공공 서비스 체계, 즉 고령 네트워크, 재가 돌봄 서비스, 요양원에 의지하게 된다. 따라서 고령층의 요구를 고려한 서비스 개발과 적용은 중요하다.

국내 조사에서는 65세 이상을 고령자로 보고 있다. 통계청(2011)과 보건복지부(2012)의 자료를 살펴보면, 2010년 한국의 인구 중 65세 이상 노인인구 비율은 10.9%, 2012년은 11.8%였지만, 2018년에는 14.3%, 2026년에는 20.8%로 급증할 것으로 전망된다. 2010년에는 65세 이상 인구가 535만 4000명이었고, 2012년에는 589만 9000명이었으며, 2018년에는 716만 2000명, 2026년에는 1035만 7000명으로 추정되고 있다. 국내에서도 인구고령화는 더욱 급격하게 진행될 것으로 보인다.

시각 상실은 삶의 질(quality of life)에 치명적인 영향을 미친다. 노년층은 시각 상실에 대해 불안하고 우울하게 반응하며 심리적 행복 수준이 낮아지는 경험을 할 수 있다. 시각 상실이 있는 경우 심리적으로 적응하는 과정에 대해 일부 전문가는 상실 이론(loss theory)으로 설명한다. 눈으로 보던 사람은 죽고 시각이 상실된 사람으로 다시 태어난다는 것이다. 시각 상실을 자의식 속에서 배척하는 것이 아니라 나의 모습으로 수용하고 재활을 통해 시각이 상실된 사람으로 새로운 삶을 살아가는 것이다. 미국에서는 저시각 혹은 만성적인 시각장애가 최다 발생 10대 장애 중 하나로 꼽힌다(U. S. Department of Health and Human Services, 1998). 미국 안질환 예방 연구단(Eye Diseases Prevention Research Group)은 2000년에 40세 이상에서 시각장애가 있는 인구는 총 330만 명이라고 보고하였다(Congdon et al., 2004). 이 당시 시각장애 발생률은 65세에서 69세까지 1.47%, 70세에서 74세까지는 2.61%였지만 현재 증가 추세에 있다. Watson과 Echt(2010)는 인간의 수명이 길어짐에 따라 2020년에는 시각장애인구가 70%에 달할 것으로 예상하고 있다.

미국 정부에서 실시하는 독립생활 지원 프로그램은 55세 이상 시각장애인을 위해 실시되기 때문에 Orr(1992)는 시각장애가 있는 경우는 55~64세까지도 노년층에 포함하여야 한다고 주장한다. 이를 토대로 시각 상실이 있는 노년층을 4개 계층, 즉 55~64세, 65~74세, 75~84세, 85세 이상으로 나누기도 한다.

노화가 보편적인 현상으로 떠오르고 노년층의 수가 증가됨에 따라 연령 증가에 따른 시각 변화의 원인과 결과는 중요하지 않을 수 없다. 노인이 되면 연령 증가에 따른 시각의 심각한 퇴행으로 시각이 감소되기 때문에 이에 적응해야 한다. 또한 시각 문제는 다른 문제, 즉 신체 및 심리 변화, 경제적 상황, 사회적 독립의 상실, 가족, 직장과 지역사회에서의 역할의 변화와 관련되어 있기 때문에 매우 민감하게 받아들일 수밖에 없다.

노년층은 만성적인 건강 문제, 즉 청각 손실, 관절염, 고혈압, 심장 질환, 지체장애 등을 복합적으로 지니고 있다(Kirchner & Peterson, 1988). 이 문제들은 심리적 및 신체적 수준에서 극복해야 하는 여러 가지 어려움 중 일부일 뿐이다. 노화 과정상의 문제를 다룰 때 생기는 또 다른 어려움으로 일반적으로 가족과의 분리, 배우자의 죽음, 노화 전의 역할에서 물러나기, 은퇴, 전반적인 수입의 감소, 가족과 친구를 잃게 되는 것 등도 있다. 더불어 시각 상실은 독립생활 유지와 관련된 다른 문제를 야기한다.

2. 노화에 대한 이해

노화는 인간이 출생하여 죽음에 이르기까지의 과정에서 일어나는 변화로서 세 가지 측면으로 나누어진다(Birren, 1959). 즉, 생물적 노화(biological aging), 심리적 노화(psychological aging), 사회적 노화(sociological aging)가 있다. 생물적 노화는 신체의 기관과 체계의 구조 및 기능이 시간의 경과에 따라 변화하는 것을 의미한다. 심리적 노화는 축적된 경험에 의한 행동, 감각, 지각 기능, 자아에 대한 인식 등이 시간의 경과에 따라 변화하는 것을 의미한다. 사회적 노화는 생활 주기를 통하여 일어나는 규범, 기대, 사회적 지위 및 역할의 변화 등을 의미한다. 최성재와 장인협(2010)은 이 세 가지 면의 노화는 개인 간 및 개인 내에 있어서 차이가 있다고 주장하였다.

신체적인 변화를 의미하는 생물적 노화는 가장 기본적이면서 관찰 가능한 노화라고 할 수 있다. 생물적 노화는 Strehler(1977)가 제시한 네 가지 조건, 즉 보편성, 내재성, 유해성, 진행성이 구비된 신체적 변화 과정이다. 첫째, 생물적 노화는 모든 사람에게 보편적으로 일어난다. 예로, 신체의 면역체계가 약화되는 것은 모든 사람에게 공통으로 일어나는 현상이다. 시기 및 진행 속도에 있어서 차이가 있을 수 있으나 결국 모든 사람에게 일어나는 변화다. 둘째, 생물적 노화의 주요 원인은 신체 내적인 데 있다. 셋째, 생물적 노화는 신체적 기능에 부정적 영향을 미쳐 생명의 종식을 가져온다. 넷째, 생물적 노화는 점진적으로 일어난다. 예로, 기능의 상실도 장기간에 걸쳐 서서히 일어난다(김명, 고승덕, 서미경, 서혜경, 2004; 최성재, 장인협, 2010, p. 56). 다만 생활연령 65세가 되었다고 모든 사람이 다 같은 노화 현상을 보이는 것은 아니고 개인 간 또는 개인 내에 있어서 생물적 노화에 차이가 있다(최성재, 장인협, 2010).

성공적인 노화는 병에 걸리거나 장애가 될 가능성이 적고, 인지 능력과 신체 기능을 유지하며, 적극적인 사회생활을 영위하는 것이다(김명 외, 2004). 여기에서 질병과 장애를 입을 확률은 질병과 장애 유무뿐만 아니라 이들과 관련 있는 위험 요소를 가지고 있는 경우도 포함한다. 활동 능력의 유지는 신체적 활동과 더불어 인지적 활동까지 포함한다. 적극적인 사회 활동은 인간관계와 생산적인 활동의 적극성을 의미한다. 사회적 관계란 타인과의 접촉과 상호작용, 정보 교환, 정서적 지지와 직접적인 원조 등을 말하고, 생산적 활동이란 금전적 상환이 이루어지든 그렇지 않든 사회적 가치를 창출하는 것을 말한다. 이 세 가지 조건은 서로 연관되어 있으며,

표 1-1 노년기의 영역별 발달 과업

영역	발달 과업
신체적 영역	• 줄어드는 체력과 건강에 적응하기 • 노년기에 알맞은 간단한 운동을 규칙적으로 하기 • 건강 유지에 필요한 알맞은 섭생하기 • 지병이나 쇠약에 대한 바른 처방하기
지적 영역	• 세대 차이와 사회 변화를 이해하기 • 은퇴생활에 필요한 지식과 생활 배우기 • 정치, 경제, 사회, 문화에 대한 최신 동향 알기 • 건강 증진을 위한 폭넓은 지식 갖기
정의적 영역	• 적극적으로 일하고 생활하려는 태도 유지하기 • 취미를 계속 살리고 여가를 즐겁게 보내기 • 정년퇴직과 수입 감소에 적응하기 • 배우자 사망 후의 생활에 적응하기 • 동료 또는 자신의 죽음에 대하여 심리적으로 준비하기
사회적 영역	• 동년배 고령자와 친교 유지하기 • 가정과 직장에서 일과 책임을 합당하게 물려주기 • 가정이나 사회에서 어른 구실하기 • 자녀 또는 손주와 원만한 관계 유지하기

어느 정도는 상호 위계적인 관계에 있다.

Orr(1998)는 생산적인 활동은 물론 노년기의 생산적인 생활을 유지하려는 욕구를 이해하는 측면에서 '생산적 노화(productive aging)' 혹은 '능동적 노화(active aging)'를 강조한다. 그에 따르면 시각을 상실하고 있는 노년층은 자족(self-sufficient)하고, 생산력을 갖춘 구성원으로 가족, 사회에 기여를 하고자 한다. 그러나 사회의 태도가 이런 노년층의 잠재성(potential) 발휘를 자주 방해한다고 보았다.

성공적인 노화 과정을 거치기 위해 시각 상실이 있는 노년층은 일반 노년층과 같은 발달 과업(developmental task)의 수행이 필요하다. 김종서 등(1982)은 60세 이후의 노년기 한국인을 위해 발달 과업을 설정하였다. 그에 따르면 노년기 과업은 신체적, 지적, 정의적, 사회적 영역으로 나누어져 있다.

인간의 수명이 연장되고 고령화 사회가 되어 감에 따라 고령자 교육의 필요성이 증대하고 있다. 교육은 고령자의 삶에 있어서 중요한 발달 과업을 충족해 줄 수 있다. 김종서 등(1982)이 제시한 한국인의 노년기 발달 과업 수행에 필요한 구체적인 교육 내용은 다음과 같다.

- 연령에 따른 신체의 생리적 변화와 이에 적응하는 방법
- 정치, 경제, 사회, 문화의 최신 동향
- 젊은이와의 세대 차이를 알고 이에 적응하는 방법
- 정년퇴직 후에 새로운 일을 찾아 적극적으로 일하고 생활하는 태도 갖기
- 배우자 · 동료의 사망에 따른 생활 방법의 조정과 소외감이나 허무를 극복하는 방법
- 동년배 고령자와의 친교 유지
- 가정, 직장, 사회에서 일과 책임을 합당하게 물려주는 방법
- 노년기에 알맞은 간단한 운동
- 건강 유지에 알맞은 섭생 방법

시각을 상실하는 노년층도 동년배 노년층과 똑같은 기회를 가지는 것이 필요하다. Orr(1998)는 노년기에 자신에게 있기를 바라는 일반적인 생활 조건으로 열네 가지를 제안하였다.

- 자신이 원할 때까지 일을 계속하기
- 퇴직 후 계획한 대로 즐거운 정년퇴직 이후의 삶을 영위하기
- 긍정적이고 충분한 관계를 갖고 사회 네트워크를 유지하기
- 여가 시간을 가지기
- 가치 있는 역할을 맡고 새로운 긍정적인 역할을 확인하기
- 자신의 집 안에서 독립적으로 생활하기
- 가족과 사회와 상호의존 관계를 경험하기
- 가족과 사회에 기여하기
- 여행하기
- 손주와 시간을 함께 보내기
- 새로운 학습의 기회를 가지기
- 미개발된 재능과 기술을 발견하기
- 신체와 정신 건강을 유지하기

시각을 상실한 당사자는 젊은 시절에 들어 왔던 실명과 장애에 대한 고정관념으로 자신의 욕구를 정확하게 인지하지 못할 수 있다. 따라서 시각을 상실하더라도 자신이 누려야 할 생활을 구체적으로 인지하도록 도와야 한다. Bengtson, Burgess와 Parrott(1997)이 주장하는 사회구성주의 이론에서는 노화를 사회적인 정의와 사회 구조에 의해 의미가 형성되는 과정이라 본다. 노인의 생활 상황과 사회 역할은 사회 속에서의 상호작용을 통해 나타난다. 따라서 시각을 상실한 노년층은 동년배 노년층과 같은 발달 과업을 성공적으로 수행하면서 자신의 삶의 주체자로서 노화를 겪어 나가야 한다.

3. 시각 상실에 대한 이해

시각 상실은 노화 과정에서 자주 수반되기 때문에 노년층의 빠른 증가는 시각 상실 인구의 증가를 의미한다. 시각 상실(vision loss)은 최근 들어 광범위한 시각 손상을 설명하기 위해 사용되는 용어다(Corn & Lusk, 2010). 전혀 시각이 없는 전맹(全盲)부터 어느 정도로 시각을 사용할 수 있는 저시각까지 포함할 수 있는 용어다. 또한 시각장애가 있다고 볼 수 없으나 시각에 어느 정도의 상실이 있는 경우도 포함한다. 출생 후 2세 전에 시각을 상실한 선천적인 경우와 처음에는 시각이 있다가 나이 들어서 시각을 잃은 후천적인 경우도 포함하는 용어라 할 수 있다.

시각 상실은 두 가지 방법으로 설명할 수 있다. 시력검사표를 사용하여 시력과 같은 측정치를 임상적으로 확인하여 결정하는 것이 가장 일반적이다. 시력과 시야를 기준으로 결정되는 시각 상실을 법적 맹(legally blind)이라 하는데, 이는 국가에서 마련한 혜택과 서비스를 받을 수 있는 자격을 인정하는 데 사용된다. 법적 맹인

표 1-2 국제안과위원회(ICO)의 시각 손상(visual impairment) 범주

시각 손상의 범주	소수식 시력	분수식 시력
정상 시각	≥0.8	≥20/25
경도(mild) 시각 상실	<0.8과 ≥0.3	<20/25와 ≥20/63
중등도(moderate) 시각 상실	<0.3과 ≥0.125	<20/63과 ≥20/160
중도(severe) 시각 상실	<0.125와 ≥0.05	<20/160과 ≥20/400
최중도(profound) 시각 상실	<0.05와 ≥0.02	<20/400과 ≥20/1000
완전에 가까운 시각 상실 (near-total vision loss) (near blindness)	<0.02와 ≥NLP	<20/1000과 ≥NLP
완전 시각 상실 (total vision loss)	NLP(no light perception)	NLP(no light perception)

출처: International Council of Ophthalmology. (2002).

사람은 연령에 상관없이 시각장애 서비스를 제공하는 기관에서 재활 서비스를 받을 수 있다.

법적 맹은 교정을 하여 잘 보이는 쪽의 눈의 시력이 20/200 이하로 시야가 20도 이내인 경우를 말한다. 20/200의 시력은 정상적인 사람이 200ft(60m) 떨어진 거리에서 볼 수 있는 시표를 피검사자는 20ft(6m) 떨어진 거리에서 볼 수 있다는 의미다. 정상 시력은 20/20이고, 정상적인 시야 범위는 175도에서 180도로 보고 있다. 20/20은 정상적인 사람이 20ft(6m) 떨어진 거리에서 볼 수 있는 시표를 피검사자는 20ft(6m) 떨어진 거리에서 볼 수 있다는 것을 의미한다.

법적 맹인 경우 시각 재활 서비스의 대상자가 된다. 법적 맹으로 분류된 사람의 시력의 범위는 넓어서 전맹, 광각부터 20/200의 시력을 보유한 경우까지 다양하다. 따라서 기능상의 능력 혹은 기능적인 제한도 다양하다. 법적 맹인의 대부분이 사용 가능한 시력을 보유하고 있다. Kirchner(1996)는 법적 맹 중 전맹(全盲)과 광각(光覺)인 경우는 20%이고, 가용 시각이 있는 경우는 80%라고 보고하였다. 또 1000명당 0.9명이 광각 이하 시력을, 3.6명이 사용 가능한 시력을 보유한 법적 맹인이라고 보고하였다.

그러나 일반 대중에게 이해되기 쉬운 설명은 시각 상실의 기능적인 정의(functional definition)로, 시각 손상이 매일의 활동에 어떻게 영향을 미치는지를 보는 것이다. 이 정의는 시각 기능을 높이는 직접적인 재활 서비스가 필요한지를 결정하는 데 활용된다.

시각이 필요한 기능은 수만 가지일 것이다. 수많은 기능 중 특정 기능은 시각 수준이 어떤지를 결정할 수 있다. 가장 일반적으로 평가에서 사용되는 기능은 바로 일반 글자 읽기다. 일반 글자를 읽지 못하는 시각 문제가 있는 경우 다른 활동에서도 광범위하게 시각 활용에서 어려움이 있다고 보는 것이다. 시각 상실의 정도는 '인쇄물의 글자를 읽기 어려운지' 혹은 '글자를 읽지 못하는지' 로 결정된다. 일반적으로 신문에서 사용되는 활자를 사용하여 결정한다.

시각 기능의 상실은 두 가지 수준으로 나뉜다. 하나는 심한 기능 제한(severe

functional limitation: SFL)이고, 다른 하나는 심하지 않은 기능 제한(nonsevere functional limitation: NSFL)이다. 전자는 안경 혹은 콘택트렌즈를 착용하였는데도 일반 글자와 단어를 아예 볼 수 없을 때를 말하고, 후자는 안경 혹은 콘택트렌즈를 착용하여도 일반 글자와 단어를 보기는 하나 여전히 어려움이 있을 때를 말한다. 이 기준에 따른 출현율을 보면(McNeil, 1993), 미국에서는 1991~1992년 19세 이상의 전체 성인 중 SFL은 0.6%로 1000명당 6명이었다. 전체 성인 중에서 SFL과 NSFL을 모두 포함한 발생률은 4%로 1000명당 40명이었다.

법적 맹에는 들지 않지만 일상생활 활동과 독립적인 기능을 방해하는 시각 상실을 경험하는 사람이 있다. 이들을 '저시각(low vision)' 혹은 '심한 시각 손상(severe visually impaired)'으로 언급한다. 이들도 서비스를 받고 일상 과제를 수행하는 적응 기법을 배우는 것이 필요하다. '심한 시각 손상'이 있는 경우는 시력 교정을 하였는데도 신문 활자를 읽는 데 어려움이 있는 시각 손상의 경우로 법적 맹에 속하는 사람까지 포함하는 개념이다. '저시각'은 일상생활 활동의 수행을 방해하는 심한 시각 상실이 있으나 아직 어느 정도의 시각 식별 능력이 있는 경우다. 저시각은 20/70까지의 교정 시력까지 포함한다. 20/70은 정상적인 사람이 70ft(21m) 뒤에서 볼 수 있는 시표를 피검사자는 20ft(6m) 뒤에서 볼 수 있다는 의미다. 미국에서 심한 시각 손상이 있는 인구 중 65세 이상이 70%로 가장 많고, 18세에서 64세까지는 25%, 18세 미만은 5%를 차지한다(Rosenbloom, 1992). 65세 이상인 심한 시각 손상이 있는 노인은 전 인구의 12%를 차지하고 있어, 대부분의 눈 문제는 연령에 관련되어 있다고 할 수 있다(Rosenbloom, 1992).

2008년에 발표된 조사 결과에 따르면, 한국의 65세 이상 고령인구의 36.4%는 시력이 나쁘다(보건복지가족부, 계명대학교 산학협력단, 2008). 연령이 증가할수록 시력이 좋지 않은 고령인구 비율이 증가하고 있다. 65~69세 30.2%, 70~74세 34.9%, 75~79세 41.4%, 80~84세 45.1%, 85세 이상 51.6%가 시력이 나쁘다고 답하였다. 한국 고령자에게 나타나는 시각 상실도 연령과 관련 있다고 할 수 있다.

한국 고령인구 중 62.8%는 연령대에 상관없이 시력 보조기를 사용하고 있으며,

시각 활용 능력을 높이기 위한 시력 보조기 사용과 환경 조성 방안을 강구하여야 한다. 조사에 따르면 한국인 고령자의 연령대별 시력 보조기 사용률은 65~69세 63.9%, 70~74세 64.5%, 75~79세 64.1%, 80~84세 69.5%, 85세 이상 60.8%로 연령대별 사용률에서 약간의 차이를 보일 뿐 모두 시력 보조기를 사용하고 있다.

4. 노년기 시각 상실의 영향

시각 상실은 기본적으로 노화와 관련이 있다. 65세 이상인 경우 여성이 남성보다 더 많은 영향을 받는다. 시각 상실 외에도 저소득, 청각 상실, 학습 문제, 마비 같은 신체와 감각 손상이 추가로 나타난다(Birren & Williams, 1982).

서서히 감퇴하는 시각은 노화의 첫 신호다. 노화하는 과정 속에서 노년층은 상실을 경험한다. 하나의 상실은 충격적인 것이며, 그것이 다른 상실과 결합될 때 개인의 반응은 격해질 수 있다. 하나의 상실로 인해 고통스러운 경험을 하였다면 새로운 상실로 이어질 수 있다. Orr(1998, p. 88)는 상실의 종류로 다음과 같은 것을 들고 있다.

- 배우자 혹은 중요한 사람의 상실
- 가족, 동년배, 이웃, 친구 등의 상실
- 자녀와 손주와의 지리적 근접성의 상실
- 사회 네트워크의 상실
- 경제적 안정의 상실
- 역할(특히 직업적 역할)의 상실
- 건강의 상실
- 신체적 기능의 상실
- 신체적 혹은 심리적 이동 기능의 상실

- 자존감 혹은 자부심의 상실
- 자신감 혹은 자의력의 상실
- 자신의 인생에 대한 통제력의 상실
- 전인(全人) 의식의 상실

노년층에서는 사랑하던 사람의 상실, 인생에서 중요한 역할의 상실 혹은 신체 기능의 상실 같은 실제적인 상실을 식별하는 것이 어려울 수 있다. 일반적으로 노년층에서는 실제 생활에서의 기능과 심리적인 안녕을 상실하였을 때 통제력 상실 같은 상실감도 생길 수 있어 방지 차원에서 재활 서비스가 중요하다. 재활 서비스를 통해 신체 기능에서의 상실에 적응하는 방법과 대체할 수 있는 새로운 기술을 습득하여야 한다.

노화하는 과정에서 상실을 겪지만, 여기에 시각장애가 생기는 경우 장애와 연합하여 발생하는 상실은 크게 다가올 수밖에 없다. 시각이란 감각의 상실이라고 볼 수도 있지만 이로 인한 기능상의 제한은 클 수밖에 없다. Carroll(1961)은 시각장애로 인한 상실을 여섯 가지로 나누었다.

- 심리적 안전의 상실
- 기본적 기능의 상실
- 의사소통 기능의 상실
- 외적인 미의 상실
- 직업과 경제력 상실
- 전인으로서의 상실

Orr(1991)는 이러한 영역에 따른 상실을 구체적으로 구분하여 설명하였다.

- 독립의 상실(누군가에게 모든 것을 의지해야 한다고 느낌)

- 독립 이동 능력의 상실(자신이 알거나 낯선 곳으로 이동이 어렵다고 느낌)
- 자신의 삶에 대한 통제력 상실(주변 환경에서 할 수 있는 일이 없다고 느낌)
- 물리적인 환경에 대한 통제력 상실(물건을 원래 있던 자리에 돌려놓을 수 없다고 느낌)
- 차를 운전하는 능력의 상실
- 일반 인쇄물 읽기 능력의 상실(세상과 단절되었다고 느낌, 신문 혹은 메일과 같은 주요 정보를 얻을 수 없어 문해 기능을 상실했다고 느낌)
- 사생활의 상실(일상생활에서 우편물을 누가 대신 확인하여 주는 등 다른 사람의 도움이 많아지면서 상실감을 느낌)
- 평범함의 상실(지팡이를 짚고 다니면 다른 사람이 쳐다봄)
- 의사소통할 수 있는 쓰기 능력의 상실(사랑하는 사람의 편지 혹은 카드를 읽고 다시 답장을 하지 못함)
- 비구어적 의사소통 기회의 상실(얼굴 표정 혹은 몸짓 같은 비구어적 피드백을 알 수 없어서 완벽하게 의사소통을 하지 못함)
- 개인적 적합성의 상실(자존감과 자부심의 상실)
- 역할(특히 직업에서의 역할)과 책임감의 상실
- 생산적인 활동 기회의 상실(특히 고용, 자원 활동, 여가 활동, 레크리에이션과 취미활동)
- 사회적 적합성의 상실(집단 활동에서 동등한 참여를 하고 있지 못한다고 느낌 혹은 친구와도 상호작용을 적절히 하지 못한다고 느낌)
- 완벽함의 상실(자신에게서 뭔가 일부분이 상실되어 완전한 기능을 하지 못한다고 느낌)

이와 같은 상실의 부분은 시각 상실이 있는 노년층이 직면하고 있는 문제가 무엇인지를 이해하는 데 도움이 된다. 또한 노년층이 생활에서 어려움이 있는 부분이 무엇인지를 구체화하여 적응 과정에서 도움을 줄 수 있다.

시각 상실이 발생하면서, 노년기의 사람은 두 가지의 상반되는 생각을 한다. 하나는 자신이 하던 모든 것에서 물러나는 것이고, 다른 하나는 집 안에서든 바깥 사회에서든 해 온 활동을 계속하고 싶어 하는 것이다. 불안, 두려움, 우울도 경험한다. 시각장애 기관에서 도움을 받을 수 있음을 알게 되면, 또 다른 두 가지 상반되는 생각을 하게 된다. 하나는 같은 일을 겪고 있는 시각장애인과 함께 안전한 환경에 있고 싶어 하는 것이고, 다른 하나는 일반인의 세상에 참여하여 생활하고 싶어 하는 것이다. 따라서 시각장애 기관에서 도움을 받으면서 동시에 일반 시니어 센터에서 일반인과 함께 활동하는 것도 고려해 보아야 할 것이다.

시각 상실이 있는 노년층에게 서비스를 제공해야 하는 공식적인 기관은 시각장애 기관과 일반 노인 기관이다. 시각 상실이 있는 노년층은 양쪽 기관에서 동시에 필요한 서비스를 받을 권리가 있다. 그러나 실상은 양 기관이 시각장애 노인의 요구에 맞는 역할 수행에 필요한 지식이 부족하여 그들의 요구에 부응하고 있지 못하고 있다(Orr, 1992).

다음에 제시한 미국인 A 씨의 사례는 황반변성으로 시각을 상실하였지만 자신의 집에 거주하면서 기관의 지원을 받아 정안인과 함께 지역사회에서 성공적으로 적응한 경우다. 그만큼 지원 기관 간의 협력이 시각 상실이 있는 노년층의 재활에 얼마나 중요한지를 보여 주는 사례라고 할 수 있다.

황반변성으로 실명한 미국인 사례

A 씨는 최근에 은퇴한 70세 여성 노인으로서 연령 관련 황반변성이 있다고 진단받았다. A 씨는 여러 해에 걸쳐 시각을 잃어 갔다. A 씨는 은퇴하였지만 지역사회 봉사 활동에 계속 참여하고 싶어 하였다. 그러나 읽기를 제대로 할 수 없게 되면서 일상적으로 해 오던 집안일, 즉 은행일, 공과금 처리 등에서도 어려움을 보이기 시작했다. A 씨는 자신이 겪는 일로 더 이상 지역사회에 공헌하고 결실 있는 생산적인 활동을 할 기회를 가질

수 없다는 두려움과 비탄에 빠졌다. 그녀는 시각장애 기관에서 젊은 층은 직업 재활 서비스를 받을 수 있지만, 노년층은 받지 못한다는 것을 알고 있었다. A 씨는 용기를 내어 지방 기관에 전화를 하였다.

사회복지사가 A 씨의 환경 속에서 사용하는 기술과 적응을 평가하기 위해 방문하였다. 사회복지사는 그녀가 사회에 도움이 될 수 없다는 무력감과 좌절을 느끼는 것은 정상이라고 위로하였고, 그녀가 받을 수 있는 서비스와 시각 상실에 적응하기 위해 배워야 하는 기법을 알려 주었다. A 씨는 재활 프로그램에 참여하고 독립생활 기술을 배웠다. 즉, 주방과 붙박이장에 물건을 구조화하여 정리함으로써 원하는 물건을 쉽게 찾는 법, 공과금 처리와 금전 관리, 조명 개선, 색 대비 활용과 기타 환경 수정법을 지도받았다. 그녀는 또한 집과 주변 지역사회에서 안전하게 다니는 이동 기법에 대해서도 배웠다.

그녀는 시각장애와 신체장애인을 위해 무료로 운영되고 있는 국립 도서 서비스의 녹음도서 서비스와 함께 시각장애인을 위한 리딩 서비스를 제공하는 라디오도 받았다. 보조기와 설비, 즉 음성 시계, 굵은 선 표시가 된 다이얼식 주방 기구 등의 사용법도 배웠다.

그녀는 유사한 문제를 겪고 있는 사람들과 함께하는 자조 집단(self-help group)에 들었고, 서로의 경험을 나누고 정보도 교환하였다. 사회복지사는 그녀와 개별 상담을 실시하였다. 그녀는 동년배 지원 집단의 여러 구성원이 지역 시니어 센터에 나가서 문화와 교육 프로그램을 제공받는 것을 알게 되었다. 다른 시각장애 동년배 집단 구성원은 시각 상실 정도가 다양하지만 센터와 활동에 참여하는 데는 어려움이 없었다.

시니어 센터는 지역에서 유일한 곳이었다. 사설 맹인 기관장과 시니어 센터 소장은 시각장애 노인이 일부 센터 활동에 참여하는 데 어려움이 있음을 이해하고, 그들의 직원과 시각장애 센터 구성원이 적응 기법을 배워서 알 필요가 있음을 확인하였다. 기관장과 소장은 그들의 기관과 센터에서 직원 연수를 실시하였다. 직원들은 노인과 일한다는 것이 쉽지 않음을 알게 되었다. 왜냐하면 이제까지 자신들의 역할이 젊은 층을 위한 직업 재활 훈련에 치중되어 있었기 때문이다.

기관과 센터는 시각을 상실한 노인과 일하는 데 있어서 각각 직원연수에 차이를 두었다. 주변 지역에는 거주민 중 많은 수의 노인이 있었기에 한 단계 더 나갔다. 노인국과 기관은 지역 내 노인 인구와 그중 시각 상실이 있는 노인의 현황을 확인하는 한편 시니어 센터의 기능을 혁신하기 위해 특별 지원금을 마련하였다. 센터는 지원금을 받고 시각장애 구성원을 통합하는 혁신적인 프로그램을 개발하였다. 이러한 양쪽의 확대된 협력 프로그램은 시니어 센터 활동에 시각장애 노인의 참여를 유도하고 지역사회 통합을 촉진하는 효과를 가져왔다. 바로 이런 노력이 그녀에게 필요하던 것이었다. 그녀는 주당 2일을 센터 활동에 참여하였다. 또한 주당 3일은 지도자 역할을 하기 위해 여성 기구로 돌아와 일을 하기 시작하였다.

시각장애 기관과 일반 노인 기관 간의 연계는 시각상실 노인의 생활에 중요한 영향을 주었다. 그녀에게 신체와 심리사회적 독립에 필요한 새로운 기술을 배울 기회를 주어 자존감, 자부심과 자신감을 높여 주었던 것이다.

출처: Orr(1992), pp. 16-18.

시각 상실이 생기면 이동 문제가 발생한다. 일정한 보폭을 유지하며 걷거나 몸의 균형을 잡는 데 어려움이 생긴다. 청각 손실을 보충하기 위해 다른 사람의 입술 모양을 확인하는 것도 불가능해진다. 시각적 자극이 없어지면서 미각도 느끼지 못하고 식욕을 상실할 수 있다(Rosenbloom, 1992). 스트레스, 절망과 우울이 누적됨에 따라 시각장애를 극복하는 데 전력투구하기가 어려워진다.

시각 상실은 생활 전반에 걸쳐 영향을 준다. 식당에서 메뉴판 보기, 희미한 불빛 아래서 극장 프로그램 보기, 마켓의 형광등 아래에서 식품의 라벨과 가격표 읽기, 인도에서 같은 색의 연석 확인하기, 글자 읽기와 쓰기, 약통의 약 이름 확인하기 등의 활동은 노화와 시각 손실로 점점 더 하기 어려워진다.

노년기에는 시각의 상실을 보상하는 다른 감각에 의존하는 것이 어려울 수 있지만, 감각 자극의 질과 양을 높여 환경 정보를 늘려 주고 역할에 적응하도록 도울 수 있다. 녹음기, 녹음도서, 음성 출력이 가능한 컴퓨터 같은 청각을 활용하는 장치의 사용을 늘리고, 촉각을 사용하여 환경에 대한 정보를 얻을 수 있고, 지팡이 혹은 보행 보조기(walker)를 사용하여 지면 정보를 얻고 몸을 지탱하는 효과도 볼 수 있다.

시각 상실을 극복하는 방법은 여러 가지가 있다. 활용 가능한 감각을 폭넓게 사용하고, 환경을 적응하기 쉽게 조정하고, 안과의사, 검안사, 건강 전문의, 사회 지원 시스템이 포함된 저시각 재활에 참여하는 것이다(Rosenbloom, 1992). 안과의사는 노인의 잔존 시각(residual vision)을 최대한 활용할 수 있도록 돕는다. 포괄적인 저시각 검사는 노인에게 기본 서비스가 된다. 저시각 재활은 적합한 저시각 보조구를 처방하고 일상생활 과제를 수행하는 능력을 향상하기 위한 지도와 지원 서비스를 제공해야 한다(Rosenbloom, 1984). 적응 훈련(adaptive training)은 다양한 거리에서 저시각 보조구를 사용해서 안구 움직임을 조정하고, 특별한 과제에 적절한 조명을 결정하고, 글자와 단어를 읽는 수정된 절차를 개발하는 것을 포함한다.

연구자들은 예전에는 희망이 없다고 생각했던 저시각 노인의 80% 이상이 성공적인 재활이 가능하였다고 보고한다(Fried, 1980; Kirchner & Philips, 1988). 팀 접근과 저시각 재활에 대한 전문가의 긍정적인 태도가 필수적인 기여 요소다.

5. 시각 상실에 대한 반응

1) 시각 상실 당사자

시각 상실을 경험하는 노년층에게는 정서적, 인지적, 지각적 및 행동상의 변화가 광범위하게 일어난다. 시각이 상실되면 다섯 단계를 거쳐서 장애를 수용하게 된다. Tuttle(1984)은 시각 상실에 대한 일반적인 반응을 조사하고, 시각 상실 당사자들이 다섯 단계를 거치게 된다고 보았다.

- 1단계. 충격과 부정
- 2단계. 분노와 퇴행
- 3단계. 굴복과 우울

- 4단계. 재평가와 재확인
- 5단계. 대처와 새로운 실행

시각이 상실된 경우의 반응은 신체의 일부를 상실한 경우나 사랑하는 사람을 상실한 경우와 유사하다. 장애를 슬퍼하고 적응하는 것은 일련의 과정을 거쳐서 이루어진다. 처음에는 현실을 부정하고 멀리하나, 마지막에는 현실을 받아들이고 고통을 겪다가 회복하는 단계로 나아간다. 시각 상실에 대한 반응은 모든 단계를 거쳐서 가거나 혹은 일부만을 거쳐 간다. 여러 단계를 동시에 겪어 나가거나 순서대로 혹은 순서에 상관없이 하나씩 겪어 나가기도 한다.

- **충격 혹은 시각 상실에 대한 부정**: 노년층은 자신의 눈 상태에 대해 듣고 망연자실해한다. 자신의 시각 문제에 대해 망연자실해 있다가 부정을 하게 된다. 심각한 어려움이 있고 안전사고의 위험이 있는데도 다양한 활동을 계속하려고 할 수 있다. 또한 의학 처치가 더 이상 시각을 치료해 주지 못해도 의사를 바꿔 가면서 다른 진단 혹은 의학 처치를 찾아다닌다.
- **더 나아질 수 없다는 것과 이대로 더 살아야 한다는 것에 대한 분노**: 노년층은 화를 내고 좌절할 수 있다. 그들과 가까운 사람들, 특히 가족에게 화를 낼 수 있다.
- **악화와 취약감**: 노년층은 신체적으로 약해져 있고, 연령이 높아질수록 기능상의 상실로 인해 피할 수 없는 나락에 떨어지게 된다.
- **절망과 단념**: 시각 상실은 고립되는 경험이다. 신체적, 심리적 고립은 현재와 미래에 대한 불확실성에 대한 절망과 단념의 느낌을 이끌어 낸다. 깊은 절망감은 노년층이 도움을 요청하고 수용하는 단계로 나아가는 데 어려움을 준다. 또한 악순환을 지속하기도 한다.
- **심리적인 퇴행으로 인한 사회와의 고립**: 예전에 하던 사회 활동과 친구와 멀어질 수 있다. 사회 활동과 친교 활동이 부적절하다는 느낌이 들거나 더 이상 다니는 것이 가능하지 않기 때문이다. 더불어 시각 상실이 있는 노년층과 사회적 네트워

크로 연결되어 있는 사람들은 소통의 불편함과 시각 상실에 대한 두려움 때문에 이들과 관련되는 것을 피하려고 할 수 있다. 고립은 연령 관련 시각 상실과 관련된 가장 일반적인 경험과 어려움 중의 하나다. 퇴행은 삶의 통제력을 상실하게 할 수 있다. 집에 틀어박혀 있는 자신을 발견하게 되고, 자신에게 실제로 도움이 많이 필요함을 알게 된다.

- 두려움: 노년층은 기능 제한 혹은 재난과 같은 질병으로 인해 다가오는 다른 상실에 대해 두려움을 가질 수 있다. 또 다른 두려움은 요양원에 배치될 수 있다는 것인데 이는 자주성의 상실과 노후 대비 저축의 소진과 관련이 있다.
- 슬픔과 애통: 고통스럽고 어렵지만 슬픔을 경험하는 것은 적응을 해 나간다는 긍정적인 신호다. 상실을 인식하면서 슬퍼하는 과정에서 울고 흐느낄 수 있는데, 이때 시각 상실 전에 겪었던 일에 대해 반복해서 말해 준다. 시각 상실을 극복하는 방법은 사랑하던 사람을 잃어서 극복해 나가는 방법과 같다.

2) 가족 구성원

시각 상실이 생긴 당사자뿐만 아니라 가족도 단계를 거쳐 가면서 적응을 할 수 있도록 도움이 필요하다. 가족 구성원도 시각을 상실한 당사자를 보면서 두려움과 다양한 감정을 경험하게 된다.

- 노인이 독립적으로 생활하지 못할 것이라는 두려움을 느낀다. 가족은 노인이 집에서 사는 것에 대한 어려움을 자주 느끼고 24시간 내내 집에서 보호받거나 요양 시설에 가는 것이 필요하다고 여긴다.
- 시각 상실 노인의 안전에 대해 두려움을 느낀다. 특히 시각 상실이 있는 노인이 혼자서 무엇인가를 하려고 할 때 더욱 그렇다.
- 역할이 바뀌었다고 생각하고 노인을 위해 모든 것을 하려고 한다. 자녀는 자주 부모가 자신을 돌봐 준 것처럼 이제 자신들이 부모를 돌보아야 된다고 생

각한다.

- 예전에 평안하게 해 주던 혹은 보호를 해 주던 부모를 잃었다는 느낌을 가진다.
- 책임감 또는 걱정으로 부담을 느끼거나 불가항력이라는 느낌을 가진다.
- 도움을 받지 못한다는 느낌을 가진다. 가족 구성원이 도움을 요청할 수 있는 곳에 대해 알지 못할 수 있다.
- 도와주어야 할 때와 도움을 주지 않고 물러서서 지켜보아야 할 때를 구분할 수 없는 불확실성을 가진다.
- 노인과 시각 상실에 관련한 부분에 대해 이야기를 나눌 수 있는지에 대한 불확실성을 가진다. 가족 구성원은 자신이 느끼는 감정 혹은 관심사에 대해 노인과 의논을 해야 하는지 혹은 기다려야 하는지를 확실히 알지 못할 수도 있다.

가족 구성원, 즉 배우자 혹은 자녀는 자신의 슬픔을 알고 자신의 장애 수용 과정을 거쳐 나가는 것이 필요하다. 가족은 시각 상실을 경험하고 있는 당사자와의 관계 속에서 자신의 감정을 다스리기 위해 지속적인 갈등 상태에 있을 수 있다.

3) 상실에 대한 접근 방법

노화 과정에서 수반되는 시각의 변화는 삶의 질에 영향을 준다. 시각과 사회경제적 안정이 노년기에 가장 큰 보물이라고 한 Bader(1986)의 주장은 설득력이 있다. 이 두 가지가 독립생활을 유지하게 해 주기 때문이다. 시각 상실이 삶의 만족도를 줄이거나 의존심을 더 높이는 것은 아니다. 개인에 따라 차이가 있으며 삶의 문제를 극복하는 방법에 달려 있다. 이 개인별 차이는 나이가 든다고 해서 없어지는 것은 아니다. 과거에 인생에 위기가 있었을 때 이를 성공적으로 잘 다루고 높은 자존감을 갖고 내적 안정감을 유지했던 사람은 시각 상실 문제에 직면했을 때도 이를 잘 극복하면서 독립적인 생활을 유지한다. 사회 활동을 적극적으로 해 왔다면 시각 상실이 생겼어도 이 생활을 계속하려고 할 것이다. 시각 재활 서비스를 받게 된다면

이 활동을 유지하는 데 도움이 될 수 있다.

심한 시각장애가 있다고 진단되면, 노인이 신체적으로만 상실이 있다고 생각하기 쉽다. 그러나 시각 상실이 미치는 정서 및 심리적 영향도 크다. 노년층의 대부분은 시각 상실 외에 하나 이상의 만성 건강 문제 혹은 장애를 중복해서 지니고 있다. 이 중복된 장애 상태는 복합적인 영향을 줄 수 있다.

연령과 관련해서 시각 능력에 나타나는 결함은 노인의 삶에 큰 지장을 주는 손상 중의 하나다. 학습, 기억, 정보 처리, 공간 묘사 같은 인지 기능에 중요한 영향을 준다. 환경에 대한 인지적인 지도 없이 이동하고, 상호작용하고, 능숙함을 느끼는 것이 어려워진다.

시각 상실과 함께 노화의 결과로 청각 상실, 불안한 걸음걸이, 체력의 약화가 나타난다. 이러한 상태는 일상생활 활동을 하는 데 어려움을 준다. 집은 위험한 장소가 된다. 간단한 일, 즉 요리, 목욕, 금전 지불도 어려워진다. 시각을 상실한 사람은 집을 떠나 친구를 방문하고, 쇼핑을 하고, 시니어 센터에 가고, 서비스를 받는 것을 하지 않으려고 한다. 특히 시각 상실이 다른 감각 손상과 함께 일어났을 때 그렇다. 이러한 문제는 노화 과정에서 겪게 되는 다른 상실(예: 배우자의 죽음, 은퇴 등)과 복잡하게 얽히게 된다. 결과적으로, 사회적 '삶의 공간'은 줄어든다. 여기에 시각의 결손에 대한 사회적 반응이 추가된다. 시각장애인을 대하는 가족, 친구, 전문가, 사회인 등 주위 사람의 태도는 큰 영향을 준다. 고립과 활동 부족은 시각장애 노인에게 만만치 않은 문제다. 독립에서 의존으로의 전환은 다른 사람이 시각장애 노인과 새로운 삶의 상황에 어떤 방식으로 반응하는지에 달려 있다(Hendricks, 1992).

가족 구성원은 좋은 의도를 가지고 있으나 종종 노인을 과잉보호하려고 한다. 노인이 남에게 의존하는 것은 시각 상실로 인해 파생되는 불가피한 결과로 생각한다. 결과적으로 노인이 독립적으로 생활하도록 격려하지 않는다. 예로, 가족 구성원은 노인이 집에 혼자 있거나 밖에서 혼자 다니다가 발생할 결과를 미리 걱정해 두려워한다. 이런 태도는 노인을 의존하게 만들고 노인도 조만간 누군가의 도움 없이는 스스로 아무것도 할 수 없다고 믿게 된다. 그래서 독립생활을 할 수 있는 모든 가능성을 포기하고 일찍 요양원에 들어간다. 그러나 독립하려는 욕구에 대한 격려와 지원, 독립생활 기술의 학습, 가족 구성원의 참여, 이용 가능한 재활 서비스의 수락이 동반된다면 시각 상실 노인의 독립과 가족과의 상호 의존이 가능하다.

시각을 상실한 노년층의 사회생활 공간을 확대하기 위한 방안이 있다(Hendricks, 1992). 하나는 시각장애 노인을 현재 진행 중인 프로그램에 통합하여 참여하게 하는 것이다. 장애를 고려하여 고안한 특별한 상황을 만들라는 것이 아니다. 일반 시니어를 위한 프로그램에서는 일반 노인이 활동에 참여할 수 없다는 생각으로 시각장애 노인을 제외하려 한다. 그러나 시각장애 노인은 이를 통해 다른 일반 노인과 함께 사회 활동을 하면서 자신의 능력을 확인하고 강화하는 기준점(reference point)을 개발할 수 있다. 다른 하나는 시각장애 노인과 관련인의 자존감을 향상하는 수단으로 새로운 혹은 교체된 기술을 사용하는 것이다. 예로, 시각장애 노인은 자원봉사자로서 자신의 집에 거주하는 다른 노인을 위해 안부 전화를 하는 자원봉사를 할 수 있다. 시각장애 노인은 장애가 있어 도와주어야 한다는 생각에만 빠져 우리는 그들이 사회에 기여할 기회를 제공해야 한다는 점을 간과하고 있다. 특히 지역기관, 시니어 센터는 시각장애 노인의 기대에 부응하는 기능을 제공하여야 한다.

시각장애 전문 기관은 젊은 층을 위한 서비스, 즉 직업 훈련에 관심을 집중하고 있다. 결과적으로 노년층은 젊은 층에 비해 재활 서비스 접근이 부족하다. 1980년대 후반에 미국에서는 노인층의 재활에 대한 요구를 인지하면서 이를 수행하는 데 사업비가 필요하게 되었다(Hendricks, 1992). 재활 서비스는 장애가 있더라도 시각장애 노인의 자기 관리 능력을 높이고, 환경 속의 장애물을 줄이고, 경제적 지원과 사회적 상호작용을 보장하고, 의미 깊은 목적의식과 생산성을 조성하였을 때 가장 효과적이었다. 시각 상실이 있는 노년층은 여러 가지 불리한 상황에 있으므로 노인기관과 시각장애 기관은 이들에게 최적의 서비스를 제공할 수 있도록 노력해야 할 것이다.

6. 시각 상실에 대한 적응

1) 시각 상실 당사자

심한 시각장애의 경우 인생 후반기인 노년기를 거치면서 나타나는 정서적 반응을 더욱 심하게 경험하게 된다. 대다수가 향수, 후회 같은 느낌으로 추억에 빠지면서 심한 정서적 고통, 절망, 죄책감, 패닉 상태, 강박반추증(强迫反芻症), 극단적으로는 자살까지 생각하는 등 더욱 복잡한 상황에 놓이게 되므로, 인생을 돌아보면서 해결책을 찾아나가는 것이 필요하다. 앞으로 남은 인생 후반기의 삶은 마음의 평정을 유지하면서 건설적으로 삶을 재조직화하며 창조하는 방향으로 이끌어 나갈 수 있어야 한다.

Zarit(1992)은 노년기에 시각 상실 적응(adjustment)이 어려워지는 이유로 세 가지를 들었다.

첫째, 자신의 상태에 대한 지식 부족 혹은 시각 상실의 부정은 성공적인 적응에 걸림돌이 된다. 자신의 상태를 치료하기 위한 모든 가능성을 찾는 데 시간을 허비하거나 혹은 자신에게는 새 안경이 필요할 뿐이라고 하면서 적응 활동에 참여하는 것을 적극 부인할 수 있다. 이때는 당면한 상태에 대한 자세한 설명과 대안이 되는 정보를 제공하여 도움을 받아들이는 데 방해가 되는 장벽을 허물어야 한다.

둘째, 우울 혹은 사기 저하가 적응을 어렵게 한다. 현저하게 우울에 빠져 있거나 수동적이고 퇴행하게 되는데, 이렇게 사기가 저하되어 있는 노년층은 다른 사람에 대해 실망하거나 불평을 많이 한다. 수동성과 불평의 이유는 자신이 변화를 만들 수 있다는 것을 믿지 않기 때문이다. 스스로 자신의 신념이 무엇인지를 말하면서 확인해 보게 하고 의미 있는 삶을 살기 위한 방법을 찾도록 유도한다. 만약 심한 우울증을 보이는 경우, 항우울증 치료제와 심리치료 등의 정신과 치료가 도움이 될 수 있다(Gallagher & Thompson, 1983; Zarit, 1980).

셋째, 적응 기술을 배우는 것이 어렵기 때문에 적응이 어려워질 수 있다. 노년층을 위해 과제는 작은 단계로 나누어 제공하고, 너무 빨리 새로운 내용을 제시하여 포기하도록 하지 않는다. 예로, 확대 보조구를 사용하여 읽기를 배울 때 처음으로 확대경으로 읽게 되면서 좌절감을 느낀다. 왜냐하면 빠르게 읽을 수도 없고 정확도도 떨어지기 때문이다. 처음에는 단순한 교재를 사용하여 단어 2개 혹은 문장 읽기를 한 뒤 좀 더 복잡한 읽기 자료를 읽게 하면 효과적이다. 때때로 노인은 확대 보조구를 사용하여 예전처럼 볼 수 없기 때문에 불만을 토로하거나 사용을 포기하려고 한다. 왜냐하면 완전한 회복만을 생각하고 있기 때문이다. 이런 경우, 현실적이고도 구체적인 제한된 목표를 설정하여 초기에 좌절을 극복하도록 할 수 있다. 목표의 예로 '느리게 읽기를 할 수 있다' 를 들 수 있다. 때때로 확대 보조구를 다루기 불편하다고 느껴 사용을 포기하려는 경우가 있다. 인내심을 가지고 보조구를 편안하게 사용할 시간을 갖도록 하고, 작은 단계별로 진전된 것을 알려 주는 방법을 사용한다. 일부는 공공장소에서 다른 사람의 눈을 의식해서 보조구 사용을 꺼리기도 한다. 성공적으로 사용하고 있는 다른 사람을 보면서 이 거부감은 해소될 수 있다.

노년기에 시각 상실이 있는 노인은 자신의 시각 기능의 변화에 적응해야 한다. 시각 기능의 변화에 대한 개인별 적응은 시각 상실의 특성, 즉 잔존 시각이 안정되어 있는지 혹은 상실이 진전되어 있는지, 일상생활의 요구를 극복할 능력에 영향을 주는 다른 문제가 있는지에 따라 달라질 수 있다. 시각 상실이 심각하다면, 실명 전의 시각 기억에 의존하여 시각 상실 후의 제한된 시각 단서인 사물의 형태와 윤곽을 해석해야 한다. 시각 기억에 집중하고 새로운 정보와 연합하고 친밀한 사물과 환경과 접촉을 많이 하면 할수록 지각적 재조직화는 더 효율적으로 이루어진다. 시각적으로 기능이 유지될 수 있도록 동기 부여를 받고, 잔존 시각을 최대한 사용하도록 격려받은 사람은 지각적 재조직화를 빠르게 할 수 있다. Barraga(1976)는 읽기가 어렵고 속도가 느리더라도 읽기를 계속하고, 자신 혹은 타인을 대상으로 글쓰기를 지속하고, 시청 내용을 이해하면서 TV 시청을 지속하는 등의 활동이 지각적 재조직화를 활성화할 수 있다고 보았다. 이때 저시각 보조구는 잔존 시각을 사용하는 능력을 최대화할 수 있으므로 사용을 권장한다. 의학, 재활, 치료 등의 전문 분야가 함께 접근하는 다학문적 구조(multidisciplinary framework) 안에서 적응 훈련과 관련 서비스를 포함하는 재활 과정이 포함된다면 더욱 효과적이다.

출생 시 혹은 인생 초기부터 시각장애가 있는 사람은 지각 발달이 일반인과 다르게 이루어진다. 시각이 요구되는 생활 적응 수준은 개인이 보유하고 있는 시각 기억으로 결정된다. 인생 초기에 시각을 상실한 사람은 시각 기억이 없기 때문에 자신이 접하게 되는 환경을 시각적으로 이해하는 데 어려움이 있다. 그러나 노년층인 경우 젊었을 때 충분한 시각 경험을 통하여 시각 기억을 보유하고 있다. 이 기억은 시각 상실이 있은 후에도 노년층이 자신의 주위 환경에 대해 구조화하거나 이동 등의 활동을 할 때 도움이 된다. 시각 기억 외에 노년층이 잔존 시각을 활용하는 수준을 결정하는 주요 요인으로는 ① 동기 부여, ② 지능과 인지 능력, ③ 성격, 태도와 자아개념, ④ 시각 손상 연령과 안구 질환 혹은 결함의 특성과 영향, ⑤ 과거의 경험, 직업과 부업, ⑥ 가족 구조, 요구, 지원과 태도다(Barraga, 1976).

시각 상실 적응은 가족과 사회적인 맥락에서 이루어진다(Rosenbloom, 1992). 적응하는 능력과 적응하는 속도는 개인별 대처 전략, 중요한 주변 인물의 반응을 포함한 많은 요인과 관련되어 있다. 또한 시기적절한 보조자의 중재, 재활 혹은 기타 서비스를 받기 위한 위탁 등도 영향을 미친다. 만약 이런 지원이 없다면, 노인은 나름대로 극복하려는 노력으로 부적합한 행동을 하게 되어 변화를 하기 어려워질 수 있다.

시각 상실에 적응하는 반응은 내재 자원(inner resources), 이미 개발된 대처 전략, 외재 자원(external resources)을 통해 나타난다. 적응 반응은 크게 두 가지로 나뉜다. 첫째는 전형적인 사회적 행동 패턴을 유지하는 것이다. 둘째는 일상 활동을 스스로 하는 것이다. 일상 활동에는 목욕, 착탈의, 화장실 사용, 몸단장, 식사, 침대에서 의자로 이동하기와 같은 일상 활동(activities of daily living: ADL)과 식사 준비, 가정 관리, 세탁, 약 복용, 금전 관리, 외출, 쇼핑, 대중교통 이용 등의 수단을 활용한 일상 활동(instrumental activities of daily living: IADL)이 있다.

시각 상실과 관련하여 볼 때, 부적응 반응(maladaptive responses)은 지나치게 타인에 의존하는 성향과 비활동성을 들 수 있다. 도움 혹은 시각 재활 서비스 같은 서비스를 수용하지 않는 것도 부적응 반응의 예가 되며, 또한 삶의 가치를 추구하는 행동 혹은 활동인 외출, 종교 활동 참여, 노인 기관 활동 참여, 자원봉사, 사회 활동과 여가 활동, 가정 관리 활동을 포기하는 것도 포함한다.

시각을 상실한 사람 중 많은 사람이 시각 상실에 잘 적응해서 자신의 인생을 누리며 살고 있다. 다음 사례의 B 씨는 중복장애 상태를 극복하고 만족스럽게 적응한 대표적 사례다. 이 사례를 통해 시각장애 노인이 중재를 받아 성공할 수 있는 잠재력을 지니고 있음을 알 수 있다. 또한 노년기에 필요한 활동론(activity theory of aging)을 지지한다. 즉, 활동은 노년기에 오는 불가피한 상실 혹은 질병으로 인한 슬픔을 해소하는 최선의 수단이라는 것이다. 노년층이 자신의 한계를 극복하고 활동 수준을 늘리도록 돕는 것이 재활의 목표다. 일부 노년층은 자신의 상실을 인정하지 않고 적극적으로 활동에 참여하지 않으려고 할 수 있다. 자신의 현재 상황에 만족할 수 있지만, 재활 서비스로 혜택을 볼 수 있음을 알리는 것이 중요하다(Zarit, 1992).

중복장애를 극복한 미국인 사례

B 씨는 녹내장과 백내장으로 시각을 상실한 70세 여성 노인이다. 수술을 받긴 했으나 성공적이지는 못하였다. 시력은 최적으로 나올 환경이 조성된 장소에서 측정하였는데 20/80(소수식 시력으로 0.25) 정도로 좋게 나왔다. 그러나 시야 제한과 광민감증으로 인해 외부에서의 이동에 제약이 있다. 심한 척추 디스크가 있어 장시간 걷는 것이 어려워, 시니어 센터에서 제공하는 차량을 이용하여 주 1회 쇼핑을 가는 것을 제외하곤 거의 아파트에서만 지냈다. 생활은 사회보장 보조금에 의존하고 있다.

저시각 센터에서 검사를 받은 후에 B 씨는 이동 훈련을 받기 시작했다. 예약 시간에 맞춰 버스를 타고 가는 훈련이 이루어졌고, 근거리 과제용으로 차광 효과가 있는 저시각 보조구가 처방되었다. 그러나 그녀의 활동 공간은 자신의 아파트와 때때로 방문하는 클리닉으로 제한되어 있다. B 씨는 좀 더 많은 자극과 친교 활동이 필요하였다. B 씨는 예전에 관심은 있었지만 해 보지 못했던 그림을 배우고 싶어 했다.

클리닉 직원이 도와주어 B 씨는 시니어 센터의 그림반에서 그림을 배울 수 있게 되었고, 시니어 센터까지 버스를 이용하는 법도 배웠다. 그림반 지도교사는 B 씨가 시각 상실로 볼 수 없어서 배우기 어렵다고 하였다. B 씨는 당황했지만 곧 다른 반을 찾았고, 하루 4시간씩 그림을 그리면서 예술가로서의 면모를 개발하였다. B 씨는 우수한 그림을 그려 상까지 받았으며, 지역사회 전문대학에서 과정을 이수하는 것과 같은 다른 활동에도 참여하고 있다.

출처: Zarit(1992), p. 111.

여러 가지 요인이 개인별 시각 상실에 대한 반응과 적응 단계에서의 진전을 이해하는 데 중요하다. 노인의 적응 패턴은 이러한 내적 혹은 외적 요인의 영향을 받기 때문이다(Orr, 1998).

표 1-3 노인의 적응 요인

요인	세부 내용
내적 요인	• 개인의 현재 신체적인 안녕(well-being) 상태 • 개인의 변화, 스트레스 혹은 위기에 대한 전형적인 반응 • 추가의 건강 문제 유무 • 종교와 문화적 신념
외적 요인	• 지원해 주는 사랑하는 사람의 유무 • 장애, 특히 시각 상실에 대한 일반적인 지각과 태도 • 같은 경험을 하는 노인을 알고 있는지의 유무. 상대방이 절망적인지 잘 견디고 있는지 파악 • 기본적인 시각 관련 서비스, 즉 저시각 서비스와 시각 재활 서비스에 대한 인식과 서비스 접근 방법을 알고 있는지 파악

이러한 요인은 개인과 가족 구성원의 적응 과정이 얼마나 복잡하고 혼돈스러운지를 알려 주며, 또한 개인에게 신중한 시간이 필요한 이유도 알려 준다.

- **우울**: 슬픔과 우울의 경험은 정상이고 적응 과정에 필요하다. 우울은 일련의 적응 과정에서 발생하거나 재발할 수 있다.
- **재평가와 재확인**: 적응에 대한 재평가와 재확인 단계(Tuttle, 1984)는 초기 단계를 통해 나아갈 때 시작된다. 이 단계는 ① 자신의 강점과 약점을 확인하기, ② 자신의 개인적 신념 체계를 확인하기, ③ 미래가 있을 수 있음을 인식하기, ④ 미래를 위한 계획을 시작하기와 같은 심리적인 과정으로 특징지어진다.
- **대처하기와 동원하기**: 자신이 원하는 범위까지 독립적으로 되기 위해 기법을 배우는 것이 필요하다. 몇 가지 기법은 적응에 도움이 될 수도 있고 되지 않을 수도 있다. 적응에 도움이 되든 안 되든 전략은 어려운 상황을 극복하는 방법이다. 적응 단계 중 대처하고 동원하는 단계에서 개인은 시각 상실을 극복하는 전략을 개발한다(Tuttle, 1984).

2) 가족 구성원

가족 구성원의 역할은 적응 과정에서 중요하다. 가족 구성원의 반응과 상호작용의 패턴은 지대한 영향을 준다. 가족 구성원은 노인이 자신의 시각 상실을 다루는 방법에서 역할을 촉진해 줄 수도 있고 억제할 수도 있다.

가족은 각각 자신만의 반응을 보이면서 적응 과정에 있게 되는데, 모든 구성원이 같은 단계에 있다고 볼 수 없다. 가족 단위 안에서 적응 과정을 복잡하게 만들 수도 있으나 지원을 잘해 주는 가족 구성원은 적응 과정에서 중요한 차이를 만들어 낼 수도 있다. 그들은 노인을 정서적으로 수용할 수 있기 때문에 노인이 두려움, 부정과 화의 단계를 거쳐 서비스를 수용하고 적응을 할 준비로 나아가면서 새로운 생활을 다시 시작하도록 도움을 줄 수 있다.

가족에게는 시각 상실이 있는 구성원을 돕는 지침이 필요하다. Orr(1998)는 가족 구성원이 시각 상실이 있는 노년층에게는 중요한 지원자임을 강조하면서 노년층이 독립적이면서도 생산적인 여생을 보내도록 도와야 한다고 주장하였다.

표 1-4 시각 상실 노인 지원 내용

지원 항목	세부 내용
눈 검사를 받도록 격려하기	• 안과 전문의에게 검사를 받도록 한다. • 저시각 전문가에게 검사를 받아 최대한 현재의 보유 시각을 활용할 수 있도록 확대경, 조명 기구 등을 처방받는다.
시각 재활 서비스 알아두기	• 국가와 지방자치단체에서 제공하는 시각 재활 서비스에 대해 알아본다. 서비스에는 일상적인 생활을 수행하는 적응 기법을 배우는 독립생활 지도, 친숙하거나 낯선 장소를 파악하는 방법과 그 속에서 이동하는 방법(흰 지팡이 사용법 포함)을 배우는 방향정위와 이동 지도가 있다. • 거주 지역에서 재활 서비스를 받을 수 있는 방법을 알아낸다.
시각 재활을 받는 동안 노인을 지원하기	• 지역사회 내 재활 서비스를 알아냈다면 가족 구성원에게 설명한다. 서비스를 받도록 격려하고 스스로 결정하도록 시간을 준다. • 독립생활 기술 지도를 받을 때 함께 참여한다. 새롭게 배운 기법을 사용하도록 격려해 준다. • 집과 지역사회에서 독립적이 되도록 격려한다. 이동이 쉽도록 가구를 재배치한다든가, 조명을 바꾸어 주든가, 물건과 장소를 잘 파악할 수 있도록 색 대비를 해 주는 식으로 환경을 바꾸어 적응력을 높여 줄 수 있다.
가족의 중대사로 적응 과정을 다루기	• 각각의 가족에서 시각 상실이 주는 영향에 대해 터놓고 이야기하도록 격려한다. • 시각을 상실한 가족 구성원의 흥미와 능력을 고려하여 자신의 활동과 과업을 수행하도록 지원한다. • 가족 구성원 간에 상호 의존하는 기회를 만든다. 시각을 상실한 구성원도 가족 안에서 수혜자가 될 수 있을 뿐 아니라 다른 구성원을 돕는 지원자가 될 수 있다. • 시각장애인에게 서비스를 제공하는 기관에서 중도에 실명한 시각장애인을 위한 지원 집단이 있는지 확인한다.

출처: Orr(1998), pp. 103-104에서 재구성.

제2장

노년기의 시각 기능

시각(vision)은 시력, 색각, 대비를 구분하는 능력 그리고 공간 속에서 사물의 위치 파악 등의 복합적인 작용의 결합으로 이루어진다. 시각의 변화는 눈이 노화됨에 따라 눈 구조 자체에 오는 변화의 결과다. 노화 과정에서는 눈의 변화를 경험하게 되는데, 눈에 변화가 오면서 경험하게 되는 시각 기능(visual functioning)의 변화를 이해하여야 한다. 이런 변화에 대처하는 방법으로 적합한 조명, 광택의 제거, 색 대비의 사용 같은 환경 조성을 추천한다. 적은 비용으로 약간의 환경 변화만 주더라도 큰 도움이 될 수 있다.

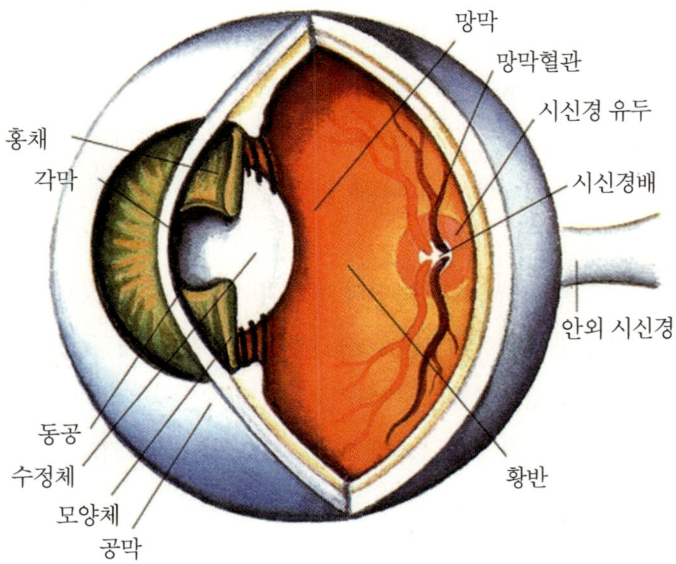

[그림 2-1] 눈의 구조

출처: The Lighthouse International, http://www.lighthouse.org

1. 기능의 변화

1) 시각 기능의 변화

연령 관련 감각과 지각의 변화는 노인의 생활뿐만 아니라 환경과 상호작용하는 능력에도 영향을 준다. 시각의 변화는 개인별로 다를 수 있고 심리적 상태, 즉 우울, 무관심, 사회적 고립을 이끌어 낸다. 노년기가 되면 신체적인 노화가 현저하게 진행되면서 여러 가지 변화가 나타난다. 연령이 많아짐에 따라 감각과 지각 그리고 행동 양상과 적응력에 변화가 일어난다(김미옥, 1987; 윤진, 1985). 노화 현상은 생물적 측면에서 일생 동안 지속적으로 일어나는 변화로 감각과 지각에서도 나타난다. 감각 능력의 변화는 다섯 가지 감각 능력, 즉 시각, 청각, 후각, 미각, 촉각에서 나타나며 30대부터 저하되기 시작하고 60대에는 현저하게 변화를 느낄 수 있다(윤경아, 2002).

감각 기능은 신체의 내적 및 외적 측면의 변화와 상황에 대한 정보를 수집하여 뇌에 전달하는 기능이다(최성재, 장인협, 2006). 이 감각기관 중 가장 중요한 시각 기능의 기관은 눈이다. 빛의 질을 조절하는 수정체와 빛의 양을 조절하는 홍채의 작용으로, 망막에 물체의 상이 정확히 맺히도록 하여 색채, 강도, 거리, 폭 등을 파악하는 일을 한다. 연령이 증가함에 따라 수정체의 조절 능력이 약해져서 근거리에 있는 물체의 상을 명확히 맺을 수 없게 된다.

노화에 따라서 정상적으로 일어나는 시각의 변화는 안질환으로 인해 더욱 심해진다(Rosenbloom, 1984). 시각 손상의 성질을 이해하기 위해서는 안구 손상과 신경 손상의 구분이 필요하다. 안구에서 일어난 손상은 눈의 굴절 부분, 광학 부분, 투명물질 부분의 이상으로 일어나며, 이것으로 시력 혹은 대비 감각이 감소하면서 대비가 뚜렷하지 않은 사물과 작은 세부를 파악하는 데 어려움이 생긴다. 안구에 손상이 있는 일부 사람은 대비 감각이 사라지더라도 시력은 그대로 유지된다. 이는 주변을 시각으로 파악하면서 이동하는 데 영향을 준다. Cunningham과 Johnson(1980)에 따르면, 아동에 있어서 보행자에게 있어서 대비가 잘 안 되는 사물, 즉 계단과 보도의 탐지는 중요하다. Marron과 Bailey(1982)에 따르면, 대비감과 시야의 상실의 정도는 이동에도 같은 수준으로 영향을 준다. 시력은 이동 능력의 부족을 알려 주는 예측 변수다.

시각과 관련된 신경 경로 손상으로 인한 시각 상실은 일반적으로 시야 이상으로 나타난다. 시력의 감소를 수반할 수도 있고 하지 않을 수도 있다. 중심 시야 상실은 많은 시각장애 노인층에 영향을 주고, 변형시증(變形視症, metamorphopsia), 휘도(빛의 밝기)의 변화에 대한 적응력 약화, 대비 감각의 감소, 주변 시야는 온전하지만 이동력의 부족을 일으킨다. 암점(scotoma, blind spot)의 크기와 범위는 망막 민감성(sensitivity)을 제한한다. 크기가 충분하고 대비가 뚜렷하며 조명이 주어지는 경우에만 사물 확인이 가능하다. 암점이 여러 개 있을 경우에는 시력이 좋다고 하더라도 시각 정보의 정확한 위치 파악과 평가가 어려우며, 확대 방법을 쓰더라도 읽기가 어렵다.

주변 시야 상실도 중요하다. 이동 기술과 환경을 파악하고 방향을 설정하는 능력은 이런 상실에 영향을 받는다. 안구 변화는 밝은 곳에서 어두운 곳으로 이동할 때 적응하는 능력을 저하한다. 어둠에 적응하는 능력의 부족은 균형 감각의 부족과 복합되어 밤에 걷거나 운전하는 데 어려움을 준다. 어려움을 최소화하고 적응 능력을 높이기 위해서는 안전한 환경 조성이 필요하다. 적절하게 자연광 혹은 인공 조명을 활용하고, 망가진 계단, 마루용 깔개, 윤이 나는 바닥, 마루에 깔린 찢긴 리놀륨, 부실한 난간 등의 위험 요소는 치우거나 바꾸어야 한다.

신체에서 일어나는 다양한 생리적인 변화는 시각 기능에 영향을 준다. 골격 근육의 약화는 안구 움직임뿐만 아니라 일반적인 신체 운동 형태와 이동력에 영향을 준다. 신경 충동이 근력과 균형감에 영향을 주어 운동 속도의 감소가 나타난다.

(1) 눈의 변화

시각의 주요 감각기관인 '눈'은 나이가 들면 구조와 기능이 퇴화하면서 변화한다(Kasper, 1983). 연령이 증가함에 따라 동공이 줄어들고, 원시 증가에 따른 굴절 변화, 난시에서의 변화, 수정체의 투명성 상실, 수정체의 두께 증가를 들 수 있다. 이런 안구의 변화는 망막에 도달하는 빛의 양을 줄어들게 하여 광감도를 떨어뜨린다. Rosenbloom(1992)에 따르면, 망막에 도달하는 빛의 양이 25세 때보다 80세 때에 10배나 줄어든다.

수정체가 평평해지고 수정체의 상피조직이 퇴화하는 경우가 많은데, 이 두 가지 변화는 시각을 손상할 수 있다. 전자는 난시를 초래하고, 후자는 심각한 불편을 초래한다.

공막은 눈 바깥의 흰 부분으로 탄력이 떨어지고 지방이 축적되어 노란색으로 변한다. 모양체는 홍채 뒤 원형의 근육 조직으로 두꺼워지고 유리질이 된다. 눈의 전방에서도 슐렘관(Schlemm' s canal)의 작용이 방해를 받아 수양액의 유입이 감소함에 따라 안내압이 정상적으로 올라가지 못한다. 유리질 혹은 콜로이드 조직이 혈관층인 맥락막에 생기고, 이것은 망막에 둥글고 노란색의 점으로 보인다.

나이가 들면서 맥락막의 혈관은 좁아지고 경화된다. 유사한 혈관의 변화는 혈관벽의 섬유 형성으로 인한 것으로 알려져 있는데 이는 망막에서도 일어난다. 나이가 들면서 망막의 광수용세포, 특히 황반 속의 추상체와 주변 지역에서의 간상체의 손실은 시야의 범위를 줄이고 시력에 영향을 준다.

투명한 수정체는 나이가 들면 커지고 확대되고 뻣뻣해지면서 노란색으로 변한다. 이로 인해 수정체는 혼탁해지고 안구 내 압력이 높아지고 초점을 맞추거나 조절하는 능력이 떨어진다. 특히 가까이 있는 사물을 보는 것이 어려워지며, 조절 속도가 더욱 느려진다. 연령과 관련해서 나타나는 근거리 시각을 위한 조절력 상실을 노안(presbyopia)이라 하는데 40대에 일반적으로 나타난다. 이 상태는 잔글자용 안경(reading glasses) 혹은 두 초점 안경으로 쉽게 교정된다.

수정체 혼탁과 더불어 홍채는 굳어지고 동공의 지름은 줄어드는데, 이 두 가지는 망막의 광수용세포에 전달되는 빛의 양을 줄어들게 한다. 노년기에는 추상체의 민감도, 즉 밝은 곳에서 어두운 곳에 갔을 때 혹은 그 반대되는 상황에서 적응하는 능력이 떨어지므로, 예전보다 더 밝은 빛이 필요해진다.

초자체는 젤 타입의 투명한 물질로 채워져 있으며, 수화(水和) 상태가 깨져 망막과 간격이 벌어질 수 있다. 이 현상은 망막이 혈관층에서 떨어지는 망막박리(retinal detachment)를 일으킬 수 있는데, 망막 혈관의 출혈로 피가 초자체로 흘러들어 혼탁해지면서 망막까지 빛이 전달되는 것을 방해할 수 있다.

초자체가 퇴화하는 또 다른 현상은 혼탁해지면서 점, 선, 거미줄 같은 것, 즉 '부유물(floaters)'이 보인다는 것이다. 이 증상을 비문증이라 하는데, 노화 과정에서 정상적으로 나타나는 현상으로 심각한 건강 문제는 아니다.

색각에서도 문제가 있는데, 특히 청색과 녹색을 구분하는 데 어려움이 있다. 이는 노화에 따른 수정체와 수양액의 변화의 결과다.

눈꺼풀 또한 노화되면서 탄력이 떨어지고 지방이 줄어들어 늘어져 내리거나 안쪽 혹은 바깥쪽으로 돌아간다. 시각을 방해하고 눈썹이 결막에 붙게 되는데, 이는 간단한 눈꺼풀 수술로 대개 교정된다.

연령과 관련해서는 안구 건조가 나타난다. 안구 건조는 눈물샘에서 눈물 분비가 감소된 결과로 생기며, 남성보다 여성에게서 자주 일어난다. 눈이 불편하고 염증을 일으킬 수 있으며, 대개 인공 눈물을 사용하나 만족스러운 해결책은 아니다.

(2) 시력 감소

시력은 사물을 정확하게 보는 능력이다. 일반적으로 시력은 20세경에 가장 좋은 상태에 이르고, 40세까지는 큰 변화가 없다가 그 이후 상당히 약해지기 시작하며, 70세 정도에 이르면 교정 안경을 쓰고도 정상 시력을 유지할 수 없을 정도가 된다. 노화는 시력 상실에 분명히 영향을 미치는데, 미국의 조사 대상의 시력 상실자 중 55%가 65세 이후에 시력이 상실되었다고 한 Birren(1964)의 연구는 이 사실을 뒷받침해 주고 있다. 아산사회복지재단(1985)에서는 연령 변화에 따른 시력 변화

표 2-1 연령에 따른 남녀별 시력 변화

연령	20~24	25~29	30~34	35~39	40~44	45~49	50~54	55~59	60~64	65~69
남	1.15	1.10	0.99	0.99	0.87	0.70	0.81	0.78	0.75	0.50
여	1.09	0.99	0.93	0.85	0.78	0.63	0.52	0.54	0.42	0.26

출처: 아산사회복지재단(1985), p. 243.

를 〈표 2-1〉과 같이 제시하고 있다.

이렇게 노년기에는 가까운 물체를 정확히 식별하기 위하여 돋보기안경을 쓰게 된다. 또한 노화가 되면 수정체의 섬유질이 증가하여 차양처럼 가려져서 시각이 흐려지는 현상인 백내장이 생기는 경우가 많다. 이러한 백내장은 세계적으로 가장 많은 실명 원인 질환이 되고 있다. 우리나라에서는 중년 및 노년 초기에 백내장의 발현율이 많은 것으로 나타나고 있다. 김명한(1983)의 백내장에 관한 연구에 따르면, 검사안 384안 가운데 66.7%가 노인성 백내장이었으며, 연령별로는 40대 33.3%, 50대 64.4%, 60대 69.6%, 70대 92.9%, 80대 100%가 백내장이었다. 연령 증가와 더불어 안내압이 상승하여 시신경의 기능이 부분적으로 저하되고 실명에 이르는 녹내장 질환도 크게 나타나고 있다.

(3) 시야 감소

시야는 노화가 진행됨에 따라 협착된다고 알려져 있다. 즉, 주변 시야에서 오는 감각 정보를 인식하는 능력이 떨어지면서 나타난다(Rubin et al., 1997). 시야의 바깥 부분에서 오는 정보를 적절하게 전달하지 못하거나, 시각적으로 찾는 과제를 수행하는 것, 특히 혼잡한 마켓 진열대에서 특정 물품의 위치를 찾아내는 것이 어려울 수 있다. 유용한 시야(useful field of view: UFOV), 즉 현존하는 시각 정보를 빠르게 활용할 수 있는 시야 범위는 연령이 증가하면서 줄어든다(Owsley, Ball, & Keeton, 1995). 일반적인 시야 측정은 빛에 대한 시각 감성(visual sensory sensibility)을 의미하지만, UFOV는 선택적 주목을 하고 집중을 분산하고 빠른 속도로 정보를 전달하는 식의 높은 수준의 처리 기술에 기준을 둔다. UFOV의 감소는 노인층의 교통사고 발생률을 높이고(Sims, Owsley, Allman, Ball, & Smoot, 1998), 몸의 균형을 잡는 능력과 이동하는 능력에 문제를 일으킨다(Riolo, 2000).

(4) 색각 변화

색 변별은 나이가 들면서 감퇴되는 시각의 기능이다(Cooper, Ward, Gowland, & Mclntosh, 1991). Watson과 Echt(2010)에 따르면 노년에는 어두운색, 즉 갈색, 검은색, 남색은 물론 보라색, 파란색, 황색 범위의 색(특히 파스텔 색조인 경우)을 인식하는 능력이 감소한다. 노년에 색각의 상실은 동공 지름의 축소(Winn, Whittaker, Elliot, & Philips, 1994), 수정체를 통해 전달되는 빛의 감소(Porkony, Smith, & Lutze, 1987), 광수용체와 신경 경로에서의 변화(Spear, 1993)에 따른 것이다.

연령 증가에 따라 색깔 감지 능력이 크게 변하게 되는데, 수정체의 색채가 노란색으로 변하는 황화(yellowing) 현상으로 인하여 노란색, 주황색, 빨간색 계통의 색은 더 잘 구별할 수 있게 되나, 보라색, 남색, 파란색 계통의 색은 잘 구별할 수 없게 된다(Botwinick, 1978). 또한 색상환(色相環)에서 가까운 녹색과 청색, 적색과 주황색은 가장 구분하기 어렵다(Orr, 1998). Duffy(2002)에 따르면, 노년층은 갈색 혹은 검은색에서 암청색을, 녹색 혹은 보라색에서 청색을, 그리고 황색 혹은 연두색에서 분홍색을 구분하기 어렵다고 한다.

색의 선명도 혹은 포화도(color saturation)를 높이면 노년층이 색을 구분하는 데 도움이 된다(Ordy & Bizzee, 1979). 시각 상실이 있는 노년층에게는 선명한 색의 사용이 중요하므로, Rosenbloom(1992)은 환경 속에서 부적절한 조명, 눈부심, 대비 효과의 부족이 있는 부분을 찾아서 위험 요소를 최소화하는 것이 필요하다고 강조한다.

노년층이 생활하는 공간에는 뚜렷하게 대비되는 색깔을 사용하여 사물을 구분할 수 있게 한다면 크게 도움이 된다. 예로, 벽은 밝은색으로 하고 문은 어두운색으로 한다거나 전기 스위치판을 벽과 대비되게 어두운색으로 하는 것 등이 있다. 이와 같은 색 대비를 고려한 공간 구성은 시각 상실이 있는 노년층이 편리하게 생활하도록 도울 수 있다.

(5) 조절력 상실(노안)

조절(accommodation)은 초점을 맞추는 것으로 개인과 사물 사이의 거리에 따라 초점을 맞추며 적응하는 능력을 말한다. 조절력의 상실, 즉 노안은 가까운 거리에서 초점을 맞추는 능력이 감소된 것을 말하며, 노안이 있는 사람은 책을 읽을 때 책을 자주 팔 길이 정도로 멀리 잡게 된다.

연령 증가에 따른 조절력의 감소는 눈의 수정체가 단단해져서나 모양체 근육의 탄력이 떨어져서 나타난다. 근거리의 사물 혹은 작은 글씨를 보는 능력의 상실은 살아가면서 서서히 나타나기 때문에, 노안은 40세 이후에 전형적으로 나타난다고 할 수 없다(Orr, 1998). 그러나 노안이 45세경에 시작된다고 보는 학자도 있다. 노안인 사람은 근거리 작업을 할 때 혹은 읽기를 할 때 두통 혹은 눈의 피로를 느낄 수 있다.

(6) 비문증

시야 부분에서 작은 점이나 덩어리가 날아다니는 것이다. 방 안에서 빛이 밝은 곳이나 날씨가 맑은 날에 느낄 수 있다. 비문증은 대개 정상이지만 망막박리 같은 눈의 문제에 대한 경고일 수 있다. 시야에서 날아다니는 작은 점이나 덩어리에 큰 변화가 있다면 안과의사를 찾아 검진을 받아야 한다.

(7) 안구 건조

안구 건조는 눈물샘이 눈물을 충분하게 만들지 못해서 나타난다. 건조된 눈은 불편하고, 따갑고, 화끈거리고, 심지어 시각 상실도 초래할 수 있다. 집 안에서는 가습기를 사용하거나 의사가 처방해 준 인공 눈물약을 사용할 수 있으며, 증상이 심각한 경우는 수술이 필요할 수 있다.

(8) 높은 조도의 요구

연령이 높아짐에 따라 빛의 산란, 동공의 지름 축소 등으로 인해 망막까지 들어오는 빛의 양이 크게 줄어든다. 따라서 눈이 효율적으로 기능하기 위해 일반 조명보다 더 많은 빛이 필요하다. 60세의 고령자는 20세의 젊은이가 받아들이는 빛의 1/3 정도밖에 받아들이지 못한다는 연구가 이를 뒷받침한다(Atchley, 2000). Orr(1998)에 따르면, 노년기에는 청년기보다 4배 이상의 빛이 더 필요하다. 일반적으로 80세 이상인 경우는 25세 젊은이보다 빛이 평균적으로 10배 정도 더 필요하다. Rosenbloom(1992)은 똑같은 시각 능력을 발휘하기 위해 60세 노인은 20세 청년보다 2배 이상의 조명이 필요하고, 80세 노인은 3~4배 이상의 조명이 더 필요하다고 하였다. 연령 변화에 따른 눈의 상태가 개인별로 차이가 있기 때문에 개인별 요구에 따른 정확한 빛의 양을 결정해야 한다.

시각은 적절한 조명이 주어질 때 최적으로 활용된다. 방에 하나 이상의 조명을 제공하는 방법이 효과적이다. 예로, 방의 천정에는 와트 수가 높은 전등을 달고, 책상에는 독서용 전등을 마련한다. 노년기에는 높은 조도의 빛이 필요하게 되는데, 노안의 경우 눈이 빛을 받아들이는 능력이 저하되면서 어두움에 대한 감지와 적응능력이 약해지므로 특히 고령자는 밤에 운전하는 데 어려움을 겪거나 상당히 위험할 수 있다.

(9) 눈부심 문제

외부의 사물이 망막에 상으로 맺힌 상태에서 그 위에 빛이 베일같이 덮이면 빛의 산란 현상이 나타난다. 이 현상 때문에 눈을 통해 보이는 사물의 선명도는 떨어진다. 노년층은 밝은 조명이 필요하지만 지나치게 눈이 부신 밝은 빛은 시각에 좋지 않은 영향을 준다. 빛이 직접적으로 눈에 비치는 경우는 더욱 문제가 된다.

눈부심은 반짝거리는 표면에서 반사되는 밝은 빛으로 인해 나타난다. 시각장애는 빛이 눈으로 직접 비쳐 들어올 때 일어난다. 극단적인 밝은 빛과 눈부심에 대한 극단적인 회피 반응을 '광민감증(photophobia)'이라고 한다.

눈부심이 있으면 주변 환경에서 사물을 집중해서 살펴보고 확인하는 데 어려움이 있다. 보통 50세 이후에 수정체와 망막의 감성(retinal sensitivity)의 변화로 인해 밝은 빛의 눈부심에서 회복되는 능력은 감소한다.

눈부심을 일으키는 것은 광택을 낸 바닥, 금속 물건, 거울, 타일 바닥, 에나멜 바닥과 벽, 유리와 같이 반짝이는 탁자의 상단이다. 환경 속에는 노년층의 시각 식별을 방해하는 눈부심 요인이 많이 있다. 외부에서의 햇빛, 창문으로 들어온 빛줄기 혹은 형광등이 반짝이는 물건을 비추는 경우, 잡지의 고광택지는 눈부심을 일으키고 읽기를 방해한다.

백열등은 형광등보다 눈을 편하게 해 주는 조명으로 꼽힌다. 백열등은 근거리 작업 공간을 집중적으로 비춰 주는 조명으로, 형광등은 주변 조명으로 적절하다. 노년층에게는 두 종류의 조명을 함께 사용함으로써 최상의 도움을 줄 수 있다. 와트 수가 높은 전구를 작업 공간 혹은 독서 공간에서 사용하는 것은 좋지만, 와트 수가 높은 조명은 눈부심과 다른 불편을 초래할 수 있으므로 개인별로 가장 필요한 조명을 적절하게 결정하는 것이 필요하다.

| 사진 2-1 |

집 안에 들어온 햇빛이 광택을 낸 문에 반사되어 눈부심을 일으킬 수 있다.

| 사진 2-2 |

복도에 켜 있는 등과 창문으로 들어오는 빛이 복도 벽에 반사되면서 눈부심을 초래한다.

(10) 밝음과 어둠에 대한 적응 문제

적응(adaptation) 능력은 빛의 변화에 적응하는 능력을 말한다. 이는 눈의 전방 구조를 통과하는 빛의 양이 감소됨에 따라 줄어드는데, 노화 과정에서 동공의 축소로 나타날 수 있다(Eisner, Fleming, Klein, & Mouldin, 1987). 노년층에 있어서 밝거나 어두운 곳에 적응이 느려지는 현상은 밝은 곳에서 어두운 곳으로 갈 때와 어두운 곳에서 밝은 곳으로 갈 때 나타난다.

밝음과 어둠에 적응하는 능력은 다른 수준의 조도에 적응하는 눈의 능력이다. 망막의 광수용체로는 간상체와 추상체가 있는데, 간상체는 빛과 움직임에 민감하며, 추상체는 색과 미세한 세부에 대해 반응한다.

간상체는 밤에 희미한 빛에서 사물의 움직임을 감지한다. 빛이 있다면 눈은 적응하기 위해 높은 조도를 요구한다. 눈은 밝음에서 어둠으로 적응하는 것보다 어둠에서 밝음으로 적응하는 것이 더 빠르게 이루어진다. 어둠에 적응하는 능력은 연령, 변화된 환경에 적응하는 데 걸리는 시간, 밝음에서 어둠으로 혹은 어둠에서 밝음으로 적응하는 시간, 동공의 크기, 망막과 수정체의 변화에 따라 달라질 수 있다. 변화된 환경의 예로는 실외에서 영화관 안으로 들어간다든가 식당에서 외부로 나오는 경우를 들 수 있다.

녹내장이 진행되면서 시야가 제한된 노인은 어두운 곳에서 시각 기능이 심하게 제한되므로 밝은 조명이 필요하다.

(11) 대비 능력 감소

밝음과 어둠은 다양한 표면에서 반사되는 빛의 양으로 결정된다. 색이 밝은 사물은 어두운 색의 사물보다 밝으며, 밝음과 어둠은 뒤 배경에 따라 쉽게 구분될 수도 있다. 망막세포와 뇌는 밝음과 어둠이 아니라 대비와 가장자리(테두리)를 확인한다. 공간 속에서 특정 사물을 구별해 내는 능력은 색깔 대비로도 영향을 받지만 질감, 형태로도 영향을 받는다. 노년층을 위해서는 사물을 배경과 뚜렷하게 구분할 수 있도록 대비를 하고 사물 둘레에 테두리를 하는 것이 효과적이다. 특히 읽기에서 대비는 필수적인 요소로 백색지 혹은 옅은 황색지에 쓴 흑색 글씨는 좋은 대비 효과를 준다.

조도가 감소되거나 대비 효과가 줄거나 눈부심이 있는 같은 조건에서 노인은 젊은이에 비해 훨씬 높은 시각 상실을 경험한다(Winn et al., 1994). 예로, 82세 이상인 900명의 노인을 대상으로 시력검사표로 검사를 실시하였을 때, 높은 대비에서의 중앙치(median) 시력은 20/30(6/9)이었다. 낮은 대비와 높은 조도에서의 시력은 20/55, 낮은 대비와 낮은 조도에서의 시력은 20/120, 눈부심이 있는 낮은 대비에서의 시력은 20/160(6/48)이었다(Haegerstrom-Portnoy, Schneck, & Brabyn, 1999). 20/20(6/6)의 시력을 지닌 젊은이는 같은 조건에서 시력검사표의 한 행 정도의 글자만 읽어 내지 못한 것으로 나타났다.

낮은 대비에서의 시력 상실은 어떤 크기의 사물이라도 볼 수 없게 하며, 사물과 사물의 배경 간의 충분한 대비가 이루어질 경우에는 변별이 가능해진다. 예로, 커피를 어두운색의 컵에 따르거나 우유를 흰색 잔에 따른다면 대비가 부족하여 따르는 양을 가늠하기 어려워 쏟을 수 있다. 반면 커피를 흰색 잔에 따르거나 우유를 어두운색의 컵에 따르면 대비가 잘되어 식별이 쉬워진다. 전자 매체(electronic media)에서 제공하는 중간 크기 이하의 텍스트는 노인을 위해서는 2~3배 정도의 배경이 필요하고 대비를 강하게 해야 한다(Echt, 2002; Mancil & Owsley, 1988).

(12) 깊이 지각 감소

사물의 위치는 사물의 크기, 결 구배(거리에 따라 결 표면의 밀도가 달라지는 현상으로 거리가 멀수록 결 밀도가 높다), 가깝고 먼 사물의 배치, 시차운동(視差運動: 거리에 대해 확실한 결론을 내릴 수 있게 해 주는 외양적인 물체의 각속도), 빛과 그림자 같은 단서를 사용하여 결정할 수 있다. 연령의 차이는 눈 기관 자체뿐만 아니라 기능(예: 조절, 눈 모음, 빛의 산란, 수정체의 전달력, 광감도)의 차이를 가져오며 그 결과 입체 영상 혹은 깊이 지각 능력 혹은 공간 속에서 사물의 상대적인 위치를 인지하는 능력에 영향을 미친다. Rosenbloom(1992)은 깊이 지각의 상실은 시각 손상으로 인한 것이지 노화 때문이 아니라고 보았다. 연령 혹은 시각 손상이 시각 수행력을 다양한 면에서 줄이는지는 명확하게 밝혀지지 않았다.

| **사진 2-3** |

계단 쪽으로 진 그림자는 시각적으로 혼돈을 일으켜 각 계단의 끝을 파악하기 어렵게 한다.

깊이 지각력의 감소는 사물이 얼마나 가까이 있고 멀리 있는지 그리고 얼마나 높이 있고 낮게 있는지를 결정하는 데 어려움을 가져온다. 깊이 지각의 상실로 계단 혹은 연석의 깊이, 욕조의 깊이를 인식해서 적절하게 대응하는 것이 어려울 수 있다. 특히 그림자가 지면의 시각적 혼란을 일으킬 수 있어 정확하게 인지하기 어려울 수 있다. 대비 감각 능력의 감소가 노년기의 깊이 지각을 약하게 하는 원인이기도 하다.

(13) 환시

황반변성으로 실명한 일부 사람은 찰스 버넷 증후군(Charles Bonnet syndrome: CBS)을 보인다(Orr & Rogers, 2006). 이 증후군으로 환시가 몇 분 동안 혹은 그 이상으로 나타난다. 대개 밤에 나타나거나 시각을 상실한 사람이 혼자 있을 때 나타난다. 시력이 악화된 후에 처음 나타나고, 12~18개월 동안 계속 일어난다.

2) 지각 기능의 변화

지각 기능은 감각기관을 통해 수집된 정보를 의식적인 수준에서 처리하고 평가하는 기능이다. 노화에 따라 지각 과정의 속도가 저하된다고 일반적으로 알려져 있으며, 이에 따라 고령자는 환경 변화에 즉각적으로 잘 대처하지 못해 안전사고를 당하는 경우가 많다.

고령자는 시간 경과에 대한 지각이 무디어져서 시간을 무감각하게 흘려보내는 경우가 많으며, 움직이고 있는 물체에 대한 속도 지각도 둔화된다. 고령자가 이처럼 지각 능력이 둔화되는 것은 생물적 노화로 인해 외부의 자극과 정보를 처리하는 신경 체계의 활동 속도가 느려지기 때문이라고 설명할 수 있다(최성재, 장인협, 2006). 감각과 지각 과정의 기능 저하는 70세 이전까지는 순수한 생물적 노화에 의한 것보다는 질병 및 기타 특수한 상황의 영향에 의하여 크게 촉진된다는 연구도 있다(Birren, 1964).

시각을 통한 지각을 처리하고 시각적으로 학습하고 기억할 수 있는가를 포함하는 개념이다. 연령에 따른 시지각의 차이는 시각, 인지 능력, 성격 혹은 심리사회적 관계의 변화로 인한 결과라고 보기도 한다. Corn(1983)은 이 복잡한 시각 작용을 여러 요소로 설명하고 있다. Corn의 시지각 모형은 3차원 구조로 시각 능력, 사용 가능한 자원과 과거 경험과 환경 단서로 구성되어 있다. 이 모형은 저시각이 시각적으로 기능하는 방법을 이해하는 데 도움이 되고, 환경적 단서로 사용될 수 있는 것이 무엇인지 알게 해 주고, 시각 능력 중 저하하였거나 능력이 부족한 부분을 확인하여 보상할 수 있는 체계적인 접근을 가능하게 한다. 노년층의 개개인은 시각 손상으로 받는 영향이 저마다 다르다(Rosenbloom, 1992).

Rosenbloom(1992)은 시각 손상의 유형과 정도뿐만 아니라 개인별 적응 행동에 시각 손상이 미치는 영향에 대해서도 관심을 가지는 것이 필요하다고 주장하였다. 행동 관점에서 볼 때 시력, 색각, 깊이 지각 등의 감소는 개인에게 심각한 장애를 초래하는 것은 아니다. 시각 상실은 노년기에 서서히 진행되고, 몇 가지 보상 활동으로 저시각 보조구를 사용하고, 기타 적응 기술을 개발하고, 환경을 바꿈으로써 극복할 수 있다(Botwinick, 1975).

3) 심리 운동 기능의 변화

우리 몸에서는 감각기관을 통해 외부 자극에 대한 정보가 투입되면 지각 기능에 의하여 의미가 부여되고, 다른 정보와 이 정보가 통합되어 자극에 대한 반응 행동을 결정하고 근육기관에 이 행동을 수행할 것을 지시 · 전달하면 최종으로 근육기관의 활동이 이루어지게 된다.

이러한 일련의 과정 가운데서 감각기관을 통해 투입된 정보가 이에 대해 필요한 근육 운동으로 종결되어 나타나는 것을 심리 운동 기능이라고 한다. 심리 운동은 노화에 따라 느려지는 것이 일반적인데, 이는 주로 반응 시간이 많이 걸리기 때문이다.

반응 시간(reaction time)은 자극이 주어진 이후부터 그 자극에 대한 반응 행동이 시작되기까지 걸린 시간을 말하는데, 노화의 정도에 따라 그리고 주어진 자극이 복잡할수록 반응 시간은 더 길어진다. 젊은이는 일반적인 운동속도가 빠르므로 빨리 진행하여 시행착오 과정을 반복할 수 있는 여유가 있는 데 반하여, 고령자는 일반적인 운동 속도가 느려 시행착오 과정을 되풀이할 시간적 여유가 없으므로 한 번을 해도 정확성을 기하려고 하기 때문에 반응 시간이 길어진다.

반응 시간 실험에서는 반응 시간을 운동 전(premotor) 요소와 운동(motor) 요소로 구분한다. 운동 전 요소는 행동을 하도록 결정하는 시간이고, 운동 요소는 결정된 행동이 실행되는 시간이다(Zarit, 1992). 연령 증가에 따라 시간 지연은 운동 전 요소, 즉 의사결정을 하는 시간에서 일어난다(Botwinick, 1978; Botwinick & Thompson, 1966). 반응 시간의 지연은 주변 신경 경로에서보다 중추신경계의 작용이 느려져서 일어난다고 보는 견해도 있다(Birren & Botwinick, 1955).

반응 시간의 지연은 고령자의 인지 능력에는 영향을 미치지 않는 것으로 여겨진다(Atchley, 2000). 이와 관련하여 볼 때 주어진 시간 내에 처리를 요하는 문제나 활동은 고령자가 젊은이보다 뒤처질 가능성이 높지만, 시간 제약을 크게 받지 않는 일에서는 노년층도 잘해 낼 수 있음을 알 수 있다.

2. 기능의 상실

1) 시각 상실의 신호와 증상

시각 상실의 신호와 증상은 관찰을 통해 알 수 있다. 이를 통해 안과적인 도움과 시각 재활 서비스의 도움을 받을지 여부를 결정할 수 있다.

심각한 시각 문제를 알 수 있는 징후는 다음과 같다.

- 갑작스럽게 흐릿하거나 혹은 뿌옇게 보인다.

- 안구 주변에 통증이 되풀이된다.
- 두 개로 겹쳐 보인다.
- 빛 주변에 후광이 보인다.
- 빛 혹은 눈부심에 지나치게 민감하다.
- 홍채의 색이 변한다.
- 비문증이 갑작스럽게 심해진다.

이러한 징후는 노화 과정에서 나타나는 눈의 변화가 아니다. 이들 징후 중 어느 하나라도 확실하게 나타난다면 시각 문제가 이미 진전되어 있다고 보아야 한다. 따라서 안과 전문의를 찾아 진단을 받는 것이 필요하다.

노년층에서 시각 상실이 있음을 알아내는 방법은 다음과 같다. 여러 일상생활 활동 중에서 다음과 같은 행동을 보인다면 시각이 상실되고 있지 않나 의심을 해 보고 안과의사에게 의뢰를 해야 한다(Orr, 1998, p. 52).

① 일상적인 활동 중

- 독서, TV 시청, 운전, 걷기, 취미 활동을 하는 방식에 변화가 있고, 한 가지 이상의 활동을 그만둔다.
- 사물에 초점을 맞추기 위해 눈을 찌푸리거나 머리를 기울인다.
- 사람의 얼굴 혹은 사물을 확인하는 데 어려움을 보인다.
- 자신이 아는 장소에서도 개인 물품을 찾고 제 위치에 두는 것에 어려움을 보인다.
- 독특한 방식으로 사물에 접근한다.
- 여러 가지 색깔이 섞여 있으면 색깔을 구분하는 데 어려움을 겪고 옷 선택도 어려워한다.

② 읽기와 쓰기

- 우편물, 신문, 책 읽기를 하지 않으려 한다.

- 얼굴에 가까이 대거나 각도를 달리하여 인쇄물을 잡고 있다.
- 글자를 또렷하게 혹은 정확하게 쓰지 못하고 줄을 맞춰 쓰지 못한다.
- 읽기와 기타 활동을 하는 데 방에 더 많은 조명이 필요하다.

③ 이동할 때

- 걷는 동안 벽을 훑으면서 간다.
- 물건과 계속 부딪힌다.
- 바닥이 평평하지 못하거나 변화가 심한 경우 걷는 데 어려움이 있다.
- 신체에 이상이 없는데 계단을 조심스럽게 천천히 오르거나 내려간다.

④ 식사와 마시기

- 수저나 포크로 음식을 확인하여 집어올리는 데 어려움을 보인다.
- 그릇에 음식을 옮기거나 혹은 음식을 자르는 등의 행동을 어려워한다.
- 식사 중 음식을 그릇 밖으로 흘린다.
- 음료를 컵 밖으로 흘리거나 흘러넘치게 한다.
- 식탁에서 음식을 집으려고 하면서 주위의 다른 식기나 음료 등을 건드려서 넘어뜨린다.

Horowitz, Teresi와 Cassels(1991)는 노년층을 위한 시각 문제 선별 질문지를 개발하였다. 총 15개의 질문으로 구성되어 있으며([그림 2-2] 참조), 노인 본인이 각 질문을 읽고 문제가 나타나면 1, 나타나지 않으면 0으로 점수를 매긴다. 문항 내적 일관성 신뢰도인 Cronbach 알파는 .84다. 점수의 범위는 0~15점이고, 시니어 센터 노인의 평균 점수는 3.8, 가정 보호 노인의 평균 점수는 6.3으로 보고되었다.

시각 문제 선별 질문지

1. 시각 문제로 당면한 일을 처리하기 어려운가?
2. 신문의 머리기사 제목을 읽을 수 없는가?
3. 일반 활자를 볼 수 없는가?
4. 전화번호부를 볼 수 없는가?
5. 거리 보행 시 신호판을 볼 수 없는가?
6. 차 접근을 확인하지 못해 차들이 갑자기 사라지는 것처럼 느껴지는가?
7. 여가 활동을 하기 어려운가?
8. 약병의 라벨을 읽기 어려운가?
9. 가격표를 읽기 어려운가?
10. 우편물 내용을 확인하기 어려운가?
11. 자신이 쓴 글자를 읽기 어려운가?
12. 방에서 사람들의 얼굴을 알아볼 수 없는가?
13. 불빛이 흐린 장소에서 보기 힘든가?
14. TV 화면에 가까이 가서 보는가?
15. 의사가 눈에 대해 더 이상 치료가 불가능하다고 하는가?

[그림 2-2] 시각 문제 선별 질문지

출처: Horowitz, Teresi, & Cassels(1991).

2) 청각 상실의 수반

노년층은 시각 상실과 함께 다른 건강 혹은 신체 상실을 경험하게 된다. 관절염으로 인해 이동에 심각한 어려움을 겪을 수 있다. 또한 시각 상실 외에 청각 상실도 중복해서 보일 수 있다. 만성 혹은 급성 신체상의 건강 문제가 함께 있거나 알츠하이머병 같은 치매가 함께 있는 경우 시각 상실의 영향은 더욱 커진다.

많은 노년층은 특히 시각과 청각 상실을 함께 경험한다. 노년기에는 시각 상실보다 청각 상실이 더 많이 나타난다. 시각과 청각을 동시에 상실하는 이중 감각장애

(dual sensory impairment)를 경험하는 노년층도 많으며, 상실의 정도는 개인별로 차이가 심하다. 65세 이상 노령인구의 25~40%가 청각 상실을 보이고, 70대와 80대에는 70~80%로 늘어난다. Hull(1977)은 65세 이상의 50%가 어느 정도의 청각 상실을 가지고 있는 것으로 보았다.

청각 상실의 가장 큰 영향은 의사소통을 방해한다는 것이다. 의사소통의 어려움으로 사회에서 스스로 고립되어 심리적으로도 고립 상태에 있게 된다. 일상생활, 직업, 레크리에이션 활동을 할 기회도 상실하며, 일부는 퇴행하여 결국 혼자 고립 생활을 한다. 이로 인해 침체되고 절망하게 되면 정신 건강 및 신체 건강에도 영향을 미친다.

또한 청각 상실로 실망감과 좌절감을 경험하게 된다. Hull(1982)은 가족 모임 때 노인이 자녀와 손자가 말하는 것을 이해하기 어렵기 때문에 좌절을 느낀다고 보았다. 재잘거리는 손주와 이야기를 나누면서 느끼는 즐거움을 더 이상 누릴 수 없다는 것도 큰 좌절감을 느끼게 한다.

노인은 가족이 청각 상실로 자신이 독립적으로 기능하지 못하고 자신의 일도 스스로 해결하지 못할 것으로 생각할까 봐 걱정한다. 자신이 책임지고 하는 일을 하지 못하게 하는 것은 아닐지에 대해서도 염려한다. 의사소통에서의 무능력은 합리적으로 기능할 능력이 없는 것으로 판단하게 만들 수 있으며, 다른 사람의 반응이 노인 자신의 능력을 의심하게 만들 수도 있다.

노년층은 젊은 층에 비해 노화의 과정으로 청각 상실을 불가피한 결과로 받아들인다. 노년층은 다른 사람을 방해하고 싶어 하지 않아서 생활에서 노력하는 것을 쉽게 포기하고 극복하려는 의지마저 보이지 않는 경우가 많다. 청각 상실이 있는 경우 시각이 보완 역할을 하지만, 시각이 상실되면 이마저 가능하지 않다.

청각 상실이 미치는 영향의 범위는 여러 요소, 즉 가족과 친구의 이해와 지원, 노인의 연령, 성격, 지적 능력, 사회 및 경제적 지위, 교육, 일반 지식, 노인에게 부여된 직업 및 사회적 요구, 기타 감각 상실의 수반에 의해 결정된다. 시각과 청각이 동시에 상실되는 것은 독립적으로 기능하는 능력에 지대한 영향을 주고, 노인은 사회

생활과 의사소통에서 어려움을 느끼게 된다(Bate, 1992).

노년층에 있어 청각과 관련 있는 또 다른 문제는 이명증(tinnitus)이다. 종소리 혹은 휘파람 소리, 윙 하는 소리 등이 가끔씩 작게 또는 크게 들려 집중할 때나 수면을 취할 때 방해가 된다. 이는 완전하게 청각을 상실한 농(deaf)의 상태에서도 일어날 수 있다. 이명은 외이 혹은 내이에 문제가 있어서 일어날 수 있지만 다른 많은 이유, 즉 약의 부작용(노년층에서 발생하는 문제는 아니나 아스피린을 정기적으로 사용하는 경우), 혈관 혹은 신경 문제 등으로 인해 나타날 수 있다.

또 다른 문제는 평형감각의 상실이다. 노년층의 50~75%가 어지럼증을 경험하고(Traynor, 1982), 이 평형 감각의 상실을 노인성 어지럼증(presbystasis, 노인성 전정장애)이라고 하는데, 시각의 상실이 일차적인 주요 원인이 될 수 있다. 이때는 전정재활 서비스가 제공되며, 이러한 재활은 이 상태와 평형감에 대한 상담과 함께 실시된다.

노년층은 소리가 울리는 방과 시끄러운 환경같이 잘 들을 수 없는 환경에서 어려움을 겪으므로 노년층이 살고 있는 장소의 음향을 개선하여야 한다. 방 안팎의 소음을 줄여서 듣기 조건을 강화한다. 특수 음향 설치를 하고 환풍 처리까지 할 수도 있지만, 방에서 소리가 울리는 것을 방지하기 위해 벽에 거는 장식품, 천 벽걸이, 가구용 천 덮개, 휘장 등을 사용하여 소음을 흡수하게 할 수 있다.

다음과 같이 청각 상실의 영향을 줄이는 효과적인 방법이 있다. 청각 상실로 인한 문제를 줄이는 데 도움이 되고 청각장애인을 도와줄 수 있는 방법으로, 청각장애 노인과 일하는 전문가에게 유용한 지침이다(Bate, 1992, pp. 132-134).

- 이해심과 인내심을 갖고 대한다. 청각 상실 노년층은 동정을 원하지 않고 상대방과 이해하면서 대화하기를 원한다.
- 노인이 선호하는 의사소통 방식(예: 입술 모양 읽기, 종이에 써서 대화하기, 수화)을 결정한다. 큰 소리로 말하는 것이 항상 정답은 아니다.
- 입을 충분하게 벌려 가며 말한다. 단, 너무 과장되게 입술을 움직이지 않도록

한다.

- 천천히 정확하게 말한다. 단어를 완벽하게 마무리한다. 노년층이 잡아내기 어려울 수 있기 때문에 이름의 발음을 적절하게 하도록 조심한다. 약간 목소리를 높일 수 있다. 그러나 크게 소리치는 것은 듣는 이를 불편하게 할 수 있다.
- 입안에 무엇인가를 넣은 상태에서 말하지 않는다. 말할 때 손으로 입을 가리지 않는다.
- 배경에 소음 혹은 다른 사람의 말소리가 없도록 한다. 말하기 전에 라디오, TV 등을 끈다. 식당에서도 배경 소음이 없고 혼란스럽지 않은 장소에 앉는다. 노인과 마주 보고 앉고 화자의 얼굴을 볼 수 있도록 조명이 비치는지 확인한다.
- 청각 상실 노인과 다른 방에 있으면서 말하지 않는다. 거리가 떨어져 있고 소리 전달을 방해하는 장애물이 있으므로 말을 들을 수 없다. 얼굴을 볼 수 없어 입술 모양 읽기도 가능하지 않다.
- 집단에서 청각 상실 노인이 대화에 참여하고 있다면 지금 논의되고 있는 것을 이해하고 있는지 확인한다. 아니라면 종이에 적어서 알려 준다.
- 일부 노인은 특정 말소리를 듣는 것이 어려울 수 있다. 이런 경우에는 뜻을 더 분명히 하기 위해 화자는 말한 것을 다시 다른 표현으로 바꾸어 말하며, 똑같은 말만을 계속 반복하는 것은 피한다.
- 노인이 들으려고 노력할 때 조롱하지 않도록 한다. 놀림을 받으면 자신감을 상실할 수 있다.
- 노인이 이해하지 못한 것이 있을 때 주저없이 물어볼 수 있도록 한다.
- 청각 활용이 잘되는 환경을 조성하면 도움이 된다. 방에서 소리가 울린다면 카펫을 깔거나 부분 깔개를 깐다. 또한 벽걸이 혹은 휘장을 사용하거나 가구에 천 덮개를 씌워 소리 울림을 줄일 수 있다.
- 지역사회에서 다양한 서비스를 받도록 격려한다.
- 보청기를 사용한다고 해서 정상적으로 들을 수 있는 것은 아니다. 보청기를 착용하더라도 시끄러운 장소와 음향이 좋지 않은 곳에서는 듣기가 어렵다.

- 노인을 깔보거나 얕보는 투로 말하지 않도록 주의한다. 청각 상실 노인에게 자존심을 상하게 하면서 가르치려는 식으로 말하거나 모멸감을 주는 방식으로 말하지 않도록 한다.
- 마이크로폰과 확성 장치를 모임, 강의, 기타 대규모 공식 모임에서 사용한다.
- 노인은 일반인이 대화하는 시간보다 정보 처리에 시간이 더 걸릴 수 있다. 일반 말 속도보다 더 느리게 말하고 잠시 멈추었다가 말하는 방법은 크게 도움이 된다.
- 청각 상실 노인이 경험하는 청각적인 면에서의 어려움을 정리해 놓고 검토한다. 어려움을 가질 수 있다는 것을 이해하고 도움을 줄 수 있는 방법을 숙지하고 있어야 한다. 자존심을 건드리지 않고 가르치려고 하지 않으면서 제안한다.
- 청각 상실은 노화 과정에서 경험하게 되는 것임을 기억한다. 당신에게 이런 시기가 왔을 때 다른 사람이 당신을 어떻게 대하기를 원하는지를 생각하면서 청각 상실 노인을 대한다.

청각을 상실한 노년층을 돕기 위해 건강 관리 전문가와 기타 서비스 제공자는 청각 상실의 특성과 영향을 이해하고, 보청기와 서비스에 대해 알고 있어야 한다. 특히 언어 치료사와 청각 전문가는 청각 보조기와 서비스에 대한 정보를 청각 상실 노인에게 제공하여야 한다.

제3장

노년기 실명 유발 질환

1. 노년기 실명 유발 질환의 유형

미국의 노년층에서 확인된 실명(失明)을 일으키는 주요 원인은 황반변성, 당뇨성 망막증, 백내장과 녹내장이다. 이들 중 연령 관련 황반변성은 백인의 맹을 유발하는 가장 발생률이 높은 원인이며 전체 맹의 55%를 차지한다. 반면에 백내장과 녹내장은 아프리카계 미국인의 맹(완전 실명)을 일으키는 주원인으로 전체의 60%를 차지한다. 백내장은 인종에 상관없이 저시각 상태를 유발하는 주요 원인이 되고 있다. 시각장애가 있지만, 그중 90%의 노인은 생활에 활용 가능한 시각을 보유하고 있기 때문에 시각 기능 활용을 높이기 위하여 저시각 서비스와 시각 재활 서비스가 필요하다(Watson & Echt, 2010).

노년기의 시각장애는 일반적으로 건강장애와 연관되어 있다. 대부분의 시각 상실이 있는 노년층은 추가적 장애, 즉 이중 감각장애(청각장애 수반; Saunders & Echt, 2007), 후각(Rawson, 2006), 미각(이은희, 2013; Hooyman & Kiyak, 1999), 이동장애 혹은 손 기능(manual dexterity) 문제를 보인다. 또한 호흡과 심장 질환으로 인하여 에너지와 체력이 떨어져 있고, 기질성 뇌질환과 뇌혈관장애로 인한 인지장애는 물론 노화 과정에서 정상적으로 나타나는 인지 기능 감소를 보일 수 있다. 시각 상실이 있는 노인은 만성질환, 즉 당뇨, 관절염, 고혈압, 고콜레스테롤로 건강 문제를 겪기도 한다. 이와 같이 시각 상실과 더불어 공존하는 건강 문제와 낮은 시각 기능을 보이는 것으로 알려져 있다(Globe et al., 2005).

전형적인 노년기 실명 원인은 노안, 백내장, 녹내장, 노인성 안검외반, 노인환, 당뇨였다(김명, 고승덕, 서미경, 서혜경, 2004; 최성재, 장인협, 2006). 1983년 후천적 실명 원인은 1위 백내장(36%), 2위 외상(25%)이었다. 하지만 요즘은 백내장이 비교적 간단한 수술로 해결되기 때문에 백내장으로 인한 실명은 크게 줄었다. 최근에 후천적 실명을 원인별로 보면 당뇨성 망막증이 약 65%, 녹내장이 20%, 황반변성이 10%를 차지하는 것으로 알려져 있으며, 그 밖에 백내장 등이 꼽힌다. 반면 망막 질환이 급증하면서 최근에는 망막 질환이 후천적 실명의 최대 원인이 되었다. 대표적인 망막 질환은 '당뇨성 망막증'과 '황반변성'이다. 지난해 국내 실명 인구는 18만여 명이며, 이 중 망막 질환 등에 의한 후천적 실명이 15만여 명으로 추산된다. 눈의 손상으로 인한 것은 아니지만, Orr(1998)는 미국에서 노인을 돌보는 전문가가 자주 언급하는 시각 상실의 주요 원인으로 뇌졸중(腦卒中)을 꼽고 있다. 한국 고령자의 주요 사망 원인으로는 뇌혈관 질환과 당뇨가 포함되어 온바(통계청, 2009), 눈과 뇌의 시각계가 아닌 다른 질환으로 인해 시각이 상실될 수 있는 고령자가 있음을 추측해 볼 수 있다.

국내에서는 시각장애인의 대다수를 차지하는 저시각인 가운데 황반변성, 당뇨성 망막증 등으로 저시각 클리닉을 찾는 50~60대 환자의 비율이 크게 증가하고 있다. 1995년부터 2008년까지 중앙대병원과 국립의료원을 방문한 저시각 환자 681명을 대상으로 한 조사 결과에 따르면 전체 대상자 중 10대 환자가 차지하는 비율이 18.1%(123명)로 가장 높았으나, 최근 10년 사이에는 중-노년층 저시각 환자의 비율이 크게 증가한 것으로 나타났다. 1995년 5월부터 1999년 4월까지 병원을 찾은 저시각 환자 350명 중 50~69세 환자의 비율은 14.9%(52명)인 데 비해 1999년 5월에서 2008년 12월까지 병원을 방문한 환자 331명 중 이들 연령대의 환자 비율은 30.2%(100명)로 증가하였다.

망막과 관련한 질환이 증가하고 있다는 것이 특이할 만한데, 미국에서는 망막 손상이 시각 상실의 가장 큰 요인으로 나타나고 있다. 망막과 관련한 질환으로는 황반변성, 당뇨성 망막증과 망막박리가 있다. 연령 관련 시각 상실을 경험하는 사람은 한 가지 이상의 어려움을 가질 수 있다. 시야 전반에 걸쳐 흐릿하게 보이는 경우는 백내장이나 각막에 흠이나 당뇨성 망막증이 있기 때문이다. 시야의 중심 부분이 상실된 경우는 황반변성이 자주 생겼기 때문이고, 시야의 주변 혹은 시야의 어느 한 쪽만 상실된 경우는 녹내장 혹은 뇌졸중이 있기 때문이다. 이와 같이 주요 질환은 각각 다른 방식으로 시기능에 영향을 미친다.

Orr(1998)는 눈이 노화에 따라 변하긴 해도 시각 상실을 노화의 자연스러운 과정

정상 눈으로 본 거실의 모습임

백내장이 있는 경우로 흐릿하고 뿌옇게 보임

당뇨성 망막증이 있는 경우로 암점이 분산되어 나타나며 뿌옇게 보이거나 시야의 한쪽이 손실됨. 하루 동안에도 수시로 시각 변동이 심함

녹내장이 있는 경우로 주변 부분의 시야를 상실하게 되어 터널 시각 효과가 나타남. 즉, 터널 속에서 뚫린 부분만 보이는 것과 같은 현상을 보임

황반변성이 있는 경우 시야 중심에 암점이 형성되어 시야의 주변으로만 볼 수 있음

뇌졸중 혹은 심한 외상으로 인한 경우 시각적 이미지가 왜곡되거나 시야의 반을 잃게 됨

| 사진 3-1 |

눈 질환에 따른 시각 이미지

의 일부로 볼 수 없다고 언급했다. 시각의 변화는 건강한 노화가 이루어지는 눈에서도 생기지만, 안경 혹은 콘택트렌즈로 교정할 수 있다. 시각은 사물을 대비하고 세밀한 부분까지 살피는 능력과 사물의 위치를 파악하는 등의 능력이 복합적으로 이루어지는 감각이다. 이런 측면에서 노화와 관련된 눈의 상태는 다양한 방법으로 시각에 영향을 미친다. 여기서 노년기의 시각 상실 관련 주요 원인으로 당뇨성 망

표 3-1 주요 시각 상실 원인별 증상과 시기능

주요 원인	일반적인 임상적 증상	시기능에 미치는 영향
당뇨성 망막증	• 시력 감퇴 • 시야 중심에 암점의 분산 분포 • 주변과 중간 주변 부분의 암점 • 황반 부종	• 읽기와 같은 세밀한 시각을 요구하는 과제를 어려워함 • 중심 시각이 왜곡됨 • 시각 능력의 변동이 심함 • 깊이 지각과 대비 능력에 필요한 단서 활용이 되지 않아 이동에서 문제를 보임
녹내장	• 시신경 유두의 변성 • 주변 시야의 상실	• 시야 제한으로 인한 이동과 읽기에 문제 있음 • 놀람 상자에서 갑자기 인형이 튀어나오는 것처럼 시야에서 형상이 갑자기 보이는 현상이 나타남
황반변성	• 시력 감퇴 • 중심 시야와 대비 감도의 상실	• 읽기와 같은 디테일한 시각(detail vision)이 필요한 과제를 어려워함 • 얼굴을 인식하지 못함 • 똑바로 정면을 응시하였을 때 시야에서의 왜곡 현상이 있고 형상 인지를 하지 못함 • 깊이 지각과 대비 능력 상실로 이동에서 어려움을 보임
백내장	• 시력 감퇴 • 빛의 산란 • 눈부심에 민감 • 색 지각의 변화 • 대비 감도의 상실 • 이미지 왜곡 • 근시의 가능성	• 수정체 적출과 이식으로 치료가 가능 • 이식이 되지 않는다면 디테일한 시각에 어려움이 있음 • 밝은 빛, 빛의 변화, 색각에서 어려움을 보임 • 대비 감각이 증가됨 • 깊이 및 거리 지각, 대비 능력 상실과 눈부심으로 인해 이동에 문제 있음

출처: Watson & Echt(2010), p. 877.

막증, 녹내장, 황반변성, 백내장을 살펴보고, 각 원인이 시기능에 주는 영향과 치료 방법을 알아본다.

1) 당뇨성 망막증

당뇨성 망막증으로 실명한 한국인 사례

C 씨는 86세 여성으로 도시개발 아파트에서 남편(87세)과 함께 살고 있다. 그녀는 57세에 당뇨 진단을 받았고, 72세에 그녀의 오른쪽 눈은 당뇨성 망막증으로 완전히 실명되었다. 왼쪽 눈은 시야가 좁아졌고 불빛 정도만 보이게 되었다. 왼쪽 눈은 수술을 받아 시력이 약간 회복되었지만 74세에는 빛만 구분할 정도로 시력이 감퇴되었다. 75세에 시각장애 등급 1급을 판정받았다. 현재 당뇨약과 눈약을 복용하고 있고 정기적으로 진료를 받고 있다.

시각 보조구로는 지팡이를 사용하고 있지만 이동 시 다른 사람의 도움이 필요하고 혼자서는 외출이 불가능하다. 밤에는 행동에 더 많은 어려움이 있어 취침 시에도 스탠드를 켜 놓고 있다. 실내에서도 부딪히는 경우가 많으며, 사람들을 목소리로만 구별한다.

본래는 외향적이고 적극적인 성격이었으나 시각장애로 외부와의 접촉이 용이하지 않으면서 자연스럽게 성격도 내성적으로 바뀌었다. 자녀와 전화 통화로 안부를 전하고 있으며, 정기적으로 방문하는 구청 파견봉사자와 친밀한 관계를 유지하고 있다. 우울 증상은 없고 신앙생활로 긍정적이고 낙천적인 생활을 하고 있다.

집 안에서도 대부분의 시간을 앉아서 보낸다. 화장실이나 주방에 갈 때만 움직이는 편이다. 83세까지는 부축을 받으며 나들이도 했으나, 현재는 부축을 해 주어도 힘들어 한다. 과거에는 남 보기 민망하다며 기피했던 지팡이를 사용하고 있고 타인의 부축이 꼭 필요한 상태다.

취사, 외출, 청소 등의 일을 할 수 없어서 배우자 혹은 봉사자의 도움이 필요하다. 쇼핑, 심부름, 은행 업무 등도 봉사자(일명 재가관리사)가 대신해 주고 있고, 금전 관리는 본인이 직접 하고 있다.

과거 거동이 가능할 때는 아파트 내 복지관의 각종 프로그램(종이접기, 노래 교실)에 참여하였고 노인식당에서 점심 식사도 하는 등 외출할 일이 많았지만, 현재는 주로 집 안에서 소일하며, 가끔씩 시각장애복지관의 봉사자로부터 유선으로 말벗 봉사를 받고 있다. 주변 지인이 소정의 금액을 후원하고 있고, 한시적 저소득층으로 임대아파트 거주를 정부에서 지원받고 있다. 서울시 지역구 내 사회복지과 소속 파견봉사자(일명 재가관리사)가 주 5회 방문하여 집안일, 즉 식사 준비, 목욕, 은행 업무, 장보기, 세탁, 병원 동행 등을 도와주고 있다.

(1) 당뇨성 망막증이란

당뇨성 망막증(diabetic retinopathy)은 65세 이상 고령자의 주요 실명 원인이다. 국내 당뇨 환자는 약 500만 명으로 추산되고 있을 뿐 아니라 증가 속도도 빨라 당뇨성 망막증에 의한 실명도 계속 증가할 것으로 우려되고 있다. 매년 전체 당뇨 환자의 약 5%가 당뇨성 망막증에 걸리고 있으며, 당뇨 발병 기간이 20년 이상인 사람은 약 50%가 당뇨성 망막증을 가진 것으로 보고되어 있다. 당뇨성 망막증은 제1형 당뇨(인슐린 의존형)와 제2형 당뇨(인슐린 비의존형) 모두에서 나타난다.

당뇨성 망막증을 방치하면 혈관이 터져 혈액이 유리체에 스며들면서 뚜렷한 시력장애가 나타나며, 자칫하면 실명으로 진행된다. 혈관이 터져 유리체 등에 체액과 찌꺼기가 스며든 단계에서야 시력장애가 나타나고, 치료가 지연되면 실명으로 이어지는 경우가 많다. 치료 시기를 놓치면 황반이 완전히 파괴돼 시력을 완전히 잃을 수 있다. 황반이 완전히 파괴된 다음에는 이를 되돌릴 방법이 없기 때문에 조기에 발견해 적절한 치료를 받는 것이 최선이다.

당뇨로 인한 당뇨성 망막증 이외에도 시각계에서 일어날 수 있는 합병증으로는 결막염, 백내장, 녹내장 등이 있다. 당뇨가 있는 사람 중 40% 정도가 경미한 정도의

| 사진 3-2 |

정상 시력으로 본 거리 이미지(좌측)와 당뇨성 망막증 상태의 시력으로 본 거리 이미지(우측)

망막증이 있다. 당뇨 발병의 기간이 길어질수록, 혈당이 조절되지 못했을 때 발병률은 증가한다. 고혈압과 혈당 조절이 당뇨성 망막증과 관련 있다는 점을 고려할 때 혈압과 혈당 조절은 중요하다고 할 수 있다.

(2) 치료 및 관리

① 치료

노년기 당뇨는 인슐린 비의존성 당뇨가 많고 인슐린 의존성 당뇨는 적은데, 고령자는 내당력이 일반적으로 낮다. 공복 시 혈당이 정상인 경우에는 특별히 치료를 하지 않아도 되고, 중등도 및 고도의 당뇨에도 될 수 있는 한 식이요법 및 운동요법 등 완만한 요법을 시행한다. 또한 약제를 사용할 경우에도 반감기가 짧은 것을 택하는데, 엄격한 대사 제어는 고령자에게 무의미하다. 따라서 가능하면 노화의 속도에 맞추어 적절한 식이요법과 운동요법을 적용하고 부수적인 제반 증상은 대중요법을 시행한다. 치료의 기본은 식이요법(칼로리 제한, 간식 조심)과 운동요법(몸을 많이 움직임)이다. 내복약이나 인슐린 주사 치료를 하면서 식사를 거르게 되면 저혈당에 의한 의식장애를 일으킬 수도 있으므로 주의해야 한다.

당뇨 환자는 안과의사와 내과의사가 긴밀히 협조하여 일생 동안 정기적인 관찰, 검사, 치료에 임해야 한다. 일단 당뇨로 진단되면 정밀 안과검사를 해야 한다. 일반적인 안과검사 외에 안저검사(사진 촬영), 형광안저촬영 등이 필요할 수 있으며, 정기적인 안저검사를 받아야 한다. 당뇨성 망막증이 발견되면 병의 단계에 따라 2~6개월마다 정기적인 안과검사를 받아 그 정도와 시기에 맞는 치료와 처치를 해야 한다.

망막증은 그 단계에 따라 내과적 치료, 레이저 광응고술, 수술적 치료를 시행하며, 내과적으로 혈당을 정상으로 유지하여야 한다. 망막증이 일단 발생하면 자체적으로 진행된다고 알려져 있지만, 혈당이 높으면 망막증의 진행이 가속화되므로 가능한 한 망막증의 진행이 둔화되도록 해야 한다.

② 관리

당뇨로 진단을 받으면 일상생활에서도 관리가 필요하다.

- 당뇨를 너무 쉽게 생각하여 상식적인 요법에만 의지할 것이 아니라 반드시 초기부터 정기적인 검사와 처치를 받아야 한다. 망막증의 진행에 따라 적기에 필요한 치료를 받아 시력을 보호해야 한다.
- 망막증은 한번 생기면 혈당치가 정상으로 유지되더라도 회복이 되지 않고 자체적으로 계속 진행된다. 혈당치의 심한 정도와도 관계가 있으나, 당뇨를 얼마나 오래 앓고 있었는가에 따라 망막증의 발생률도 높아진다.
- 초기에 적절히 치료하면 시력을 유지하는 기간이 길어지지만, 증식성 당뇨망막증까지 진행되면 시력 유지는 힘들므로 조기 발견과 치료가 중요하다.
- 당뇨와 그 합병증은 치료되는 병이 아니고 일생 동안 조절하는 병이라는 것을 인식하고 인내심을 갖고 치료에 임해야 한다.
- 고혈압, 흡연 등으로 인해 당뇨성 망막증이 악화할 수 있다.
- 증식성 당뇨망막증이 있는 환자는 과격한 운동이나 눈에 대한 사소한 충격으

로도 반복적 초자체 출혈을 일으킬 수 있으니 주의한다.

(3) 시기능에 미치는 영향

당뇨성 망막증이 있는 경우 읽기에 어려움이 있다. 인쇄된 글자가 왜곡되어 보이거나 흐릿하게 보이며 빛의 눈부심에 민감해진다. 일반적인 당뇨성 망막증의 증상은 다음과 같다.

- 굴절 이상이 있고, 시각 변화가 심하고, 초점을 맞추는 것이 어렵다.
- 뿌옇게 혹은 흐릿하게 보인다.
- 눈부심이 심하다.
- 색 감지가 부정확하다.
- 전혀 보이지 않는다.

2) 녹내장

녹내장으로 실명한 한국인 사례 ①

D 씨는 69세 남성으로 저소득층을 위한 임대아파트에 거주하고 있다. 8년 전에 부인과 이혼하여 현재 혼자 거주하고 있으며, 뇌경색으로 몸의 오른쪽 부분이 불편하고, 천식과 우울 증상을 보인다. 59세 때 뇌경색으로 병원에 장기 입원을 하였다. 66세 때 녹내장 증세가 나타났고 시력이 약화되었다. 눈알이 튀어나올 것같이 아프고 눈곱이 자주 끼고 머리 오른쪽에 편두통이 심하였다. 병원 진단 결과, 우안에 녹내장이 있었고 양안 모두에 백내장이 있었다. 현재 인공 눈물, 혈류 개선제, 눈 영양제를 정기적으로 복용하고 있으며, 정기적으로 병원을 내방하여 안과 검진과 약 처방을 받고 있다. 또한 뇌경색과 우울증 약도 복용하고 있다.

66세 때 안압으로 인해 안과 수술을 받았고, 수술 후 시력이 뚜렷하게 개선되었다. 두통도 없어지고 눈도 편안해졌다. 수술 시기를 놓치지 않고 회복도 빨라 우안과 좌안 모두 0.5의 시력이 나왔으며, 현재까지 이 시력을 유지하고 있다. 시야가 좁아지긴 했지만 시력이 개선되어 불편을 느끼지는 않았으며, 안경 등의 보조구를 항시 착용하지 않으나 돋보기를 사용해서 글자를 읽을 수 있다. D 씨는 안과 진료는 철저히 받으려고 하고, 안과의사는 눈 통증이 있을 시 즉각 병원에 내원하도록 조언하고 있다.

시각 상실 때문은 아니고 뇌경색으로 인해 보행에 지장이 있어서 이동할 때 지팡이를 짚고 다닌다. 몸의 상태가 좋을 때는 자동차 운전도 가능하다. 그러나 이동 수단으로는 택시를 주로 이용하여 병원과 친척집을 다닌다.

성격은 내향적이다. 신체적 장애와 가정사로 인해 폐쇄적인 성격이 되었다. 장남의 역할을 해야 하고 어머니가 와병 중이기에 자립하려고 애를 쓴다. 그러나 가정사로 인한 잦은 음주로 신체 건강을 해칠 우려가 있다. 현재 혈압 및 건강 상태를 점검하는 방문간호사, 상담을 담당하는 정신보건센터 간호사, 청소, 심부름, 취사 등을 관리하는 재가관리사의 도움을 정기적으로 받고 있다. 재가관리사는 통장 관리, 은행 업무, 전화 사용, 쇼핑 등을 돕기도 한다.

녹내장으로 실명한 한국인 사례 ②

E 씨는 72세 노인 여성으로 임대아파트에 거주하고 있다. 배우자는 없고 아들과 함께 살고 있다. 녹내장 초기 증세로 54세 후반경 눈곱이 많이 끼고 머리 한쪽에만 두통이 왔다. 55세에 병원 진료를 받았을 때, 우안은 완전하게 실명하였고 좌안은 시력이 남아 있었다. 합병증으로 백내장이 왔고, 56세 때 우안과 좌안을 번갈아 가며 각 2회씩 수술을 받았다. 병원 진료를 계속 받고 있으며, 현재 녹내장약, 순환 개선제, 눈 영양제를 복용하고 있다. 좌안 시력이 남아 있어 58세에 시각장애 2급 판정을 받았다.

현재 안경을 착용하고 있고, 왼쪽만 교정 렌즈를 끼고 있다. E 씨는 얼굴의 반쪽만 볼 수 있고 보행 시 바닥이 굴곡져 보인다. 바로 앞에 있는 물체를 확인하지 못해 부딪히는 경우가 많으며, 물체의 1/2만 보이므로 손으로 만져 모양을 확인한다. 문자 읽기는 단어 전체를 읽지 못하고 한 자씩 읽는 것만 가능하다. 전등 불빛에 눈이 시림을 느끼며, 바로 옆집(복도식 아파트) 정도는 혼자서 외출이 가능하나 밤에는 불가능하다. 현재 하는 운동은 걷기 정도다. 이동 시에는 다른 사람의 부축이 반드시 필요하다. 이동 보조구는 자존심이 상한다고 느껴 사용하지 않는다.

본래의 성격은 쾌활하고 적극적이며 외향적이었으나 녹내장 발병 후 소극적이고 내성적으로 변했으며, 우울 증상이 심해 신경 안정제를 복용하였다. 녹내장 초기에는 남에게 의존하려는 성향이 강했으나 지금은 자립하려고 노력하며, 할 수 없는 것만 다른 사람에게 부탁하고 있다. 금전 관리 및 전화 사용은 혼자서도 가능하다.

주변의 몇몇 사람과 친분을 맺고 있으며, 시각장애인과 친교를 맺고 싶어 하지는 않는다. 본인이 가지고 있는 장애에 대해 피해의식을 가지고 있고 발병 이후 종교생활을 하고 있다. 항상 울고 싶다고 하는데, 그 이유는 울고 나면 시력이 더 좋아질 것 같은 기분이 들기 때문이라고 하며 현재 적응하려고 애쓰고 있다. 장애는 단지 불편할 뿐이라는 지인의 위로에 힘을 얻고 있다. 정부에서 지원하는 기초생활수급자로 서울시 지역구 내 사회복지과 소속 가정파견봉사자(일명 재가관리사)가 정기적으로 방문하여 E 씨가 원하는 모든 일을 도와주고 있다.

(1) 녹내장이란

녹내장은 눈의 안내압(intraocular pressure)이 상승하여 시신경 기능이 부분적으로 저하되고 실명에 이르는 질환으로 40세 이후에 서서히 많이 나타나기 시작한다. 시신경은 전기 케이블처럼 수많은 신경섬유로 구성되어 있으며 시신경섬유가 손상되면 그 부분은 볼 수 없게 된다. 안 보이는 부분이 광범위하지 않은 경우에는 아무런 증상을 느끼지 못할 수 있으나, 시신경섬유 자체가 손상을 받게 되면 실명이 되는 무서운 질환으로 주변 시야의 시각이 상실된다.

눈 속에는 방수라고 하는 액체가 순환하면서 눈 속의 여러 조직에 영양분을 공급하고 노폐물을 배출하는 역할을 하고 있는데, 이 방수의 생성과 유출의 정도가 눈 속의 압력, 즉 안압을 좌우한다. 방수가 많이 생성되어서 문제가 되는 경우는 극히 드물고 대부분은 방수 유출로가 폐쇄되었거나 저항이 증가하여 안압이 상승하게 된다.

- **급성 녹내장**: 안압이 갑작스럽게 높아진 경우로서 방수가 빠져나갈 수 있는 길이 갑자기 막히면서 안압이 매시간 급격히 상승하게 된다. 이때 눈알이 빠질 듯이 아프고 충혈되며 불빛을 볼 때 주변에 무지개가 보이기도 한다. 갑자기 눈알과 머리가 아프고, 눈이 붉어지고, 가슴속이 답답하고 메스껍고 토하기도 하며, 시력이 갑자기 나빠진다. 전등불이나 가로등 주위에 무지개 같은 달무리가 보이는 경우도 있다.

| 사진 3-3 |

정상 시력으로 본 거리 이미지(좌측)와 녹내장 상태의 시력으로 본 거리 이미지(우측)

- **만성 녹내장**: 안압이 서서히 높아진 경우로서, 초기에는 아무런 증상이 없으며 시력에도 지장이 없다. 어느 정도 진행이 되면서 눈이 쉽게 피로하고 머리가 무거울 때도 있으며 시야가 점차 좁아지게 된다. 그러나 증세가 심한 말기에 이르도록 본인 자신이 전혀 불편을 느끼지 못하는 경우도 매우 흔하다. 환자 자신도 알지 못하는 사이에 서서히 발생하여 악화되므로, 급성 녹내장보다 발견이 어려워 오히려 더 위험할 수도 있다.
- **속발성 녹내장**: 외상이 있거나 수술(특히 백내장)을 받았을 때, 혈관이 막혀서 발생하는 망막증(당뇨, 고혈압 등)이 있을 때, 홍채염(포도막염)이 있을 때, 또는 그 밖에 여러 가지 눈병이 있을 때 이차적으로 합병되는 녹내장을 말한다.

시신경이 손상되는 가장 흔한 원인은 눈 속의 압력(안압)이 높아지는 경우이지만, 개인에 따라서는 안압이 정상인 경우에도 시신경 손상이 발생할 수 있다. 안압이 높아지는 현상은 눈 속을 채우고 있는 액체(방수)가 정상적으로 흘러 나가지 못하거나 방수가 정상보다 많이 생기는 경우에 나타나는데, 마치 바람을 많이 넣은 축구공처럼 눈알이 단단해진다. 눈의 신경은 일단 파괴되면 다시는 회복이 불가능하며, 불행히도 상당히 많은 부분의 신경이 파괴된 후에야 비로소 증상을 느끼게 된다. 따라서 아무런 증상이 없더라도 정기 눈검사를 시행함으로써 녹내장의 조기 발견 및 치료가 이루어져야 한다.

녹내장의 원인은 명확하게 밝혀지지 않았으나 나이가 많아짐에 따라(40세 이후) 발병률이 높아지며, 근시가 있거나 가족 중에 녹내장 환자가 있거나 과거에 눈 외상이나 눈 수술, 고도 근시나 원시, 당뇨, 심한 출혈 등이 있었던 사람의 경우에 발병률이 더 높게 나타난다. 또한 심한 빈혈로 쓰러진 경험이 있는 사람도 조심해야 한다.

(2) 치료 및 관리

[1] 치료

녹내장은 가장 응급치료가 필요한 질환으로, 병의 발견 및 치료 시작 시기가 빠를수록 좋다. 따라서 40세 이상의 성인은 누구나 1년에 한 번씩 정기적으로 눈검사를 받는 것이 조기 발견을 위해 좋으며, 40세 이전이라도 가족 중에 녹내장 환자가 있거나 과거 눈 외상, 근시, 당뇨 등이 있었을 때에는 정기적으로 눈검사를 받아야 한다.

눈검사는 통증 없이 시행할 수 있으며, 안압검사, 시야검사, 망막두께검사, 망막신경섬유검사, 시신경검사, 우각경검사 등을 정기적으로 반복해서 평생 동안 받아야 한다. 이 검사들을 매번 모두 받아야 하는 것은 아니며 안과의사의 진단에 따라 수시로 필요한 검사를 선택해서 실시한다. 안압이 높으면서도 다른 검사는 정상일 수 있고(고안압증), 안압이 정상이면서도 시야에 이상이 나타나는 경우(정상 안압 녹내장)도 있는 것처럼, 진단과 치료의 기준은 한 가지 검사 결과로만 단정할 수 없다. 녹내장으로 일단 나빠진 시력과 좁아진 시야는 회복이 불가능하기 때문에 녹내장 발견 당시의 시력과 시야를 현상 유지하는 것이 최선의 치료 목표다. 경우에 따라서는 녹내장의 진행 속도를 늦추는 것이 치료 목표가 될 수도 있다. 때로는 시력은 포기하더라도 통증 예방이나 안구 유지가 목표가 될 수도 있다.

급성 녹내장인 경우, 우선 약물요법을 시도한 후에 곧이어 레이저 치료를 받는다. 레이저 치료로 조절이 안 되면 수술 방법이 필요하다. 수술 방법 중에는 백내장 수술이 도움이 될 수도 있다. 간혹 만성 녹내장 상태로 이행되는 경우에는 만성 녹내장 치료에 준하여 치료한다. 다른 눈에도 발생할 가능성이 높기 때문에 예방 목적으로 레이저 치료를 받는 것이 더 안전하다.

[2] 예방과 관리

녹내장은 완치가 불가능한 질환으로 예방이 최선의 길이며 효과적인 예방법은 다음과 같다.

- 담배와 술은 가급적 피한다.
- 변비는 일시적이지만 때로 안압 상승을 유발하므로 변비가 생기지 않도록 주의한다.
- 한 번에 많은 양의 물을 마시는 것은 피한다.
- 가급적 목이 편안한 옷을 입고, 갑자기 감정의 동요가 생기거나 흥분하지 않도록 평소에 기분을 적절히 조절한다.
- 어두운 곳에서 장시간 TV를 보거나 책을 읽는 습관은 피한다.
- 눈에 통증이 있거나 충혈, 시력 저하 등이 생기면 즉시 안과의사의 진찰을 받도록 한다.
- 항상 즐겁고 고요한 마음으로 생활한다. 감정의 동요에 영향을 받기 쉬운 병이므로 흥분하지 않도록 주의한다.
- 규칙적인 생활을 하고 잠을 충분히 자며, 목이 졸리고 몸을 팽팽하게 압박하는 옷은 피한다.
- 녹내장은 추운 겨울이나 무더운 여름에 발작하기 쉬우므로 기온 변화에 유의한다.
- 눈은 매우 예민하고 세밀한 기관이기 때문에 일단 치료가 된 녹내장이라도 뚜렷한 원인 없이 재발되기 쉬우므로 수술 후에도 안과의사에게 정기적으로 눈 검사를 받도록 한다.
- 한쪽 눈에 녹내장이 있으면 다른 쪽 눈에도 발생할 가능성이 많으므로 정기적으로 함께 검사받도록 한다.

예방이 되었다면 차선으로 조기 발견을 위해 노력해야 하는데, 40세 이상의 성인은 정기적으로 안과 검진을 통하여 녹내장의 발생 여부를 검사받도록 한다.

(3) 시기능에 미치는 영향

녹내장은 시야의 주변 부분에 시각 상실을 초래한다. 녹내장의 징후를 살펴보면 다음과 같다.

- 눈이 어두운 곳에 적응하는 것이 어렵다.
- 안경으로 시력 개선이 되는 것은 아니지만 안경을 자주 바꾼다.
- 빛 주위에 무지개 빛의 고리가 보인다.
- 뿌옇게 혹은 안개가 낀 듯이 보인다.
- 시야의 한편에서 시각이 상실된다.

녹내장이 있는 경우에는 자신의 주변을 모두 알아내기 위해 좌우로 움직여 가며 살펴보아야 하며, 걸을 때 안정감과 편안함을 느끼기 어렵다. 시야의 한쪽에서 시각을 상실해 가기 때문에 안 보이는 쪽에 있는 물건에 자주 부딪히거나 걸려 넘어진다. 녹내장은 자신도 모르는 사이에 시야의 중심 바깥 부분의 시각을 잃어 간다.

3) 황반변성

(1) 황반변성이란

황반변성이란 물체의 초점이 맺히는 망막 중심부인 황반의 노화로 시야의 주변만 보이고 중심부는 보이지 않는 현상을 말한다. 망막은 우리 눈에서도 사물의 상이 맺히는 중요 부위다. 안구(眼球)의 안쪽 벽은 수정체가 있는 앞쪽을 제외하면 모두 망막이라는 얇은 막으로 둘러싸여 있으며, 이곳에는 시세포와 혈관이 매우 촘촘하게 분포해 있다. 그중에서도 특히 수정체 반대편 망막에 지름 1mm쯤 되는 작은 '반점'이 하나 있는데 이는 수정체를 통과한 물체의 상(像)이 맺히는 곳으로 '황반'이라고 부른다. 황반 주변에 비정상적인 혈관이 생겨 출혈과 부종이 생기거나 노폐물이 쌓이는 증상을 '황반변성'이라 한다. 눈의 중심 시력을 담당하는 망막의 중추인 황반부가 퇴행성 변화를 거치면서 쓸모없는 비정상적인 혈관을 계속 만들고 터트려 시력 저하 혹은 상실을 초래하는 질환으로, 노폐물로 인해 두터워진 망막에 영양분을 공급하기 위해 자라난 혈관이 '황반' 부위를 침범해 생긴다. 신생 혈관은 비정상적으로 만들어진 약한 혈관이라 누수가 생기고 출혈이 쉽게 일어난다. '황반'이라는 망막의 중심 부위는 빛을 감지하는 세포가 밀집돼 전체 망막 부위에서도 가장 중요한 역할을 하며, 황반이 제 기능을 잃으면 시력을 잃는다.

황반변성은 대부분 65세 이상의 노령층에서 나이가 들어감에 따라 눈에 변화가 생겨 발생한다. 나이가 듦에 따라 눈 속 망막의 중심부인 황반에 나타나는 모든 퇴행성 질환을 연령 관련(또는 노인성) 황반변성(age-related macular degeneration: ARMD)이라고 한다. Orr(1998)는 연령 관련 황반변성이 미국에서 가장 일반적인 노년기 시각 상실의 원인이라고 하였다. 녹내장, 당뇨성 망막증과 함께 성인 실명의 3대 원인 중 하나인 황반변성은 독서나 운전과 같은 중심 시력이 필요한 일상생활에 많은 장애를 초래한다.

황반변성은 건성(dry ARMD 또는 위축형[atrophic type])과 습성(wet ARMD 또는 출혈형[hemorrhagic type])으로 나누어지며, 건성 황반변성이 대부분을 차지한다. 황반의 조직이 위축되거나 혹은 가늘어지는 것으로 건성 황반변성은 습성 황반변성보다 시각 손실이 적다. 습성 황반변성은 망막 밑에 작은 혈관이 빠르게 생성되고 혈관에서 피가 흘러나와 반흔 조직(scar tissue)이 생성되면서 심각한 시각 상실을 초래한다.

황반변성은 초기에는 전혀 자각 증상이 없다가 질환이 한참 진행된 후에 발견되어 시력을 잃는 경우가 많다. 글자가 흔들려 보이고, 부엌이나 욕실의 타일, 바둑판, 자동차나 건물 등의 선이 굽어 보이며, 책이나 신문을 읽을 때 글씨가 깨져 보이거나 글자의 공백이 생기고, 그림을 볼 때 한 부분이 지워진 것처럼 잘 보이지 않으며, 시야가 흐릿하고 검거나 빈 부분이 있으며, 물체가 찌그러져 보이거나 색이 이상하게 보일 경우 황반변성을 의심해야 한다. 좀 더 진행되면 중심 부위가 보이지 않기 시작한다. 연령 관련 황반변성은 고령자의 독서, 쓰기, 운전 등의 일상생활에 심각한 장애를 유발하며 저시각 상태를 가져온다.

| 사진 3-4 |

정상 시력으로 본 거리 이미지(좌측)와 황반변성 상태의 시력으로 본 거리 이미지(우측)

(2) 치료 및 관리

① 치료

황반변성은 눈검사에서 눈 뒤쪽에 황반변성을 알리는 황색의 드루젠(drusen, 결정강 혹은 결정체)으로 감지할 수 있다. 이 드루젠이 시력을 방해하지는 않으나 황반변성의 시작을 알려 주는 징후가 되어 황반변성의 발병을 알 수 있다.

황반변성은 치료가 되지 않는 것으로 알려져 있으며, 황반 질환 중 가장 문제가 되는 것이 바로 나쁜 혈관이 자라는 '맥락막신생혈관'이다. 이 혈관은 튼튼하지 못한 병적 혈관으로서 자주 출혈이 되거나 혈장이 새서 주변에 삼출반(피가 스며들어서 얼룩짐)을 만들며 망막을 망가뜨리고 결국 시력을 떨어뜨린다. 이 질환의 치료를 위해 그동안 망막 수술(유리체 절제술), 안구 내 스테로이드 주입술, 광역학 레이저 치료, 경동공 온열치료 등 여러 가지 방법이 강구되어 왔다.

초기에 습성 황반변성이 확인된 경우에는 레이저 수술로 시각 상실의 속도를 늦출 수 있다. 혈관이 망막의 중심과 밑에까지 확장되지 않았다면 레이저 광응고술로 자라난 신생 혈관을 제거할 수 있다. 레이저 시술은 심각한 경우에 도움을 줄 수 있으나, 재발을 막을 수는 없다.

그 외 황반변성 치료를 위한 시도로 혈액분리반출법, 배아줄기세포, 치료제 개발 등이 있어 왔다. 노인성 황반변성에서 혈액투석과 유사한 방법으로 혈액의 노폐물을 제거해 주면 시력을 개선할 수 있다는 연구 결과가 있다. 독일 혈액성분채집(apheresis) 연구소의 Reinhard Kingel 박사는 망막의 혈류를 방해하는 혈액 속의 콜레스테롤 등 노폐물을 투석과 비슷한 혈액분리반출법(rheopheresis)으로 체외에서 걸러낸 뒤 깨끗해진 혈액을 다시 넣어 주는 치료법을 시행한 결과 시력이 크게 개선되는 등 좋은 효과가 나타났다고 보고하였다. 이 연구는 황반변성의 90%를 차지하는 건성 황반변성 환자 72명을 대상으로 실시되었으며, 그 결과 43%가 진행 속도가 느려지고 28%는 표준시력표의 1~2행 아래를, 29%는 3행 이상 아래까지 볼 수 있을 만큼 시력이 개선되었다고 밝혔다.

줄기세포를 이용해 고령자 등의 실명을 치료하는 법에 따르면, 배아줄기세포로 만든 새 세포층으로 퇴화된 세포층을 대체한다. 배아줄기세포는 손실된 세포의 복제품으로 전환한 뒤 망막 뒤에 삽입된 인공막 위에 위치하게 되는데, 1시간가량의 치료 절차를 통해 대략 6~7년간 효과를 볼 수 있다.

2007년에는 '습성 황반변성' 치료제인 '루센티스'가 개발되었는데 이 주사는 1개월에 1회씩 3회를 투여한 후 필요한 경우 추가적인 치료를 진행한다(곽형우, 2010. 9. 13).

[2] 관리

황반변성의 가장 큰 원인은 노화로, 50대부터 증가한다. 가벼운 황반변성은 부분적인 시력 저하 등을 초래하지만 심하면 실명으로 이어진다. 황반변성의 원인으로는 노화 외에 유전과 자외선, 흡연, 기름진 음식의 과도한 섭취 등이 꼽힌다. 황반변성의 정확한 원인은 아직 밝혀지지 않았으나 흡연이 노인성 황반변성(ARMD)의 위험을 높이는 것으로 알려져 있다(Orr, 1998).

태양의 자외선은 눈의 외부 구조에 의해 대부분 흡수되지만 망막은 청색광 같은 가시광선에는 잘 노출된다. 따라서 고령자가 노인성 황반변성을 막으려면 눈의 햇빛 노출을 피하고 검푸른 채소와 감귤류 등 항산화 물질이 많이 함유된 식품을 먹도록 한다.

(3) 시기능에 미치는 영향

황반변성의 주요 기능상의 제한은 뿌옇게 왜곡된 중심 시각이다. 시야의 중심 부분에 보이지 않는 지점이 있는데 이를 암점(scotoma)이라 한다. 세밀한 부분을 살피는 시력이 상실되고, 시각적인 상이 일그러져 보이고, 색각도 왜곡되게 지각되며, 사물을 대비해서 지각하지 못하고, 사물이 어둡게 보인다. 망막 밑의 혈관이 터져 피가 새어 나오면서 점점 심해진다.

황반변성의 증상은 쉽게 감지될 수 있는데 주요 증상은 다음과 같다.

- 인쇄물을 볼 때 흐릿한 부분이 있다.
- 직선이 굽어 보이거나 물결 모양으로 보인다.
- 시야의 중심 부분에서 검거나 혹은 빈 공간이 있다.

이런 시각 상태로는 근거리에서 손으로 하는 작업 혹은 읽기가 어려워진다. 시야 중심으로 똑바로 다가오는 사람의 얼굴을 확인하는 것도 어렵다. 암점으로 인해 시야의 중심 부분으로는 볼 수 없지만, 시야의 주변 부분에서의 시각은 온전하다는 점을 감안하여 중심외 보기(eccentric viewing)를 배워 활용할 수 있다. 황반변성은 중심시각에 영향을 미치며, 시야의 중심 부근의 암점(혹은 왜곡/얼룩짐)의 영향을 최소화하면서 시각 활용이 가능한 부분으로 보기 위해 측면(또는 위쪽 혹은 아래쪽)으로 보는 것을 배우는 것이다. 이 방법은 똑바로 볼 때보다 더 명확하게 볼 수 있게 해 주는데 자신이 가장 잘 볼 수 있는 부분을 확인하기 위해 시계 방향을 사용할 수 있다. 예컨대 3시 방향으로 오른쪽으로 눈을 돌려서 보고, 9시 방향으로 왼쪽으로 돌려서 보고, 나머지 시계 방향으로 본 후 이 중에서 목표물을 가장 잘 보는 방향을 결정하면 된다.

또 다른 방법은 조명 기구를 추가로 사용하여 시각에 활용될 수 있는 빛을 늘리는 것이다. 황반변성으로 인해 빛을 담당하는 망막의 추체(cone cells)가 손상되면서 대상이 어둡게 보이는데 식사하기, 글 읽고 쓰기 등의 일상 활동을 할 때 거리 조절이 가능한 거위목 전기 스탠드(gooseneck lamp)를 사용하면 자유롭게 거리 조절을 할 수 있다. 전기 스탠드는 되도록 몸 가까이 측면에 두며, LED 손전등 혹은 건전지를 사용하는 랜턴 등은 옷장 혹은 식기 선반 등에 두고 필요할 때마다 활용한다.

확대경 혹은 저시각인용 확대 독서기를 포함한 저시각 보조구를 사용하여 읽기와 근거리 작업이 가능하다. 일반적으로 노년기에 황반변성만으로 완전하게 실명하지는 않으며 중심외 보기, 조명 기구 및 광학 보조구 사용을 통하여 자신의 잔존 시력을 최대한으로 활용할 수 있다.

특이한 현상으로 황반변성으로 실명한 노년층의 10~40%가 찰스 버넷 증후군(Charles Bonnet syndrome: CBS)을 보인다(Griffin-Shirley & Welsh, 2010). 이 증상은 시력이 악화된 후에 나타나고 12~18개월 동안 지속될 수 있는데, 밤에 혹은 혼자 있을 때 환시가 몇 분 동안 보인다. 이 증후군의 발생에 대해 숙지하고 있어야 하는데, 그 이유는 환시가 보인다고 하는 노년층을 두고 치매 혹은 정신 이상이 있다고 오해할 수 있기 때문이다. 현재로는 치료 방법이 없다고 하나, 자신의 주변 환경에 대한 실제적인 지식이 있게 되면 이 증후군을 극복하는 데 도움이 된다(Orr & Rogers, 2006).

4) 백내장

백내장으로 실명한 한국인 사례

F 씨는 83세 여성 노인으로서 기초생활수급자로 임대아파트에 거주하고 있다.

40대부터 시력이 안 좋았으나 병원에 가 볼 형편이 되지 않았다. 이때부터 숫자와 TV 화면의 채널 표시가 희미하게 보였다. 참고로 F 씨는 문맹인이나 숫자는 읽는다. 동네 안과에서 염증약과 눈물약을 처방받아 눈이 아플 때마다 넣었다고 한다. 82세가 된 2010년에 결국 병원에 갔고, 의사는 백내장 진단을 내렸다. 수술 직후 눈앞 어른거림도 없어지고 시력이 회복되었음을 느꼈다. 5개월이 지난 후 시력이 다소 약화되었지만 달력의 큰 숫자는 볼 수 있고, 작은 숫자는 가까이서만 보인다. 일반 전구의 밝기로 집 안에서의 생활에는 불편함이 없고, 현재 눈 영양제를 복용하고 인공 눈물을 투여하고 있다.

시각장애 외에 F 씨는 어렸을 때 귀를 다쳐 청각장애가 있고, 장애 5등급 판정을 받았다. F 씨는 시각장애보다 청각장애를 더 심각하게 생각하고 있으며 청력 약화로 보청기를 착용하고 있다. 81세 때 노인성 질환(고혈압, 당뇨, 골다공증)이 있음을 진단받았고, 혈관 질환으로 시술도 받았다. 매월 정기검진을 받고 있고, 질환과 관련해서 약을 복용하고 있다.

동년배에 비해 건강한 편으로 이동 시 동행자의 부축 없이 걸을 수 있다. 이동은 걷기나 가까운 거리는 대중교통을 이용한다.

외향적인 성격으로 사람을 쉽게 사귀고 친밀감이 있으며 베풀기를 좋아한다. 가까운 사람과는 친밀하나 문맹인이라는 자격지심으로 여러 명이 모이는 자리나 단체에서는 잘 어울리지 못한다.

쇼핑, 금전 관리, 전화 사용, 은행 업무는 혼자서 할 수 있고, 대중시설인 목욕탕, 노인복지관 이용도 스스로 한다. 정부 지원 임대아파트에 거주하면서 생활비를 지원받고 있으며, 무료 급식과 청각장애인복지관의 각종 지원도 받고 있다. 서울시 지역구 내 사회복지과 소속 가정 파견봉사자(일명 재가관리사)가 정기적으로 방문하여 병원 동행, 가사 서비스 등 F 씨가 원하는 일을 도와주고 있다.

(1) 백내장이란

백내장(cataract)이란 눈 속의 카메라 렌즈에 해당하는 투명한 수정체에 혼탁이 온 상태를 말하며 60대에서는 60% 정도가, 80대에서는 80% 정도가 백내장이 생긴다고 알려져 있다. 수정체는 동공의 뒤에 자리하고 눈의 굴절계에 중요한 작용을 한다. 노화에 따라 눈 속의 수정체가 혼탁되는 병으로, 정도가 심하면 시력장애를 초래한다. 젊을 때는 수정체가 맑고 투명하지만 나이가 들수록 수정체 중심은 노랗게 변하다 갈색으로 변하며, 근거리에 초점을 맞추는 조절력이 감소하는데, 이런 현상은 노년기에 전형적으로 나타나는 변화다.

백내장의 원인 중 노화에 의해서 생기는 노인성 백내장이 가장 많다. 그 외에 선천성(염색체 기형), 눈의 외상, 대사성 질병(당뇨), 약물(스테로이드)의 오용, 장기간에 걸친 자외선 노출이 원인이 될 수 있으며, 다른 안구질환(예: 포도막염, 녹내장, 망막변성)이 있는 경우 혹은 전에 안구 수술을 받았던 경우에도 발생할 수 있다.

노인성 백내장은 혼탁 정도에 따라서 초발, 미숙, 성숙, 과열 백내장으로 나뉘며, 일상생활에 지장을 주는 정도(시력 0.3 이하)가 되면 수술을 받아야 한다. 수정체는 전 굴절의 1/3을 맡고 있기 때문에 혼탁한 수정체를 제거하는 것만으로는 시력의 회복이 어렵다(김명 외, 2004).

안개가 낀 것처럼 뿌옇게 보이거나 밝은 데서 더욱 안 보이거나 한 눈으로 봐도 물체가 겹쳐 보이는 증상 등이 생기게 된다. 더욱 심해지면 눈앞의 손가락도 잘 보이지 않으며, 자세히 관찰하면 검은 동자 속의 애기동자가 하얗게 백태가 낀 상태로 변한 것을 볼 수도 있다. 일반적으로 백내장 환자는 동통이나 분비물, 눈의 불편 증상 없이 시력 감퇴만을 호소하는 경우가 대부분이나, 가끔씩 백내장에 의한 합병

| 사진 3-5 |

정상 시력으로 본 거리 이미지(좌측)와 백내장 상태의 시력으로 본 거리 이미지(우측)

증으로 녹내장 등 다른 이상이 생기게 되면 동통 등 다른 증상이 나타날 수도 있다.

백내장이 얼마나 빨리 진행되는지는 개인에 따라 차이가 있으며 같은 사람에서도 양쪽 눈의 진행 속도가 각각 다를 수 있다. 노화 과정으로 발생하는 대부분의 백내장은 수년 또는 수십 년에 걸쳐서 서서히 진행된다. 외상으로 인해서나 젊은 연령층에서 발생하는 백내장 혹은 당뇨가 있는 사람의 경우에는 수개월 사이에도 빠른 속도로 진행될 수 있다.

(2) 치료 및 관리

1 치료

안과의사의 철저한 검사를 통하여 백내장의 유무 및 정도를 알 수 있다. 백내장 수술 후에 시력이 정상으로 회복되지 않을 수도 있으며, 아주 드물게는 전혀 시력이 개선되지 않는 경우도 있다.

산동 후 세극등을 통해 수정체 검사를 진행하며, 이 검사를 통해서 백내장의 위치와 정도를 알 수 있다. 수술 후 시력을 예측해 볼 수 있는 검사도 있으며, 수술을 준비하는 경우 망막검사가 필요하며, 특히 당뇨가 있는 사람은 당뇨성 망막증의 진행 정도를 꼭 검사해야 한다.

백내장 초기에는 진행 속도를 지연하는 복용약이나 여러 가지 점안약을 사용할 수 있다. 진행 속도를 지연하는 효과는 기대할 수 있으나 아직까지 수술 외에 완치하는 방법은 없다.

백내장 수술이란 혼탁된 수정체를 안구 내에서 제거하는 것이다. 수술용 현미경으로 작은 절개창을 통해 초음파 기구를 이용하여 수정체를 아주 작은 조각으로 쪼개어 안구 내에 흡입해 제거하며, 이때 후낭이라고 하는 세로판 같은 얇은 막은 남겨 둔다. 수술 전 검사를 통해 계산된 인공 수정체를 원래 수정체가 있던 위치에 삽입하고 절개창을 닫는다. 그러나 인공 수정체는 본래의 수정체의 기능을 전부 대체하지는 못한다. 따라서 가까운 것을 볼 때는 돋보기가 필요하며 수술 후 눈이 완전히 회복되면 검안을 하고 필요시 안경 착용을 고려한다.

백내장 수술은 성공률이 아주 높은 수술로서 약 97% 이상에서 시력 개선 효과를 보일 수 있다. 수술 후에는 더 잘 보기 위하여 원거리용 안경 착용이 필요하며, 대부분의 경우에 독서용 근거리용 안경이 추가로 필요하게 된다. 백내장 이외에 각막, 포도막, 유리체, 망막, 시신경 등의 다른 질환이 있는 경우에는 시력 회복이 만족스럽지 않거나 불가능한 경우도 있다. 이 외에도 백내장 수술로 인한 합병증으로 시력 회복이 안 되는 경우도 있다. 이러한 합병증(예: 감염, 출혈, 녹내장, 망막부종, 망막박리, 복시, 밤에 불빛이 퍼져 보임 등)은 수술 도중이나 수술 후에도 발생될 수 있으며, 드물게는 재수술이 필요한 경우도 있다. 눈앞에 여러 개의 점이 떠다니는 비문증상은 수술 전부터 있다가 수술 후 비로소 증상이 느껴지거나 또는 수술 후 유리체의 변화로서 나타날 수 있는 비교적 흔한 증상이며 특별히 치료는 필요하지 않다. 그러나 떠다니는 점이 갑자기 많아진다거나 부분적으로 보이지 않는 증상이 있다면 합병증의 위험이 있는 것이니 즉시 진찰을 받아야 한다. 매우 드물게는 수술받지 않은 눈까지도 염증이 발생하여 시력 저하를 일으킬 수 있다.

2 관리

백내장의 진행 속도를 늦추기 위하여 다음의 사항을 지켜야 한다(공안과, 2010).

- 내과에서 전신 종합검사를 받고 당뇨, 고혈압, 갑상선 질환 등의 유무를 확인하고 필요한 경우에 철저히 치료를 받는다.
- 술과 담배를 줄이는 것이 아니라 완전히 끊는다.
- 과도한 자외선(예: 햇빛)이나 적외선(예: 사우나 속의 빨간 석탄불)에 노출되는 것을 피한다.
- 좋은 영양 상태를 유지하며 종합비타민, 노화 방지제, 단백질 섭취 등을 충분히 한다.
- 적당한 운동을 한다.

(3) 시기능에 미치는 영향

백내장은 시각에 지장을 받기 전까지는 문제가 되지 않는다. 혼탁한 부분이 작은 경우에는 시력에 별로 지장이 가지 않으나, 백내장으로 인해 수정체가 혼탁해져 시력이 상실될 때는 문제가 된다. 혼탁한 부분이 크고 짙은 경우는 대개 수술을 해야 한다.

백내장이 있는 경우 시력이 감소되며, 대비하는 감각의 감소로 인해 조명이 희미한 곳에서 보는 것이 어렵고 또 눈부심에 민감해진다. 인쇄된 글자도 흐릿하게 보이고 대비감도 제한된다.

백내장의 일반적인 징후는 다음과 같다(Orr, 1998, p. 50).

- 거리가 있는 대상을 볼 때 흐릿하고 뿌옇다. 특히 실외에서 그러하며 눈의 통증은 없다.
- 사물이 두 개로 보인다.
- 심하게 눈부심을 느낀다.

- 인쇄된 부분이 희미해 보이고 대비가 부족해 구분하기 어렵다. 조명이 흐린 경우 읽기가 어렵다.
- 색깔이 희미하게 보이거나 색조가 변해 보인다. 예로, 청색이 녹색으로, 흰색이 회색 혹은 베이지색으로, 황색이 백색으로 보인다.
- 보안경이 시각을 감소하는 것처럼 느껴진다.
- 안경을 자주 바꾸어도 시각에 도움이 되지 않는다.

5) 기타 주요 안질환

(1) 노안

노안(presbyopia)은 나이가 많아져서 근점이 멀어진 눈으로 노시라고도 한다. 노안은 눈 속에 있는 수정체가 단단해지거나 수정체를 조절하는 모양체 근육에 탄력이 떨어져서 생기는 현상이다. 나이가 들수록 수정체의 탄력성이 감퇴되어 수정체의 변형이 어려워지는데, 이런 조절력 감퇴로 인해 가까운 거리의 사물을 보거나 작업에 장애가 되는 상태의 눈을 말한다. 주요 증상은 근거리 작업 때의 시력장애로서, 정상인 경우 조절력이 4D 이하로 되는 40대에 노안이 나타나게 된다.

렌즈의 광학적 원리를 응용한 다중 초점 교정술(multifocal correction)과 레이저를 이용한 굴절 수술이 결합하면서, 환자 눈에 미세하게 존재하는 구면수차까지 완벽하게 교정할 수 있는 노안 수술을 가능하게 하였다. 레이저를 이용한 노안 수술은 시술 시 통증이 전혀 없으며, 시술 시간이 양안 10분 정도로 간단하며 회복이 빨라서 수술 다음 날부터 정상적으로 일상생활을 할 수 있다.

(2) 노인환

노인환(老人環)은 고령자의 각막 둘레에 비교적 엷은 층을 이룬 테 모양의 황백색 혼탁이다. 테 부위와의 사이에 투명한 각막 부분이 존재하는데, 이 혼탁은 지질의 침착에 의해 생긴 것으로 어떤 자극성도 없고 자각 증상이 없는 생리적인 노인성 변화이므로 치료할 필요가 없다.

(3) 노인성 안검외반

노인성 안검외반(senile ectropion of the eyelid)은 눈꺼풀이 바깥쪽으로 휘어 그 안쪽의 결막이 노출된 상태, 즉 흔히 충혈된 눈을 말한다. 안검외반에는 반흔성 외반, 경련성 외반, 마비성 외반, 노인성 외반이 있다. 특히 노인성 외반은 하안검의 조직이 이완되어 발생하며 고령자에게 많이 생기고, 마비성 외반과 같이 검판의 일부를 절제하여 피부를 옮기는 수술을 한다.

(4) 뇌졸중

미국에서 노인을 돌보는 전문가들은 시각 상실의 주요 원인으로 뇌졸중을 들고 있다. 눈에 이상이 있는 것이 아니라 뇌졸중으로 인해 대뇌피질의 시신경 경로(pathways)가 손상되어 일어난다. 뇌졸중을 일으킨 뇌의 반구 쪽 시야가 상실되는

| 사진 3-6 |

정상 시력으로 본 거리 이미지(좌측)와 반맹 상태의 시력으로 본 거리 이미지(우측)

반맹(hemianopia)이 나타나기도 한다. 시야의 반이 보이지 않는 상태에서 책 읽기는 어려워진다. 시야의 왼편이 상실되었다면 책 읽을 때 왼쪽의 시작한 부분을 다시 찾는 데 어려움을 느낄 수 있다. 반대로, 오른편의 시야가 손실되었다면 행의 오른쪽 끝 부분을 확인하기 어렵다.

이동할 때도 보이지 않는 쪽의 사물의 확인이 어려워 계속 사물과 부딪힐 수 있다. 따라서 반만 보이는 쪽을 효과적으로 사용하는 방법을 배우는 것이 필요하다.

뇌졸중으로 실명한 한국인 사례

F 씨는 66세 여성 노인으로 임대아파트에 거주하고 있다. 30대 초반에 뇌졸중으로 몸 왼쪽 부분에 마비가 왔고, 망막의 시신경에도 이상이 와 오후만 되면 뿌옇게 시야가 흐려졌다. 수개월 후 받은 안과 진료에서 시신경 마비로 우안이 완전히 실명하고, 좌안에는 약간의 시력이 남아 0.01 정도의 시력이 나온다는 진단을 받았다. 의사는 수술을 권했지만 나머지 시력마저 상실될까 두려워 수술을 거절하고 약물치료만 하였다. 58세에 뇌종양을 제거하는 수술을 받았고, 63세부터는 가슴이 두근두근하고 답답하고 불안해서 정신과 치료를 받고 약도 복용하고 있다. 현재 정기적인 안과 검진을 받고 있고, 눈 영양제와 각막보호 치료제를 복용하고 있으며, 젤 유형의 인공 눈물약을 사용하고 있다. 안경은 도움이 되지 않아서 착용하지 않고 있다.

41세에 시각장애 1급 판정을 받았다. 40세까지는 성경책의 큰 활자는 읽었으며 아침 기상 직후에는 더 잘 보였으나 40대 이후에는 더 이상 문자를 읽을 수 없었다. 현재는 TV의 화면이 보이지 않아서 소리를 듣고 내용을 파악한다. 달력의 큰 숫자(예: 2010년)는 10cm의 거리에서 한 자씩만 볼 수 있다. 거울을 가까이 하면 자신의 얼굴을 흐릿하게 볼 수 있으나 밤에는 아무것도 볼 수 없고, 바람이 부는 날에는 더 안 보인다고 한다.

50대 후반까지 동행자의 부축을 받으며 한 시간 정도씩 보행할 수 있었으나 60세에 뇌수술을 받은 이후부터는 장시간을 걷지 못한다. 집 안에만 있는 날이 대부분이고 주말에는 종교 기관에 간다. 이동은 부축을 받고 걷거나 차량을 이용한다. 행동 반경은 집과 종교 기관이고, 이웃과 신앙 기관의 사람들과 친밀한 관계를 유지하고 있다.

F 씨는 내성적이었으나 신앙생활 후 교우의 우호적인 관심으로 외향적으로 변하였다. 63세에 우울 증상이 나타나면서 더욱더 신앙생활을 열심히 하려고 노력하고 자립심도 강한 편이다. 쇼핑, 은행 업무, 대중시설 이용은 동행인이 부축만 해 준다면 스스로 할 수 있다. 금전 관리를 위해 숫자 계산을 하고 전화도 사용한다. 집안일은 요양보호사의 도움을 받고 있다.

F 씨는 초기 증상이 나타났을 때 조기 치료를 받지 못하고 수술을 거부했던 것을 지금까지도 아쉬워하고 있다. 좌안의 잔존 시력마저 상실될까 걱정하며 지인에게 정기검사와 예방을 강조하고 있다. 시각장애로 인한 사회활동의 제한을 불편해하고 있는데 외출 시 매번 다른 사람에게 도움을 요청하는 번거로움이 부담스럽기 때문이다. F 씨는 노년층 시각장애인도 자신의 능력을 개발할 수 있는 복지 제도나 시설을 적극 이용해야 한다고 생각하고 있다. 대부분이 집 안에만 안주하고 있기 때문이다. F 씨는 건강만 허락한다면 점자교육을 받길 원하며 일거리도 있었으면 한다. F 씨는 시각장애가 있어서 노년의 생활이 불편해지지 않기 위해 노력하고 있으며, 요양보호사가 정기적으로 방문하여 외출, 가사, 목욕, 은행 업무, 장보기 등을 도와주고 있다.

(5) 망막박리

망막박리(retinal detachment)는 망막이 지지 조직인 맥락막에서 떨어지는 것이다. 망막박리는 상해(injury), 질병 혹은 기타 원인으로 일어난다. 망막박리가 있는 경우 대개 통증을 느끼지는 않는다. 그러나 비문증(floaters), 빛의 번쩍임(flashes of lights)이 나타나고, 시각이 흐릿해진다. 또한 시야의 부분이 검게 되거나 혹은 장막이 쳐진 것처럼 보인다. 망막박리가 영구적인 시각 상실로 진행되지 않도록 정기적으로 검사를 받아야 한다. 레이저 수술을 포함한 망막박리용 치료 방법이 있다.

2. 노년기 실명 질환 예방

55세 이상의 사람은 안질환을 조기에 발견하고 시기능의 변화를 알아내기 위해 매년 안과 검진을 받아야 하며 이를 통해 시각 상실이나 완전 실명을 방지하여야 한다. 지역사회 단위의 시각검사는 눈 관리를 위한 중요한 요소로 전문가의 안과 검진을 대체할 수는 없지만, 시각 문제의 초기 징후를 확인하고 안과 검진이 필요한 안질환의 위기 정도를 알 수 있게 해 준다.

안과의사(ophthal-mologist)는 안질환을 진단 · 치료하고, 안과 수술을 하고, 교정 렌즈를 처방한다. 검안사(optometrist)는 건강 관리 전문가로서 기본적인 눈 관리 서비스를 제공하기 위해 훈련된 안과 관리 전문가다. 검안사가 하는 서비스는 다음과 같다.

- 전반적인 눈 건강과 시각을 검사한다.
- 안질환과 시각장애를 진단하고 치료한다.
- 일반 건강 문제로 인해 눈에 오는 징후를 감지한다.
- 안경, 콘택트렌즈, 저시각 재활과 시각 치료를 처방한다.
- 약을 처방하고 특정 수술 절차를 행한다.
- 직업, 취미, 생활 방식, 수술과 관련한 시각 요구에 대해 상담한다.

안과 전문가를 만나러 갔을 때, 노인 환자가 알아봐야 할 사항은 다음과 같이 스물한 가지로 정리해 볼 수 있다(American Foundation for the Blind, 2011).

- 진단명은 무엇인가?
- 이 상태가 일어난 이유는 무엇인가?
- 이 상태는 치료할 수 있는가?

- 어떤 새로운 증상이 나타날 수 있는가?
- 현재 생활 방식에 변화를 주어야 하는가?
- 얼마나 자주 안과의사에게 진료를 받아야 하는가?
- 현재 상태에서 우선적인 치료법은 무엇인가?
- 언제 치료를 시작하고 얼마나 걸리는가?
- 치료의 효과는 무엇이고 어느 정도 성공적인가?
- 치료와 관련된 위험이 있는가? 어떤 부작용이 있는가?
- 치료받는 동안 피해야 하는 음식, 약, 활동이 있는가?
- 치료받으면서 약을 복용해야 한다면, 복용을 빠뜨리거나 약 부작용이 있을 때 어떻게 해야 하는가?
- 다른 치료법이 있는가?
- 어떤 검사를 받아야 하는가?
- 검사를 통해 무엇을 알아내려 하는가?
- 언제 결과를 알 수 있는가?
- 검사받을 준비를 하면서 특별하게 해야 하는 것이 있는가?
- 검사에 위험 요소 혹은 부작용이 있는가?
- 후에 검사가 또 필요한가?
- 검사 결과를 보내 줄 것인가?
- 시각에 문제가 지속된다면 안경이 도움이 되는가? 확대, 특수 보조구 혹은 시각 상실을 경험하는 사람을 위한 서비스에 대한 정보가 있는가?

1) 당뇨성 망막증의 발병 위험 줄이기

당뇨성 망막증은 당뇨의 위험 요소다. CDC(U. S. Centers for Disease Control and Prevention)에 따르면, 1980년과 2007년 사이에 당뇨로 진단된 성인의 수는 3배 증가하였다. 2007년에는 150만 명이 이 병으로 진단되었으며, 당뇨가 있는 사람은 2400만 명이었다.

당뇨 제1형이든 제2형이든 간에 망막증이 발생한다. 이 병은 제1형에서 더 많이 발생하고 증상이 심각하다. 만성장애로 몇 가지 위험 요소는 조절할 수 없으며, 생활방식을 수정하거나 의학 중재로 관리가 가능하다.

(1) 위험 요소

당뇨성 망막증의 발병 위험을 높이는 요소는 다음과 같다.

- **유전 요인**: 당뇨성 망막증으로 발생한 신생 혈관의 비정상적인 발생은 VEGF-A(vascular endothelial growth factor A)로 알려진 단백질로 조절이 가능하다. 이 단백질은 VEGF-A 유전자의 진열(carries out oders)을 이행하며, 유전자에서의 순서 변화는 심한 당뇨성 망막증 발생과 관련되어 있다.
- **연령 증가**: 당뇨성 망막증이 10세 이하에서 발생하는 것은 드문 일이다. 15~19세의 연령에서 당뇨가 있는 10대 중의 10%가 당뇨성 망막증을 보였고, 20~29세까지는 40%, 30세에는 60%, 45세에는 70%로 증가하였다.
- **인종**: 당뇨성 망막증은 일부 인종에서 좀 더 뚜렷하게 나타난다. 제2형의 당뇨가 있는 아프리카계 미국인과 라틴계 미국인은 백인종보다 질병이 더 심하고 더 많이 발생한다. 아프리카계 미국인이 당뇨에 좀 더 취약하고 이로 인해 당뇨성 망막증에 걸릴 위험이 높다.
- **당뇨 지속 기간**: 당뇨에 걸린 기간이 길수록 당뇨성 망막증이 발생할 위험이 커진다.
- **당뇨 정도**: 당뇨가 심하면 심할수록 당뇨성 망막증이 발생할 위험은 더 커지고 이로 인해 시각에 영향을 받을 가능성이 커진다.
- **성별**: 당뇨가 있는 남성은 당뇨성 망막증이 발생할 위험이 매우 높다.

▪ 부분적으로 조절할 수 있는 위험 요소

- 혈당 조절 부족: 혈당 조절의 강도와 당뇨성 망막증의 발병 혹은 진전 간에는 직접적인 관계가 있다.
- 고혈압: 당뇨가 10년 이상 지속되고 고혈압이라면 당뇨성 망막증이 발병할 위험이 있다. 더 파괴적이고 더 빨리 진전된다.
- 비만: 신체용적지수가 25% 이상인 당뇨가 있는 사람은 망막증을 일으킬 위험이 2배다.
- 질병: 고혈압, 심장병, 당뇨성 신장병(diabetic kidney disease), 고콜레스테롤 같은 건강 상태에 있는 사람은 당뇨성 망막증이 발생할 위험이 높다.

(2) 당뇨성 망막증 발병 위험을 줄이는 방법

당뇨성 망막증의 발병 위험을 줄이기 위해서는 다음 사항에 유의한다.

- 당뇨성 망막증의 초기 단계에는 증상이 없거나 미미하다. 당뇨가 있는 사람은 매년 정기적으로 검사를 받는 것이 필요하다. 뿌연 시각, 광륜(후광) 혹은 섬광빛, 복시(double vision), 검은 점 혹은 비문증, 안압의 통증 혹은 압박감, 주변시각의 상실, 야간시 부족 증상이 나타난다면 안과 전문의의 검진을 받는다.
- 새로운 증상이 나타나는지 항상 민감하게 살피며 정기적인 안과검사를 받는다.
- 혈당을 철저히 관리한다. 혈당 조절은 당뇨성 망막증의 예방과 관리에서 매우 중요하다. 혈당 관리는 질병의 진행을 늦추어 시각을 보전하는 데 도움이 된다.
- 혈압과 혈중 콜레스테롤을 조절한다. 혈압을 조절하면 저시각의 위험을 줄일 수 있고, 심혈관계와 다른 건강 상태에도 도움을 준다.
- 건강한 생활로 신체용적지수를 줄인다. 2008년 미국인을 위한 신체활동 지침에 따르면, 중간 수준의 강도로 주당 2.5시간 운동을 하는 것이 필요하다. 속보,

수영, 자전거 타기 등을 한다.

- 금연한다. 흡연은 신체에 치명적인 영향을 미친다. 눈도 예외가 될 수 없다. 담배의 화학 성분은 망막을 보호하는 산화 방지제인 루테인(lutein)의 흡수를 방해한다. 당뇨가 있는 사람은 뇌졸중과 심장마비 위험에 더 노출되어 있으며, 흡연은 이 위험을 높인다.

2) 녹내장의 발병 위험 줄이기

녹내장 발병과 관련한 위험 요소를 관련하면 손상을 조절하면서 발병 위험을 줄일 수 있다. 의사는 환자의 안압 상승이 확인되면 녹내장 의심자로 보아 안압을 정기적으로 점검하고 신경 손상 여부를 검사한다.

(1) 위험 요소

녹내장의 발병 위험을 높이는 요소는 다음과 같다.

- **연령 증가**: 60세 이상의 성인에게는 녹내장 발생 위험이 높아진다. 미국에서는 80세 이상의 노년기의 녹내장 발생 위험이 40대의 녹내장 발생 위험보다 3배에서 10배 더 높다.
- **인종**: 특정 인종은 녹내장 발생 위험이 더 높다. 아프리카계 미국인이 녹내장 위험에 더 많이 노출되어 있는데, 백인종보다 녹내장으로 진단될 위험이 5배 더 높고, 질병으로 시력을 잃을 위험이 4배 더 많다. 히스패닉계 미국인 또한 개방각 녹내장의 위험이 높고, 아시안계 미국인은 폐쇄각 녹내장의 위험이 높다.
- **가족사**: 직계가족 중에 녹내장이 있다면 녹내장 발생 위험은 더 높다.
- **시력 이상**: 근시인 사람은 아닌 사람에 비해 녹내장 발생 위험이 2배 혹은 3배 더 높다. 원시인 사람은 최근 급격한 위험을 보여 주고 있다. 굴절 이상이 있는 사람은 주의 깊게 눈의 상태를 살펴야 한다.

- **얇은 각막**: 각막이 얇은 사람이 녹내장이 생길 위험이 높다. 인간의 각막은 얇아서 마이크론(micron)으로 측정된다. 각막이 얇은 사람은 555μ 이하로, 각막이 588μ 이상인 사람보다 녹내장 발생 위험이 3배 이상 높다.
- **안압 상승**: 혈당 상승을 당뇨의 위험 요소로 말하는 것과 같이, 녹내장의 위험 요소로서 안압 상승은 녹내장의 주요 증상이 된다. 위험 요소는 질병과 밀접하게 관계된다. 안압 상승은 시신경을 손상한다. 안압이 높은데 질환의 증가가 없다면 주의 깊은 사후 검사가 필요하다.
- **당뇨**: 당뇨가 있으면 녹내장 발생이 2배 이상 높아지며, 녹내장이 있는 사람은 당뇨 발생 가능성이 높다. 고혈압은 녹내장과 종종 함께 나타나는데, 그 이유는 아직 알려져 있지 않다. 내분비장애 갑상선 기능저하증과 녹내장 간에 관련이 있는 것으로 추정된다.
- **부신피질 스테로이드제 복용**: 특정 부신피질 스테로이드제는 수양액 유출입과 관련된 관을 봉쇄하는 것이다. 약물 복용을 지속한다면 시신경이 손상될 수 있다.
- **안구 손상**: 외상과 관련한 녹내장을 외상 녹내장이라고 한다. 주먹, 테니스 라켓 등으로 맞아서 나타나며, 눈에 멍이 들기도 한다. 관통 외상은 날카로운 물건이 눈을 관통해서 들어가 손상이 있는 경우로 칼, 금속 물질, BB탄, 유리, 동물의 할퀸 등으로 생길 수 있다.

(2) 녹내장 발병 위험을 줄이는 방법

손상을 통제하기 위해서는 녹내장이 있는지를 알아야 한다. 녹내장이 있다면 정상 범위로 안압을 조절하는 것이 시신경을 온전하게 보전하는 데 도움이 된다. 안압이 상승되었다면 녹내장이 진전되고 있는지 진단을 받아야 하며, 이때 처방된 안약은 시각 보존에 도움이 된다.

- **녹내장 검사**: 녹내장이 있는 가족력 혹은 당뇨가 있는 경우, 50세 이상의 아프리카계 미국인 혹은 65세 이상의 히스패닉계 미국인의 경우에는 매년 안과 검진

을 받아야 한다. 검진을 통해 녹내장, 당뇨성 망막증, 황반변성과 백내장의 위험을 확인할 수 있다.

- 처방된 치료 방식을 따른다. 환자와 의사는 종종 병을 완전하게 치유하는 특효약이 있기를 바란다. 녹내장 치료에서 처방되는 약은 특효약은 아니나 20% 이상으로 안압을 줄여 준다. 안압이 올라간 경우, 매일 약을 사용하면 녹내장 발생의 위험을 절반으로 줄일 수 있다. 녹내장으로 인한 시각 상실은 천천히 이루어져 인지하기 어려우므로 시각 상태가 양호하다 하더라도 약을 지속적으로 사용하여야 한다.
- 건강한 생활방식으로 당뇨와 비만을 예방한다. 제2형 당뇨의 발병률은 표준 건강 체중의 20%를 초과하면 2배 이상이 된다. 체중을 조절하여 당뇨와 녹내장의 위험을 줄이고 기타 비만 관련 질병을 줄일 수 있다. 주당 2.5시간 동안 중간 수준의 강도로 에어로빅 운동을 하며, 과일과 야채를 즐기고 저지방 고섬유소 식사를 하도록 한다.
- 안구 보호대를 착용한다. 안구 손상을 초래할 수 있는 활동, 즉 드릴질, 톱질, 제초 작업 등을 할 때 보안경(safety glass)을 착용한다.

녹내장으로 진단되었거나 질병 위험에 있는 것으로 진단될 경우에는 자신의 잔존 시각을 잘 보전해야 할 책임이 있다.

3) 황반변성의 발병 위험 줄이기

연령 관련 황반변성(AMD)은 주요한 실명 원인이다. AAO(American Academy of Ophthalmology)에 따르면, 미국 인구의 1000~1500만 명이 황반변성을 보이며 이 중 10%가 습성 황반변성이다. AAO에서는 적어도 두 가지 위험 요소에 노출되어 있다면 안과 전문의에게 검사와 상담을 받고 위험 요소를 줄일 수 있는 방법을 실천할 것을 제안한다.

(1) 황반변성 검사 대상자 선별

황반변성이 있는지를 알아보기 위해 다음과 같은 조건의 사람을 선별 대상으로 선정할 수 있다.

- 60세 이상인 사람
- 고혈압 혹은 심혈관계 질환이 있는 사람
- 흡연자
- 연령에 상관없이 황반변성으로 시각 상실이 있는 가족력(어머니, 형제자매)이 있는 사람
- 무수정체 혹은 가성수정체인 사람
- 광선에 과도하게 지속적으로 노출되는 사람

(2) 위험 요소의 징후

황반변성이 발생할 위험이 높은지를 확인할 수 있는 징후(sign)가 있다.

- **드루젠(결정체)의 수와 크기**: 드루젠은 황반변성과 연결되어 눈에 나타나는 황색의 지방 같은 물질이다. 다수의 드루젠이든 하나의 큰 드루젠이든 모두 황반변성이 발생할 위험이 크다는 것을 의미한다.
- **한 눈 혹은 두 눈에 생기는 위축**: 망막의 중심 부분에 크게 위축이 생겨 중심 시각에 영향을 미친다.

(3) 위험 요소

황반변성의 발병 위험을 높이는 요소는 다음과 같다.

- **연령**: 60세 이상의 미국인 중 저시각을 발생시키는 주요 원인은 습성 황반변성이다. 연령은 조정이 불가능한 위험 요소이고 황반변성은 더 일찍 발생할 수도

있지만, 60세 이상의 노인이 젊은 연령층보다 더 큰 위험에 노출되어 있다. 예로, 중년기 사람은 황반변성을 보일 위험이 2%이나 75세 이상에서는 30% 정도까지 증가한다.

- 성별: 여성이 남성보다 황반변성 발병률이 더 높은 것으로 알려져 있다. 여성은 남성보다 수명이 길기 때문에 황반변성으로 인한 저시각이 더 많은 것으로 보인다.
- 인종: 75세 이상에서 백인종은 아프리카계 미국인보다 황반변성과 관련한 저시각이 더 많이 발생된다. 저시각인 중 황반변성과 관련한 경우는 아프리카계 미국인의 5% 이내, 히스패닉계의 15% 이내다. 이에 비해 백인종은 절반 이상이 황반변성으로 저시각 상태에 있다.
- 유전적 소인: ① 가족사: 황반변성이 있는 사람 중 10~20%는 직계가족의 1명 이상이 황반변성이 있는 것으로 나타나 유전자가 황반변성을 일으키는 원인이 되는 것으로 보인다. 연구자들은 황반변성을 일으키는 고위험 유전자 검사를 개발하는 데 힘을 기울이고 있다. 부모 혹은 형제자매가 황반변성이 있는 경우는 없는 경우보다 황반변성이 발생할 가능성이 2.5배 높다. 만일 황반변성을 보이는 가족과 친척이 있다면, 생애 동안 황반변성이 나타날 위험은 4배 더 높다. 이처럼 모든 황반변성이 유전은 아니나 특정 유전자는 황반변성 위험이 있는 사람과 뚜렷하게 결부되어 있고, 미국에서 황반변성의 사례 중 반은 유전적 소인으로 설명된다. ② 눈의 색: 눈의 색이 옅은 사람이 짙은 색의 사람보다 황반변성의 위험이 높다.
- 비만: 신체용적지수가 30 이상으로 증가될 때 건성 황반변성의 초기 혹은 중간 단계에 있을 가능성이 증가하며, 건성 혹은 습성 황반변성으로 진전될 가능성이 크다. 비만인 사람은 황반변성이 발생할 위험이 2배 더 높으므로, 건강식과 규칙적인 운동으로 체중을 줄이면 황반변성 발생의 위험을 줄일 수 있다.
- 영양: 산화 방지 수준이 낮으면 연령 관련 상태(예: 황반변성)의 위험은 증가한다. 5년 동안 진행된 연구 결과에 따르면, 황반변성 초기 혹은 중기에 있는 사

람은 산화 방지제 비타민과 아연을 복용하였을 때 병이 진전될 위험이 25% 감소하였다. 그러나 비타민제를 복용하기 전에 전문 상담을 받는 것이 필요한데, 아연, 비타민 K와 다른 비타민과 미네랄을 집중 복용하면 약물의 상호작용(medication interaction)으로 인해 오히려 해가 될 수 있기 때문이다.

- **안구 이상**: 원시가 심한 사람은 황반변성 발생 위험이 2.5배 높다.
- **환경 요소**: 흡연으로 황반변성이 발생할 위험은 2~3배 높다. 금연을 하면 황반변성 발생 위험을 줄일 수 있다.
- **고혈압**: NEI(National Eye Institute's)의 연령 관련 안질환 연구에서는 고혈압이 있는 사람이 없는 사람보다 습성 황반변성이 1.5배 더 높게 나타났다.

▪ **기타 잠재 위험 요소**

- 성별: 여성이 남성보다 황반변성의 위험에 더 많이 노출되어 있다.
- 인종: 백인종이 아프리카계 미국인보다 황반변성으로 더 많이 실명하고 있다.
- 태양빛 노출: 청색광에의 노출은 황반을 손상할 수 있다. 청색광을 막아 주는 황색을 입힌 NOIR 안경 같은 보안경(sunglasses)으로 노출을 제한할 수 있다. 녹색잎 채소를 먹는 것이 도움이 될 수 있다.
- 심장 질환: 황반변성은 관상동맥 심장 질환과 연관이 있다.

(4) 황반변성 발병 위험을 줄이는 방법

황반변성의 발병 위험을 줄이기 위해서는 다음 사항에 유의한다.

- 매일 운동하는 습관을 들인다. 걷기, 수영, 자전거 타기, 롤러블레이드 타기 등이 적당하다.
- 금연한다.

- 햇빛에 노출을 삼간다. 햇빛은 백내장, 황반변성 등의 안질환을 유발할 수 있다. 자외선 차단지수(sun protection factor: SPF)가 높은 빛 가리개, 챙 넓은 모자, UV 차단 색안경을 사용한다.
- 고혈압을 조절하고 혈중 콜레스테롤을 줄인다.
- 건강식을 한다. 구체적인 건강 생활의 준수사항은 다음과 같다. ① 짙은 녹색 채소(예: 케일, 콜라드 채소, 시금치 등)를 많이 먹는다. 이 채소들은 루테인을 다량 함유하고 있어 햇빛으로 인해 황반이 손상되지 않도록 보호한다. ② 지방산이 많은 생선을 정기적으로 먹는다. 이런 종류의 생선은 오메가3 지방산을 다량 함유하고 있어 염증을 줄이고 눈 건강을 촉진한다. ③ 산화방지 비타민이 풍부한 견과류를 먹는다. ④ 포장 식품은 가능한 한 피한다. 오메가6 지방산과 오메가3 지방산 간의 균형을 맞추는 것이 중요하다. 포장된 음식은 야채 오일의 형태로 오메가6 지방산을 함유하고 있다. 오메가6의 섭취를 줄이고 오메가3의 섭취를 늘리는 것이 필요하다. ⑤ 트랜스지방 같은 인공지방을 피한다. 저지방 우유 같은 저지방 음식이 적당하다. ⑥ 금연한다. ⑦ 혈압을 낮추고 체중을 줄인다. ⑧ 정기적인 안과검사를 받는다.
- 1년에 3회 이상 안과의사의 검진을 받는다.
- 습성 황반변성이 있다면 치료를 받는다. 습성 황반변성이 생기면 시각 상실이 빠르게 일어나며, 치료가 늦은 경우라도 영구적인 손상이 황반에 나타나지 않았다면 치료로 개선할 수 있다.
- 건성 황반변성이 있어 습성 황반변성으로 진전될 수 있다면 치료를 받기 위해 자신의 시각 상태를 검사받는다. 중심 시각에 빈 점(blank spot)이 없다면 앰슬러 격자무늬판으로 검사를 받는다. 매일 판을 보고 한 눈씩 검사하며, 판의 선이 물결무늬가 있거나 뿌옇거나 회색으로 보이는지 알아본다. 만약 읽기 능력이 감소되거나 시각이 어떤 방법으로든 감퇴되었다면 즉각 안과 전문의에게 검진을 받는다.

▪ 앰슬러 격자무늬판으로 검사하는 방법

앰슬러 격자무늬판(Amsler Grid)은 중심 시각에 영향을 주는 시각의 변화를 알아내기 위한 것이다. 황반변성과 같은 시각 상태가 나타나는지 알아보기 위해 앰슬러 격자무늬판을 사용하여 하루에 한 번 정기적으로 실시하도록 한다.

다음의 단계에 따라 검사를 한다.

1. 앰슬러 격자무늬판을 종이에 인쇄하거나 컴퓨터 화면에 띄운다.
2. 각 눈을 따로 검사한다.
3. 읽기용 안경을 착용하고 조명이 잘되어 있는 곳에서 한다.
4. 보통 편안하게 읽기를 하는 거리에서 앰슬러 격자무늬판으로 검사한다. 대개 12~14인치가 적당하다. 컴퓨터 모니터를 보고 할 때는 모니터와 12~14인치 떨어진 곳에서 한다. 모니터와 눈의 높이를 맞춘다.
5. 한쪽을 완전하게 가린다.
6. 검사하는 한쪽 눈으로 앰슬러 격자무늬판의 중심에 있는 점을 본다.
7. 한 눈으로 중심점을 보면서 아래 질문에 답한다. 한 눈을 검사한 다음에 다른 눈을 검사한다. 다음 질문에 대한 답을 기록한다.

① 선들이 물결 모양으로 보이고, 흐릿하게 보이고, 비뚤어져 보이는가? (정상적인 눈으로는 모든 선이 직선이고, 선이 교차하는 곳의 각도는 직각이고, 모두 정사각형으로 보인다.)

오른쪽 눈: 예 / 아니요　　　　　왼쪽 눈: 예 / 아니요

② 격자무늬판에서 선이 보이지 않거나 검게 보이는 부분이 있는가?

오른쪽 눈: 예 / 아니요　　　　　왼쪽 눈: 예 / 아니요

③ 격자무늬판의 모서리와 좌우 모든 쪽을 볼 수 있는가?

오른쪽 눈: 예 / 아니요　　　　　왼쪽 눈: 예 / 아니요

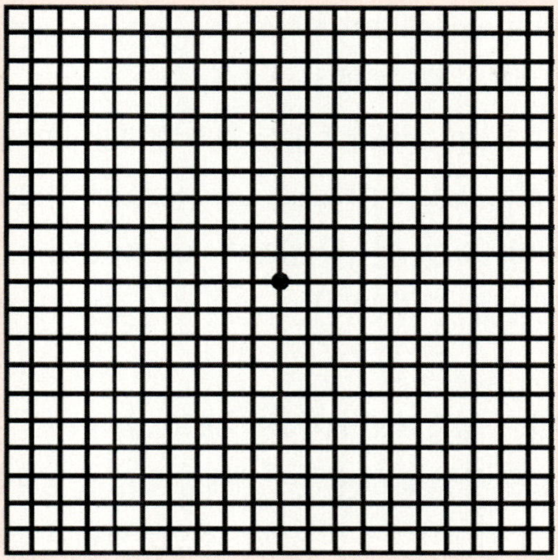

4) 백내장의 발병 위험 줄이기

백내장은 많은 요인이 복합되어 나타나는 질환이다. 발병과 관련한 위험 요소를 확인하고 조절하면서 발병 위험을 줄일 수 있다.

(1) 위험 요소

고혈압, 천식, 관절염과 대부분의 만성 질환 상태 같은 몇 가지 백내장 위험 요소는 조절이 불가능하나 특정 행동과 생활방식의 조절을 통해 위험을 최소화할 수 있다. 백내장 발병 위험을 높이는 요인은 다음과 같다.

- **유전적 요소**: 쌍둥이 연구에 따르면, 유전적 소인이 백내장 발생의 절반 정도를 결정한다. 즉, 환경적 요인이 백내장 발생의 절반을 결정한다고 볼 수 있다.
- **연령 증가**: 연령이 높아질수록 백내장 발생의 위험이 증가한다.

- **인종**: 40세 이상의 흑인종에게서 나타나는 대표적인 원인이다. 라틴아메리카계, 아프리카계 미국인, 유럽인에게 저시각을 일으키는 주요 원인이다.
- **성별**: 여성에게 백내장이 뚜렷하게 나타난다.
- **과도한 햇빛 노출**: 자외선에 심하게 노출된 경우 백내장이 더 많이 발생한다.
- **당뇨**: 미국당뇨협회(American Diabetes Association)에 따르면, 당뇨가 있는 사람의 백내장 발병이 당뇨가 없는 사람보다 60% 더 많았다. 당뇨가 없는 사람보다 당뇨가 있는 사람이 백내장이 더 일찍 발생되고 더 빨리 진전되는 경향을 보인다.
- **영양 부족**: 포화지방과 정제된 탄수화물이 고도로 함유된 식사는 백내장 발생과 관련성이 높다. 낮은 혈중 칼슘 수준은 백내장 발생에 영향을 미칠 수 있으며, 영양 부족이 눈 중심에 백내장을 일으키는 것으로 알려져 있다. 이런 종류의 백내장은 특히 시각에 치명적이고 가장 일반적인 질병의 유형이다. 비타민 E와 산화방지제 루테인과 제아잔틴은 짙은 녹색잎(시금치, 케일) 채소에 다량 함유되어 있으며, 백내장의 위험을 상당히 줄여 준다.
- **흡연**: 흡연은 백내장과 관계가 있다. 흡연을 심하게 하는 사람이 적게 하는 사람보다 백내장 발병률이 높다고 알려져 있다. 간접흡연도 위험 요소가 된다.
- **알코올 남용**: 습관적으로 알코올을 마시는 사람은 백내장 발병률이 높다. 하루 한 잔씩 마시는 것은 백내장 수술과 관련된 발병 위험을 높인다.
- **기타 요인**: 질병의 가족사, 근시, 비만, 고혈압 등이 영향을 미친다.

(2) 백내장 발병 위험을 줄이는 방법

백내장 발병 위험을 줄이기 위해서는 다음 사항에 유의한다.

- 태양광 노출에 주의한다. 자외선(ultraviolet radiation)에 장기간 노출되는 것이 백내장을 일으킨다는 결과가 최근 연구에서 관심을 받고 있다. 더 많은 연구가 실행될 때까지는 밝은 햇빛에 노출을 삼가고 UV 차광 렌즈를 사용한 보안경을

착용하거나 챙 모자를 쓰도록 한다.

- 당뇨가 있는 경우 혈당 조절을 철저히 한다. 건강하고 활동적인 생활방식, 철저한 혈당 관리는 백내장의 발생과 진전을 억제하여 준다.
- 몸에 좋은 식사를 한다. 적절한 양의 단백질, 비타민 A, 비타민 B_1, 비타민 B_2, 비타민 B_3의 섭취는 백내장 발생을 줄이는 데 도움이 된다.
- 흡연을 삼간다. 흡연은 백내장 발생과 밀접하게 관련되어 있다. 금연을 하면 백내장과 다른 심각한 질병을 피할 수 있다.
- 음주를 삼간다. 과도한 음주는 백내장 발병에 영향을 미치므로 적절히 통제한다.

제4장

노년기의 시각 재활 서비스

시각 상실이 생긴 후에도 독립생활을 유지하는 것은 중요하다. 시각 상실이 있는 노년기에 있어 시각 재활 서비스(vision-related rehabilitation services)와 보조구(devices)는 가정 혹은 지역사회에서의 생활 유지에 필수적이다. 재활(rehabilitation)은 시각 상실이 있는 사람이 자족(self-sufficiency)하도록 돕고 삶의 질을 높이는 것이다. 따라서 시각 재활 서비스는 시각 상실 후에 독립적으로 생활을 할 수 있도록 그에 필요한 기능을 길러 주는 것이다.

1. 시각 재활 서비스

시각 재활 서비스는 시각 상실 후 기능을 회복하기 위해 필요하다. 마치 물리치료가 손상된 팔 혹은 다리의 기능을 회복시키는 것과 같다. 구체적인 시각 관련 재활 서비스는 다음과 같다(Orr, 1998, p. 105).

- 저시각 검사와 현재 보유하고 있는 시각을 최대한 활용할 수 있도록 돕는 보조구(손잡이형 확대경, 전등, 기타 광학 혹은 비광학 보조구)
- 시각 상실에 적응하도록 돕는 개별 상담
- 시각 상실을 똑같이 경험하고 극복한 사람과 대화를 나눌 기회를 제공하는 지원 집단
- 다음의 영역에서 기술을 회복시켜 주는 적응 기법의 지도
  - 가정 관리와 개인 관리(식사 준비, 개인 관리 활동[예: 목욕, 몸단장, 금전 관리, 복용약에 라벨 붙이기])
  - 의사소통(점자, 확대문자, 녹음기 등의 사용, 화면 확대, 음성 출력, 점역 프로그램을 이용한 컴퓨터 활용, 전화 및 쓰기 보조구의 사용 등)
  - 독립 이동과 여행(익숙한 혹은 낯선 장소를 방향 정위하기, 필요할 때 다른 사람에게 도움 요청하기, 긴 지팡이 혹은 기타 이동 보조구를 사용하여 이동하기)

미국에서 시각 재활 서비스는 시각 재활 전문가에 의해 이루어진다. 그러한 전문가로는 방향정위와 이동 전문가, 재활 교사, 재활공학 전문가, 저시각 전문 교사, 시각 재활 치료사 등이 있다.

시각 상실로 인해 일상생활에서 어려움이 있는 55세 이상의 노인은 재활법의 표제 7의 제2장에 의해 노년층을 위한 독립생활 서비스(Independent Living Service for Older Individuals Who Are Blind)로 불리는 연방정부 지원 프로그램 서비스를 받도록 되어 있다. 55세 이상이고 심각한 시각장애, 즉 중도 시각장애(severe visual impairment)가 있는 경우는 무료로 서비스를 제공받을 수 있다.

2. 시각 재활 서비스 법령

미국에서 1973년 제정된 재활법(Rehabilitation Act)은 전반적으로 장애인을 위한 법이다. 1978년 개정안이 마련되면서 재활의 목표를 보수가 주어지는 고용 창출보다는 독립생활(independent living)에 두고 있다. 따라서 개정안에는 장애인의 독립생활 프로그램 운영을 강조하기 위해 표제 7을 추가하였고, 독립생활 서비스를 지원하는 자금 지원을 합법화하였다.

표제 7의 제1부와 제2부(현재는 제1장이라 함)는 장애인을 위한 독립생활 서비스뿐 아니라 독립생활 센터 운영에 지원금을 제공하도록 하고 있다. 제3부(현재는 제2장이라 함)는 주립 직업 재활 기관에서 시각장애인에게 독립생활 지도를 하도록 보조금을 지원하게 하고 있다. 이 프로그램의 대상은 '맹 노인(older individual who is blind)' 이며, '심각한 시각장애가 있는 55세 이상인 노인으로서 경쟁 고용이 지극히 어려워 독립생활 목표가 실현 가능하지 않은 경우' 로 규정하고 있다. 노화에 따른 시각 상실이 있는 노년층을 위한 부분이라고 할 수 있다. 이 표제 7의 제2장은 시각 재활 서비스의 자금 지원을 뒷받침해 주고 있지만 노인 의료보장 제도, 국민건강보험, 저소득층 의료보험 제도, 개인 보험은 시각 재활 서비스 혹은 적응 보조구를 보장해 주지 못하고 있다.

시각 재활 서비스는 법적 맹(legally blind)인 자, 즉 교정을 하여도 좋은 눈의 시력이 20/200 이하이거나 시야가 20도 이내인 사람을 위한 것이다. 그러나 이와 다른 중도의 시각장애인(the severely visually impaired), 즉 일상생활 활동을 독립적으로 수행하기 어려운 자를 대상으로 할 수도 있다. 중도의 시각장애인에는 특히 심각한 시각 상실이 있는 노년층이 포함될 수 있다. 그러나 법적 맹에는 포함되지 않는다. 시각 상실로 인한 어려움의 정도를 고려한 기능적인 정의라고 할 수 있다. 미국의 국립건강통계센터(National Center for Health Statistics)에서는 중도 시각장애를 교정 렌즈를 사용한 보조구를 사용하여도 신문을 읽지 못하는 무능력으로 정의하였다.

표제 7의 제2장 독립생활 프로그램을 통해 다양한 서비스가 제공될 수 있는데, 예컨대 독립생활 기술, 적응 보조구(자금 지원이 가능한 광학 혹은 비광학) 혹은 설비의 제공, 저시각 서비스, 방향정위와 이동 지도, 의사소통 기술 지도, 개별 혹은 가족 상담, 지역사회 통합(파견 지원, 정보 제공, 위탁 포함) 등이다.

재활법과 관련된 전 자금은 연방정부 수준에서 미국 교육국의 특수교육과 재활 서비스실의 재활 서비스 관리(Rehabilitation Service Administration: RSA) 부서에서 관리한다. 자금은 주별 재활 기관으로 내려보내지며, 각 주는 제2장의 자금으로 각 주의 시각장애 노인의 특별한 요구에 맞게 프로그램을 구성한다. 대체로 시골 지역과 시각 재활 서비스에 접근이 어려운 노인을 위해 전문가 현지 파견 지원 서비스를 강조하고 있다. 제2장의 프로그램은 참여자에게 긍정적인 영향을 주어, 참여자의 독립생활 기술이 실질적으로 증진되었다. 구체적으로는 가사 활동을 구조화하여 관리하고, 식사를 준비해서 제공하고, 집 안 혹은 근처를 안전하게 다니고, 모든 형태의 의사소통 방법을 습득하여 활용하고, 시간과 재정을 효율적으로 관리하는 법을 가르친다. 표제 7의 제2장에 핵심 서비스가 제시되어 있으며, 이것이 가장 빈번하게 제공되고 있다. 핵심 서비스는 다음과 같다.

- 일상생활 활동 지도

- 안전 요리 기구, 표시가 확대된 혹은 점자로 된 시계, 확대 독서기 등의 보조구 제공
- 방향정위와 이동 지도
- 의사소통 기술 지도와 의사소통 보조구의 사용
- 저시각 서비스
- 가족과 동년배 상담
- 현지 파견과 정보 및 위탁을 포함한 지역사회 통합

Stephens(1994, 1996)는 프로그램의 성과를 연차 분석한 뒤 핵심 범주별 제공 서비스를 구체화하였는데, 그 내용은 다음과 같다.

① 일상생활 활동
- 전자레인지 사용을 포함한 요리 수업
- 독립생활 지도를 위한 2주 숙식 프로그램
- 안전생활 지도

② 지역사회 통합과 참여
- 이동 서비스
- 지역사회 행사 모임 참여
- 리딩 서비스(reading service: 신문 기사와 소비자를 위한 정보 등을 음성으로 들려주는 서비스)

③ 일반 공교육과 현지 파견 지원
- 저시각 설명회와 세미나
- 일반 교육 안내 책자 분배
- 요양원, 시니어 센터와 학교에서의 발표회 혹은 그룹 세션 참여
- 회의와 현직 연수 세션
- 표제 7 제2장 프로그램을 홍보하기 위한 TV 혹은 라디오 프로그램 출연

- 시각 관련 서비스의 장점을 홍보하는 신문 기사와 출판물 발간
- 미니 적응 훈련 세션
- 동년배 리더십 훈련
- 직업 훈련과 기타 훈련
- 당뇨 관리 지도

④ 장비 대여 혹은 장비 대출자금 지원과 보조구의 제공

- 평가와 중재
- 재활공학
- 저시각 평가
- 저시각과 녹내장 검사
- 집에서 저시각 평가와 저시각 보조구의 사용 시범
- 시각 건강예방 검사

⑤ 심리사회 서비스

- 노년층을 위한 지원 집단
- 개별 상담
- 전화 방문 프로그램
- 실명에 대한 개별 적응 상담

⑥ 자기 옹호법 지도와 자원활동자 프로그램

- 시니어 동반자 프로그램

⑦ 현지 파견 서비스

- 언어, 문화 문제로 혹은 외딴 지역에 있어서 서비스를 받지 못하는 노인을 위한 현지 파견

프로그램 서비스를 받은 후, 참여자는 개인 관리 수행원의 필요성을 줄일 수 있었고, 지역사회 활동을 다시 시작하거나 유급 직업을 가졌다. 또한 그들 자신에 대해 더 좋게 생각하고, 사람들과 친숙한 관계를 맺고, 미래에 대해서도 생각을 하는

여유를 갖게 되었다(Stephens, 1996). Chafflin(1997)은 시골 지역의 독립생활 서비스 수혜자의 사례를 제시하며 수혜자가 받은 혜택과 비용 효과를 알렸다. 주마다 적응 장비에 투자한 자금은 차이가 있지만, Chafflin의 사례에서는 수혜자당 500~600달러 이상이 들었다.

사례 1 G 씨

- 연령: 92세
- 장애: G 씨는 녹내장으로 투병하였고 어둠 속에서 빛 정도를 구별할 수 있었다.
- 배경 정보: G 씨는 은퇴 주민 지역에 살고 있었다. 자신의 아파트에서 공동 식당까지 도움 없이 그리고 다른 거주자에 대한 방해 없이 혼자 다니는 것이 필요한 상태였다. 서비스를 제공하기에 앞서 은퇴 주민 지역의 직원은 G 씨를 서비스 지원을 받을 수 있는 생활 지역에 재배치하였다. 직원들은 G 씨가 지팡이를 짚고 혼자 이동하는 것이 가능하지 않다고 믿었다.
- 주요 제공 서비스: G 씨는 은퇴 주민 지역 안의 우체통, 식당, 미용실 등을 다니기 위해 방향정위와 이동 훈련을 받았다. 옹호 서비스로 직원에게 G 씨의 목표를 전달하고, G 씨가 혼자 다닐 수 있다는 것을 직접 시연하여 보여 주었다.
- 표제 7 제2장 자금 소요 내역: 900달러. 방향정위와 이동, 쓰기와 전화번호 정리 지도, 간단한 음식 준비를 포함한 서비스 비용

사례 2 H 씨

- 연령: 80세
- 장애: H 씨는 갑작스럽게 시각의 대부분을 상실한 드문 경우로, 시각 상실 전에는 독립적으로 활발한 삶을 살고 있었다.
- 배경 정보: H 씨는 자신의 집을 소유하고 매우 적극적으로 살고 있었다. 한때 스스로 독립적으로 생활을 할 수 없다고 여겨 요양원에 입소하였다. 그러나 얼마 후 H

씨는 집으로 돌아가기 위한 훈련을 요구하였다.

• 주요 제공 서비스: H 씨에게 간단한 식사 준비, 집안일, 안전하게 집 안에서 다니는 훈련을 실시하였다. 안전 장치를 욕실에 설치하고, 인터컴을 출입문에 설치하여 방문객과 통화할 수 있게 하였다. 그리고 조명을 추가로 개선하였다.
• 표제 7 제2장 자금 소요 내역: 1186달러. 방향정위와 이동 훈련, 전자레인지 설치, 조명 개선, 인터컴 설치

출처: Orr(1998), pp. 117-119.

이상의 사례는 독립생활 지도와 적응 보조구 및 장치를 위한 정부의 적은 투자가 노년기 삶에서 기본적인 혹은 가치 있는 활동을 유지하고 사느냐 혹은 포기하느냐를 결정지을 수 있음을 보여 준다. 또한 시각 상실이 있더라도 노년층이 독립생활을 하느냐 혹은 남에게 의존하는 삶을 사느냐의 차이를 만들 수 있음을 알 수 있다. 정부의 자금은 이 서비스 외에도 가정 안에서의 지원 혹은 강도 높은 돌봄서비스에 사용될 수 있다.

시각 상실이 있는 노년층을 위한 시각 재활 서비스는 완전히 생산적인 생활을 유지하게 하고 독립적으로 살아가는 능력을 최대한으로 발전시킬 수 있어야 한다. 필수로 제공하여야 하는 서비스는 다음과 같은 영역으로 나누어 구체화하였다(Orr, 1998, pp. 120-122).

① 일상생활 활동 수행에 필요한 적응 기법 지도
- 식사 준비, 개인 관리 기법, 금전 관리, 약 라벨링 같은 가정과 개인 관리 기술
- 필요한 내용을 적거나 라벨링에 필요한 확대문자 혹은 점자 읽기와 쓰기, 녹음기, 화면 확대가 되는 컴퓨터, 서명판, 전화 사용 등 의사소통 기술

② 방향정위와 이동 서비스
- 자신이 아는 장소 혹은 낯선 장소를 파악하고 자신의 이동 방향을 설정하는 방

법, 적절할 때 도움을 요청하는 방법과 긴 지팡이 혹은 다른 보조구로 이동하는 법을 포함한 안전하고 독립적인 이동과 여행 기술 지도

③ 저시각 서비스

- 포괄적인 노인의 병력
- 기능을 고려한 저시각 상태 평가
- 노인의 잔존 시각을 최대한 활용할 수 있도록 돕는 저시각 보조구, 즉 손잡이형 확대경, 고전압 전등, 기타 광학과 비광학 보조구 처방
- 광학 및 비광학 보조구의 사용 지도
- 보조구의 효율적인 사용을 확인하는 추수 지도

④ 시각 상실로 인한 심리적 · 사회적 적응을 도와주는 개별 상담

⑤ 비슷한 문제를 겪는 사람과 극복하는 방법에 대해 대화할 기회를 제공하는 지원 집단

⑥ 정보 접근에 필요한 기술과 지역사회 통합의 접근을 위한 옹호 기술 지도

⑦ 사회적 네트워크를 유지하기 위한 여가 및 레크리에이션 기술 지도와 취미성 직업 활동에의 참여

이와 같은 특성화된 시각 관련 서비스의 제공으로 시각 상실로 인해 제한된 기능을 회복할 수 있다. 또한 진단에 따른 의학 혹은 수술 치료는 시각 관련 상태의 악화를 개선하거나 방지할 수 있다. 재활 서비스와 보조구는 독립적으로 살기 위한 능력을 회복하고 개선하도록 도울 수 있다.

이러한 서비스는 시각 상실이 있는 노년층의 삶을 크게 변화시킨다. 시각 서비스는 건강 관리와 노화 서비스 시스템에서 제공하는 가정 중심의 고비용 장기 서비스에서 벗어날 수 있게 해 주었다. 또한 남에게 의존하는 요양원에 조기에 입소하는 것을 방지한다. 시각 재활 서비스는 전문가, 즉 재활 교사, 방향정위와 이동 전문가, 저시각 전문가와 지도사, 시각 재활 치료사가 실시한다.

3. 성인교육학의 원리

시각 재활이 필요한 노인을 위한 교육에서 중요한 원리는 두 가지다. 하나는 개별화된 접근이고, 다른 하나는 노인교육학(andragogy) 원리의 적용이다. 성인을 위한 교수-학습 과정은 아동을 위한 것과는 차이가 있다. 성인교육학에서는 성인이 포괄적인 인생 경험을 하였기에 그것을 활용할 수 있고 결정을 독립적으로 내릴 수 있는 성숙 수준에 있는 존재임을 인정하고, 성인 스스로 시행하고 검증해 보는 대처 메커니즘(기제)의 활용을 권장한다. 시각 재활 서비스에서도 시각 상실이 있는 노년층 지도 시 이러한 원리를 적용하여야 한다. 성인교육학의 핵심 원리는 다음과 같다(Orr, 1998, p. 123).

- 노인은 교수-학습 과정의 중심이다. 노인은 항상 조수석이 아닌 운전석에 있다.
- 교수-학습 과정은 상호 이해와 상호작용을 통해 이루어진다. 노인은 자신이 가장 잘 배울 수 있는 방법을 보여 준다.
- 노인에게 설정된 목표를 알려 주고 문제 해결 접근을 사용한다.
- 단계를 고려한 증분(增分, incremental)된 기술을 제시하여야 한다.
- 노인의 학습 속도에 맞춰 교수한다.

풍부한 인생 경험을 한 노년층은 스스로 동기 유발이 가능하며 학습을 할 수 있는 주도자다. 노인과 서비스 제공자는 상호 이해 속에서 교사와 학습자의 위치를 바꿔가며 학습이 이루어지는 협력관계에 있어야 한다. 적극적으로 상대방의 지식, 능력과 경험을 이해하여 파트너로서의 관계를 수립한다(Yeadon, 1992).

서비스 제공자의 기본 역할은 '촉진자'다. 일반적으로 성인은 자신이 씨름하고 있는 상황에서 편안한지, 도움 없이 특정 과제를 안전하고 유능하게 처리할 수 있는 때가 언제인지 알고 있다. 독립생활을 촉진하는 과정에서 시각을 상실한 노년층에게 배우면서 지도해 나갈 수 있도록 귀를 기울여야 한다.

성인교육학에서는 개인의 문제와 요구에 맞는 선택적인 학습이 이루어지며 순차적이고 단계적으로 시행된다. 노인이 필요하다고 느끼는 특정 영역을 확인하였을 때를 지도가 필요한 때로 결정한다. 서비스 제공자는 촉진자가 되어 전문적인 기법을 사용하여 문제 해결 과정의 동반자가 되어 준다. 개인에게 맞춘 개별화된 목표와 목표 달성에 필요한 교육과정 내용을 설정하고 문제 해결 방식을 적용하여 실천해 나간다.

재활 전문가가 명심하고 있어야 할 점은 시각을 상실한 노인이 문제 해결을 하는 데 시간이 더 걸릴 수도 있다는 점, 심리적인 변화가 학습의 효과에 영향을 줄 수 있다는 점, 기술 습득과 독립 기능에서 작은 진전이라도 노인의 삶의 질을 의미 있게 향상할 수 있는 지대한 잠재력을 가지고 있다는 점이다.

성인교육학에서 강조하는 인지 이론은 학습 과정에서 학습자의 능동적인 참여를 강조한다. 학습자가 학습 목표, 학습 계획, 새로운 학습에 맞는 인지적 도식(schema)을 인식하고 있을 때 학습이 성공적일 수 있다. Zimmerman(1998)에 따르면, 사회인지 이론은 자기조절 학습(self-regulated learning)을 지지한다. 학습자가 스스로 목표를 설정하고, 동기(motivation)를 유발하고, 자기 교수(self-instruction)와 자기 평가(self-evaluation)에 참여하는 것이다.

Knowles(1980, pp. 44-45)는 성인의 능력 및 요구와 자신의 학습에 책임을 지려는 욕구를 반영하는 성인교육학의 네 가지 기본 가정을 제안하였다.

① 성인의 자아개념은 의존에서 독립 혹은 자발성(self-directedness)으로 바뀐다.
② 학습을 이루는 기반으로 사용할 수 있는 경험을 기억하고 있다.
③ 학습의 준비는 사회적 역할의 발달 과제와 점점 더 많이 연결되어 있다.
④ 시간과 교육과정에 대한 관점이 바뀐다. 적용은 늦추기보다는 즉각적으로 시행하기를 원하고, 교육과정은 주제 중심에서 수행 중심으로 바뀐다.

학교에서 이루어지는 아동을 위한 교육은 미래를 위해 준비하는 교육이지만, 성인 학습자의 경우에는 현재 즉각적으로 요구되는 목표에 초점을 맞춘다. 장애로 인하여 생활이 어려워지고 있어 자신의 삶에서 독립성을 갖는 것이 필요하기 때문이다. 결과적으로 성인교육에서 이루어지는 내용은 즉각적이면서 성인 학습자의 특별한 요구와 직접 관련되어 있다.

성인교육에서는 교사 주도로 지도가 이루어지기보다, 성인 학습자가 이미 성숙해 있고 자신의 행동에 대한 책임을 질 수 있기 때문에 성인 학습자 주도의 학습이 이루어진다. 성인 학습자는 자신이 처한 문제를 즉각적으로 해결하기 위해 학습 방법(how to learn)을 배워야 한다. 생활에서 부딪히게 되는 여러 상황에 필요한 기술을 배우고, 미래에 유사한 문제가 발생하였을 때 스스로 해결할 수 있는 방법을 개발하여야 한다.

Knowles(1984)는 이러한 원리를 다음과 같이 요약하였다.

① 성인 학습자는 특정 기술 혹은 정보를 배워야 하는 이유를 알아야 한다.
② 성인 학습자는 해야 하는 것을 말로 해 주는 것보다 직접 경험하면서 배워야 한다.
③ 성인 학습자는 자신이 배우는 주제 혹은 기술의 즉각적인 가치를 이해하고 있을 때 가장 잘 배운다.
④ 성인 학습자는 문제 해결 방식에 기초해 학습을 받으면 가장 효과적이다.

Perla와 O'Donnell(2004)은 수업이 문제가 발생되지 않는 방식으로 구조화되어 있다면 문제 해결은 이루어지지 않을 것이라고 지적한다. 만약 실수가 없다면, 학습자는 실수를 통해 배우는 것이 불가능하다. Perla와 O'Donnell(2004, p. 49)은 문제 해결 기술이 개발될 수 있는 분위기를 창출하기 위한 단계를 다음과 같이 제안하였다.

① 학습자와 실수를 하여 생기는 가치에 대해 논의한다.
② 성공적이든 아니든 간에 학습자가 무엇인가 시도하려는 점에 대해 칭찬한다.

③ 성공 여부에 관계없이 모험을 받아들이도록 격려한다.
④ 다른 선택권이 있는지를 고려해 보도록 격려한다.
⑤ 학습자의 약한 기술을 향상하기 위한 강점을 강화한다.
⑥ 단계를 정해 순서대로 제시하는 방식의 문제 해결 학습 경험을 계획한다. 도전감은 주되 달성 가능한 과제를 제시한다.

4. 시각 재활 서비스 전달 모형

재활 기관에 머물면서 여러 주에 걸쳐 훈련을 받는 방법, 지역사회 훈련 기관에서 훈련을 받는 방법, 노인의 집에서 평가를 하고 지도를 하는 방법과 같은 일련의 방법이 있으며, 각 방법은 장단점을 가진다. 시각 재활 서비스 모형은 가정 모형, 기관 모형과 결합 모형으로 나누어진다.

1) 가정 모형

대부분의 시각 재활 기관은 가정 모형을 활용한다. 이 모형은 직접 서비스를 받기 위해 기관에 가는 경우도 있지만, 거리상의 이유, 이동의 어려움, 신체 기능의 제한, 만성 건강 문제로 기관에 직접 가지 못하는 노인에게 도움이 된다. 또 자신이 실제로 기법을 사용해야 하는 환경에서 적응 기술을 배우고 자신의 실제 생활공간에서 개인별 학습 유형과 속도에 맞춰 교수를 실시할 수 있다. 학자들은 친숙하고 편안한 환경 속에서 사람들이 더 잘 배운다는 사실을 발견한 바 있다. 가족은 노인이 배우는 새로운 기술을 같이 배우고 관찰을 통해 새로운 기술을 배울 수도 있다. 가정 모형의 단점은 시각 상실과 관련한 좌절과 도전이 되는 부분에 대해 같은 경험을 하는 사람과 만날 기회가 없다는 것이다.

2) 기관 모형

기관 모형은 일련의 장점을 지닌 또 다른 재활 서비스 전달 모형이다. 이 모형에서는 시각을 상실한 노인이 직접 기관에 와서 기술을 배우며, 기술을 배우는 데 더 많은 시간을 투자할 수 있다. 기관에서는 상호 학습과 경험을 나눌 수 있는 집단 환경 속에서 지도하며, 경험, 좌절, 그리고 새로운 기술 학습에서 성공을 나눌 수 있는 지원 집단(support groups)을 제공한다. 집단 지도는 노인에게 서로에 대해 배울 기회와 적응 과정 동안 가치 있는 새로운 사회적 네트워크를 구성할 기회를 제공한다. 기관 중심 모형의 단점은 기관에서 배운 기술을 직접 생활하는 거주 환경에서 적용할 때 주변 환경의 차이로 인해 어려움을 느낄 수 있다는 것이다.

3) 결합 모형

결합 모형은 기관에서 개별 혹은 집단으로 지도를 받은 후에 집에서 지도를 받는 것이다. 수혜자가 기관에서 배운 기술을 가정에서 잘 적용하고 있는지 점검하는 추수 지도가 필수적이다. 가정 모형과 기관 모형의 교수 접근과 학습 환경 두 가지 모두 경험할 수 있는 기회를 제공한다는 장점이 있다.

5. 노년기의 거주 환경

압도적으로 노년층 인구가 증가하는 상황에서 국가적인 차원의 사회 보장 서비스 혹은 재활 프로그램의 제공을 보장하여야 한다. 국가에서는 노년층에 대한 경제적인 안정 보장과 보호 관리의 책임이 있다. 연령이 증가하면서 연령과 관련한 장애가 더 많아진다는 점을 고려할 때 삶의 질 향상을 위해 노력이 필요하다.

미국의 노년기 거주 환경에서 시각장애를 지닌 노년층을 위한 서비스 실태를 살펴보면 다음과 같다.

1) 자가 거주

DeSilvia와 Williams(1989)는 미국에서 장기간 보호를 요하는 노년층의 71% 정도가 지역사회에서 살고 있다고 보고한다. 은퇴 주민 거주 센터가 증가하고 있지만, 허약한 노인 대부분은 장기 요양 시설이 아닌 가족과 함께 집에서 거주하고 있다. 이 경우 가족과 보호자(caregivers)와의 상호작용은 매우 중요하다. 가족 구성원과 보호자는 시각 상실로 인해 노인의 활동에 때때로 제약이 있음을 이해하여야 한다. 예로, 노인이 시각이 필요한 일을 하려면 기존의 조명을 바꾸어 주어야 한다는 점과 피곤할 때는 시각 활동이 어려워질 수 있다는 점 등이다.

2) 요양 센터

요양 시설에 있는 사람 중의 37~57%가 시각장애가 있으나 저시각 상태에 대한 지원을 받고 있는 경우는 드물다(Friedman et al., 2004; Owsley et al., 2007). 요양 시설의 직원이 시각과 시각장애에 대한 정보를 알고 있다면, 저시각 상태의 노인은 자신의 시각을 활용할 수 있는 도움을 받을 수 있다(Watson & Echt, 2010).

3) 병원과 재활 시설

병원이 노년층을 위한 서비스를 제공하게 되면서 저시각 재활 서비스가 자주 제공된다. 저시각 재활 서비스는 저시각 치료사, 방향정위와 이동 전문가, 시각 재활 치료사 등이 실시하며 노인이 일상생활 활동을 독립적으로 수행하고 지역사회에 참여할 수 있게 한다. 또한 시각을 활용한 읽기 능력, 이동, 시각 정보 처리, 시각 운동 기술과 전반적인 시각 기능을 향상해 준다.

뇌혈관 사고 혹은 뇌졸중이 있는 환자는 시각 재활에서 다른 영역의 서비스를 요구하기도 한다. 재활 센터에서는 특수 거주 장소와 신경 재활 치료 서비스를 제공한다. 저시각 팀은 진단, 치료, 재활에 참여하는 다양한 전문가와 협력하여 서비스를 제공하여야 한다.

4) 지역 서비스 기관

1965년 미국노인복지법(The Older Americans Act)은 노인을 위한 지역사회 서비스 제공 조항을 포함하고 있다. 또한 주정부 노인국(State Units on Aging: SUAs)과 지역노인국(Area Agencies on Aging: AAA)이 미국 보건복지부(U. S. Department of Health and Human Services) 내 미국 노인청(U. S. Administration on Aging: AOA)의 산하 조직으로 만들어졌다(Ficke, 1985). 지역노화기관으로는 시니어 센터, 영양 센터, 시니어 클럽, 성인 주간보호 센터, 시니어 재활 센터가 마련되었다. 따라서 노인은 당사자의 거주 지역에서 저시각 서비스를 제공받을 수 있게 되었다.

국내 노인복지시설의 종류에는 주거복지시설, 의료복지시설, 여가복지시설, 재가노인복지시설이 있다(강용규, 이종복, 임옥빈, 류동수, 조당호, 2013). 노인주거복지시설에는 양로시설, 노인공동생활가정, 노인복지주택이 있으며, 의료복지시설에는 노인요양시설과 노인요양공동생활가정이 있다. 노인여가복지시설에는 노인복지관, 경로당, 노인교실과 노인휴양소가 있고, 재가 노인을 대상으로 서비스(방문요양서비스, 주 · 야간보호서비스, 단기보호서비스, 방문목욕서비스 등)를 제공하는 재가노인복지시설이 있다. 국내에서도 가족과 함께 생활하고 있거나 공동생활가정에 거주하는 시각장애 노인을 대상으로 재가노인복지서비스에 시각 재활 서비스를 추가하여 제공하는 것을 고려해 볼 수 있다. 또한 양로시설과 요양시설 등에서는 시각 재활 프로그램을 개발하고 인력을 확보하여 시설 거주 시각장애 노인에게 전문 서비스를 제공할 수 있다. 이를 통해 노인은 스스로 독립성을 갖추면서 안전하고 안락한 생활을 누릴 수 있게 될 것이다.

제2부

시각 상실 적응 활동

제5장

저시각 기능 활용

노화와 관련한 가장 일반적인 문제는 시각 상실이다. 노년기에 있는 대부분의 사람은 완전하게 실명한 것이 아니라 활용 가능한 시각이 남아 있는 저시각(low vision) 상태다. 따라서 무엇보다 이 잔존 시각을 생활에 필요한 기능에 적극 활용하면서 독립적이고 안전한 생활을 하는 것이 필요하다. 시각을 실제로 생활에서 기능적으로 활용하는 것을 시각 기능이라고 한다. 저시각인의 시각 기능에 관심을 갖고 그에 필요한 평가, 보조구 처방과 교육에 관한 서비스를 제공하는 것이 바로 저시각 서비스(low vision service)다.

이 장에서는 저시각 상태의 노년층에 제공할 수 있는 서비스 내용을 중점적으로 다룬다. 우선 노년기에 발생하는 저시각 상태에 대해 알아보고, 저시각 기능에 대한 평가를 시력, 굴절, 시야, 양안성, 색각, 대비감도, 확대 수준 측면에서 각각 살펴본다. 다음으로 저시각 보조구를 광학 보조구와 비광학 보조구로 나누어 종류를 알아보고 저시각 보조구 사용법을 살펴본다.

1. 저시각에 대한 이해

저시각은 교정 렌즈 혹은 콘택트렌즈를 사용해서 정상으로 되돌릴 수 없고 일상생활 과제 혹은 활동을 수행하는 능력에 방해가 되는 시각 상실이다. Jose(1992)는 미국 시각장애 인구의 70%가 60세 이상이고, 미국 전역에서 저시각 클리닉에 오는 사람의 절반이 50세 이상이라고 밝히면서 노년기의 실명이 중요한 문제임을 확인해 준다.

시각 상실을 결정하는 일은 안과의사가 맡게 된다. 시각 손상의 유형은 시력 상실, 시야 중심의 암점(맹점), 주변(혹은 측면) 시야의 시각 상실, 흐릿하거나 일그러진 시각, 광민감증(photophobia), 야맹증, 색각의 어려움 등 여러 가지이지만, 저시각은 시각 상실이 시기능에 미치는 영향에 의해 결정된다. 결국 실제 생활, 즉 식사 준비, 이동 등의 능력을 상실하게 한다. 저시각 서비스는 시각 상실이 노인을 무능력하게 만드는 영향을 최소화하는 것이다. 이 서비스는 현재 시각을 상실한 노인이 보유하고 있는 시각에 맞추어 특수 광학 보조구를 제공하고 보조구 사용법과 함께 기타 적응 기법을 지도하는 것으로 구성되며, 궁극적으로 노년층의 독립성과 자립 능력을 키우고자 한다. Jose(1992)는 시각장애인의 90%가 저시각 서비스의 도움을 받고 있다고 보고한다.

저시각 전문가는 저시각 분야에서 특별 훈련과 자격을 받은 안과의사 혹은 검안사다. 저시각 전문가는 저시각 평가를 하는데, 개인별 잔존 시각의 사용 범위를 결정하고 잔존 시각의 사용을 최대한 활용할 수 있도록 한다.

Rosenbloom(1992)은 노년기의 저시각 이해와 관리를 위한 다섯 가지 원리를 다음과 같이 제안한다.

- 노화 혹은 질병으로 인한 저시각인지 확인한다.
- 노인을 완전한 인간(whole person)으로 본다.
- 팀 접근을 한다.
- 노인에게 시각에 대한 목표를 강조한다.
- 독립과 목표 지향 활동을 촉진하여 생활의 질을 높인다.

시각 상실이 단순하게 노화로 인한 것인지, 아니면 질병으로 인한 것인지를 구분하여야 한다. 단순한 노화로 인한 경우는 안경 등의 광학 보조구를 사용하여 생활을 할 수 있다. 그러나 황반변성, 당뇨 등으로 인한 경우는 전반적으로 시기능에 미치는 영향이 단순하지 않으며, 완전 실명이 될 수도 있다. 따라서 질병으로 인한 실명이라면 그 원인이 시각 기능에 미치는 영향을 파악하고 그에 대처하여야 한다.

인간은 누구나 완전하기를 원하며, 더 완벽한 인간이 되어야 한다는 강한 믿음을 가지고 있기에 시각이 상실되면 심한 충격에서 벗어나지 못하고, 인간으로서의 상실감을 느껴 자신의 모든 가능성을 포기하기도 한다. 주변 사람도 시각을 잃은 노인을 볼 때 그 사람이 가지고 있는 인생 경험과 지혜 그리고 다른 가능성은 모두 무시한 채 단지 도와주어야 하는 무능력한 존재로만 여길 수 있다. 그러나 시각 상실은 단지 노인의 일부일 뿐이므로 노인이 가지고 있는 다른 가능성을 인식하고, 노인을 시각 상실을 극복하고 다른 사람과 같이 독립적으로 생활할 수 있는 완전한 인간으로 보아야 한다.

저시각 전문가, 상담사, 재활 교사, 방향정위와 이동 전문가, 기타 관련 전문가가 한 팀이 되어 함께 저시각 상태를 평가하고 보조구를 제공하며 적응 기법을 지도하여야 한다. 시각 상실로 인한 좌절감과 우울 등의 증상을 보일 수 있기 때문에 적극적인 상담을 실시하고, 지원 집단과의 접촉도 적극적으로 권장하여야 한다.

시각의 역할이 중요한 만큼 저시각 서비스에서는 개인별 시각 목표를 설정하고, 시각 기능 평가를 거쳐 시각 기능 활용을 위한 적극적인 개입에 들어가야 한다. 시각 상실이 있는 노인뿐만 아니라 서비스 제공자 그리고 가족은 저시각 서비스가 노인의 독립생활 능력을 향상함으로써 생활의 질을 높이는 데 궁극적인 목적을 두고 있음을 기억하여야 한다.

2. 저시각 기능 평가

저시각에 대한 임상 평가에서는 노인에게 광학 및 비광학 보조구가 도움이 될지, 아니면 시각 기능을 향상하는 적응 기법이 이득이 될지를 결정한다. 저시각 평가는 여러 과제와 장소에서 자신의 잔존 시각을 사용하는 능력, 즉 시각 기능을 평가하는 것이다. 근거리와 원거리 시각, 시야, 눈 움직임, 색과 빛 같은 특정 환경 특성에 대한 반응을 평가한다.

저시각 검사표는 표준 검사표보다 대비가 뚜렷한 글자로 구성되어 있으며, 여러 거리에서 사용될 수 있다. 라이트하우스 원거리 시력표(Lighthouse distance visual acuity chart)는 바퀴가 있어 옮기기에 편리하다. 라이트하우스 큰문자 근거리용 카드(large-print Lighthouse near-acuity cards)도 있다.

사용 가능한 시각 기능이 있는 노인은 저시각 평가에서 긍정적인 결과를 얻는다. 저시각 전문가는 노인이 볼 수 있는 것에 초점을 맞추기 때문이다. 즉, 눈검사는 적응 보조구를 사용하고 최적으로 조성된 환경 아래 시각을 가장 잘 사용할 수 있는 방법에 초점을 맞추어 실시한다.

저시각 전문가는 근접 시각과 거리 시각을 보조하기 위해 저시각 보조구를 처방한다. 잔존 시각을 최적으로 활용하도록 여러 가지 보조구를 사용할 수 있는 기회를 제공한다. 노인이 집과 다른 공간에서 활동을 하면서 보조구를 빌려 사용해 보도록 하고 자신의 실제 환경에서 보조구를 효과적으로 사용할 수 있다면 그것을 받거나 구입하도록 한다.

저시각 평가는 노인이 보조구를 성공적으로 사용하는지를 평가하고 사후 관리하는 것까지 포함하는 개념이다. 노인에게 추가적인 도움이 필요하다면 추수 지도를 실시한다.

저시각 평가의 구성 요소는 다음과 같다(Orr, 1998).

- 전반적인 개인사
- 저시각 기능의 평가
- 근거리와 원거리 시각을 위한 광학 보조구의 처방
- 광학 보조구의 사용 지도와 적응 훈련
- 사후 관리와 보조구의 사용에 대한 재훈련

Watson과 Echt(2010)는 노년층의 기능적인 시각 평가의 주요 측면을 〈표 5-1〉과 같이 제시하였다.

Jose(1992)는 저시각 평가 영역을 세분하여 시력, 굴절, 시야, 양안성(binocularity), 색각, 대비감도, 확대(크기, 거리, 각, 투사된 영상)로 나누어 평가한다.

표 5-1 노년층의 기능적인 시각 평가의 주요 측면

시각	설명
기능 시력 (functional acuity)	• 다양한 거리와 조명 조건에서 환경 속 사물의 세부를 확인하는 능력 • 캔 제품의 라벨, TV 화면, 실내외 표식, 얼굴 표정, 인쇄된 책자 읽기
기능 시야	• 근거리와 원거리에서 시야의 중심과 주변 시야의 사분면으로 환경 속의 사물을 지각하는 능력 • 시야의 위, 아래, 양쪽을 확인하는 능력; 근거리, 중간 거리, 원거리에서 측정 • 정지된 상태와 움직이는 상태에서 측정 • 실내와 실외에서 측정 • 다른 조명 및 날씨 조건에서 실시
색/대비 식별	• 다양한 거리에서 배경과 대비하여 사물을 탐지해 내고 색을 확인하는 능력 • 노년층은 사진 확인하기 같은 과정에서 색과 대비에 어려움을 보임 • 어두운색과 파스텔 계열의 색상을 식별하는 데 어려움이 있음
안구 운동 기술	• 환경 속에서 대상을 고정 주시, 주사(走査), 추시(追視)하기 위해 눈, 머리, 몸을 움직이고 고정하는 능력
조명	• 조명의 유용성을 분석하고, 조명과 조절을 위한 요구 파악 • 과제를 수행하는 동안 조명의 유형, 양, 위치와 각도 평가 • 여러 환경 속에서 눈부심의 양 평가 • 실내에서 실외 혹은 그 반대의 경우에 적응하는 데 걸리는 시간 • 적응하는 시간을 빠르게 하고 눈부심을 제거하기 위해 사용되는 흡광 렌즈와 비광학 보조구의 영향
시각과 비시각 단서 사용	• 과제 수행에서 환경 속의 시각 및 비시각적 단서의 이용도와 활용 • 다양한 사물, 지표, 깊이(경사, 계단, 연석) 등을 탐지 • 신체와 감각 문제 때문에 추가로 문제를 보일 수 있음(신경장애, 균형 능력 손상, 반응 시간 감소)
시각의 영향을 받는 일상생활 활동의 수행	• 활동을 쉽고 안전하게 수행하는 능력, 활동 수행의 속도, 편안한 수준, 스트레스 수준 고려

1) 시력

시력 측정은 저시각 평가에서 반드시 필요하다. 일반적으로 저시각 평가에서는 일반 시력검사표를 사용하여 한두 개의 글자를 읽게 하거나 얼굴 앞에 펼쳐진 손가락 수를 세게 하여 평가한다. 그러나 특별하게 저시각인을 위해 제작된 시력표를 사용하면 법적 맹이라도 시각 기능을 사용할 수 있다. 저시각 시력표는 확대 글자와 숫자로 되어 있기 때문에 읽기가 쉽다. 시력표는 근거리에서 측정하도록 되어 있고, 제일 큰 글자를 확인하는 것에서 시작하여 점점 작아지는 글자를 읽도록 구성되어 있다. 또한 글자와 숫자는 대비가 잘되어 있고, 간격도 적당하여 변별이 쉽도록 되어 있다.

법적 맹의 판단 기준은 20/200의 시력이며 전혀 볼 수 없다는 의미는 아니다. 법적 맹인 사람은 90cm~1m 50cm의 거리에 있는 사람의 얼굴을 알아볼 수 있고, 자신이 알고 있는 장소에서는 혼자서 다니는 것이 가능하고, 또 낯선 장소를 혼자서 다닐 수도 있다. 저시각 클리닉에 다니는 법적 맹인 중에는 운전을 하는 사람도 있다(Jose, 1992). 일부 사람은 법적 맹이라도 운전을 할 수 있는 시각이 남아 있음을 보여 주기 위해 불법이지만 일부러 운전을 하는 경우도 있다. 안과 전문가는 노년층이 저시각 보조구를 사용함으로써 생기는 이점을 알려 주는 것이 필요하다.

시력 측정 결과로 우선 검사 거리를 적고, 글자 혹은 숫자의 크기를 기록하는데, 일반인은 6m 떨어진 거리에서 시력검사를 받지만, 저시각인은 3m 떨어진 거리에서 검사를 받는다. 글자 혹은 숫자의 크기는 20/20의 시력인 사람이 보는 거리를 말하는데, 그 예로 10/100(소수식 시력 0.1) 시력은 피검사자는 3m(10ft) 떨어진 거리에서 검사를 받았고, 즉 20/20(소수식 시력 1.0)인 사람이 30m(100ft) 떨어진 거리에서 보는 것을 피검사자는 3m(10ft) 떨어진 거리에서 본다는 것을 의미한다. 20/200(소수식 시력 0.1) 시력의 의미를 이해하는 것도 중요하지만 이 시력의 기능적인 의미를 이해하는 것도 중요하다. 예로, 20/50(소수식 시력 0.4) 시력은 1m 50cm에서 TV 화면을 볼 수 없다는 것을 의미한다.

2) 굴절

굴절검사는 눈 안에 들어온 빛이 정확하게 망막에 맺히는지를 알아보는 것이다. 굴절 이상이 있다면 빛이 망막 앞 혹은 뒤에 맺히게 되는데, 이때 시각을 향상하기 위한 처방이 필요하다. 망막 앞에 맺히는 경우는 근시(nearsightedness)라 하며 가까운 거리에 있는 것은 잘 보나 먼 거리에 있는 것은 잘 보지 못하는 경우다. 망막 뒤에 맺히는 경우는 원시(farsightedness)라 하며 먼 거리에 있는 것은 비교적 잘 보나 오히려 가까운 거리에 있는 것은 잘 보지 못하는 경우다. 난시(astigmatism)는 광선들이 단 하나의 초점(focal point)으로 모이지 않고 분산되면서 시각이 흐려지는 경우다. 망막에 빛이 맺히도록 하는 렌즈의 배율(power)을 측정하여 처방하면 정시가 가능하며, 이때 정시란 망막에 빛이 맺히는 경우를 말한다.

굴절 이상으로 시력이 상실되는 경우는 망막에 초점이 맺히는 것과 관계된 광학적인 문제와 질병 혹은 외상으로 인한 병리적인 문제로 나누어 볼 수 있다. 광학적인 문제로 시력 감소가 있는 경우는 보통 안경으로 문제를 해결할 수 있다.

확대율(배율)이 낮을수록 선택할 수 있는 처방 보조구가 많고 사용자도 쉽게 사용할 수 있다. 예로, 시력이 10/200(20/400)인 사람은 글을 읽으려면 10배의 확대가 필요하다. 10배 확대는 읽기 자료가 2.54cm의 거리에 있어야 한다는 것을 의미한다. 10/60(20/120) 시력을 가진 사람의 시력을 일반 안경으로 향상하려면 단 3배의 확대가 필요하다. 이것은 약 9cm 거리에서 읽을 수 있음을 의미하며 흔하게 양안 망원경(binocular) 같은 보조구를 사용할 수 있다. 이는 특히 자신의 작업 거리를 늘릴 때 남의 눈에 띄는 보조구 혹은 망원경을 사용하기를 원치 않는 사람에게 유용하다.

Jose(1992)에 따르면, 저시각 클리닉을 찾아오는 사람들은 고배율의 안경 처방으로 자신이 예전처럼 볼 수 있게 해 주기를 바란다. 그러나 병리적인 문제가 있는 경우는 일반 렌즈만 사용하여 시각을 개선할 수 없다. 일반 안경은 단지 망막에 빛을 맺히게 하는 기능만을 한다. 특히 망막의 중심 부분이자 작은 부분까지 자세하게 식별하고 색깔 인식도 가능하게 하는 추상체(20/20세포)가 있는 황반(macular)에 빛을 맺히게 한다. 눈에 병리적 질환이 발생하면 추상체가 제대로 기능하지 못하여 일반 안경으로는 시각이 개선되지 않는다. 이때는 세밀한 부분까지 보기 위해 사물에 더 가까이 가거나 광학 보조구를 사용해야 하는데, 광학 보조구는 사물을 확대하여 망막에 투사된 상을 확대해 준다.

노년층은 병리적인 문제가 있기 때문에 일반 안경으로는 굴절 문제를 해결할 수 없다. 따라서 객관적 및 주관적인 방법을 통해 새로운 교정이 필요한지 결정해야 한다. 객관적인 방법으로는 망막검영법이 있는데, 의사가 환자의 눈에 빛을 비추는 동안 환자가 손에 쥐고 쓸 수 있는 렌즈를 통해 보는 방법이다. 의사는 이 방법을 통해 어떤 렌즈가 망막에 빛을 맺히도록 하는지 파악할 수 있으며, 환자의 반응 없이도 근시, 원시, 난시의 어떤 경우든 이에 맞는 정확한 렌즈를 결정할 수 있다. 이 검사는 주관적인 검사로 자신에게 맞는 렌즈를 선택하는 것이 어려운 환자에게 효과가 있다.

주관적인 방법은 환자에게 여러 렌즈를 보여 주고 자신에게 가장 선명하게 보이는 렌즈를 선택하게 하는 것으로, 이 결과는 객관적인 검사 결과와 일치해야 한다. 저시각 환자에게는 손에 쥐고 사용하는 렌즈를 기계에 부착된 단시 궤적(單視軌跡, phoropter) 대신으로 사용하게 한다. 이 렌즈를 사용하면 암점 주위를 마음대로 살펴볼 수 있고, 조명을 최대한 제공하여, 어떤 렌즈가 적절한지 결정하는 시간을 충분히 가지도록 할 수 있다.

노년층은 주관적인 방법으로 한 굴절검사에서 자신의 결정을 후회할 수 있다. 의사는 노년층이 바른 렌즈를 결정하도록 두세 번에 걸쳐 시험해 보도록 한다.

3) 시야

시야는 눈으로 보이는 공간 범위로 일반적으로는 각도로 결정된다. 시야의 범위를 결정하기 위해서는 어느 정도 손상되지 않고 망막이 남아 있는지는 물론 암점

(blind spot 혹은 scotoma)의 위치, 범위, 농도를 파악해야 한다. 이 평가는 노년층에게 광학 보조구와 지도가 필요한지를 결정하는 데 중요하다(Jose & Ferraro, 1983).

시야 손실에는 두 가지 유형이 있다. 하나는 시야 중심의 암점으로 인한 중심 시야 손실로 노년층에 가장 일반적으로 나타난다. 상실은 연령 관련 황반변성(age-related macular degeneration: AMD 혹은 ARMD)으로 나타나는데, 초기에는 상이 왜곡되어 보인다. 이 왜곡된 현상은 앰슬러 격자무늬판(Amsler grid)으로 측정 가능하다. 앰슬러 격자무늬판은 수평선과 수직선이 교차하면서 사각형 모형이 만들어진 것이다. 검사 방법은 중심에 있는 점을 쳐다볼 때 주변에 있는 선들이 굴곡져 보이거나 빈 부분이 있으면 황반변성의 초기 증상이 있다고 보는 것이다. 시력은 좋지만 대개 암점이 보이거나 전혀 보이지 않거나 또는 선이 굴곡져 보일 수 있다.

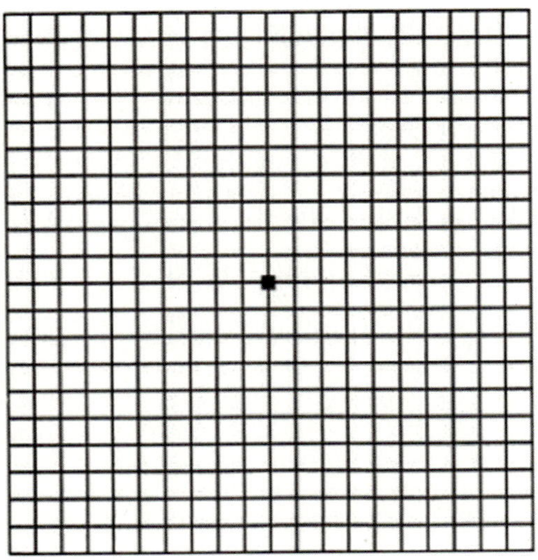

[그림 5-1] 앰슬러 격자무늬판

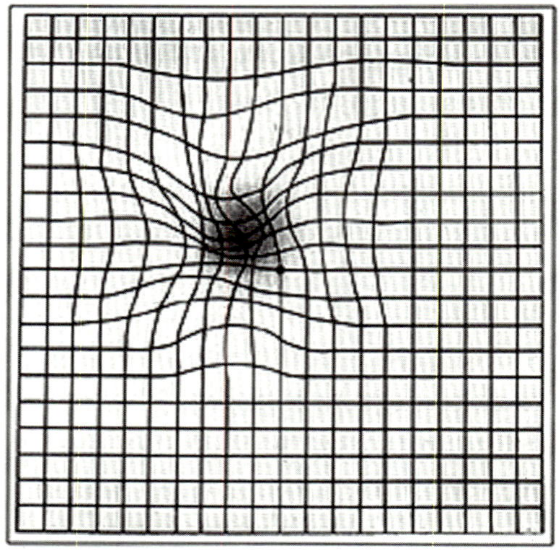

[그림 5-2] 황반변성이 있는 경우의 이미지

출처: National Eye Institute, National Institutes of Health, http://www.nei.nih.gov/photo/charts/index.asp

두 번째 시야 손실은 주변 시야 손실이다. 이 유형은 자주 망막 색소변성 혹은 녹내장 초기 단계에 나타난다. 중심 시야와 주변 시야가 동시에 손실되는 경우도 있으며, 망막박리가 있는 경우에는 시야의 안쪽에 부분 시야 손실이 있다.

4) 양안성

양안성(binocularity)의 경우 사물을 볼 때 양 눈이 어떻게 함께 작용하는지를 평가한다. 정상적인 양안 시각에서 양안은 동시에 사용된다. 양안 시각은 저시각인이 때때로 사물을 멀리 보거나 가까이 보았을 때 작용할 수 있다. 이러한 경우, 광학 보조구는 양안 시각을 보유하기 위해 두 눈 모두에 처방할 수 있다.

실제로 저시각인의 대부분은 보조구를 한 눈에만 사용하고 있다. 단안 시각을 사용하는 경우는 뇌가 각각의 눈에서 들어온 상을 융합하기 어려울 정도로 양 눈의 시력 차이가 클 때다. 이때 안 좋은 쪽 눈의 시력을 억제하는데, 특히 자세하게 살펴야 할 경우에 그렇다. 한쪽 눈에 보조구가 처방되면 안 좋은 쪽의 눈에 가리개를 사용한다. 이는 복시(double vision, diplopia)로 인한 망막 대립(retinal rivalry), 즉 좌우의 눈에 다른 상이 동시에 맺히면서 불완전하게 억제된 부족한 상이 더 좋은 눈의 상의 질을 떨어뜨리기 때문이다. 따라서 안 좋은 눈을 가렸을 때 시각이 더 좋게 나올 수 있다.

주변 시각에 의지해서 주변을 살피면서 이동해야 하는 경우에는 양안을 사용할 수 있다. 깊이 지각이 아직 남아 있고, 특정 상황에서 뇌가 한쪽 눈을 억제하고 있음에도 양 눈이 사용되고 있는 것으로 볼 수 있다.

양안의 시각이 있더라도 양안을 동시에 사용한 양안 시각은 불가능할 수 있다. 그러나 각 눈은 충분한 시각이 있을 수 있어, 한 눈은 거리가 있는 과제에 사용하고 다른 한 눈은 근거리 과제에 사용할 수 있다. 이러한 경우에는 양 눈에 각각 망원경과 현미경을 처방하는데, 노년층에게는 적용하기 어려울 수 있다.

5) 색각

시각 문제가 있는 노년층에게 색각 문제는 시력 상실과 관련하여 일어난다. 미묘한 색깔 변화를 보는 데 어려움이 있는 것으로, 색각 검사는 안과 전문가에게 도움이 될 만한 정보를 제공할 수 있다. 색 결함이 감지되었을 때, 안과 전문가는 단지 결함을 보고할 수 있을 뿐 특별한 치료 방법은 가지고 있지 않다. 색 탐지의 어려움은 노년층의 집 환경을 수정해야 하는지의 여부를 결정할 때 유용하게 반영된다(Hiatt, 1981). 생활환경에서 대비를 뚜렷하게 만들고 시각에 좋은 조명을 설치하는 것이 환경 수정의 한 방법이다.

6) 대비감도

대비감도 검사는 저시각 평가에서 정기적으로 적절하게 실시되어야 한다. 이 검사는 시력이 얼마나 대비감을 손상하는지를 보여 준다. 결과에 따라 읽기를 할 때

| 사진 5-1 |

황색 보안경

황색 렌즈 보안경은 100%로 UV와 청색광을 차단하며 54%로 대비 효과를 높여 준다.

| 사진 5-2 |

회색 보안경

회색 렌즈 보안경은 100%로 UV를 차단하며 눈부심을 방지하여 눈을 편안하게 해 준다.

추가 조명이 필요할 수도 있고, 특정한 빛만 통과하는 여광기를 외부에 설치할 수도 있다. 이 검사는 저시각 노년층에게 적합한 생활환경을 조성하는 데 도움이 된다.

〈사진 5-1〉과 〈사진 5-2〉에서 보듯이, 보안경은 UV 및 특정 광선을 차단하면서 눈부심을 줄이고 대비 효과를 높여 준다. 이 안경을 착용하면 좀 더 편안하게 시각 활동을 할 수 있다.

7) 확대

앞서 설명한 검사는 시각의 손상 정도를 알아본 것이다. 임상가는 사물을 얼마나 확대하여야 하는지 그 수준을 결정하기 위해 거리 시력과 과제 수행에 필요한 시력을 활용한다. 예로, 시력이 20/200이고 20/40 프린트를 읽어야 하는 사람은 프린트를 5배 확대하여야 한다. 이때 확대 수준이 가장 적합한 확대 보조구의 유형이 결정된다. 확대하는 방법에는 다음과 같이 네 가지가 있다.

우선 크기 확대(size magnification)는 사물을 크게 만드는 것이다. 리더스 다이제스트 확대본에 사용된 활자의 크기가 그 예다. 펠트펜은 볼펜보다 5배 확대 효과를 준다.

다음은 거리 확대(distance magnification)다. 모든 사람은 매일 거리 확대를 사용한다. 3m 거리의 표식이 보이지 않으면 그것을 읽기 위해 표식에 가까이 가는데, 그렇게 하면 상을 확대하여 읽을 수 있다. 저시각인 사람은 일반적으로 약 33cm 거리에서 읽을 수 있는 독서물을 약 5~8cm까지 눈앞으로 가져가야 볼 수 있다. 안경에 사용되는 렌즈는 확대된 망막의 상을 초점으로 가져가며, 읽기를 위해 처방된 렌즈는 확대하지 않고 단지 확대된 상을 망막에 초점을 맞출 수 있게만 한다. 근시인은 안경을 쓰지 않고 근시 거리를 조정하여 과제를 할 수 있는데, 즉 작업 거리를 조정하여 자료에 초점을 맞추는 조정을 할 수 있다.

각 확대(angular magnification)는 양안시를 사용할 때 이루어진다. 저시각인은 양안을 모두 사용할 때 거리가 있는 사물을 볼 수 있다. 특히 사물이 매우 멀리 있고 그 사물에 다가가기 어렵다면 광학 보조구가 도움이 될 수 있다. 저시각인의 선호 보조구는 대개 단안 망원경이며, 3m(10ft) 이상의 거리에서 가장 효율적이다. 근거리에서는 망원경에 부수적인 렌즈 캡을 씌워 망막에 초점이 맺히게 하여 사물을 더 가까이 보게 하는 효과를 낼 수 있다. 망원경에 캡을 씌운 것을 읽기용 망원경(reading telescope) 혹은 망원현미경(telemicroscope)이라 한다. 실제로 망원경을 사용한 각 확대와 사물을 6m(20ft) 이내로 가까이 움직이거나 초점용 캡을 씌우는 거리 확대를 동시에 사용한다. 총 확대는 각 확대와 거리 확대를 동시에 사용한 결과다. ＋8캡(2배 현미경)과 2배 망원경은 총 4배 확대를 해 준다.

영상 투사 확대(projection magnification)는 35mm 슬라이드 혹은 2×2 슬라이드가 평평한 면에 투사되었을 때 이루어지며, 이런 확대는 일반적으로는 사용되지 않는다. 특별한 유형의 확대로 확대 독서기를 사용하여 인쇄물의 크기를 확대할 수 있고, 또 얼굴을 가까이 하여 거리 확대를 할 수도 있다. 글자를 화면에서 10배 확대하고 일반 거리보다 2배 정도 더 가까이 가서 보면(일반적으로 4m 80cm 정도), 총 확대는 2배×10배＝20배다. 총 확대는 거리와 크기 확대의 결과로, 높은 수준의 확대는 확대 원리를 적용한 보조구를 사용함으로써 얻을 수 있다.

요구된 과제에 맞춰 확대 수준과 최적으로 교정된 시력을 결정한 후, 임상가는 어떤 확대 유형이 저시각 문제 영역을 가장 잘 해결할 수 있는지 결정한다. 다음으로는 특정 광학 보조구가 최상의 해결책이 되는데 임상가는 검사를 하여 가장 유익한 처방을 내려야 한다. 보조구가 처방되면 그것을 효율적으로 사용하는 방법을 배우고, 환경에서 사용하는 방법을 연습할 수 있도록 한다.

3. 저시각 보조구의 유형

저시각 검사는 시각 기능 평가를 포함한다. 이는 시각 상실이 일상 활동을 수행하는 능력에 미치는 영향을 알아보기 위해 실시한다. 이 평가를 바탕으로 특수 보조구나 조명이 필요한지, 시각 재활 서비스가 필요한지를 결정한다. 이와 같은 지원의 궁극적인 목적은 시각을 더욱 효율적이고 효과적으로 사용하도록 돕기 위한 것이다. 이때 활용되는 저시각 보조구의 예는 다음과 같다.

- 읽기용과 근거리 과제용으로 손에 들고 쓸 수 있는 것(hand-held)이거나 탁상용(stand) 확대경 또는 망원형 안경
- 원거리 시각용으로 손에 들고 사용하거나 혹은 안경 등에 붙여 사용할 수 있는(frame mounted) 주머니 크기의 망원경. 거리에서 신호 표지판을 확인하거나 정류장으로 들어오는 버스의 번호를 확인할 때 사용한다.
- 인쇄 내용을 모니터로 확대해 보는 읽기용 확대 독서기
- 읽기용과 쓰기, 바느질 같은 근거리 과제용으로 시각을 향상하는 고전압 전등 및 기타 비광학 보조구

1) 광학 보조구

광학 보조구로는 이미지를 확대하는 광학 렌즈를 사용한다. 광학 렌즈는 사물 혹은 활자를 눈에 크게 인지할 수 있도록 이미지를 확대하는 것이다. 이런 광학 보조구는 일반 안경보다 더 강력하다. 저시각 개인은 자신의 잔존 시각을 증진하고, 빛을 여과하고 또 확대하는 것을 통해 잔존 시각을 최대로 사용하도록 도움을 받아야 한다. 대표적인 광학 보조구로는 확대경과 망원경이 있다.

(1) 확대경

확대경의 형태가 가장 일반적이다. 손으로 들고 사용하는 확대경은 읽기 같은 근거리 과제에서 사용하며, 가볍고 휴대가 가능하다. 읽기 자료 위에 올려놓고 사용할 수 있는 스탠드형 확대경은 거리를 고정하기 위하여 잡고 사용하며, 조명 장치가 부착된 것도 있다. 용도에 따라 확대경은 읽기용으로 책의 줄 읽기에 적당하게

막대 모양이거나 한쪽 전체를 확대하기 위해 크게 판 모양으로 제작되어 있다.

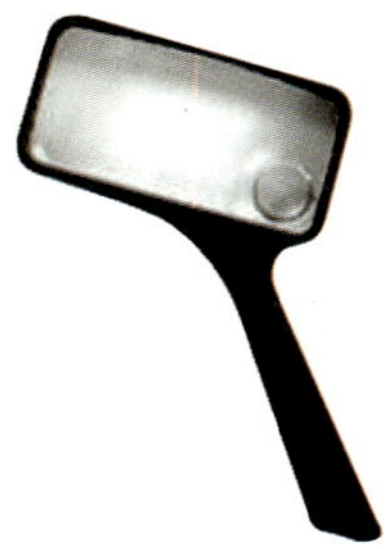

| 사진 5-3 |

손잡이형 사각확대경

사각 확대경(5×10cm)은 넓은 부분을 볼 수 있는 보조구다. 무게가 가볍고 깨지지 않고 흠집이 방지되는 렌즈를 사용한다. 렌즈에는 5배까지 확대해서 볼 수 있는 버블이 있어 세밀한 부분까지 볼 수 있다.

출처: Lighthouse International, http://shop.lighthouse.org

| 사진 5-4 |

손잡이형 원형확대경

렌즈의 지름이 8cm이고, 2배 확대 렌즈로 구성되어 있다. 렌즈에는 5배까지 확대해서 볼 수 있는 버블이 있어 세밀한 부분까지 볼 수 있다.

출처: Lightwedge, http://www.lightwedge.com/Shop/Reading/Page-Magnifier

| 사진 5-5 |

13cm 점보 확대경

일반 확대 렌즈보다 크기가 커서 넓은 부분을 볼 수 있다. 책 혹은 지도를 볼 때나 수공예를 할 때 도움이 된다. 고무 손잡이로 잡기 편하고, 2배 확대된다.

출처: Lightwedge, http://www.lightwedge.com/Shop/Reading/Page-Magnifier

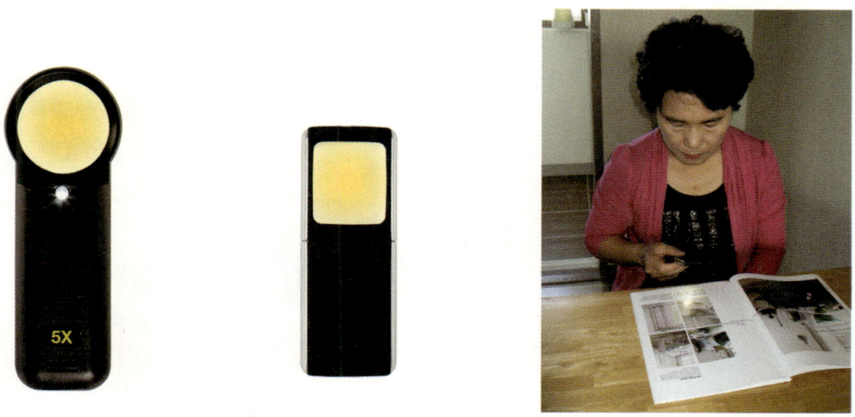

| 사진 5-6 |

LED 조명 확대경

호박색 LED 조명 원형 라이트(AmberContrast Mega Magnifier with LED Light)는 크기가 12.5×4.6×2.5cm이며, 렌즈 지름은 3.5cm다(좌측). 사각형 라이트(AmberContrast™ Pocket Magnifier with LED Light)는 크기가 11.9×4.6×1.5cm다(가운데). 황반변성(AMD), 당뇨성 망막증, 백내장, 녹내장으로 인한 저시각 상태에 있는 사람들이 선호하는 확대경이며, 가까이서 세밀한 부분까지 볼 수 있도록 5배 확대된다. 황색 렌즈는 대비를 잘되게 하고 청색광을 막아 주어 눈부심을 줄여 준다. 또한 선명한 이미지로 보게 해 주고 눈의 피로도 줄여 준다.

출처: Lightwedge, http://www.lightwedge.com/Shop/Reading/Page-Magnifier

| 사진 5-7 |

돔형 확대경

돔형 아크릴 렌즈(4.5×6.4×6.4cm)로 우표, 동전 수집가에게 좋으며, 아주 세밀한 부분까지 볼 수 있도록 4배 확대된다.

출처: Lightwedge, http://www.lightwedge.com/Shop/Reading/Dome-Magnifier

| 사진 5-8 |

스탠드 확대경과 휴대용 확대경

이 스탠드 확대경(Eschenbach Aspheric 6x Stand Magnifier)은 6배 확대가 가능하며 비구면 렌즈의 지름은 5cm다. 받침대가 투명하여 읽기 자료 위에 놓고 밝은 조명 아래에서 옆면을 통해서도 볼 수 있다(좌측). 루펜(Lupen) 확대경은 휴대용으로 3배, 6배, 9배 확대 렌즈가 있어 필요에 따라 적절하게 확대를 할 수 있다(우측).

출처: Lighthouse International, http://store.lighthouse-sf.org/Magnifiers

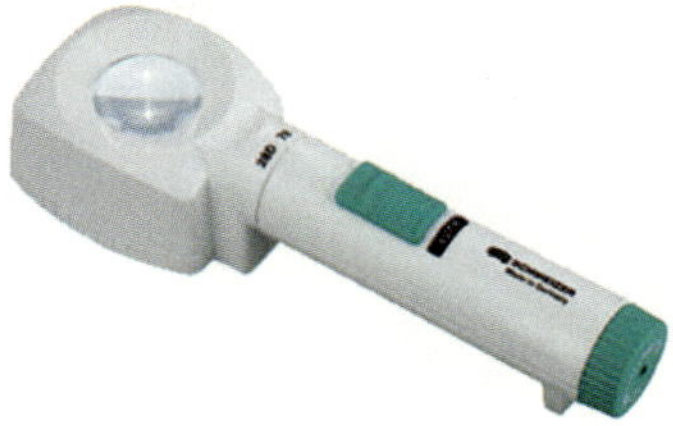

| 사진 5-9 |

LED 스탠드 확대경

이 확대경(Schweizer Ökolux Mobil Plus 15x Blue light [6000K] LED Illuminated Stand Magnifier)은 밝고 고른 고대비 LED 청색 조명의 15배 확대경이다. 비구면 렌즈의 지름은 3.5cm다. 청색 조명은 선명하여 읽기 등의 과제에 도움이 된다. 백내장인 사람들에게 특히 도움이 될 수 있다.

출처: Lighthouse International, http://store.lighthouse-sf.org/Magnifiers

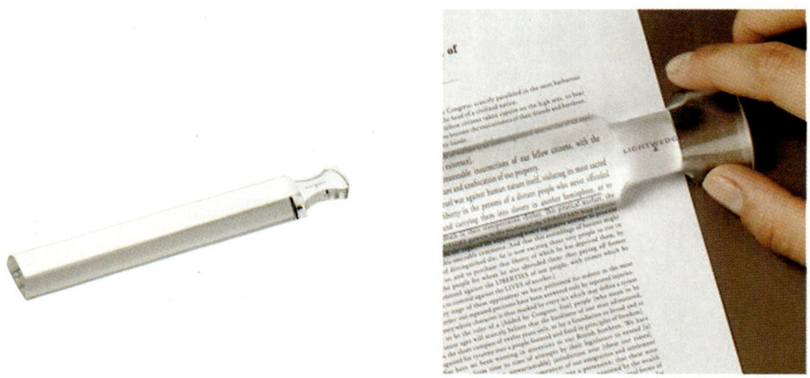

| 사진 5-10 |

아크릴 막대 확대경

직사각형(22.9×3.3×1.5cm) 아크릴 렌즈로 한 줄을 모두 읽을 수 있도록 제작된 막대형 확대경이다. 2배 확대되고 독서용으로 적당하다.

출처: Lightwedge, http://www.lightwedge.com/Shop/Reading/Bar-Magnifier

| 사진 5-11 |

EZ 막대 확대경

막대 확대경(EZ Magnibar Combo-2 Magnifiers)의 길이는 23cm이고, 폭은 약 2.5cm다. 저시각인이 읽기 쉽게 노란색 혹은 파란색의 줄이 있다. 막대 확대경을 상하좌우로 움직이면서 읽기를 한다. 1.5배 확대된다.

출처: Maxi Aids, http://www.maxiaids.com

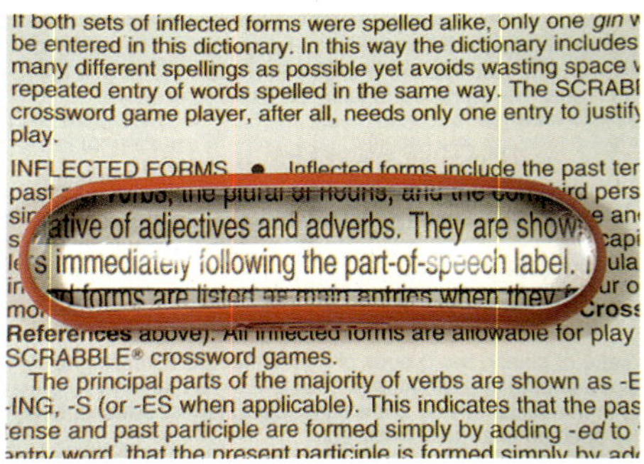

| 사진 5-12 |

붉은 테두리 막대 확대경

이 막대 확대경(Visual Tracking Bar Magnifier-Red Rim)은 빨간색 테두리로 되어 있다. 1.5배 확대된다. 난독증을 포함한 읽기에서의 어려움을 해결하기 위한 보조구다.

출처: Maxi Aids, http://www.maxiaids.com

| 사진 5-13 |

책 페이지 확대판

이 확대판(page magnifier)은 한 페이지 전체를 확대할 수 있는 아크릴 확대판(27×20×0.3cm)으로 2배 확대된다. 확대판을 손으로 잡고 읽기 자료에서 들어 올려야 확대해서 볼 수 있다. 확대판의 오른쪽에 버블이 있어 3배, 4배, 5배 확대하여 볼 수 있다.

출처: Lightwedge, http://www.lightwedge.com/Shop/Reading/Page-Magnifier

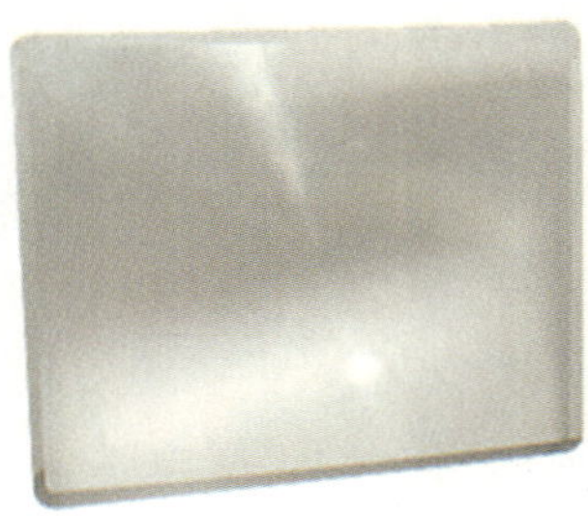

| 사진 5-14 |

레이젠 확대판

이 확대판(Reizen Handy Lens Slim Line Magnifier)은 2~3배 확대되고, 2mm 두께의 아크릴판(21×27cm)으로 튼튼하며, 두통과 눈의 피로를 줄여 준다. 확대판과 읽기 자료 간의 거리를 조정하여 가장 편안하게 볼 수 있는 확대 수준을 결정한다.

출처: Maxi Aids, http://www.maxiaids.com

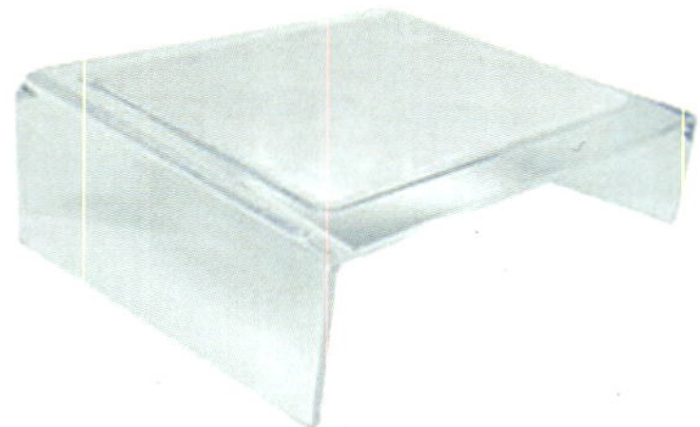

| 사진 5-15 |

EZ 테이블 확대판

이 확대판(EZ Table Magnifier)은 1.5배 확대가 가능하고, 확대판의 크기는 22×28cm다. 잡지, 책, 신문, 편지, 청구서 등을 읽을 때 편리하다.

출처: Maxi Aids, http://www.maxiaids.com

(2) 망원경

일반적으로 망원경은 단안경으로 한쪽 눈으로만 보는 미니 망원경이다. 초점을

| 사진 5-16 |

단안 망원경

좌측 위의 단안 망원경, (10×25cm)은 25mm 대물렌즈로 10배 확대되고, 4.5~6m 거리의 사물을 볼 수 있다. 이 망원경의 렌즈는 루비색으로 코팅이 되어 있다. 좌측 아래의 단안 망원경(4×12cm)은 12mm 대물렌즈로 4배 확대되고, 36cm 범위 안의 가까운 거리에 있는 사물을 볼 수 있다.

출처: Perkins School for the Blind, http://support.perkins.org

조절하면 먼 거리에 있는 사물을 명확하게 볼 수 있고, 가까운 거리에 있는 사물을 확대할 수 있다. 확대경과 달리 망원경은 크면 클수록 더 많이 확대된다. 2.5배에서 10배까지 확대되며, 안경에 부착하는 것은 작은 것으로 해야 가볍다.

| 사진 5-17 |

초근접 초점 단안 망원경

이 망원경(Extreme Close-Focus Monocular: 7배)의 렌즈 크기는 18mm이고, 7배 확대된다. 25cm 거리에서 편리하게 사용되며 사물의 세밀한 부분까지 볼 수 있다.

출처: Maxi Aids, http://www.maxiaids.com

| 사진 5-18 |

야간 시각경

이 시각경(Aura 2.5×50mm Night Vision Scope)은 2.5배 확대되며 렌즈 크기는 50mm로 최소 초점 거리는 1m 32cm다. 시야 범위는 15도이고 무게는 약 540g이다. 적외선 조명기는 분리할 수 있다.

출처: Maxi Aids, http://www.maxiaids.com

단안 망원경 외에 양안 망원경도 사용 가능하다. 또한 망원현미경(telemicroscope)은 정상 거리보다 더 멀리에서 과제를 수행할 수 있게 해 준다. 읽기용 안경 혹은 확대경보다 읽기에 더 적합하다. 가까이에서 하기에 불편함이 있는 과제의 경우(컴퓨터 화면 보기, 음악 연주, 수공예)에 활용할 수 있다. 일반 안경 렌즈 위에 부착하여 사용할 수 있어서 손은 과제에 집중할 수 있다.

| 사진 5-19 |

칼슨 양안 망원경

이 망원경(Carson Tracker Compact Binoculars)은 렌즈 크기는 21mm이고 8배 확대된다. 눈부심을 막고 선명한 이미지를 위해 호박색 렌즈가 사용되었다.

출처: Vision Enhancers, http://www.visionenhancers.co.uk/n1f-carson-tracker-compact-binoculars

| 사진 5-20 |

근거리 초점 안경형 양안 망원경

이 망원경(Near Focus Spectacles Binoculars)은 근거리에서 읽기를 위한 초점을 맞출 수 있는 저시각인용 제품이다. 2.5배 확대되고 40cm 거리에서 초점을 맞추는 것이 가장 효과적이다. 검은 플라스틱 테에 망원 렌즈를 부착한 갈릴레이식 광학 시스템으로, 개인별로 동공 간의 거리에 맞게 제작이 가능하다.

출처: Maxi Aids, http://www.maxiaids.com

| 사진 5-21 |

레이젠 양안 망원안경

이 망원안경(Reizen 2.8× Sport Glasses)은 거리가 떨어진 사물을 보는 데 효과적이다. TV, 영화, 발레 공연, 스포츠 경기를 볼 때 사용된다. 2.8배 확대되고, 눈부심을 줄이는 연성 고무 눈 보호덮개가 있다.

출처: Maxi Aids, http://www.maxiaids.com

| 사진 5-22 |

비비타르 양안 망원경

이 망원경(Vivitar 10×25 Rubber Armored Sports Binoculars)의 렌즈 지름은 25mm이고, 10배 확대된다. 가벼워서 편리하게 사용할 수 있으며 스포츠 경기, 영화, 콘서트, 조류 관찰, 자연 관찰 등의 실외 활동에 사용할 수 있다. 최소 초점 거리는 10m다.

출처: Maxi Aids, http://www.maxiaids.com

| 사진 5-23 |

맥스디테일 양안경

이 양안경(binocular, Max Detail glasses[Eschenbach])은 신문, 의약품 라벨, 열차 시간표, 식단 메뉴 등을 2배 확대한다. 안경은 약 41cm의 거리에 있는 사물을 보는 데 사용되며 근거리 활동에 적당하다.

출처: Lighthouse for the Blind and Visually Impaired, http://store.lighthouse-sf.org/Binoculars

2) 비광학 보조구

저시각 재활에서 비광학 보조구는 광학 보조구에 추가하여 중요하게 사용될 수 있다. 비광학 보조구와 수정의 예로 조명 개선, 특수 책상 혹은 마루용 램프, 확대 읽기 자료, 사물과 배경의 대비 강화를 들 수 있다. 적응에 도움이 되는 일상생활 장비는 시각 없이 혹은 약간의 시각을 사용해서 일상 과제를 쉽게 해결할 수 있도록 고안된 것이다. 예로, 숫자 크기가 큰 시계와 타이머, 쓰기 안내판(writing guides), 실 꿰기 보조구, 확대 혹은 음성 손목시계, 확대 인쇄하거나 혹은 볼록하게 양각한 라벨(large-print and tactile labels)을 들 수 있다. 비광학 보조구의 종류와 사용에 대해서는 제7장 '일상생활 적응 기술' 과 제8장 '시각 기능 강화 환경 구성' 에 소개되어 있다.

비광학 보조구는 다음과 같다.

- 펠트펜(예: 사인펜, 매직 등)

- 촉각 표식이 있는 시계와 주방용 타이머
- 바늘귀가 큰 바늘, 기타 실꿰기 보조구
- 음성용 시계와 계산기
- 확대 번호판이 있는 전화, 시계, 타이머, 체온계, 계산기
- 확대 독서기와 녹음도서
- 확대 혹은 점자 카드와 게임 도구
- 서명판, 봉투용 주소판, 저시각용 용지 등의 쓰기 보조구

3) 기타 보조구

저시각 재활의 목표는 저시각인이 일상생활 과제를 수행하기 위해 잔존 시각을 최대한 사용할 수 있도록 돕고 기능상의 장애(functional disability)를 경감하는 데 있다. 하이테크(high-tech) 보조구도 활용할 수 있다. 컴퓨터를 활용하는 방법은 제7장 '일상생활 적응 기술'에 제시되어 있다.

| 사진 5-24 |

컴퓨터용 화면 확대 프로그램, 음성 출력 프로그램

화면 확대 프로그램을 사용하여 인터넷의 내용을 확대해 보고(좌측), 센스리더 같은 음성 출력 프로그램을 컴퓨터에 깔아 컴퓨터 화면의 내용을 소리로 들을 수 있다(우측).

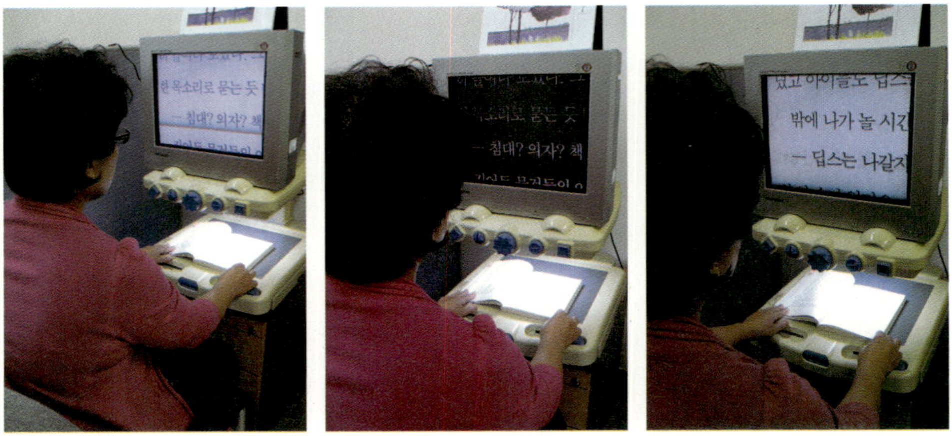

| 사진 5-25 |

책상용 확대 독서기

책상용 확대 독서기를 사용하여 책의 내용을 자신에게 적합한 크기로 확대하여 볼 수 있다. 자신이 선호하는 색으로 텍스트를 바꿔 볼 수도 있다.

| 사진 5-26 |

휴대용 확대 독서기

휴대용 확대 독서기를 사용하여 책의 내용을 확대하여 볼 수 있다.

| 사진 5-27 |

스마트폰 앱

보이스아이(VOICEYE) 앱을 활용하여 텍스트 확대가 가능하고 스캔한 후 음성으로 내용을 들을 수 있다.

4. 저시각 보조구의 사용법

광학 보조구 사용법을 배울 때는 보조구 위치시키기(localizing)와 목표 지점에 초점 맞추기(spotting)가 중점적으로 지도된다(Jose, 1992). 위치시키기는 저시각 보조구를 사용하기 위해 특정 영역 혹은 대상에 위치시키는 것으로 사용자가 자신의 앞쪽으로 보조구를 위치시키도록 지도한다. 만약 사용자가 보아야 할 부분이 어디인지 파악하지 못한다면 방향을 말로 해 주어 자신이 보아야 하는 쪽으로 몸을 똑바로 위치하게 한다. 목표 지점에 초점 맞추기는 보조구 없이 사물을 찾아낸 뒤 보조구를 들어 눈과 사물 사이에 위치시킨 뒤 사물이 정확하게 보이도록 보조구의 초점을 맞추는 것이다.

이 두 가지 훈련을 실시한 뒤, 실제 환경과 자신의 생활 방식에 맞춰 가장 효율적으로 보조구를 사용하는 방법을 배운다. 저시각 보조구 사용은 클리닉에서 처음 지도하고, 다음으로 실제 생활하는 공간인 집 혹은 지역사회에서 지도한다. 보통 클리닉에서는 사용자에게 저시각 보조구를 대여하여 2~3주 동안 사용자의 가정에서 훈련에 사용할 수 있도록 한다.

사용자는 저시각 보조구 사용에 대한 추수 지도(follow-up)도 추가로 받아야 한다. 사용자와의 지속적인 대화를 통해 사용자가 성공적으로 저시각 보조구를 사용하도록 도울 수 있다. 직접 집에서 사용하는 방법을 배웠더라도 노년층은 스스로 보조구를 사용하는 데 어려움을 겪을 수 있다. 하루 안에도 수시로 변하는 시각, 낯선 환경 혹은 수행 과제에 따라 어려움을 겪게 되므로 지속적으로 지원을 해야 한다. 사용자에게 추수 지도를 받을 수 있고, 원할 때면 언제나 저시각 클리닉에서 추가로 도움을 받을 수 있음을 알려 준다.

저시각 보조구의 사용법을 철저하게 지도받지 못하면, 저시각 보조구를 실제로 사용하면서 좌절하게 되고, 결국에는 쓰지 않고 서랍에 넣어 두고만 있는 소위 서랍 보관 현상(drawered phenomenon)이 발생한다. 따라서 사후 관리가 필요하고, 필요하다면 사용법을 다시 지도해야 한다.

하이테크(high-tech)와 로테크(low-tech) 보조구에 대한 반응은 개인별 공학에 대한 사전 경험과 관련이 있다. 저시각 보조구를 처방하여 집에 가져오면 일반적으로 노인은 그것의 사용에 거부감을 보이는데, 그 이유로는 다음과 같은 몇 가지가 있다(Watson, 1996).

- 시각 감퇴의 진행
- 건강 악화
- 보조구에 적응하여 사용하는 능력의 부족(아주 가깝게 근접하여 초점을 맞추는 능력, 좁은 시야)
- 부적절한 훈련이나 연습
- 처방된 보조구로 만족하지 못함에 따른 시각 목표에서의 변화
- 가정 내에 읽기용 전등 혹은 다양한 색상의 필터가 부족하거나 조명과 자리 배치 같은 가정에서의 조건과 저시각 임상 조건에서의 인체공학 설계상의 차이

- 보조구를 처음 사용하였을 때 오는 어지럼증 혹은 구토
- 우울, 불안, 가족 혹은 친구의 지원 부족, 미용상의 이유, 범죄의 대상이 될 수 있다는 두려움 같은 심리사회적 요인

시각의 활용과 보조구의 사용은 특히 저시각 노인에게 중요하다(Watson & Echt, 2010). 저시각 노인의 안전 도모, 손 떨림 방지, 자세 지지, 피로 감소, 정서적 지지에 효과적이며, 이때 반드시 조명을 함께 고려하여야 한다.

저시각 전문가는 낙상에 의한 손상을 막기 위해 저시각 보조구 사용에서 안전을 고려해야 한다. 노년층은 망원경이 탑재된 안경을 끼고 걷거나 서 있는 것을 조심해야 하는데, 흐릿한 이미지가 쓰러지거나 걸려 넘어지게 할 수 있기 때문이다. 따라서 망원경을 사용하는 사람은 망원 렌즈를 통해 보면서 걷지 않도록 한다. 그리고 초점을 맞출 때는 멈추어야 하며 초점을 맞춘 뒤에 걷기 시작해야 한다. 바닥 매트 등에 걸려 넘어지지 않게 하고 집 안 전체에 조명이 고르게 설치되어 있는지 확인한다. 문과 장식장 등의 문을 완전히 열거나 닫아 두어 몸이 부딪혀 다치지 않도록 한다.

메스꺼움, 어지럼증, 움직임으로 인한 멀미 등은 확대경을 사용할 때 오는 부작용이다. 이 부작용을 줄이는 것을 보조구 사용 교육에서 중요하게 다루어야 한다. 단안경과 양안경은 한 지점 혹은 한 대상에만 초점을 맞춰 보는 도구로 사용하여야 한다. 눈과 전정기관 사이에 신호를 혼동하는 몸의 반응으로 인해 멀미를 유발할 수 있기 때문이다.

노인이 렌즈 혹은 보조구를 잡기 전에 읽기 도중 올 수 있는 메스꺼움을 줄이기 위해 먼저 앉도록 한다. 망원 렌즈를 쓸 때 읽기 자료를 자신의 앞에 위치시킨다. 렌즈를 끼고 볼 때 올려다보거나 방을 둘러보지 않는다. 한 페이지를 천천히 왼쪽으로 움직이는 동안 주사(走査)한다. 다음 행을 보기 위해 보고 있는 페이지를 오른쪽으로 움직인다. 메스꺼움이나 어지럼증이 생겼다면 바로 쉰다. 이러한 증상이 사라질 때까지 쉬고, 간단한 음료나 과자 등의 간식을 먹는다. 일부 사람은 중심 시야 부

분을 보도록 도와주는 렌즈로 카드보드지에 구멍을 뚫어 그 부분만을 보도록 할 수 있다. 즉, 주변 시야 부분은 카드보드지로 가려 준다. 만약 어지럼증과 메스꺼움이 줄어들지 않는다면, 저시각 팀은 다른 보조구 사용을 고려해 본다.

저시각 보조구 사용에서 고려해야 할 점은 손 떨림이다. 손으로 들고 보는 확대경 혹은 망원경은 손 떨림이 심하다면 사용이 어렵다. 손 떨림이 문제가 된다면 초점을 맞추는 어려움을 덜기 위해 안경에 탑재하는 보조구를 선택한다.

보조구 사용 측면에서 자세 지지와 인체공학적 고려는 노인에게 중요하다. 저시각인이 허리와 목의 고통은 물론 체력 부족 때문에 어려움이 있을 수 있기 때문에 가능한 한 편안한 자세로 있도록 도와준다. 인체공학적 보조구, 즉 의자, 탁자, 발받침대, 전등, 독서대, 요추 및 목 지지대가 필요한지를 평가받고 적절한 사용법을 배우는 것이 필요하다. 머리 받침대, 허리 혹은 목 쿠션, 발 받침대도 도움이 된다. 전등은 거리 조정이 가능한 거위목이 있는 것으로 사용한다. 독서대도 눈 가까이에 가져올 수 있도록 거리 조절이 가능한 것으로 사용한다. 이와 같은 인체공학적 기구는 근골격 손상을 방지하거나 조정하며, 무감각 상태나 불편한 자세를 방지하기도 한다.

피로로 인해 30분마다 짧은 휴식을 취하거나 간식 시간을 가진다. 이 시간을 가진 후에 노인 대부분은 자신이 충분히 휴식을 취했다고 말하기도 하지만 그렇지 않을 수 있다. 축 처지는 어깨, 깊은 한숨, 신경질적으로 몸짓을 하거나 말하는 것은 피곤하거나 좌절하고 있다는 표현을 하는 것이므로 이런 신호에 민감하게 반응해야 한다. 신체적 피로와 관련한 문제에 대해 토의 혹은 교육 접근을 하려고 하기보다는 정서적으로 반응하는 방법을 사용한다. 노인 자신의 감정을 말로 표현하고 정서 표현을 하도록 격려하고 이에 대한 지원을 제공한다.

마지막으로, 조명은 교수에서 중요한 측면이다. 대부분 노인은 젊은 사람보다 더 많은 빛이 필요한데, 일부는 이와 달리 심하게 빛에 민감하기도 하다. 전등과 오버헤드 조명은 개인에 맞게 선택하고, 흡광 렌즈(absorptive lenses), 챙 모자, 바늘구멍(pinhole) 안경, 얼굴의 측면에서 오는 빛 가리개(side shields) 등의 빛 조절 보조구의 사용을 고려해 볼 수 있다. 조명을 조절하는 방법으로 거리 조절이 가능한 거위목 전등, 전등용 색 필터, 조광기를 예로 들 수 있다.

다양한 종류의 조명을 함께 사용하는 것도 고려해 볼 수 있다. 조명으로 백열등, 형광등, 나트륨등(sodium vapor)을 사용할 수 있다. 밝은 태양광은 풀 스펙트럼(full-spectrum) 빛으로 일부 사람에게는 가장 좋은 빛이 될 수 있다. 의자를 햇빛이 들어오는 곳으로 위치시켜 잘 보이는 눈 쪽 어깨에 햇빛이 들어오게 한다. 빛이 목표물에 비치도록 하되, 사람의 얼굴에는 비치지 않게 한다.

저시각 보조구 사용 지도 순서는 다음과 같다(Watson & Echt, 2010).

- 저시각 보조구 없이 시각 기술 사용하기
- 저시각 보조구를 활용하면서 시각 기술 사용하기
- 기능적인 과제에서 시각의 사용과 저시각 보조구의 활용

보조구 없이 시각 기술을 사용하는 지도에는 고정 주시(fixation), 주사하기(scanning), 추시하기(tracing), 추적하기(tracking)가 있다. 황반변증(연령 관련 황반변성 혹은 당뇨성 망막증)이 있는 사람은 개인이 선호하는 망막의 위치를 사용하는 시각 기술을 개발하고 유지하는 추가적인 지도를 실시해야 한다(Goodrich & Quilman, 1977; Schuchard & Fletcher, 1994; Watson & Berg, 1983). 이를 중심외 보기(eccentric viewing)라고도 한다.

중심외 보기는 대상을 주시하기 위해 중심와(fovea) 주위의 영역을 사용하는 것을 의미한다. 이는 연령 관련 황반변성으로 중심와 기능이 상실되어 생기는데, 황반에 손상이 오게 되면 암점이 생기고 그 부분으로 전혀 볼 수 없게 된다. 어떤 경우에는 시각이 있어 보이기는 하지만 흐릿하거나 뿌옇게 보이기도 한다. 연령 관련 황반변성이 있는 대부분의 성인은 한 가지 이상 강하게 선호하는 중심외 보기 위치가 있다. 일부 사람은 중심와 근처 부분에서 디테일한 시각이 있고, 또 어떤 사람은 넓은 시야를 확보할 수 있는 원거리 시각을 가진다. 노인이 중심외 보기를 할 수 있

도록 잘 보이는 쪽의 눈으로 상대방의 얼굴을 보게 하며, 다른 눈은 손바닥을 컵 모양으로 만들어 가린다. 상대방의 얼굴을 75cm 거리에서 보도록 하고 조명은 고르게 하여 그림자가 지지 않도록 한다. 노인이 다음 중 어떤 반응을 보이는지 살펴보고 그에 따라 적절하게 대처한다.

- 어떤 사람은 즉각 중심외 부분으로 상대방의 얼굴을 보기 위해 눈 혹은 머리를 돌린다. 상대방의 얼굴 부분이 어떠한지 설명하고 얼굴 주변에서 빠졌거나 흐릿한 부분에 대해서도 언급한다. 만약 상대방을 똑바로 보기 위해 눈을 치켜 올리면 어떤 일이 일어나는지 구술하게 한다. 즉, 상대방의 얼굴이 명확하게 보이지 않는지 혹은 얼굴이 보이지 않는지 확인하게 한다.
- 어떤 사람은 눈동자를 다트(dart)용 화살같이 빠르게 움직이는 경우가 있다. 이런 사람은 자신이 강하게 선호하는 중심외 보기 방향을 확인하기 어렵다. 오히려 이런 사람은 항상 시야를 끊임없이 들어 올린다. 그래서 시야 범위 안에 있는 암점이 볼 수 있는 능력에 영향을 주는지 알기 어렵다. 이런 반응이 나타난다면 중심외 보기 기술을 사용하도록 권장한다.

제6장

방향정위와 이동 기술

노년기에는 자신이 원하는 곳으로 이동하기 위해 환경을 파악하고 몸을 움직여 이동하는 것이 어려워질 수 있다. 이런 환경 파악과 이동을 어렵게 하는 원인으로 시각 상실을 들 수 있지만, 사실 이런 어려움을 겪는 사람의 대부분은 완전히 보지 못하는 것이 아니라 활용 가능한 시각이 남아 있는 경우가 많다. 미국에서는 75세 이상의 노인 대부분이 잔존 시각을 보유하고 있다고 보고된 바 있다. 시각 상실 외에도 건강 악화, 신체 손상, 감각 손상으로 인한 정보 수용 능력의 감퇴, 기억 등의 인지 능력의 감퇴 등이 환경 파악과 이동 능력에 영향을 줄 수 있다(LaGrow & Blash, 1992).

이 장에서는 노년기의 이동 능력에 대해 알아보고 나서 환경을 이해하고 파악하는 능력인 방향정위(orientation)에 대한 지도 방법을 알아본다. 다음으로 노년기에 사용할 수 있는 이동 기술을 살펴본다. 이 부분에서는 이동 능력을 평가할 때 다루어야 하는 내용을 알아보고, 구체적인 이동 기술로 안내법, 신체 보호법, 트레일링(trailiing), 다양한 이동 보조구를 활용하는 법을 정리한다. 마지막으로 이동 시 시각을 활용하는 방법, 환경을 파악하는 방법, 광학 보조구를 사용하는 방법 및 낙상 방지법을 알아본다.

1. 노년기의 이동 능력에 대한 이해

노화는 이동 방식을 변화시킨다. 노화가 진행되면서 신체 상태와 가족과 사회 속에서의 역할에도 변화가 온다. 신체에 오는 변화로 감각 능력(예: 노인성 난청, 노화에 따라 서서히 청각 상실이 일어남)과 인지 무능력(예: 문제 해결 능력)이 나타난다. 가족과 사회 속에서의 역할은 퇴직, 배우자의 죽음, 사회 네트워크의 상실, 그리고 입주 지원을 받기 시작함에 따라 변화를 맞이하게 된다. 노년층의 독립 이동의 유형과 정도는 감각과 인지 능력, 개인 특성, 이동 환경, 사회 및 가족의 요구 등의 복잡한 변인의 영향을 받는다. 사람마다 독립 이동에 대한 요구도 다르고 능력도 다르기에 일련의 서비스 체계가 필요하다(LaGrow & Blash, 1992). 이 서비스에는 집과 집 근처의 구조를 파악하는 방향정위 훈련과 기본 안내법, 신체 보호법 혹은 지팡이 기술이 포함된다. 일부는 이웃 지역과 직장 혹은 다른 친숙한 지역을 독립적으로 이동하는 것까지 요구하기도 하고, 낯선 환경으로까지 이동하는 기술을 일반화하고 대중교통 이용까지 포함하는 경우도 있다.

지도의 범위는 개인별 이동에 대한 요구 사항과 학습 유형에 달려 있다. 노년층을 위해서는 자기 주도하에 개인별로 고안된 접근이 필요하다(Ingalls, 1973; Welsh, 1980). 이동이 집, 이웃, 요양원 등으로 제한된 경우 특정 환경 속에서 집중적으로 지도를 받게 된다. 노인의 요구에 맞춘 이동 목표를 설정한 뒤 지도 계획을 수립하고 기법을 지도하여 성공할 수 있도록 이끄는 것이 필요하다.

노인의 건강 상태는 이동 훈련에서 중요하다. 만성 질환이 있는 경우 이동에 제한을 준다. 뇌졸중, 관절염, 당뇨, 심혈관 질병을 예로 들 수 있다. 의사와 상의하여 건강 상태를 정확하게 알고 지도하는 것이 필요하다. 당뇨가 있는 경우, 식사와 인슐린 주사 시간과 관련하여 시각에 변동이 있고 방향정위와 집중에 어려움이 있다. 뇌졸중 혹은 관절염이 있는 경우, 기본적인 이동 기법을 변형하여 적용하는 것이 필요하다. 심혈관계 질환이 있는 경우, 수업 시간의 길이에 반영을 하고 안전이 보장된 이동 유형을 선택해야 한다.

노년기에는 감각 정보인 청각 혹은 촉각, 균형 감각의 감퇴, 자세와 걸음걸이의 변화가 나타나는 것이 일반적이다(Welsh, 1980). 난청으로 인한 청각 감퇴는 노년기에 가장 일반적인 제2의 상실로 꼽히고 있다(Welsh, 1980; Wiener, 1980). 촉각의 상실은 당뇨와 관절염이 수반되는 경우에 일어나고 환경과의 직접적인 접촉의 양을 줄어들게 한다.

노년층을 대상으로 한 이동 지도는 이동과 관련한 개인적 · 환경적 요인뿐만 아니라 충분한 감각, 운동 혹은 인지 능력이 부족하였을 때 사용 가능한 옵션, 이동 과제를 수행할 때 발생할 수 있는 이들 능력 간의 복합 작용을 모두 고려해야 한다. 옵션으로는 단순한 경로를 선택하고, 지원을 선택적으로 받고, 보호자와 함께 다니는 것이 있다. 또한 노인은 방향정위와 이동, 저시각 기능 활용, 운동 혹은 인지 기술을 지도받을 수 있고, 운동 손상이 있는 노인은 의지 지팡이, 보행 보조기, 의자차를 사용할 수 있다. 흰지팡이, 안내견, 전자 이동 보조구(예: 레이저 지팡이, 모왓 센서, 소닉가이드, POLARON 등)와 보청기 등도 사용할 수 있다. 각 옵션은 개인별 손상으로 인한 기능상의 상실을 완화하기 위해 선택될 수 있다.

방향정위와 이동은 순서에 따라 개별적으로 성공할 수 있도록 지도해야 한다. 이동 기술로 안내법, 신체 보호법, 트레일링과 지팡이 기술을 지도한다. 이러한 기술은 순서대로 지도하는 편이지만, 개인별 요구와 환경 조건에 따라 그 순서는 바뀔 수 있다. 방향정위와 이동을 지도하는 환경도 순서에 따라 정한다. 지도를 위해 마련된 특별 환경에서 지도한 뒤, 노인이 알고 있는 환경에서 그리고 다음으로는 낯선 장소에서 지도한다.

방향정위와 이동 지도는 각 수업마다 성공할 수 있도록 순서를 정해 실시한다. 각 수업은 시작하는 점과 끝나는 점을 명확히 하고 목적을 정하여 계획에 따라 실시한다. 각 경로를 사전에 충분하게 분석하여 목적 달성에 필요한 기술을 미리 파악해 놓는다.

Smith와 Geruschat(2010)는 노년기에 시각 상실이 있는 경우 그들의 특별한 요구를 고려하여 노인학 원리(gerontological principles)와 전략의 사용, 교정 지팡이(adaptive canes), 의자차 등의 이동 보조구 사용, 낙상 방지 전략과 환경 수정(environmental modifications)이 필요하다고 보았다. 대부분이 시각 경험을 통해 시각 기억을 보유하고 있으며, 다양한 시각 개념을 풍부하게 지니고 있다가 노년기에 실명한 경우다. 이것이 실명 후에도 환경 이해와 적응에 도움이 될 수 있는 장점으로 작용할 수 있다. 하지만 예전에 볼 수 있었을 때 사용하던 습관적인 행동 방식은 시각 상실로 인한 시각 상태의 변화에 적응하기 어렵게 할 수 있다. 예로, 많은 노인은 중심 시야 부분에 암점이 있기 때문에 예전의 습관대로 앞을 똑바로 보는 방법으로 보는 것이 어렵다. 오히려 이 상황에서는 중심외 보기 방법으로 눈의 가장자리, 위 혹은 아래 부분을 사용하여 보는 것이 더 도움이 된다.

노년층을 위해서는 이동 기법도 수정하여야 한다. 표준이 되는 이동 기법과 함께 노년층의 감각 손상뿐만 아니라 이에 수반되어 있는 제한점을 고려한 수정 기법이 필요하다.

2. 방향정위 지도

방향정위(orientation)와 이동(mobility)은 분리된 개념이지만 지도할 때는 동시에 적용된다. 방향정위 기법은 물리적 환경 속에서 감각 정보를 사용하여 자신의 위치를 파악하고 공간 속의 모든 대상과 관계하여 자신을 위치시킬 수 있는 기법이다. 방향정위가 잘되어 있으면 자신이 현재 위치한 곳을 파악하고, 자신이 가고 싶어 하는 곳에 가는 방법을 알게 된다. 이동 기법은 한 장소에서 다른 장소로 안전하면서도 독립적으로 이동하도록 돕기 위해 개발된 기법이다. 정안인의 안내를 받거나 흰지팡이 혹은 전자 이동 보조구 등을 사용하여 이동할 수 있다.

방향정위는 환경의 구조를 파악하고 자신의 위치를 알고 이동 방향을 설정하는 능력으로 문제 해결(problem-solving)을 위한 인지적 과정(cognitive process)이 필요하다. 이 과정을 통해 자신의 현재 위치를 파악하고 목적지까지 도달하는 경로를 인지적으로 맵핑(cognitive mapping)하는 것이 필요하다. 또한 자신의 목적지까지의 경로를 장기 기억하는 능력과 기억한 내용을 재생하는 능력이 있어야 한다. 아울러 환경 속의 사물에 효율적이고도 순발력 있게 대응하는 능력도 필요하다.

방향정위에서 필요한 개념은 신체 개념, 위치 개념, 지표, 인지 맵핑, 공간 정보 갱신하기다(Fazzi & Naimy, 2010).

- **신체 개념**: 신체의 각 부분과 그 기능을 파악한다.
- **위치 개념**: 사물 혹은 사람에 맞게 자신의 위치를 설정한다.
- **지표(landmark)**: 고정되어 있는 물건(예: 변기)을 사용하여 현재 자신이 위치한 곳

을 확인하고 다른 정착지 혹은 사물을 발견하는 방법을 확인한다.

- 인지 맵핑(cognitive mapping): 머릿속으로 일정 구역에 대한 그림을 만드는 능력이다. 방의 구조(layout)를 이해하고, 전체 집과 마당의 구조에 따른 방 사이의 관계를 이해하는 것이다. 정교하고 정확한 인지 맵을 개발하는 능력은 공간 개념과 환경 개념의 발달 수준에 따라 결정된다.
- 공간 정보 갱신하기(spatial updating): 자신이 현재 살고 있는 환경 속에 공간적으로 배열된 장소를 지속적으로 파악하는 능력을 사용하여 방향정위를 유지하는 것을 말한다(Long & Hill, 1997). 집 안을 독립적으로 다니면서 시각과 다른 감각 정보를 사용하여 자신의 위치를 지속적으로 파악한다.

자신의 경로에 대한 인지적 맵핑을 위해서는 친숙화(familiarization) 과정이 필요하다. 체계적이고도 구조화된 공간 탐색은 공간 정보를 수집하고 조직화하는 데 도움이 된다. 환경을 지각(perception)하고 공간에 대한 방향정위를 하기 위해 안내법을 사용한다. 안내자는 보행자를 데리고 다니면서 감각 정보를 분리하여 지각하는 인지 과정이 이루어지도록 돕는다. 안내자는 보행자가 문제 해결에 중요한 정보를 수집하기 위해 모든 감각에 접근하도록 이끌어 준다. 인지적 문제 해결 과정에서는 정확한 인지적 맵을 만들 수 있도록 지각 정보를 통합한다. Hill과 Ponder(1976)의 방향정위 과정에서 이루어지는 인지 과정과 Bozeman과 McCulley(2010)의 문제 해결 전략을 통합하여 설명하면 다음과 같다.

- 보행자가 해결해야 할 문제를 확인한다. 예로, 자신이 목적한 장소까지 간다.
- 보행자가 활용 가능한 모든 감각 정보를 수집한다. 예로, 냄새와 소리 같은 변하지 않는 정보를 들 수 있다.
- 모든 인식된 감각 정보를 분석한다. 예로 익숙한 목소리, 교통수단의 소리, 지면의 변화를 느끼는 근육 감각 정보를 들 수 있다.
- 방향정위를 가장 잘 완수할 수 있게 해 주는 정보를 선택한다. 과제에 중요하거

나 관련 있는 것을 선택한다.

- 문제를 해결하기 위해 선택 가능한 전략을 확인한다.
- 보행자가 활용 가능한 대안 중에서 가설을 선택한다.
- 자신이 선택한 가설의 효과를 평가한다. 자신이 세운 계획을 직접 실행해 봄으로써 가설을 검증해 본다.

안내자는 보행자가 자신이 이동할 공간을 머릿속으로 맵핑하는 것을 돕기 위해 중요한 지표(landmark)에 직접 데려갈 수 있다. 또한 보행자가 더 많은 관심을 갖고 손으로 탐구할 수 있는 기회를 제공한다.

과제를 분리하는 것은 보행자가 지각 정보를 적용할 수 있는 기회를 부여하고, 환경 속의 방향정위 요소에 집중할 수 있게 해 준다. 안내자는 안내법을 사용하여 직접 활용 가능한 감각 정보가 있는 장소로 보행자를 안내한다. Bozeman과 McCulley(2010)는 이 과정의 예를 다음과 같이 들어 준다.

> 안내자는 보행자가 빌딩 내 복도가 십자로 교차하는 곳을 경험할 수 있는 기회를 주려고 한다. 복도의 북쪽 끝에는 이중문이 있어 여기서 바람이 들어오는 것을 느낄 수 있다. 교차되는 부분에서는 소리가 더 울리는 것을 느낄 수 있다. 안내자는 보행자를 보호해 주면서 이 지역으로 같이 가서 보행자가 지각 정보를 느낄 수 있도록 하였다. 과제를 분리하여 기회를 제공하는 방법을 사용하기 때문에, 안내자는 보행자가 이 교차로에서 느낄 수 있는 정보에 충분하게 집중할 수 있는 기회를 제공할 수 있었다. 후에 보행자는 자신이 느낀 지각 정보와 공간 정보를 자신의 인지 맵(cognitive map)에 포함하였고, 자신의 이동 기술과 통합할 수 있었으며, 자신의 인지 맵에 따라 전략을 완수할 수 있었다(p. 41).

길을 파악하는 과정에는 하나 이상의 요인이 관여한다. 방향을 설정하는 데는 조직화, 기억, 많은 환경 단서의 재생이 필요하다. 기억 문제는 전달되는 정보에서 발생한다. 노인이 완전히 쉽게 이해할 수 있는 정보 제공이 이루어지지 않았거나, 구조화되지 않은 방법으로 정보를 전달하였거나, 방향과 정확한 위치를 특성화하지 못한 경우에는 문제가 발생한다고 할 수 있다.

시각 상실이 있는 노인은 정보를 자신의 것으로 만들어 사용할 수 있게 조직화하고 재생(recall)하고 완전하게 이해할 수 있는 시간이 필요하다. 복잡한 정보는 작게 별개의 정보로 나누어 주어 기억할 수 있게 하며, 점자 혹은 녹음을 통해 다시 확인할 수 있는 기회를 제공한다. 복잡한 환경이라면 영역을 나누어 연계하면서 지도해 나가며, 같은 경로를 여러 차례에 걸쳐 반복하여 지도한다. 각 영역마다 지표를 설정하여 결정적인 지점으로 활용하며, 지표와 관련하여 자신이 가야 할 길을 파악하도록 지도한다(예: "엘리베이터가 있어요. 거기서 왼쪽으로 갑니다.").

기억 등 인지 기능의 손상은 복잡한 환경 속에서 이동하는 능력에 영향을 준다. 연령이 증가함에 따라 인지 기능이 감퇴한다는 점에서 노화와 인지 능력 간에는 연관성이 있다. 매일 생활하는 친숙한 환경에서 방향을 잃거나 위치 파악을 하지 못하는 것이 노년층의 주요 문제다. 이러한 '방황(wandering)'은 기억 상실을 수반하는 치매와 관련이 깊다. 아직까지 치매와 관련한 방황 행동과 노년기의 위치 파악 혹은 길을 잃는 어려움 사이에서의 차이를 파악하는 연구는 없었다. 따라서 시각 상실이 있는 노인이 길을 헤매는 것이 치매 때문인지 혹은 노화로 인한 것인지는 판단하기 어렵다.

인지적으로 어려움이 있다고 생각되는 경우에는 평행적 발화기법(parallel talk)이 유용하다(Baumgart et al., 1982). 보행자와 함께 환경 속에서 이동하면서 상호작용을 유지하며 보행자의 움직임을 일일이 말로 표현해 준다. 이 평행적 발화기법은 보행자가 자신의 움직임과 신체 언어를 인식하지 못했을 때 도움이 된다.

또 다른 전략으로는 독백(self-talk)이 있다(Bozeman & McCulley, 2010). 방향정위 때 인지 맵을 만들어야 한다. 이 과정은 인지적 이미지(mental image)를 만드는 것 혹은 자신의 마음속에서 이루어지는 지각이므로 보행자가 하고 있는지 알기 어렵다. 보행자가 정확하게 인지 맵을 그리고 있는지 확인하고 도움을 주는 것이 필요하다. 이때 독백 방법을 사용하여 보행자에게 이동하고 결정을 내리는 동안 자신이 생각하고 행하고 있는 것을 말로 표현하도록 요구하는 것이다. 자신이 기억한 것과 문제를 해결하는 능력을 향상하는 데에도 이 전략이 도움이 될 수 있다.

방에 익숙해질 수 있게 지도하는 방법은 다음과 같다.

- 우선 방에서 참조점(reference point)이 될 수 있는 사물을 정한다. 출입문이 주로 참조점으로 사용되어 문을 기준으로 왼쪽 혹은 오른쪽에 있는 사물을 알려 준다. 사물 간의 관계에 대해서도 언급한다.
- 방의 형태, 참조점이 된 문 외에 다른 문이 있다면 문의 위치, 창문의 위치, 방 안의 물건과 가구 등에 대해 설명해 준다.
- 벽 구석이 가이드라인이 되어 직선 관계로 특정 사물의 위치를 손가락으로 가리킨다.
- 시각을 상실한 사람은 가구의 위치를 확인한다. 지도자가 지시에 따라 반회전을 한다.
- 트레일링을 사용하여 가이드라인으로는 가구를 이용한다. 가구의 면 혹은 의자 등받침의 뒷면을 만지면서 탐색한다.
- 지도자는 사물의 위치를 직접 확인하게 하면서 자세한 설명을 한다. 예로 온도계 조절법, 창문 여는 법 등을 들 수 있다.
- 만약 시각을 상실한 사람이 방의 스타일, 색 등 관심 있어 하는 내용이 있다면 그에 대해 설명하여 준다.

이 과정을 통해 시각을 상실한 사람은 자신 있고 편안하게 방에서 스스로 다닐 수 있다. 위험하거나 깨질 물건이 있는 곳은 알려 주어야 하며, 특히 생활을 많이 하는 곳이라면 익숙해질 수 있는 충분한 시간을 가지고 방의 구조를 익히는 것이 필요하다.

참조점을 기준으로 방향을 알려 줄 때는 대상자의 이해 정도를 고려하여 동서남

북 방향과 시계 방향도 사용할 수 있다. 일반적으로 문을 등지고 서서 사각형 방의 벽을 왼쪽 벽, 오른쪽 벽, 앞쪽 벽, 문이 있는 벽으로 분류할 수 있다. 네 개의 벽을 나침반 방향을 기준으로 동쪽 벽, 서쪽 벽, 남쪽 벽, 북쪽 벽으로 알려 줄 수도 있다. 또한 1시에서 12시까지의 시계 방향으로 방의 구조를 알려 줄 수도 있다.

3. 이동 기술 지도

1) 이동 능력 평가

저시각인이 자신이 설정한 생활 기능에 필요한 이동(functional mobility)을 하고 있는지 평가한다. 이때 적합한 접근 방법은 주요 사건 접근법(critical incidents approach)이다. 저시각인이 일상 속에서 활동 수행을 위해 하는 주요 이동 활동(critical incidents)을 통해 평가하는 것이다(Geruschat & Smith, 1997). 저시각인이 이동에서 어려움을 보이는 부분을 파악하는 데 초점을 맞추며, 환경이 다른 곳에서 다른 시간대에 평가를 한다. 시각 상실이 없는 사람이 겪지 않는 어려움, 즉 걸려 넘어지거나, 연석 또는 계단을 확인하지 못하거나, 물건에 걸려 넘어지거나, 길을 잃거나, 길을 건너기 전에 살피지 않는 등의 행동을 측정한다. 행동의 빈도를 측정하고 가장 높은 빈도의 행동이 무엇인지를 파악한다.

발생된 문제와 관련한 정보를 정리한다. 자주 물건과 부딪히는 시야 쪽이 어디인지, 눈부심 혹은 조명 상태가 문제를 더 일으키는지, 장기판 모양의 바닥을 단차가 있는 것으로 느끼고 있는지 등을 살펴본다.

이 접근은 가장 빈번하게 생기는 문제에 대한 평가에 초점을 맞추기 때문에, 확인된 문제의 빈도를 줄일 수 있는 특별한 교수 기법을 개발하기 위한 방향을 설정하는 데 도움이 된다. 직장 내에서 이동하는 모습을 주의 깊게 살펴보고, 점심을 먹으려고 식당에 갔을 때, 귀가하는 길에 교통수단을 이용할 때, 이웃집에 갈 때, 쇼핑을 갈 때, 거리 혹은 지하철의 표지판을 읽을 때 등의 상황을 관찰한다. 문제가 되는 장소, 조명, 표면 등을 파악한다. 관찰을 통해 저시각인이 경험하는 문제, 시각 행동과 환경적인 원인을 평가하여 개별화에 따른 적절한 교수 계획을 세울 수 있다는 이점이 있다(Smith & Geruschat, 2010).

2) 안내법

안내법은 가장 일반적인 이동 지원 방법이다. 안내법은 두 사람이 안전하고 에너지를 효율적으로 사용하면서 사회적으로 수용 가능한 방식으로 걷는 방법이다. 또한 시각을 상실한 사람이 적극적으로 자신의 이동에 대해 결정하도록 한다. 즉, 안내자의 몸의 움직임을 통해 환경 정보를 해석하고 자신의 몸의 위치와 움직임을 결정할 수 있다. 안내법은 다음의 절차를 포함하여 이루어진다. 이 절차만이 유일한 것은 아니며, 개인별 요구에 따라 응용을 해서 사용하거나 다른 기법을 개발할 수 있다. 모든 안내법이 지니는 공통점은 노인이 안내자의 옆과 뒤에 있으면서 그 안내자의 움직임을 해석하여 여러 환경의 요구를 예측해 낼 수 있어야 한다는 것이다. 일반적으로 환경의 변화가 있을 때 안내자는 새롭게 적응을 해야 하는 상황이 왔음을 알리기 위해 잠시 멈추어 서거나 완전히 정지한다.

(1) 기본 안내법

안내법에 따르면, 실명한 노인이 안내자의 옆에 선다. 안내자의 왼편이든 오른편이든 어느 쪽이든 선택할 수 있는데, 노인의 경우 청각 상실이 있는 쪽의 귀 혹은 의지 지팡이를 쥐고 있는 쪽을 고려해서 선택한다.

안내자는 항상 먼저 앞서 가고, 노인은 뒤를 따르며 안내자를 밀거나 조정하지 않는다. 안내자의 팔꿈치 근처나 바로 위를 잡는다(〈사진 6-1〉 참조). 노인은 자신의 엄지를 안내자의 팔 바깥쪽에 위치시키고 나머지 네 손가락은 팔 안쪽으로 향하게 하여 팔을 감아 잡는다. 안내자의 팔꿈치를 잡은 노인은 안내자와 일정한 거리를

앞모습

옆모습

실외

| 사진 6-1 |

기본 안내법

유지하도록 자신의 팔을 90도로 구부린다. 이와 같은 안내자와 노인 간의 접촉은 안내자의 몸으로 오는 정보를 받도록 도와준다. 노인은 손으로 안내자의 팔 뒤를 잡아 손이 앞으로 밀려가거나 안내자와의 거리가 좁혀지지 않도록 한다.

LaGrow와 Blash(1992)에 따르면, 안내자가 가장 중요하게 생각해야 할 것은 연석, 계단, 턱 같은 지면이 올라가는 곳에서는 각 선과 직각이 되게 접근해야 한다는 점이다. 만약 안내자가 비스듬하게 접근하면 뒤를 따르는 노인이 연석 등에 걸려 넘어질 수 있기 때문이다. 만약 연석이 곡선이거나 원형의 계단으로 가야 한다면 올라가야 할 계단 등을 노인이 먼저 지팡이 끝으로 확인하도록 한다.

기본 안내법은 노인의 신체적 안정감, 속도, 움직임 범위, 안내자 혹은 노인의 선호 등을 고려하여 응용할 수 있으며(〈사진 6-2〉 참조), 이 응용 기법은 노인에게 유용하다. 안내자의 뒤에 노인이 따라오는 경우 안내자가 노인의 전방에 오는 위험을 미리 탐지하고 조정하는 시간을 가질 수 있다. 또한 노인이 안내자의 뒤를 따라오기 때문에 반응하는 데 약간의 시간을 벌 수 있다. 그러나 이 응용 기법은 노인이 안

| 사진 6-2 |

응용 안내법(보행자와 나란히 걷기)

내자의 바로 옆에 서서 가기 때문에 노인의 전방 보호가 어렵고 반응 시간이 줄어든다는 단점이 있다.

이동 속도는 노인이 편한 속도를 고려하여 조정한다. 노인이 정확하게 몸을 돌려 방향을 바꾸는 능력은 이동 속도와 방향을 바꾸는 각도에 달려 있다. 즉, 너무 빨리 가다 보면 방향이 바뀌었는지 모를 수 있고, 넓고 완만하게 몸을 돌려 방향을 바꾸는 경우에는 노인이 미처 방향을 바꾸었다고 느끼지 못할 수 있다. 혹은 귀의 내이(內耳) 문제로 모를 수도 있다. 노인이 방향이 바뀌었다는 것을 알게 하기 위해 방향을 바꾸기 전에 잠시 멈추어 선 다음 방향의 변화를 명확하게 말해 준다.

노인이 의지 지팡이를 짚는 경우, 노인은 지팡이를 짚지 않는 손으로 안내자의 팔을 잡는다(〈사진 6-3〉 참조). 안내자는 노인의 보조에 맞춰 천천히 걸음을 걷는다.

실내

실외

| 사진 6-3 |

의지 지팡이 사용 시 안내법

(2) 방향 전환

가던 길을 되돌아서 갈 때 안내자와 노인이 함께 도는 방법이 있다. 이럴 때 두 사람이 함께 돌면서 차지하는 공간은 넓어질 수밖에 없으며, 특히 사람이 많은 혼잡한 장소에서는 다른 보행자에게 방해가 될 수 있다. 또한 노인이 바깥쪽에서 돌게 되므로 신체적인 안정감이 부족한 경우 부담이 될 수 있다.

방향을 전환하는 응용 방법은 노인은 제자리에 서 있고, 천천히 오던 쪽을 향해 몸을 돌리는 안내자의 움직임을 손으로 접촉하며 느끼게 하는 것이다. 안내자가 몸을 완전하게 돌렸을 때, 노인이 자신 쪽에 있는 안내자의 팔을 잡고서 안내자가 향한 쪽으로 몸을 돌리는 것이다. 이 방법은 두 사람이 방향을 돌면서 차지하는 공간과 노인의 불필요한 움직임을 줄일 수 있다. 또한 노인에게 지속적인 신체적 지지를 제공할 수 있어 안정감을 느끼게 할 수 있다(〈사진 6-4〉 참조).

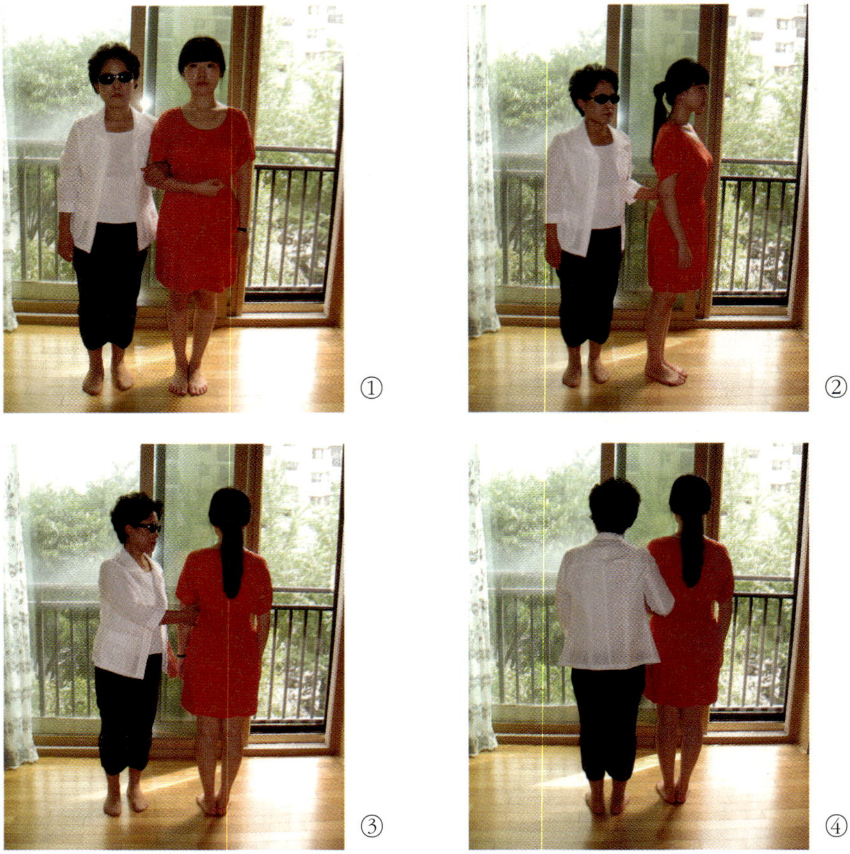

| 사진 6-4 |

방향 바꿔 되돌아가기

(3) 좁은 길 가기

안내자와 노인이 함께 지나갈 수 없을 정도로 공간이 좁은 곳, 즉 문, 좁은 복도, 사물과 사물 사이의 좁은 틈에서는 두 사람이 일렬로 서서 가는 방법이 편리하다. 노인이 안내자의 몸 뒤에 서면 순서대로 두 사람이 차례로 좁은 공간을 통과할 수 있다. 안내자는 노인에게 몸 뒤에 서라는 신호로 노인이 잡은 팔을 구부려 몸 뒤로 돌린다. 노인은 이 신호를 알고 안내자의 몸 뒤로 가서 선다. 이때 노인은 안내자

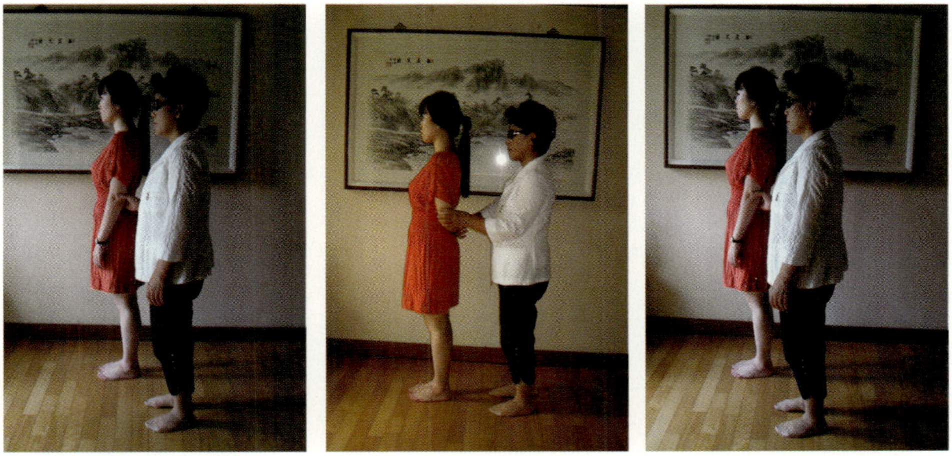

| 사진 6-5 |

좁은 길 가기

의 팔꿈치 윗부분을 계속 잡는다(〈사진 6-5〉 참조). 필요하다면 안내자는 좁은 길이니 뒤로 가라고 말해 준다. 노인의 신체 안정감이 떨어진다면 안내자의 양쪽 팔을 모두 잡게 한다. 이 방법은 노인에게 안정감과 함께 지속적인 접촉을 가능하게 한다.

(4) 안내자의 팔을 바꿔 잡기

노인이 안내자의 팔을 잡고 가다가 노인이 있는 쪽에 위험 지역, 즉 공사구간 등이 있다거나 피로감으로 다른 팔을 잡아야 될 경우 사용하는 기법이다. 안내자는 정지한 채 서 있고, 노인이 안내자의 뒤에서 옆걸음으로 다른 쪽의 팔로 옮겨 가서 팔을 잡을 때까지 기다린다. 노인은 다른 팔 쪽으로 가면서 안내자의 등을 계속 접촉한다(〈사진 6-6〉 참조). 이 방법은 노인에게 안정감을 주고 두 사람이 차지하는 공간을 최소화할 수 있다.

| 사진 6-6 |

안내자의 팔을 바꿔 잡기

(5) 문 통과하기

일반적으로 출입문은 한 사람이 통과하기에는 넓지만 두 사람이 동시에 통과하기에는 좁은 편이다. 따라서 문을 통과할 때는 좁은 길을 통과할 때와 같이 노인이 안내자 뒤로 서서 지나가도록 한다(〈사진 6-7〉 참조).

| 사진 6-7 |

문 통과하기

다음의 기법을 사용하면 안내자는 설명 없이 몸으로 노인에게 단서를 주면서 문을 지나갈 수 있다.

- 문손잡이를 잡고 문을 여는 등 문을 다룰 때 노인은 안내자의 뒤에 서 있는다.
- 노인은 자신의 몸을 보호하기 위해 안내자를 잡지 않은 손을 가슴 높이를 유지하며 앞으로 뻗는다.
- 팔을 120도 각도로 구부린다.
- 손바닥이 문을 향하게 한다.
- 문과 접촉될 때까지 문을 향해 손을 움직인다.
- 문을 완전히 지날 때까지 문을 잡고 있는다.
- 문을 통과하면 문을 놓고 다시 안내 자세로 돌아온다.

여닫이문인 경우에는 열린 문이 도로 닫히면서 노인의 몸과 부딪히는 것을 막기 위해서, 혹은 자동으로 닫히는 문인 경우에는 노인이 통과하는 동안 문이 닫히는 것을 막기 위해서 문의 가장자리를 노인이 한 손으로 잡고 확인하면서 문을 통과하도록 한다. 문손잡이를 찾게 하는 방법도 있지만 노인의 신체 안정성, 반응 속도, 근력을 고려하여 결정한다. 미닫이문은 안내자가 노인이 통과하는 데 무리가 없을 정도로 확실하게 열어 놓은 뒤 통과하도록 한다.

(6) 계단

계단 오르내리기는 심적으로 부담이 되는 일이다. 안내자는 계단을 내려갈 때 첫 번째 계단에 수직으로 다가간 뒤 노인이 자신의 발로 계단 끝을 확인하게 한다. 그리고 안내자의 팔을 잡지 않은 손으로 난간을 잡게 하여 양쪽으로 지지를 받게 한다. 즉, 한편으로는 안내자의 팔을 잡아 지지를 받게 하고 다른 한편으로는 난간을 잡으면서 지지를 받게 한다. 계단의 시작이나 마지막 계단을 내려온 시점에서 계단이 시작되고 끝났음을 말해 준다.

계단을 올라가거나 내려가는 방법은 비슷하다. 안내자의 몸이 올라가는 느낌이 든다면 계단을 올라가는 것임을 알 수 있고, 안내자의 몸이 내려가는 느낌이 든다면 계단을 내려가는 것임을 알 수 있다.

계단을 내려가는 기법은 다음과 같다(〈사진 6-8〉 참조).

| 사진 6-8 |

계단 내려가기

- 안내자는 계단 쪽으로 접근한다. 첫 계단을 내려가기 전에 멈추어 선다. 계단 끝에 발가락 부분을 위치시킨다.
- 안내자가 계단을 내려가기 시작하면 안내자의 팔이 앞으로 향해 있고 아래로 내려가게 된다.
- 노인은 몸의 무게 중심을 뒤로 향하게 하고 계단 끝에 있던 발을 아래로 움직이며 안내자를 따라 계단을 하나씩 내려간다.
- 내려갈 때 노인은 안내자 바로 한 계단 뒤에 있게 된다. 속도는 일정하게 유지한다.
- 안내자는 마지막 계단에서 잠시 멈추었다가 내려간 뒤 앞으로 걸어간다.

- 안내자의 걸음이 멈추어지고 안내자의 팔이 앞으로 가는 움직임을 동시에 느끼게 되면 노인은 마지막 계단이 왔음을 알고 이에 적응한다.

저시각인 경우 계단을 일일이 눈으로 확인하지 않도록 한다. 특히 계단을 내려올 때 두려움을 느끼게 되는데, 이때는 발을 교대로 번갈아 가며 계단을 내려오는 것이 일반적이지만 계단마다 두 발을 모으면서 내려오게 할 수도 있다. 또 계단 수가 전부 몇 개인지를 알려 주고 세면서 내려오게 하여 심리적인 부담감을 줄여 줄 수 있다. 만약 노인이 의지 지팡이를 짚고 있다면, 안내자가 지팡이를 들어주고 난간을 잡게 한다.

계단을 올라갈 때의 기법도 이와 비슷하다(〈사진 6-9〉 참조).

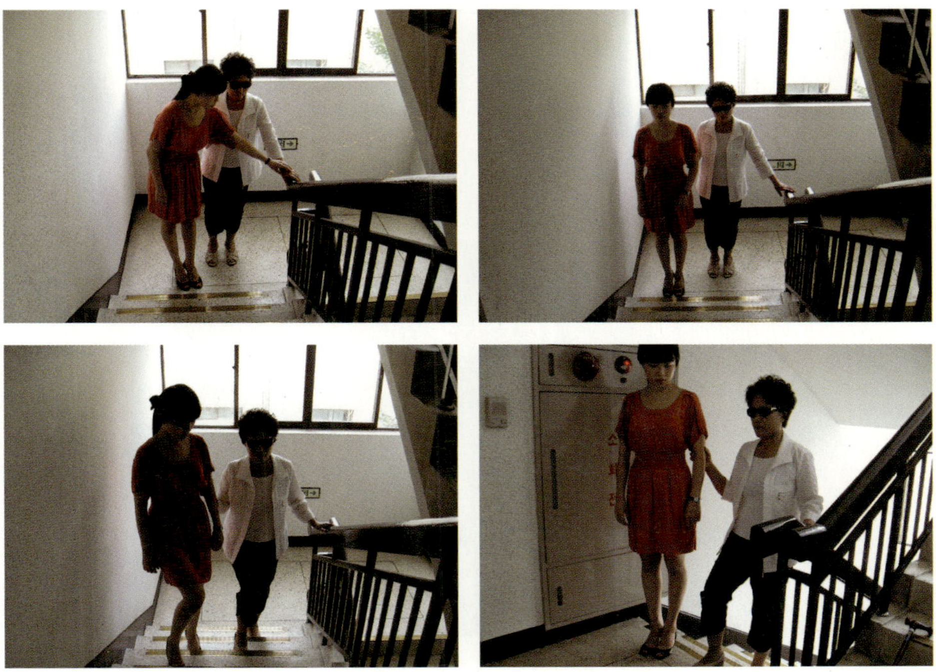

| 사진 6-9 |

계단 올라가기

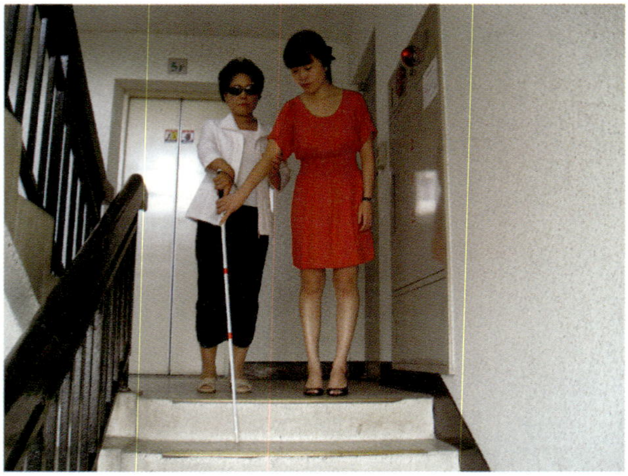

| 사진 6-10 |

지팡이로 내려갈 계단 확인하기

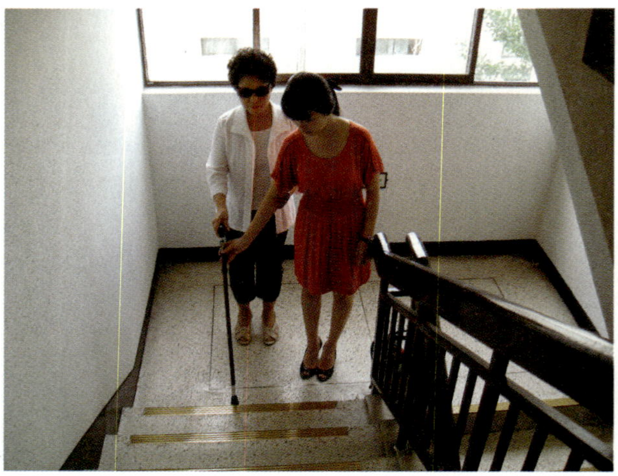

| 사진 6-11 |

지팡이로 올라갈 계단 확인하기

내려올 때는 첫 계단 끝 부분을 발바닥으로 확인하고 몸의 위치를 잡는다. 올라갈 때는 계단 턱을 확인하게 한다. 발을 사용하여 계단을 확인할 수도 있지만, 지팡이를 사용하여 내려가는 계단의 깊이를 파악할 수 있다. 또한 지팡이 끝으로 계단 턱도 확인할 수 있다(〈사진 6-10〉, 〈사진 6-11〉 참조).

(7) 의자에 앉기

노인에게는 좀 더 능숙한 방법으로 의자를 찾고 앉는 방법이 필요하다. 안내자는 노인을 앉아야 하는 의자에 가까이 접근하게 해 주고, 노인은 다음 기법을 사용하여 의자에 앉는다(〈사진 6-12〉 참조).

| 사진 6-12 |

의자에 앉기

- 의자에서 약 반 보 떨어진 곳에서 멈추어 선다.
- 안내자는 노인에게 의자의 위치와 어느 정도 떨어져 있는지를 알려 준다.
- 안내자는 노인의 손을 이끌어서 의자를 만지게 해 줄 수 있다. 의자의 등받이를 만지게 해 주면 노인 스스로 앉는 부분을 파악하기 쉽다. 혹은 앉는 부분을 직접 만지게 해 주는 방법도 있다.
- 노인은 안내자의 팔에서 의자 쪽으로 손을 가져간다. 그리고 의자를 살피고 난

뒤 의자로 가서 다리 뒤쪽을 의자에 대고 선다.

- 의자에 앉는다.

여러 종류의 의자를 접해 보면서 의자에 앉는 연습을 하도록 한다. 예컨대, 등받이가 있는 의자, 팔걸이가 있는 의자, 등받이가 없는 의자 등이 있다. 탁자와 함께 있는 등받이가 있는 소파 혹은 등받이와 팔걸이가 없는 스툴(stool)이 탁자와 함께 있는 경우 탁자 모서리와 의자의 앉는 부분을 동시에 만지게 하여 탁자를 앞으로 하여 앉을 수 있게 한다.

3) 신체 보호법

신체 보호법은 노인이 알고 있는 장소에서 단거리 이동용으로 사용된다. 팔과 손을 사용하여 상체와 하체를 보호하는 기법이다(〈사진 6-13〉 참조).

| 사진 6-13 |

상체 보호법

상체를 보호하기 위해 팔과 손을 사용하는 기법은 다음과 같다.

- 한 팔을 몸 앞으로 뻗어 어깨 높이 정도에서 구부린다.
- 팔꿈치에서 구부린 팔의 각도는 130도로 하여 전방의 장애물로부터 신체를 보호하고 반응할 시간을 가질 수 있게 한다.
- 손바닥이 몸의 바깥쪽으로 향하게 한다.
- 손가락은 힘을 뺀 상태에서 뻗는다.
- 몸을 가로질러 반대편 어깨까지 손가락 끝이 가도록 팔을 쭉 뻗는다.

이 기본 기법은 상황에 따라 응용하여 사용할 수 있다. 떨어뜨린 물건을 몸을 수그려 집어야 할 때 혹은 얼굴 높이의 장애물로부터 안면을 보호하기 위해 손을 머리 높이로 올릴 수 있다. 의지 지팡이를 사용하는 경우, 지팡이를 잡지 않은 손으로 상체 보호 자세를 취하여 자신의 몸을 보호할 수 있다(〈사진 6-14〉 참조).

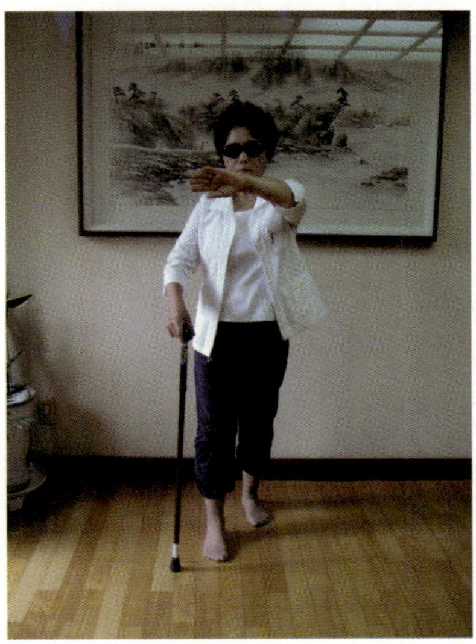

| 사진 6-14 |

의지 지팡이 사용 시 상체 보호법

그러나 관절염이 있는 노인은 이런 자세를 취하는 것이 어렵기 때문에 응용이 필요하다. 의자차나 보행 보조기(예: 워커)가 도움이 될 수 있다. 전동 의자차인 경우 양손을 조종하는 데 사용하여야 하기 때문에 전방 보호를 받는 것이 어려울 수 있다. LaGrow와 Blash(1992)는 전자 이동 보조구, 즉 모왓 센서, POLARON, 러셀 패스사운더(Russell Pathsounder)를 사용하여 전방의 사물이 있음을 소리로 전달받도록 하는 방법을 제안하였다. 그러나 이 전자 이동 보조구도 한계가 있어 아래쪽에 있는 계단과 턱을 확인하지 못한다. 따라서 안전한 이동이 되도록 조정된 환경에서만 사용하거나 기타 이동 수단, 즉 흰지팡이, 안내견과 함께 사용할 것을 권장한다.

하체를 보호하기 위해 팔과 손을 사용하는 기법은 다음과 같으며, 골반 부분을 보호하고 허리 아래 정도의 낮은 물건, 즉 책상, 의자 등을 확인하기 위한 방법이다(〈사진 6-15〉 참조).

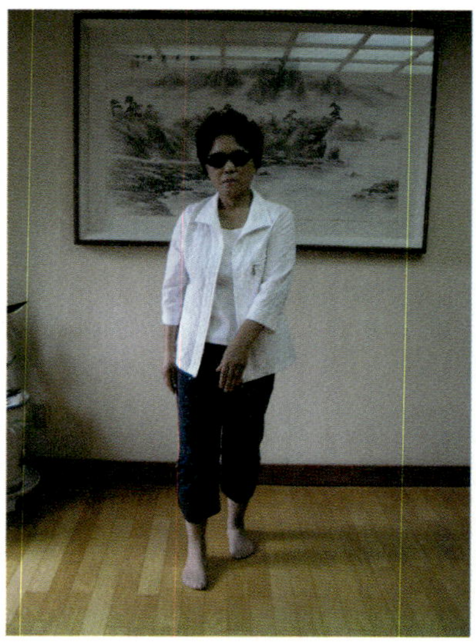

| 사진 6-15 |

하체 보호법

- 한 팔을 안쪽으로 비스듬하게 뻗고 몸 앞으로 15~18cm 정도 떨어뜨려 손을 위치시킨다.
- 손은 몸 정중앙에 있도록 한다.
- 손가락은 힘을 빼서 바닥 쪽으로 모두 뻗는다.

의지 지팡이를 사용하는 경우, 지팡이를 잡지 않은 손으로 하체 보호 자세를 취하여 자신의 몸을 보호할 수 있다(〈사진 6-16〉 참조).

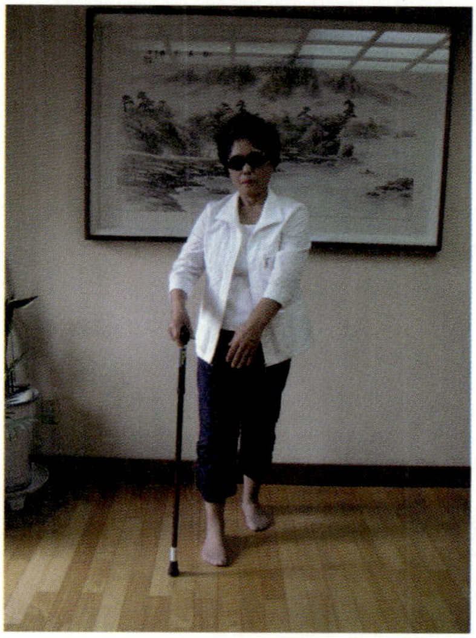

| 사진 6-16 |

의지 지팡이 사용 시 하체 보호법

실내 이동 시에 상체 보호법과 하체 보호법을 함께 사용하면 신체 보호를 더 철저히 할 수 있다(〈사진 6-17〉 참조). 그러나 무릎 아래쪽의 장애물을 확인하지 못한다는 단점이 있으므로 안전에 유의한다.

| 사진 6-17 |

상체와 하체 보호법 함께 사용하기

4) 트레일링

트레일링(trailing)은 벽을 따라가서 특정 사물을 찾아내는 기법이다. 트레일링에서 따라가는 사물은 직선 이동을 가능하게 하고 움직이는 동안 환경과 접촉을 유지할 수 있게 해 주어야 하므로 벽이 가장 많이 활용된다. 노인은 벽과 일정 거리를 두고 벽과 나란히 하여 이동하게 된다(〈사진 6-18〉 〈사진 6-19〉 참조). 트레일링 기법은 다음과 같다.

- 트레일링을 할 사물과 나란히 선다. 사물과는 약 25cm 정도 떨어지고 노인은 자신이 갈 방향을 향해 선다.
- 손을 허리 높이에서 사물에 댄다.

| 사진 6-18 |

트레일링하기

| 사진 6-19 |

의지 지팡이 사용 시 트레일링하기

- 손의 옆면이 사물과 접촉할 수 있게 위치시킨다.
- 손가락 끝이 끼는 것을 방지하고 사물과 부딪히지 않도록 손가락 끝을 구부린다.
- 트레일링하는 손은 몸보다 앞에 있도록 하여 적절한 반응 시간을 벌도록 한다.

트레일링은 신체 보호법과 함께 사용된다. 트레일링은 상당한 효과가 있으나 속도가 느리다. 벽을 트레일링하면서 문, 복도의 교차 지점, 다양한 지표를 확인할 수 있으며, 벽을 몸을 지탱하는 수단으로 사용할 수 있다. 손을 벽면에 대고 벽을 따라가는 것이 트레일링 기법이지만 흰지팡이 끝으로 벽면을 치면서 따라가는 트레일링도 가능하다(〈사진 6-20〉 참조). 이때 몸 앞에서 지팡이를 두 번 치게 되는데, 한 번은 벽면을 치고 다른 한 번은 반대편 쪽 바닥을 친다. 지팡이를 활용한 트레일링 기법은 복잡하고 낯선 장소에서 효과적일 수 있다.

벽 안쪽

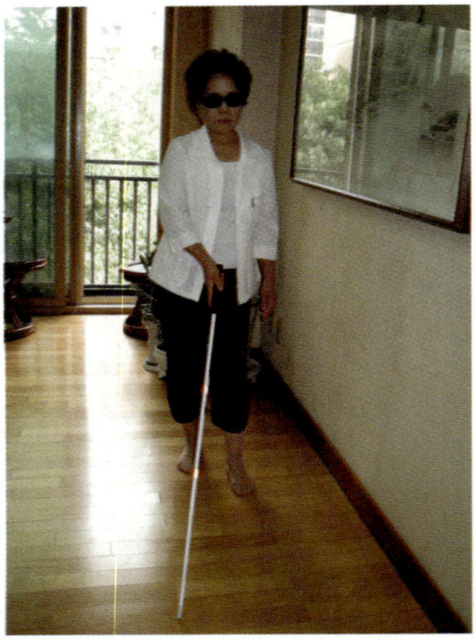
벽 바깥쪽

| 사진 6-20 |

지팡이로 트레일링하기

5) 이동 보조구 사용 기법

시각 상실이 있는 경우 대표적으로 사용할 수 있는 이동 보조구는 시각장애인용 흰지팡이다. 그러나 노인은 몸의 균형을 잡고 몸을 지탱해 주는 보조구가 필요하기 때문에 교정 지팡이(adaptive canes)와 의자차 등을 많이 사용한다. 노인의 필요에 따라 적합한 이동 보조구를 사용하도록 한다.

(1) 흰지팡이 사용 기법

흰지팡이는 시각 상실이 있는 노인이 신체로 확인할 수 있는 것보다 더 넓게 환경을 확인할 수 있도록 도와준다. 지팡이는 긴 지팡이(long cane)와 접이 지팡이(folding cane)가 있다. 긴 지팡이를 사용하면 이동 경로에 있는 사물을 확인하여 충돌을 방지하고 지면의 특성을 알아낼 수 있다. 지팡이의 길이는 키, 보폭, 보속을 고려하여 결정한다. 지팡이는 속이 빈 알루미늄으로 된 좁고 긴 관, 고무 손잡이, 나일론 촉으로 구성되어 있다. 사용자는 지팡이의 손잡이를 잡고 바닥을 쳐서 지팡이 끝에서 전달되어 오는 촉각 정보를 해석하게 된다.

긴 지팡이는 여전히 가장 효율적인 이동 보조구로 평가된다(Farmer, 1980). 지팡이를 다루는 체계적인 기법과 관련해서 보았을 때, 지팡이 길이는 사물 혹은 급경사(혹은 절벽)를 90cm 앞에서 알려 주는 것이어야 한다. 지팡이는 1m 20cm~1m 50cm 거리까지 확인할 수 있어야 한다. 지팡이는 하체 부분을 보호하고, 발을 디딜 지면이 온전한지를 알려 주지만 상체는 보호해 주지 못한다.

접이 지팡이는 긴 지팡이를 변형한 것으로, 알루미늄관을 잘라서 접힐 수 있게 하여 보관이 편리하도록 만든 것이다. 긴 지팡이보다 내구성이 떨어지고 지팡이 끝에서 손잡이까지의 촉각 정보의 전달력이 떨어진다. 더욱 광범위한 이동 수단으로는 긴 지팡이를 사용하고, 친목 모임에 나가는 경우는 접이 지팡이를 사용한다.

| 사진 6-21 |

골프 그립 화이버글래스 긴 지팡이

이 지팡이(Golf Grip Fiberglass Cane for the Blind with Glide Tip)는 시각장애인용이다. 자루 부분이 하나로 되어 있는 지팡이로, 접을 수는 없으나 지팡이 끝으로 전달되는 진동 전달력은 접이 지팡이보다 뛰어나다. 편안한 인체공학적 고무 골프 손잡이에 28cm의 고무끈이 달려 있다. 지팡이의 무게는 대략 270g이며 지팡이의 길이에 따라 무게도 달라진다. 지팡이의 길이는 94~165cm까지 다양하다.

출처: Maxi Aids, http://www.maxiaids.com

| 사진 6-22 |

터레인 지팡이-97cm 강성 알루미늄

이 지팡이(terrain cane)는 도로 포장이 안 된 지역에서 더 쉽고 안전하게 사용할 수 있도록 제작된 지팡이다. 나일론 지팡이 끝이 길게 굴곡져 있어 모래, 잔디와 거친 지형에서 사용해도 지팡이 끝이 걸리지 않는다. 해변, 하이킹 길, 공원에서 편하게 사용할 수 있다. 몸 앞으로 지팡이를 잡고 지팡이 끝을 바닥에 댄 채 왼쪽에서 오른쪽으로 손목을 회전시켜 뱀이 가는 것같이 S자 모양으로 움직이면 된다. 자루의 상단에 흰색의 반사광 테이프가, 하단에는 빨간색의 반사광 테이프가 부착되어 있다. 지팡이의 길이는 97~147cm까지 있으며, 접이 지팡이도 있다.

출처: Maxi Aids, http://www.maxiaids.com

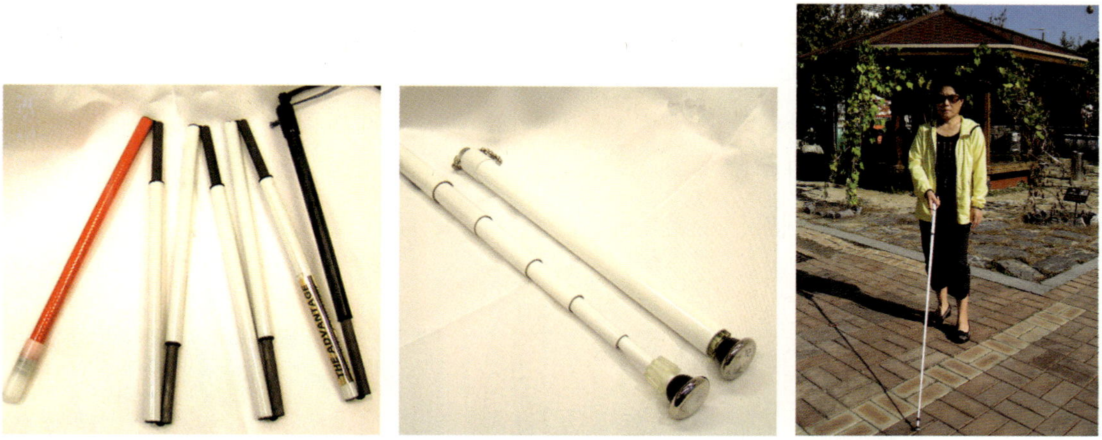

| 사진 6-23 |

흰지팡이

접이 지팡이(4, 5, 7단으로 접는 식)의 안에는 늘었다 줄었다 하는 줄(single elastic)이 들어 있다(좌측). 안테나 지팡이(Carbon Fiber Telescopic Cane, 6 Section)는 6개 부분으로 되어 있다. 길이는 1m 14cm에서 1m 54cm까지로 다양하다(중앙).

출처: Lighthouse for the Blind and Visually Impaired, http://store.lighthouse-sf.org

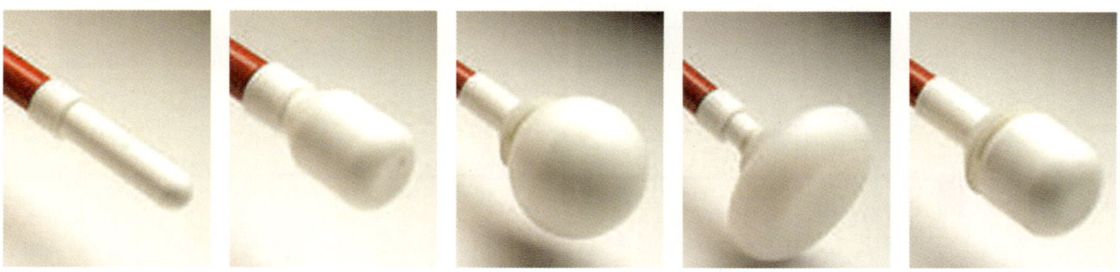

연필형 (pencil tip)	마시멜로형 (mashmellow tip)	공형 (rolling ball tip)	점보 롤링 (jumbo rolling tip)	룰러 (rooler tip)

| 사진 6-24 |

지팡이 촉

지팡이 끝에 여러 형태의 촉을 달아 사용할 수 있다. 연필형은 바닥을 치는 데 사용하고, 그 외 촉은 바닥에 굴리면서 사용할 수 있다.

출처: Lighthouse for the Blind and Visually Impaired, http://store.lighthouse-sf.org

① 대각선법

대각선법(diagonal technique)은 노인이 알고 있는 친숙한 장소에서의 독립 이동 기법으로 사용한다. 이 기법은 지팡이를 잡은 쪽의 아래에 있는 사물에 대해서는 몸을 보호하지 못한다. 한 손으로 지팡이의 손잡이를 몸 옆에서 잡고 몸 앞을 가로질러 반대편 대각선으로 지팡이를 뻗는다(〈사진 6-25〉 참조).

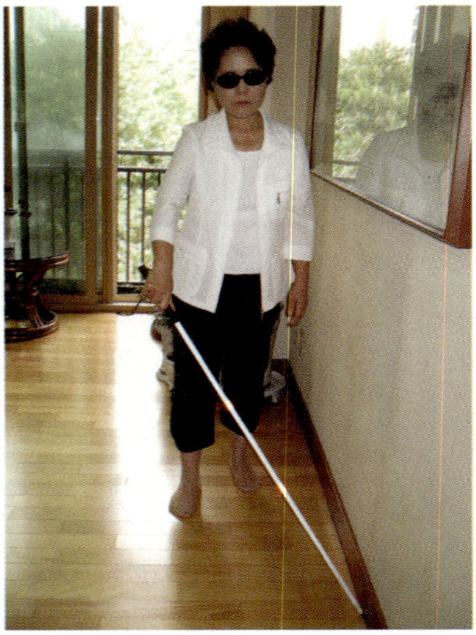

앞

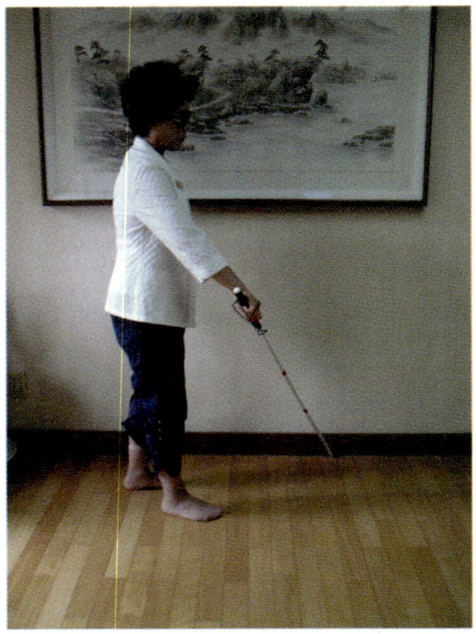

옆

| 사진 6-25 |

대각선법

안전한 이동을 위한 충분한 시각을 가지고 있더라도 시각장애인임을 알리기 원하는 사람은 대각선법을 선호한다. 경우에 따라 환경을 탐색하는 지팡이 기법을 사용하는 것을 권장한다.

② 이점 터치법

지팡이 터치법(touch technique)은 지팡이로 정보를 탐지하고 최대한 보호를 해 주는 기법으로 모든 환경 속에서 사용이 가능하다. 발을 디디기 전에 앞서 지팡이로 지면을 확인할 수 있다. 가고 있는 길을 파악하기 위해 양옆을 교대로 지팡이 끝으로 치면서 간다. 몸 양쪽에서 지면에 낮게 위치해 있는 사물과 급경사를 탐지할 수 있다.

이점 터치법을 사용하기 위해 사용자는 지팡이를 몸 앞쪽에 오게 한다. 지팡이 손잡이 부분을 감싸 잡되 검지손가락은 지팡이 끝 방향으로 뻗는다. 만약 지팡이 잡은 손에 힘이 약할 경우, 다른 손으로 지팡이 잡은 손의 팔목을 잡아 지지할 수 있다.

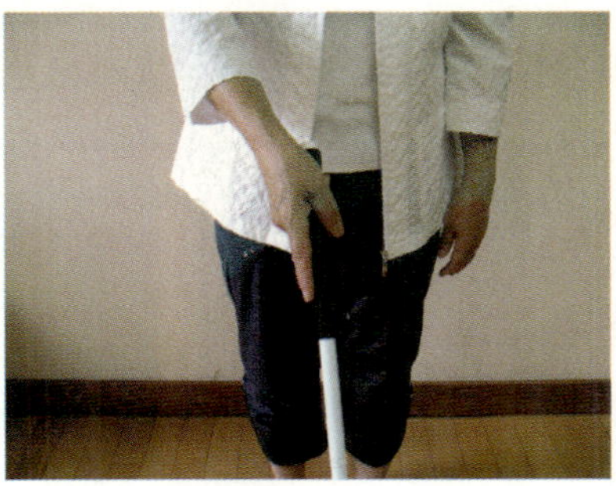
기본 잡기

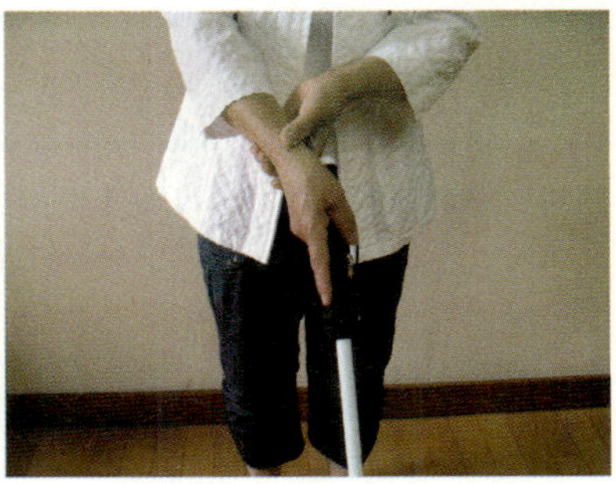
응용 잡기

| 사진 6-26 |

지팡이 잡는 법

지팡이를 잡은 손은 몸 중앙에 있도록 하고 가급적 몸과 떨어뜨려 잡는다. 이것은 지팡이로 자신의 안전 공간을 좀 더 확보하려는 것으로, 너무 가까이 잡으면 바닥의 물건에 걸리는 경우 지팡이에 몸을 찔려 다칠 수 있기 때문에 이를 방지하려는 의도다. 지팡이 끝으로 몸 양옆의 바닥을 두 번 치면 되는데, 가장 넓은 신체 부분

(대부분의 경우는 어깨)보다 더 바깥쪽으로 떨어뜨려 친다. 지팡이 치는 쪽과 반대편 발을 교대로 내밀며 걸어간다.

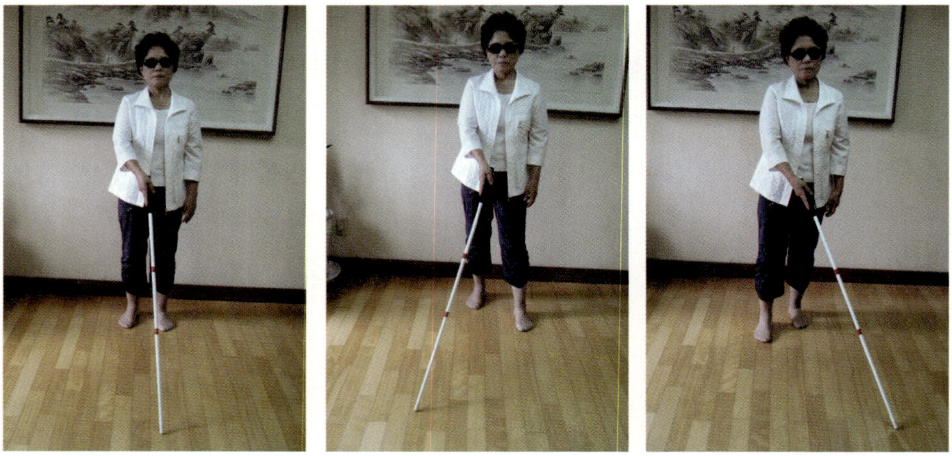

| 사진 6-27 |

이점 터치법 사용하기

이점 터치법은 처음에 자기 보호법과 대각선법을 사용할 수 있도록 수정된 실내 환경에서 지도한다. 그다음에 주거 지역, 준번화가, 번화가로 진행해 나간다. 조용한 주거 지역의 거리를 횡단하는 법을 배우고 난 뒤 교통 신호등이 있는 시내 중심가의 거리를 횡단한다. 엘리베이터, 에스컬레이터, 버스, 지하철, 기차 등의 교통수단 이용도 배운다.

③ 흰지팡이와 전자 이동 보조구 동시 사용법

Penrod, Smith, Haneline과 Corbett(2010)은 흰지팡이에 추가하여 전자 이동 보조구를 사용하는 기법으로 두 가지 방법을 제안한다. 하나는 가위 기법(scissors method)이고, 다른 하나는 전방 수직 접근법(forward and vertical method)이다.

① 가위 기법

가위 기법은 일반적으로 널리 알려진 방법으로 흰지팡이 손잡이 부분과 전자 이동 보조구를 가위 모양으로 교차하여 잡는 방법이다. 사용자는 걸으면서 흰지팡이를 잡은 손으로 이점 터치법을 한다. 지팡이 끝이 왼쪽 부분을 터치할 때 보조구는 오른쪽을 향한다. 물론 지팡이 끝이 오른쪽 부분을 터치할 때 보조구는 왼쪽 방향을 향한다. 단, 전자 이동 보조구는 흰지팡이를 잡은 손의 팔목 위쪽에 위치시켜야 하는데, 아래쪽에 위치시키면 사용자의 손을 탐지할 수 있기 때문이다. 빨리 걸으면 사물을 탐지하지 못할 수도 있기 때문에 천천히 걷는 것이 중요하다. 몸 중앙에서 흰지팡이와 전자 이동 보조구를 수직으로 교차하는 것이 머리 높이의 장애물을 탐지하는 데 중요하다. 사용 절차는 다음과 같다.

- 흰지팡이는 이점 터치법을 사용한다.
- 전자 이동 보조구는 흰지팡이를 잡은 손의 팔목 약간 위쪽에 위치시킨다. 사용자는 걸으면서 지팡이와 전자 이동 보조구를 교차한다. 사용자가 지팡이 끝을 오른쪽에 댈 때 왼발을 앞으로 디디게 된다. 이때 보조구는 왼쪽을 향하게 하며, 사용자의 오른발이 앞으로 나갈 때 지팡이 끝은 왼쪽에 닿게 하고 전자 이동 보조구는 사용자의 오른편을 향하게 한다.

② 전방 수직 기법

전방 수직 기법은 장애물을 피하는 데 효과적이다. 사용자는 흰지팡이로 이점 터치법을 하면서 이동 보조구는 전방을 향하도록 한다. 몇 발자국마다 전자 이동 보조구를 수직으로 움직여서 전방과 머리 위쪽으로 장애물이 있는지 폭넓게 살펴본다. 이렇게 하여 머리 높이의 공중에 매달려 있는 사물, 즉 나뭇가지 등을 확인할 수 있다. 흰지팡이는 허리 높이 위에 있는 장애물을 확인하지 못한다는 약점이 있다. 이 기법에서는 전자 이동 보조구를 지팡이 위에 고정해 잡고 가거나 약간 위쪽으로 향하게 하여 잡고 갈 수 있다. 사용 절차는 다음과 같다.

- 흰지팡이로 이점 터치법을 사용한다.
- 몸 중앙에 이동 보조구를 고정한다. 사용자의 상반신과 직각을 이루도록 몸 앞에 위치시킨다.
- 몇 발자국마다 보조구를 수직으로 움직인다. 이렇게 하여 머리 위쪽에 있는 장애물을 탐지할 수 있다.

③ 저시각인의 흰지팡이 사용

노년층은 사용할 만한 시각을 보유하고 있는 경우 시각장애의 상징인 흰지팡이의 사용을 꺼릴 수 있다. 그러나 전문가들은 잔존 시각과 흰지팡이를 중복 활용하는 것이 효과적이라고 말한다. 흰지팡이는 이동 목적으로 시각 활용을 촉진할 수 있는 수단으로 평가된다(Smith & Geruschat, 2010).

- 저시각 노인은 발밑의 깊이를 확인하고 안전한지 확인하기 위해 발아래를 쳐다보게 된다. 이 역할을 흰지팡이가 대신하게 하면 오히려 주변을 골고루 탐색하고 확인하는 것이 가능해진다.
- 계단, 연석, 경사로 같은 낙차(drop-offs)가 있는지 확인하고, 눈으로 확인하지 못하는 깊이를 흰지팡이로 정확하게 측정할 수 있다.
- 장애물, 두 지면의 경계선 등의 위치와 거리를 구체적으로 확인한다.
- 조명이 희미한 곳이나 어두운 곳 혹은 눈부심으로 잘 볼 수 없는 곳에서 안전을 보장한다.

(2) 적응 이동 보조구

① 목발과 의지 지팡이

목발은 보행 보조기(워커)보다 신체 지지력은 부족하지만, 의지 지팡이보다는 신체를 더 잘 지탱해 준다. 목발에는 두 가지 종류가 있는데, 겨드랑이에 끼는 겨드랑이 목발(underarm crutch)과 아래팔에 끼는 아래팔 목발(forearm crutch)이 있다. 자신

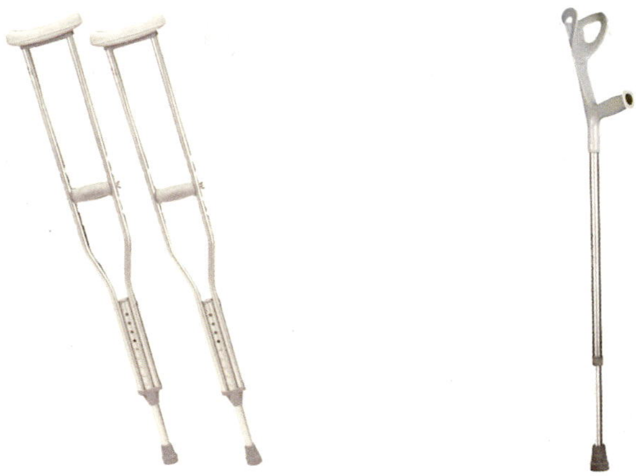

| 사진 6-28 |

겨드랑이 목발과 아래팔 목발

출처: Maxi Aids, http://www.maxiaids.com

에게 필요한 신체 지지력에 따라 한 개 혹은 두 개의 목발을 사용할 수 있다.

아래팔 목발은 겨드랑이 목발보다 신체를 지탱하는 힘은 다소 약하지만 목발을 사용하는 데 협응이 덜 필요하고 좀 더 자유롭고 융통성 있는 움직임을 가능하게 한다. 아래팔 목발에 팔을 끼울 수 있는 커프(cuff)가 있으면 목발을 팔에 끼운 채로 팔을 들어 올리거나 문을 열거나 상점에서 돈을 지불할 때 물건을 다룰 수 있어 편리하다.

사지 절단이 있거나 손이나 손가락 관절에 염증이 있는 경우 지팡이 형태를 바꾸거나 혹은 디자인을 달리하여 제작할 수 있다. 관절염이 있는 경우에는 두꺼운 손잡이가 필요하다.

신체를 지지할 수 있는 의지 지팡이도 있는데, 그 대표적인 것이 한 발 지팡이와 네발 지팡이다. 네발 지팡이는 지팡이 끝 부분이 네발로 되어 있어 신체 지지에 큰 도움을 준다. 이동 시 몸을 안전하게 지탱하기 위해 네발을 모두 바닥에 닿게 하는 연습이 필요하고, 이 과정에서 이동 속도가 느려질 수 있다.

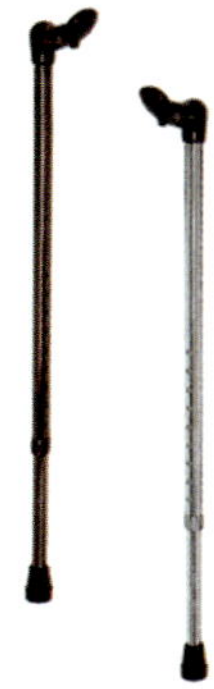

| 사진 6-29 |

일반 의지 지팡이

특수 제작된 의지 지팡이(orthopedic cane)는 손잡이가 쥐기 쉽게 만들어져 있고, 몸 옆에서 수직으로 짚어 몸을 의지하기 쉽게 되어 있다.

출처: Colonial Medical, http://www.colonialmedical.com

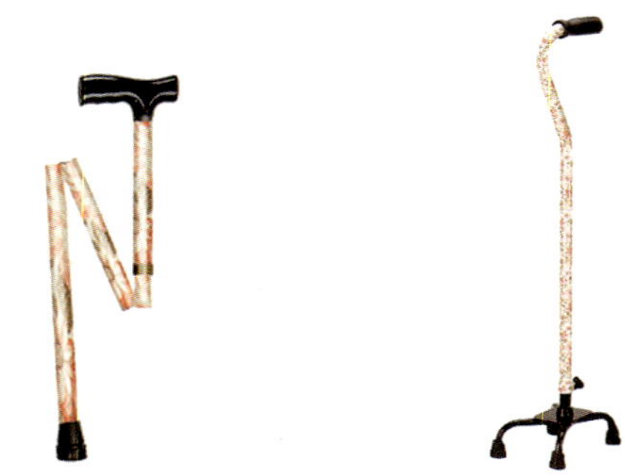

| 사진 6-30 |

접이 의지 지팡이

접이 의지 지팡이는 네 부분으로 나누어져 있고, 길이는 84~94cm다(좌측). 네발 지팡이(quad cane)는 발이 네 개이고 손잡이(offset handle)가 있어서 몸을 의지하여 안정적으로 유지할 수 있다(우측). 길이는 78~99cm로 조정이 가능하고, 몸무게 136kg까지 사용 가능하다. 몸의 지탱을 강화해 주는 네발 지팡이(floral Pastel Offset Foam handle Quad Cane)로 길이 조절이 가능하다(우측). 이 지팡이는 자루 부분이 꽃무늬이며 여성용으로 고급스럽게 만들어진 것이다.

출처: Colonial Medical, http://www.colonialmedical.com

시각장애인용 지팡이 스타일의 의지 지팡이도 있다. 일반형 흰지팡이보다 길이가 짧고 손잡이가 'ㄱ자' 형이다. 노인이 의지 지팡이와 함께 흰지팡이를 사용할 때 혹은 지팡이를 잡은 손을 몸 중심에 두지 못할 때 지팡이 길이를 더 길게 할 수 있다.

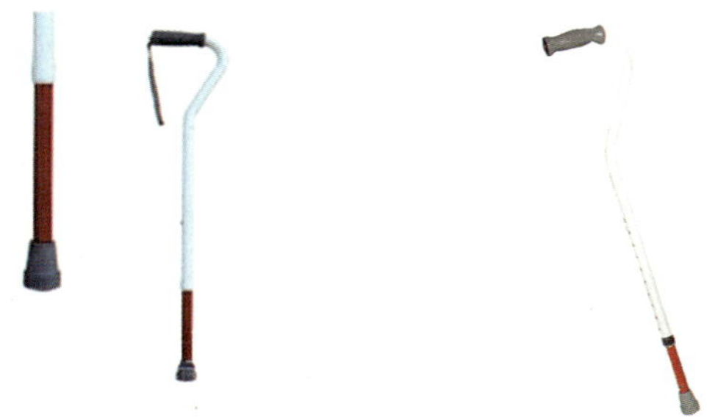

| 사진 6-31 |

ㄱ자형 의지 지팡이

이 지팡이(Adjustable Support Cane)는 걸을 때 몸을 지탱해 주는 손잡이가 있는 알루미늄 지팡이다. 길이는 75~98cm로 조정이 가능하다(좌측).

출처: Fashionable, http://www.fashionablecanes.com

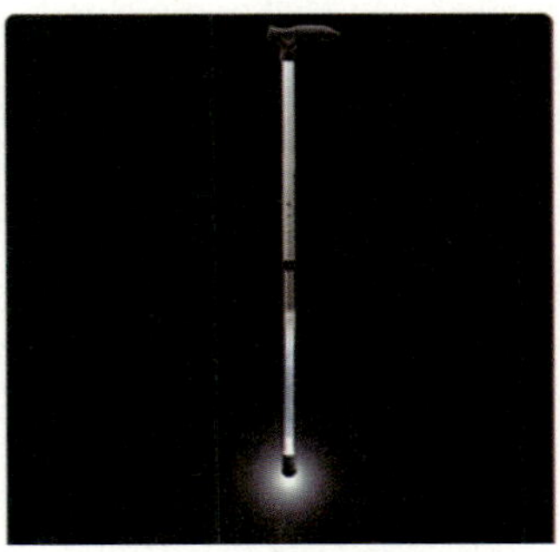

| 사진 6-32 |

패스라이터 지팡이

이 지팡이(Pathlighter Cane)는 야간에 안전하게 다닐 수 있도록 자루에서 빛이 나오게 한 것이다. 자루의 위쪽 부분은 알루미늄이고, 아래쪽 부분은 단단한 폴리카보네이트(polycarbonate)로 되어 있어 플래시라이트가 켜졌을 때 밝게 빛난다. 길이는 86~97cm이고, 손잡이에는 온/오프 조명 스위치가 있다.

출처: Maxi Aids, http://www.maxiaids.com

사용자는 목발 혹은 이동 보조구를 사용하면서 정안인의 안내를 받을 수 있으며, 트레일링과 장애물 탐지도 가능하다.

- **목발 혹은 이동 보조구 사용 시의 안내법**: 노년층은 목발 혹은 이동 보조구를 사용하면서 안내를 받는 경우가 있다. 한 손으로만 목발 혹은 지팡이를 짚는 경우에는 반대편 손으로 안내자의 팔을 잡을 수 있다. 양손 모두 보조구를 사용하는 경우, 한 손으로는 안내자의 팔을 잡고 다른 손으로는 보조구를 모두 들고 갈 수 있으며, 안내자가 보조구를 들어 줄 수도 있다. 만약 걷는 동안 몸을 지탱하기 위한 지지를 받고 싶다면, 안내자의 팔짱을 끼도록 팔을 구부려 주고, 노인은 팔짱을 끼고 걸으면서 지지를 받을 수 있다.
- **트레일링**: 직선이 되는 벽면 등을 따라갈 때 의지 지팡이 혹은 목발을 사용할 수 있다. 자신이 갈 방향을 바라보고 벽 옆에 선 다음 발걸음을 떼기 전에 지팡이 끝이나 목발 끝으로 벽면을 치면서 벽을 따라 이동할 수 있다. 보통 매 두 번째 발걸음을 땅에 디디는 순간에 맞춰 벽면을 지팡이 혹은 목발로 친다.
- **장애물 탐지**: 양팔 모두 목발 혹은 지팡이를 사용하는 경우 장애물을 탐지하고 충돌을 방지하는 것이 어려울 수 있다. 이때 자신이 가는 길 앞에 장애물을 확인하는 용도로 보조구를 사용할 수 있다. 이 방법은 목발 혹은 지팡이 하나만으로도 몸을 지탱할 수 있는 충분한 체력과 협응력 및 균형감이 있는 경우에 유용하다.

몸은 한 손에 쥔 지팡이나 목발에 지탱하고, 앞에 있는 장애물은 다른 손에 쥔 지팡이 혹은 목발을 몸 앞에서 양쪽으로 흔들어 확인한다. 몸의 좌 · 우측으로 바닥을 쳐서 장애물을 확인하는데, 지팡이 사용 시의 이점 터치법과 유사한 방법이다. 직선으로 이어진 벽을 따라가는 트레일링을 할 때도 활용 가능하며, 몸이 장애물에 부딪히면서 균형을 잃고 넘어질 수 있으니 조심해야 한다.

2 전자 이동 보조구

전자 이동 보조구(ETAs)를 사용하여 길 앞에 있는 장애물을 탐지할 수 있다. 초음파 지팡이(Laser cane or UltraCane)는 더 이상 시판되고 있지 않으며, 현재는 레이 전자이동보조구(Ray Electronic Mobility Aid)와 미니가이드 초음파 이동 보조구(miniguide ultrasonic mobility guide) 등 손에 들고 사용하는 보조구가 판매되고 있다. 한 손에 흰지팡이를 들거나 안내견의 목줄을 잡고 다른 손으로 이 보조구를 들고 사용할 수 있다. K-Sonar 장치는 흰지팡이의 손잡이에 끼워 사용할 수 있어 양손을 사용하지 않아도 된다는 점에서 편리하다. 맹인을 위한 미국 맹인출판재단(American Printing House for the Blind: APH)에서는 이러한 전자 이동 보조구는 단독으로 사용할 만큼 안전하지는 않다는 점을 지적하고 있다. APH에서는 흰지팡이 혹은 안내견을 기본 이동 수단으로 보고, 보조적인 수단으로 보조구를 사용할 것을 권장하고 있다(Terlau & Penrod, 2008).

| 사진 6-33 |

레이 전자 이동 보조구

이 보조구(Ray Electronic Mobility Aid for the Blind)는 시각장애인용 하이테크 이동 보조구(hi-tech mobility for the blind and visually impaired)로 지팡이를 보완한 제품이다. 소형 전자 보조구로 손바닥 안에 들어올 정도로 작으며, 가는 끈을 사용하여 목에 매달 수 있다. 플래시라이트의 빛이 원뿔 모양으로 나오듯 초음파가 방출되어 전방 2m 85cm 거리에 있는 장애물을 확인하고 소리 혹은 진동으로 알려 준다. 또는 동시에 소리와 진동으로 알려 준다. 그러나 연석, 턱, 낭떠러지는 확인하지 못한다.

출처: Maxi Aids, http://www.maxiaids.com

| 사진 6-34 |

미니가이드 초음파 이동 보조구

미니가이드(Miniguide ultrasonic mobility guide)는 안내견 혹은 지팡이를 주 이동 수단으로 사용할 때 보조 수단으로 사용할 수 있다. 진로 방향의 사물을 탐지하는 데 사용되며, 전방에 사물이 있을 때 초음파로 사물을 탐지하면 진동으로 알려 준다. 사물에 가까이 갈수록 진동은 더 빨라진다. 진동 대신에 이어폰을 끼고 소리로 확인할 수도 있다. 낙차를 확인하지는 못하나 울타리, 벽 같은 큰 사물은 4m 이상의 거리에서도 탐지가 가능하다.

출처: Miniguide, http://www.gdp-research.com

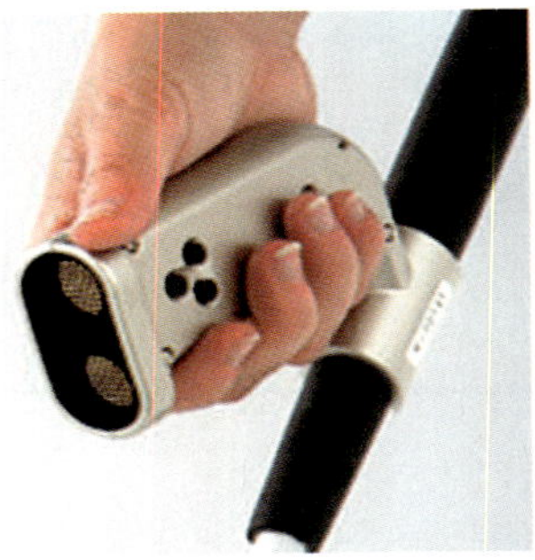

| 사진 6-35 |

K-Sonar 장치

이 장치(K-Sonar device)는 흰지팡이에 끼워 사용할 수 있도록 제작된 전자 이동 보조구다. 박쥐가 초음파로 주변의 사물을 확인하는 원리를 적용한 보조구로, 허리 높이 아래의 사물을 확인하는 데 도움이 된다.

출처: K-Sonar device, http://www.batforblind.co.nz

③ 계단 이용

계단을 올라갈 때는 계단 턱에서 발끝을 5~8cm 정도 떨어뜨린다. 두 발 중 힘이 좋은 발을 올리고 난 뒤 약한 발은 목발 혹은 지팡이와 함께 계단 위로 올린다. 계단을 내려갈 때는 첫 계단 끝으로 발을 가져간 뒤 목발 혹은 지팡이를 낮춘다. 동시에 다음 계단에 힘이 약한 다리를 내리며, 그다음으로 힘이 좋은 다리를 내린다.

계단을 이용할 때는 엄청난 체력과 협응력이 필요하므로 체력과 협응력이 부족한 경우에는 계단의 손잡이(난간)를 이용한다. 계단 한쪽의 난간을 선택해야 하는 경우 약한 다리의 반대쪽의 난간을 선택하는데, 이는 몸을 지탱하는 부분을 넓게 하고 안정감을 높이기 위한 것으로 개인이 선호하는 것에 따라 달라질 수 있다. 한 손으로는 난간을 잡고 다른 손으로는 목발 혹은 지팡이를 몸 옆에 들며, 손잡이 바로 아래의 지팡이 혹은 목발의 자루 부분을 잡는다. 계단 올라갈 때와 내려갈 때 같은 방법을 사용한다.

의지 지팡이와 목발은 사용자 발의 각 5cm 옆과 앞에 지팡이 혹은 목발의 끝을 위치시킨다. 지팡이를 잡은 팔은 30도 정도 구부린 상태를 유지한다. 걸음걸이 형태가 다르고 체력, 협응력과 지구력도 차이가 있으므로 조정 가능하다.

[그림 6-1] 의지 지팡이의 올바른 사용법

(3) 보행 보조기(워커)

워커는 네 개의 다리가 있고 손잡이가 있어 사용자가 편리하게 이동할 수 있도록 만들어져 있으며, 갖고 다니기 편하게 접을 수도 있다. 모든 바닥에서 구르기 쉽게 다리에 여러 형태의 팁(tip)을 사용할 수 있으며, 실내에서 잘 구르도록 테니스공을 다리 끝에 박아 사용할 수도 있다. 워커의 앞다리 2개에만 바퀴가 있는 것도 있고, 4개 다리 모두에 바퀴가 있는 것도 있으며, 핸드 브레이크가 있는 것도 있다. 일반적으로 이동할 때 워커를 들어 올리는 사용자의 체력, 협응력 혹은 균형력이 부족한 경우 바퀴 달린 워커를 사용한다.

사용자는 워커를 앞으로 굴리거나 혹은 워커의 뒷다리를 들고 바퀴가 달린 앞다리로 굴린다. 만약 몸을 지탱해야 하는 경우는 워커의 뒷다리를 그대로 바닥에 대고 몸을 의지하도록 한다. 워커는 일반적으로 몸 앞에 두고 사용하나 몸 옆에 두고 사용하는 경우도 있다. 혹은 의자가 달린 워커도 있어 이동 중 힘든 경우 앉아서 쉴 수 있다. 워커는 똑바로 워커 중간쯤에 서서 양쪽 손잡이를 잡는다. 이때 팔은 30도 정도 구부러질 정도의 높이를 선택한다.

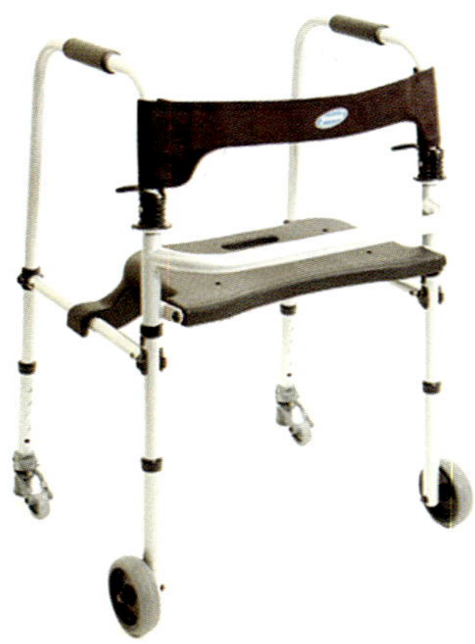

| 사진 6-36 |

워크라이트 워커

이 워커(Walklite walker)는 다른 워커와 달리 의자 부분이 있어 앉아서 쉴 수 있도록 되어 있다. 바퀴가 달려 있어 이동이 쉽고, 브레이크가 있어서 부드럽게 굴러가고 앉아서 쉴 때 안정감을 제공한다. 워커를 사용할 수 있는 사람의 키는 1m 23cm~1m 80cm이며, 워커의 높이는 74~93cm로 조정 가능하다.

출처: Maxi Aids, http://www.maxiaids.com

| 사진 6-37 |

바퀴 달린 4륜 워커

이 워커(Invacare (R) Value-Line Rollators)는 안락함을 제공하고 가격도 저렴한 편이다. 인체공학적으로 설계된 핸드 브레이크로 조작하기 쉽도록 되어 있고, 의자는 편안하며, 쉽게 접고 펼 수 있도록 만들어져 있다. 바구니도 있어 물건을 담을 수도 있다. 워커의 높이는 83~95cm이고, 권장되는 사용자의 최대 몸무게는 136kg이다. 이 워커의 무게는 8.6kg이고, 폭은 62cm다.

출처: Maxi Aids, http://www.maxiaids.com

| 사진 6-38 |

사이드 워커

이 워커(side-walker)는 한 팔로만 사용하도록 제작되었다. 일반 워커보다 가볍고 지팡이보다 더 안정적이며, 길이는 75~86cm로 조정 가능하고 한 손으로 쉽게 접을 수 있다. 워커 사용은 필요하지 않으나 몸의 지지가 필요한 사람에게 유용하다.

출처: Maxi Aids, http://www.maxiaids.com

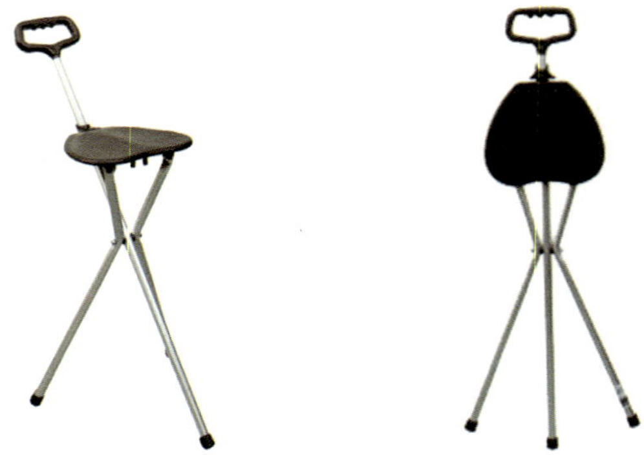

| 사진 6-39 |

의자형 접이 지팡이

이 지팡이(folding seat cane)는 의자 부분을 접었을 때는 몸을 의지하는 지팡이로, 의자 부분을 폈을 때는 앉아서 휴식을 취할 수 있는 지팡이로 사용할 수 있다. 지팡이는 세 발로 되어 있어 113kg까지 지탱할 수 있다. 지팡이는 2.9kg으로 가볍고, 길이는 약 86cm다. 의자의 지름은 약 22cm다.

출처: Maxi Aids, http://www.maxiaids.com

1 안내법

워커 사용자를 안내할 때는 역안내법(reverse sighted guide)이 유용하며, 다음과 같이 세 가지 방법을 사용할 수 있다.

첫째, 안내자는 사용자의 팔꿈치 부분을 잡는다. 약간의 힘을 가해 잡고 왼쪽 혹은 오른쪽으로 방향을 알려 준다. 팔꿈치를 밀거나 힘을 주는 등 부담이 되지 않도록 한다. 사용자가 멈추어야 하는 경우, 안내자는 멈추라는 신호로 사용자의 팔꿈치를 잡은 손에 힘을 준다.

둘째, 안내자는 사용자의 어깨뼈 사이의 등에 손을 가볍게 댄다. 안내자는 사용자의 왼쪽 혹은 오른쪽 어깨뼈를 가볍게 눌러 몸을 돌려야 할 때를 알려 준다. 멈추는 것을 알려 주기 위해 안내자는 학생에게 멈추라고 말하거나 가까이에 있는 어깨 위에 손을 위치시킨다.

셋째, 안내자는 사용자의 손 위에 손을 얹는다. 멈추거나 걷기 시작하거나 방향을 돌릴 때 미리 손으로 신호를 준다.

② 트레일링

워커로 벽을 따라가는 트레일링을 하는 경우, 단순히 벽 옆을 따라가며 워커를 사용할 수 있다. 또는 손 혹은 팔꿈치로 벽을 확인하거나 지팡이 끝을 벽에 대고 걷는다. 다른 방법으로 커브 필러(curb feelers)를 사용하여 벽을 따라갈 수 있다. 워커 앞다리의 바닥에서 약 5cm 정도 위 지점에 필러를 뒤쪽으로 45도 각도로 위치시킨다. 또한 사용자의 옆쪽에 있는 사물도 확인할 수 있다. 바닥에서 약 5cm 올라간 곳에 위치시키는 이유는 계단, 연석, 낮은 높이의 작은 사물을 탐지하기 위해서이고 45도 각도로 뒤에 배치하는 이유는 문틀에 걸리지 않고 문을 지나가기 위해서다.

③ 장애물 탐지

워커 사용자는 조기에 장애물을 탐지하는 것이 중요하다. 갑작스러운 지형의 변화는 몸의 균형을 잃게 할 수 있으며, 워커 사용자는 낙차를 안전하게 탐지하기 어려울 수 있다. 장애물을 탐지하기 위해 워커의 앞다리 사이에 리본 끈을 매거나 가벼운 PVC관을 무릎 높이로 설치하여 추가로 사물을 탐지하거나 걸음 혹은 안전을 방해하는 것을 최소화할 수 있다.

워커를 사용하면서 흰지팡이를 사용하는 방법도 있다. 일반적으로 워커는 양손으로 잡고 미는 것이어서 지팡이를 짚기 어렵다고 생각할 수 있다. 그러나 워커를 한 손으로 밀고 다른 손으로 지팡이를 워커 앞에 위치시켜 이동할 수 있다. 바퀴가 달린 워커인 경우 더 쉬울 수 있으며, 워커와 지팡이를 함께 짚을 수도 있다. 워커의 중심 부분을 잡고 동시에 연필 쥐는 식으로 지팡이를 짚고 갈 수 있는데, 지팡이 끝을 바닥에 대고 가는 방법을 사용하기 때문에 지팡이 끝이 구르기 쉬운 둥근 모양의 팁을 사용하기도 한다. 이를 통해 장애물 혹은 낙차를 확인할 수 있다.

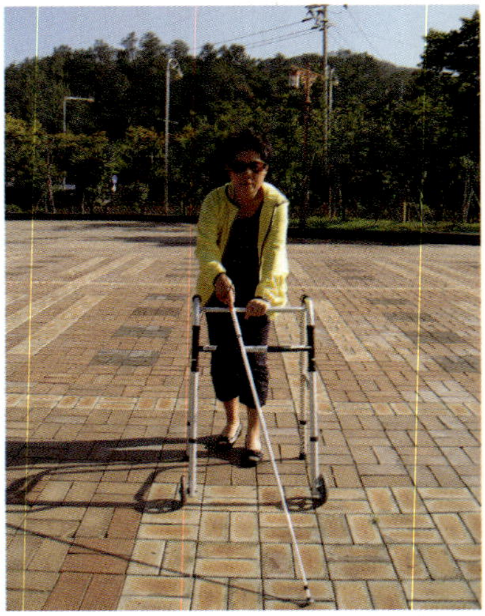

| 사진 6-40 |

워커와 지팡이 혼용법
워커를 한 손으로 밀고 다른 손으로 지팡이를 워커 앞에 위치시켜 갈 수 있다.

④ 연석과 계단

워커 사용자에게 연석을 확인하는 것은 어려울 수 있다. 사용자가 힘이 있고 균형을 잡는 능력이 있다면 다음 기법을 사용하여 연석을 안전하게 확인하고 적응할 수 있다.

- 사용자는 워커의 중간에 서서 다리에 몸을 싣는다. 워커에 체중을 싣지 않는다.
- 몸을 세운 채로 워커를 앞으로 밀어 워커의 앞다리 끝으로 연석의 가장자리를 확인한다. 확인을 하지 못하였다면 워커를 원래 자리로 가지고 와서 안전하게 균형을 잡으면서 몸을 이동시킨다. 다음에 다시 워커만을 움직여서 연석을 확인하는 작업을 한다.
- 연석의 가장자리가 감지되었을 때, 사용자는 연석의 가장자리에 워커의 앞다리를 위치시킨다. 다음에 워커의 중간 위치로 간다.

- 워커를 연석 위에 들어 올리거나 연석 아래에 내린다. 워커의 네 다리가 모두 잘 고정되었는지 확인한다. 만약 워커에 안전 브레이크가 있으면 브레이크를 잠가 워커를 고정한다. 다음에 사용자는 몸을 안전하게 연석 아래로 혹은 연석 위로 움직인다.

(4) 의자차 혹은 스쿠터

몸을 가장 많이 의지할 수 있는 보조 기구는 의자차와 스쿠터다. 의자차 혹은 스쿠터를 선택할 때는 신체 지지력과 함께 효율적인 이동에 중점을 두고 결정한다. 의자차에는 수동 의자차와 전동 의자차가 있으며, 바퀴를 밀고 다닐 수 있을 정도로 상체의 힘이 부족한 경우에는 전동 의자차를 추천한다.

| 사진 6-41 |

전동 스쿠터

전동장치가 달린 이동용 의자차로 3륜차 형식으로 된 것이 대부분이다.

출처: Maxi Aids, http://www.maxiaids.com

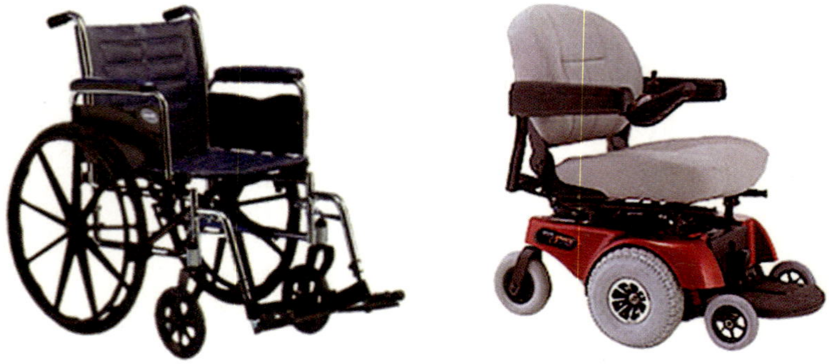

| 사진 6-42 |

수동 의자차와 전동 의자차

아동용 보조기구로 수동의자차는 손으로 바퀴를 굴려 이동하고, 전동의자차는 전동장치를 이용하여 다닐 수 있다.

출처: Maxi Aids, http://www.maxiaids.com

1 안내법

의자차를 탄 사용자를 안내하는 방법에는 두 가지가 있다. 하나는 안내자가 의자차를 밀면서 길에 대한 설명을 함께 하며 의자차를 조정하는 것이다. 다른 하나는 안내자는 의자차 옆에 서서 말로 사용자에게 길을 알려 주고 사용자가 스스로 방향을 조정하도록 하는 것이다.

또 다른 방법은 사용자가 안내자의 팔을 잡고 의자차를 타고 가는 것으로, 이 방법은 안내인의 팔의 움직임을 느끼면서 가는 것이다. 사용자의 팔에 힘이 있고 근육 운동 감각이 양호해야 성공적일 수 있으며, 일반적인 안내법에서는 팔꿈치 부분을 잡지만, 의자차 사용자는 안내인의 아래팔을 잡는다.

2 트레일링

의자차를 타고 가면서 벽을 따라갈 수 있다. 자신의 한 손을 벽에 대고 따라가거나 지팡이를 벽에 대고 갈 수도 있다. 전동 의자차 혹은 스쿠터를 타고 갈 때는 손을 대고 가기보다는 손으로 벽을 톡톡 치면서 가는 방법이 효과적이다. 손 대신 막대기를 사용하여 벽을 따라가거나 접이 지팡이 혹은 짧은 지팡이를 벽에 대고 따라갈 수도 있다.

트레일링으로 갈 때는 전방에 낙차 혹은 장애물을 확인하지 못한다는 단점이 있다. 벽 혹은 다른 장애물에 손이 먼저 닿는 것을 방지하기 위해 의자차의 발판이 먼저 장애물을 탐지하게 할 수 있으며, 이때 발가락이 먼저 닿지 않도록 긴 발판을 사용하여야 한다.

③ 장애물 탐지

시각 상실이 있는 사용자가 의자차를 타고 다닐 때 가장 어려운 점은 전방의 장애물이나 낙차 혹은 위험을 확인하고 피하는 것이다. 사용자는 장애물, 위험 혹은 낙차에 대한 충분한 경고를 받지 못한다면, 또 안전하게 의자차를 멈출 수 있는 반응 시간이 충분하지 않다면 다칠 수 있다. 이러한 경우에는 의자차의 속도를 의도적으로 줄이는 방법이 있으며, 전자 이동 보조구 혹은 흰지팡이를 사용하여 장애물과 위험 요인을 탐지해 낼 수 있다.

내리막 계단이 있다는 것을 알려 주기 위해 돌출 선 혹은 바닥에 구별이 되는 색상의 선(stripes; 고무, 금속 혹은 비닐 테이프)을 만들어 놓을 수 있다. 벽, 오르막 계단, 쓰레기통, 가구, 기타 사물과 부딪히는 것을 피하기 위해 사용자는 자신의 발보다 긴 발판을 사용한다. 발에 맞는 발판을 사용하면 장애물에 발이 먼저 부딪혀서 다칠 위험을 줄일 수 있다. 허리 높이의 장애물로 신체를 보호하기 위해 무릎 트레이(lap tray)가 보호막 역할을 할 수 있다. 저시각 사용자는 무릎 트레이를 사용하면 전방의 지형을 볼 수 있다는 장점이 있다.

벽, 문, 카운터 등의 몸 옆쪽에 있는 사물과 충돌하면 의자차와 이 사물 사이에 손이 끼게 되어 상처가 생기고 멍이 들 수 있다. 이를 막기 위해 탄성이 있는 유연성 커브 필러(flexible curb feeler) 혹은 반유연성 줄(semi-flexible wire)을 의자차의 앞바퀴 혹은 팔걸이 앞쪽의 수직 기둥에 후방 45도 각도로 구부러지게 매단다. 이렇게 하면 의자차가 사물과 간격을 유지해 주어 다치는 것을 방지할 수 있으며, 문을 통과할 때 문틀에 걸리지 않고 부드럽게 통과할 수 있다.

④ 전자 이동 보조구와 흰지팡이의 동시 사용

전자 이동 보조구는 의자차 혹은 스쿠터를 타고 가는 도중에 장애물을 감지하는데 도움이 된다. 전자 이동 보조구인 미니가이드(Miniguide)를 의자차의 트레이에 올려놓거나 아예 고정할 수 있다. 혹은 사용자의 몸 중앙에 안전하게 위치시킬 수도 있다. 이런 방법을 사용하면 사용자의 몸과 의자차의 넓이 안의 장애물을 탐지할 수 있다. 머리에 보조구를 고정하는 방법도 있는데, 사용자가 항상 머리를 똑바로 들고 있어야 한다는 점과 무릎 부분의 장애물을 탐지하지 못한다는 단점이 있다. 또한 내리막 계단 혹은 연석을 탐지하는 것이 어려운데, 이 문제를 해결하는 방법으로 흰지팡이를 사용할 수 있다.

전동 의자차, 스쿠터, 한 손으로 밀어 갈 수 있는 수동 의자차를 사용할 때는 흰지팡이 사용이 가능하다. 흰지팡이를 몸 옆쪽에 댄 뒤 힘껏 뒤쪽으로 잡아당기는데, 이는 스키를 탈 때 스키 폴(ski pole)을 앞쪽으로 움직이면서 하는 동작과 비슷하다. 한 손이 의자차를 앞으로 움직이기 위해 스위치를 조작하거나 바퀴를 밀 때, 다른 한 손으로는 흰지팡이를 앞쪽으로 가져가서 같은 동작을 반복하며 간다. 이 과정을 통해 사용자의 의자차가 가기에 앞서 전방의 장애물을 확인한다.

4. 이동 시 시각 활용법

시각 상실이 있는 사람은 일반적으로 여러 가지 문제를 겪는 것으로 보고되고 있다. 맹이든 저시각이든 공통으로 겪는 문제는 다음과 같다(Smith & Geruscaht, 2010).

- 눈부심에 적응하기
- 조명 변화에 적응하기

- 급경사면인 낙차(계단, 연석)의 위치를 확인하고 적응하기
- 차도 횡단하기
- 지형의 변화에 적응하기
- 혼잡한 거리에서 무리 지어 걷기
- 사물과 장애물에 걸려 넘어지는 것을 피하기
- 나쁜 날씨에 걷기
- 세부(예: 거리 표지판, 버스 번호)를 살펴보기
- 방향정위를 한 내용을 기억하고 목적지까지 달성하기

저시각인의 이동을 평가하는 순서는 다음과 같다. 첫째, 시각 진단 보고서와 이동에 대한 배경 정보를 검토하고, 둘째, 기능적인 시력과 시야에 대해 평가하고, 셋째, 시각 기능에 미치는 환경 변인의 영향을 평가하고, 마지막으로 기능적 이동 수행을 평가하고 개인별 주요 이동 문제를 파악한다. 방향정위와 이동 목적으로 환경을 고려하여 시각을 효율적으로 사용하는 방법을 모색한다.

시각 활용을 지도하는 지침 원리는 다음과 같다(Smith & Geruscaht, 2010).

- 개인이 인식할 수 있는 거리에 있는 목표물을 선택한다.
- 눈높이의 목표물로 시작하여 다른 위치에 있는 사물로 시야를 확대해 간다(예: 다른 사람의 얼굴에서 벽의 시계로 옮겨 보기).
- 대비가 잘되는 목표물에서 대비 수준을 달리한 다양한 목표물로 진전한다(예: 금색 바탕에 검은색으로 프린트된 표식, 나무 그늘이 진 울타리, 희미한 복도의 검은색 물건 확인하기).
- 복잡하지 않은 환경에서 시작하여 서서히 혼잡한 환경으로 옮겨 연습한다(예: 조용한 주택가에서 혼잡한 번화가 지역으로)
- 토의, 사진 혹은 슬라이드로 환경을 미리 살펴본다.
- 적합한 근거리와 원거리용 광학 보조구 혹은 비광학 보조구를 사용한다. 세부

를 식별하고, 시야 범위를 넓혀 주고, 전반적으로 증가된 시각 효율을 높이기 위해서다. 예로 음식 가격표를 읽기 위한 손잡이형 확대경, 길 건너의 표지판을 읽기 위한 망원경 사용을 들 수 있다.

- 이미 배운 시각 기술과 원리를 검토하고 토의하는 수업을 진행한다.

5. 이동 시 환경 파악법

환경은 저시각인에게 도전과 기회를 동시에 제공한다. 환경 단서에 효과적인 시각 기술의 활용을 통합하였을 때 더 안전하고 효율적으로 이동을 할 수 있다. 따라서 시각 상실이 없는 사람이 일반적으로 사용하지 못하는 단서를 확인하고 활용하는 것을 배워야 한다.

환경은 실내 환경과 실외 환경으로 구분된다. 실내 환경은 대상물이 실외 환경에서보다 정적이다. 반면 실외 환경은 동적인 성질의 대상물이 대부분이다. 예로, 자동차, 이동 중인 사람 등이 있다. 다양한 시각 혼잡(visual clutter) 수준, 조명과 눈부심으로 변화가 심한 환경이라고 할 수 있다. 실내 환경은 흐릿한 조명, 눈부심을 일으키는 벽과 마루, 복잡한 조명과 시각 혼잡으로 저시각인을 시각적으로 불능 상태에 있게 할 수 있는데, 대표적인 예는 쇼핑몰이다. 날씨와 계절에 따라 외부 환경은 다양한 변화를 보여 준다. 실내 환경이든 실외 환경이든 개인의 환경에 대한 친숙 수준은 방향정위와 안전한 이동 목적의 시각 사용을 쉽게 혹은 복잡하게 만들 수 있다.

1) 시각 혼잡(전경-후경) 정도

환경 속에서의 시각 혼잡 정도(혼잡, 비구조화, 시각적으로 위치와 지각을 방해하는 혼동이 되는 세부)는 저시각인이 시각적인 수행을 하는 데 영향을 미친다. 특히 시각적인 혼잡을 일으키는 배경은 시각적인 혼돈, 좌절, 시각 기능의 감소를 일으킬 수 있다.

2) 색상과 대비

다른 색상과 그림자를 구별하고 확인하는 능력은 환경의 단서와 지표를 감지하고 구별하는 데 도움을 준다. 교통 신호등과 표식을 위한 글자 색을 예로 들 수 있다. 색상은 방향정위와 안전을 위한 목적으로 시각 기능의 활용을 촉진하는 중요한 환경 특성이다. 따라서 저시각인에게 색 구별을 어렵게 하는 추상체 손상이 있는지 알아보는 것도 중요하다. 대비와 그림자 단서는 이동 계획에 특히 중요한 부분이다. 시각 상실이 있는 사람에게는 특히 색상과 대비 단서가 시각 세상을 이해하는 데 도움이 된다.

예로, 대형 쇼핑몰에서 과일을 확인할 때 진열된 과일의 색깔로 무슨 과일이 있는지 확인할 수 있는데, 보라색은 포도로, 빨간색 혹은 초록색은 사과 등으로 확인할 수 있다. 대비 효과를 확인할 수 있는 예로, 초록색의 잔디와 회색의 인도는 색 대비가 되므로 쉽게 인도를 따라 걸을 수 있게 된다.

3) 거리

시각 상실이 없는 사람은 대상물을 6m 이상 떨어진 거리에서 볼 수 있다. 그러나 저시각인 중 일부는 6m 이내의 사물을 확인하기도 하나 팔이 미치는 범위 내에 있는 사물만 볼 수 있는 경우도 있다. 거리 개념은 직접 자 등을 사용하여 측정하거나 자신이 목표한 사물까지 걸리는 시간으로 결정한다. 추가로 시각 인식 전략을 이용해 거리를 판단하여 안전을 도모하여야 한다.

저시각인은 자신이 알고 있는 사물 간의 거리를 판단하는 데 다음의 방법을 사용할 수 있다. 즉, 사물이 더 작게 보이면 보일수록 자신과의 거리가 멀다고 아는 것이다. 2개의 사물을 거리를 달리하여 앞에 놓아 주고 가까이 있는 사물이 멀리 있는 사물보다 더 커 보인다는 것을 알려 준다. 실제 환경을 찍은 사진을 사용하여 사물의 크기에 관심을 가지도록 하고 거리를 측정하도록 한다.

자신과 근접해 있는 사물이 더 멀리 있는 사물을 가릴 수 있다는 개재(介在, interpostion)는 거리를 판단하는 데 중요한 단서가 된다. 실제 장면을 찍은 사진을 통하여 이 개념을 이해하고 거리를 판단하는 연습을 한 뒤에 실제 현장에 나가서 거리를 판단하는 능력을 길러 준다.

4) 눈부심

눈부심은 저시각 이동에서 가장 빈번하게 언급되는 문제 중의 하나다. 실내에서는 광택제를 바른 면 혹은 빛을 반사하는 사물로 인해 눈부심이 일어난다. 실외에서는 태양광(직광, 간접광)과 자동차의 불빛, 밤거리의 불빛 등이 시각 기능에 중요한 영향을 미칠 수 있다. 눈부심은 눈 안으로 빛이 산란되면서 일어나거나(백내장 혹은 백색동공으로 오는 장애 눈부심) 사물의 면에서 반사되어 오는 각이 진 빛(불편한 눈부심)으로 인해 일어난다. 눈부심은 일부 사람에게는 전혀 볼 수 없는 상태까지 이르게 할 수 있다.

모자, 챙, 눈부심을 막고 시기능을 향상해 주는 흡광 렌즈(absorptive lenses)가 도움이 될 수 있다. 눈부심을 막아 주는 모자와 챙의 길이는 다양하므로 개인별로 눈부심을 효율적으로 막아 주는 길이를 선택한다.

5) 깊이 지각

깊이 지각은 사물과 사물 간의 거리와 그들 간의 공간 관계를 판단하는 것이다. 계단, 연석, 깨졌거나 바닥이 올라간 보도 같은 평평하지 못한 지형, 경사로를 감지하는 능력은 중요하다. 저시각인이 경로 중에 낙차, 즉 계단, 경사와 연석에 대처하는 것을 확인하도록 한다. 이동을 멈추거나, 아래 혹은 위로 발을 헛디디거나, 걸려 넘어지거나, 보속을 줄이거나, 낙차가 있는지 확인하는 것에 자신감이 부족하거나 어려움을 토로하는지를 파악한다. 이때 보호자는 가까이에 서서 넘어지는 것을 막아 주어 안전사고가 나지 않도록 한다.

연석을 확인할 수 있는 예로, 차도 포장색과 인도의 색을 대비하여 알 수 있다. 차도는 머캐덤(macadam), 아스팔트, 타르 등으로 포장되어 있어 검은색을 띠고 있다. 반면에 인도는 시멘트 같은 밝은색으로 포장되어 있어 구분이 쉽다. 연석과 차도에 가까이 갈수록 바닥의 색이 변화됨을 알 수 있다. 또 다른 예로, 연석에 걸쳐 나뭇가지 혹은 가로등 등의 그림자가 져 있는 경우 그림자의 선이 꺾여 있다. 이와 같이 연석 위에 진 검은 그림자의 꺾인 선으로 연석의 유무와 깊이에 대한 감을 잡을 수 있다.

계단의 경우는 경사가 져 있다는 특징이 있다. 올라가는 계단은 위로 경사가 져 있고 내려가는 계단은 아래쪽으로 경사가 져 있어, 이 기울기로도 짐작이 가능하다. 계단 끝에 계단의 색과 대비가 뚜렷이 되는 색을 칠한 경우 쉽게 계단을 확인할 수 있다.

6) 조명

조명의 위치와 양은 시각 기능에 영향을 준다. 책 읽기, 지도 읽기, 표지판 읽기 등의 다양한 과제에서 조명의 유형, 양과 각도는 개인별로 평가하여 제공하는 것이 필요하다. 조명과의 거리뿐만 아니라 조도도 개인별로 달라지며, 조명을 위해 백열등 혹은 형광등, 태양광 혹은 조명등의 혼합 사용이 가능하다. 각종 조명등을 사용하여 노인이 근거리와 중간 거리에서 직접 활동을 하도록 함으로써 적절한 조명을 결정할 수 있다.

어두운 곳에서 밝은 곳으로, 반대로 어두운 곳에서 밝은 곳으로 가서 시각적으로 적응하는 시간을 알아본다. 실내에서 실외로 나갔을 때와 반대로 하였을 때 시각적으로 적응하는 시간을 측정한다. 또한 구름 낀 흐린 날씨에 시각 기능이 떨어질 수 도 있으므로 하루의 시간대별 혹은 날씨에 따른 조명 상태도 확인한다. 외부에 나갔을 때 나뭇가지 사이로 햇빛이 내리쬐어 이동 시 시력 활용이 불가능해지는지의 여부도 평가하여야 한다. 노인이 직접 여러 빛을 사용하여 실내 혹은 실외에서 활동을 하며 평가한다.

6. 이동 시 광학 보조구 사용법

저시각인은 방향정위와 이동용으로 광학 보조구를 사용할 수 있다. 시각 상실이 있는 저시각인이 보통 사용하는 보조구는 근거리 확대경(near magnifier)이다. 볼록 렌즈(plus lenses)를 사용하며 형태는 손잡이형, 스탠드형, 안경 탑재용 등 다양하다. 안경에 탑재되어 확대용으로 사용되는 볼록 렌즈는 마이크로스코프(microscope)로 알려져 있다. 지도, 일정표, 가격표 읽기 혹은 사물의 세부 살피기 등의 근거리 활동에서 인쇄된 부분을 확인할 때 도움이 된다.

광학 보조구의 확대율이 높을수록 보이는 시야의 범위는 좁아진다. 시야가 너무 좁다면, 시야를 넓히기 위해 확대율이 낮은 보조구를 선택한다. 세부를 정확하게 볼 수 없다는 점을 감안하여 사물 혹은 인쇄 부분에 얼굴을 가까이 댄다. 방향정위의 목적으로, 확대경은 시각 단서와 지표를 미리 살펴보기 위해 사진의 세부를 살피는 데 사용될 수 있다.

손잡이형 혹은 안경 탑재형 망원경 같은 망원 시스템의 사용도 도움이 될 수 있다. 일정 거리에 있는 세부를 살펴보는 데 사용된다. 거리의 표지판을 읽든가, 관람석의 빈자리를 확인하든가, 버스 번호를 확인하든가, 지하철 역명을 확인하든가, 일정 지역 안의 사람을 확인할 수 있다. 길을 건너기 위해 신호등의 위치를 확인하고 초록색 불을 확인할 수 있다. 망원경을 사용하면, 거리가 가까워 보이고 신호등의 크기와 밝기가 증가되어 신호등의 색을 쉽게 확인할 수 있다.

시야가 극히 제한된 사람을 위한 보조구로 리버스 망원경(reverse telescope)이 있다. 손잡이형 단안 망원경은 거꾸로 돌려서 일반적으로 손에 대는 접안 렌즈(ocular lenses)가 아닌 대물 렌즈(objective lenses)로 본다. 확대하기보다 축소하는 효과가 있으며, 축소한 시야 범위 안에서 더 많은 정보를 파악할 수 있다.

추가로 프레넬 프리즘(Fresnel prism) 혹은 플라스틱 압착 프리즘(plastic press-on prisms)을 안경 안쪽과 바깥쪽에 덧댈 수 있는데, 이들은 시야의 범위를 확대할 수 있다. 프리즘을 통해 보면서 손상된 시야 부분에서 볼 수 없었던 것을 손상되지 않은 부분으로 확인할 수 있게 된다. 머리를 돌려서 보던 방식에서 단지 주사하기(scanning: 얼굴 전체를 돌리지 않고 눈만을 중심 부분에서 옆쪽으로 움직이는 법)를 통해 주변의 사물을 확인할 수 있다. 이를 통해 손상된 부분에서 보이지 않던 사물 혹은 사람을 쉽게 파악할 수 있는 등의 시효율(visual efficiency)을 높일 수 있다.

단안 망원경으로 거리의 표지판 혹은 빌딩 안의 안내판을 보든, 손잡이형 확대경으로 지도와 시간표를 살펴보든, 근거리와 원거리 광학 보조구는 이동 시 시각 사용의 효율성을 높여 준다. 시야가 상당히 좁은 사람은 자신의 옆쪽에 위치한 사물 혹은 사람과 자주 부딪힐 수 있는데, 프레넬 프리즘 혹은 리버스 망원경 시스템이 시야 범위를 넓혀 주고 주변 시야 부분의 사물과 사람의 위치를 확인하게 해 준다.

7. 낙상 방지

이동에서 노년층이 가장 두려워하는 것은 낙상 사고다. 이는 노년기에 치명적으로 운동 및 이동 능력에 영향을 주는 주요 요인이기도 하다. 일반적으로 근력은 20~60세 사이에 15~35% 감소하고, 움직임의 속도는 같은 기간에 90% 정도 감소한다(Hadley, Radebaugh, & Suzeman, 1985). 골부피도 줄어드는데 특히 여성에게서 나타나고, 걷기에는 영향을 주지 않으나 좀 더 힘이 필요한 신체 활동을 어렵게 할 수 있다. 운동 능력의 감소는 감각과 인지 능력의 감퇴와 결합되어 이동 같은 생활 기능을 불가능하게 할 수 있다. 또한 낙상 사고를 일으킬 수 있고 이동을 회피하게 만들 수 있다.

시각 상실이 있는 노년층의 경우 낙상의 위험은 더 커질 수밖에 없다. 낙상, 골절, 시력 간의 관계가 강조되어 온바, Campbell 등(2005)은 75세 이상의 시각 상실이 있는 391명의 노인을 대상으로 연구를 실시하였다. 그 결과, 가정환경 수정과 안전 프로그램이 낙상을 줄이는 데 효과적이었음이 보고되었다. 환경 수정의 방법으로는 걸려 넘어지는 원인이 될 수 있는 바닥 깔개의 사용을 피하고, 계단 끝에 계단과 대비가 되는 색을 칠하고, 눈부심을 줄이고, 계단에 핸드 레일을 설치하고, 집 안의 필요한 곳에 가로대를 설치하고, 조명 시설을 개선하고, 노인에게 안전하게 환경의 위험에 대처하는 법을 지도하는 것이 있다. 또한 근력과 신체 균형 능력을 강화하는 1년 운동 프로그램과 주 3회 걷기 운동도 도움이 되었다고 보고한다. 주 3회 걷기 운동을 한 사람은 주 1회 걷기 운동을 한 사람보다 낙상 사고율이 낮았다(Campbell et al., 2005).

한국 노년층의 낙상 사고에 대한 조사 결과를 보면(보건복지가족부, 계명대학교 산학협력단, 2008), 낙상을 경험한 비율은 14.9%였으며 집 밖에서 낙상하는 경우가 61.8%로 가장 많았다. 다음으로 계단 14.5%, 화장실/욕실 10.9%, 방 10.4%의 순으로 낙상이 발생하였다. 낙상 이유로는 다리를 접질러서가 37.2%로 가장 많았고, 다음으로 바닥이 미끄러워서가 31.1%, 갑자기 어지러워서가 23.1% 등의 순이었다. 노인 자신의 신체 내적 요인과 외적 환경 요인이 모두 낙상의 주원인이 되었다(보건복지가족부, 계명대학교 산학협력단, 2008).

이와 같이 낙상을 일으키는 요인은 환경이 될 수 있다. 낙상 사고는 보통 계단에서 발을 헛디뎌서나, 평평한 바닥에서 미끄러지거나 발을 헛디뎌서, 혹은 조명이 어두워서 주위 환경을 잘못 파악해서 일어난다.

내이 문제, 관절염, 일반 건강 문제로 인한 균형감 감퇴와 자세 및 걸음걸이 이상은 노인이 똑바로 걸어가는 능력, 자신이 걸은 거리 측정, 몸 각도를 다르게 하여 방향을 바꾸는 능력에 영향을 준다. Shingledecker(1983)는 이러한 문제를 파악해 내는 것은 독립 이동을 좌우하는 중요한 변수이기 때문에 반드시 필요하다고 하였다. 특히 앞으로 똑바로 걷는 능력과 감각 단서를 해석하는 것이 이에 해당한다. 감각 중 특히 청각을 통한 정보 수용의 감소는 완전하게 실명한 노인이 독립 이동하는 데 치명적이다.

다행히도 대부분의 노년층은 어느 정도의 시각을 보유하고 있어 시각으로 청각 상실을 보완할 수 있으며, 잔존 시각은 촉각 상실도 보완해 줄 수 있다. 단, 시각으로 90cm~1m 80cm 거리에 있는 사물을 식별해 낼 수 있을 정도여야 한다. 난간 혹은 계단의 경우 주변과 확실히 대조가 되는 색으로 표시해 놓을 수도 있다.

제7장

일상생활 적응 기술

노년기에 발생하는 안질환 등으로 시각이 감퇴하면서 노인은 그간 무리 없이 해왔던 일상생활 활동이 어려워진다. 시각 문제뿐만 아니라 신체적인 질병, 근력 약화 등은 노인이 일상생활에서 하는 활동을 더욱더 어렵게 할 수 있다. 그렇지만 자신의 주거 환경에서 생활하기를 원한다면 최대한 자신이 당면하고 있는 생활 활동을 할 수 있어야 한다.

이 장에서는 노년기에 겪게 되는 일상생활의 어려움과 반드시 고려해야 하는 생활 활동을 총괄적으로 알아본다. 다음으로 노년기에 구체적으로 다루어야 할 일상생활 활동으로 읽기와 쓰기와 관련한 문해 기술 지도에 대해 알아본다. 노년기에 해야 할 일상생활 기술을 요리, 식사, 위생 및 건강 관리, 복용약 관리, 의복 관리, 바느질, 사무 관리, TV 시청과 독서, 시간 관리, 금전 관리, 청소, 주택 관리, 열쇠 관리, 세탁물 관리, 차량 이용으로 나누어서 활동 요령을 알아본다. 마지막으로 노년기 삶의 질을 높이는 수단이 되는 여가 활동에서 고려해야 할 사항을 정리해 본다.

1. 노년기 생활 적응에 대한 이해

노년층에서 많이 발생하는 안질환은 일상 활동에 영향을 준다. 백내장의 경우 세부를 파악하는 능력이 부족해져 읽기를 하고, 시간을 보고, TV를 시청하는 데 어려움이 있다. 또한 깊이 지각에도 영향을 받아 안전하게 이동하는 데 어려움이 있다(Duffy, 2002).

당뇨성 망막증인 경우 혈관 파열로 인해 망막에 암점이 흩어지듯 생겨나서 시각은 뿌옇고 주변 시야의 시각은 상실된다. 또한 매일 시각의 변동이 심하여 예측이 불가능하다. 이 변동이 심한 시각은 일상 활동, 즉 읽기, 쓰기, 시계 보기, 인슐린 관리 및 약 복용, 실내외에서 안전하게 이동하기 등에 영향을 미친다.

녹내장인 경우 주변 시야의 시각에 영향을 주어 터널 시각을 일으킨다. 좁은 관 정도로만 보이므로 몸의 양 바깥쪽, 머리와 발 쪽의 사물을 확인하고 피하는 데 어려움이 있다.

황반변성의 경우 망막의 중심 부분인 황반에 이상이 생겨 자연스럽게 시야의 중심 부분이 상실된다. 또한 색각에도 문제가 일어난다. 책 읽기, 전화 버튼 누르기, 실꿰기, 망치질하기, 얼굴 보기 등이 어렵다.

뇌졸중, 망막박리, 뇌손상 혹은 외상(trauma)으로 인한 시각 상실은 뇌 혹은 시신경에 영향을 미친다. 그 결과, 시야의 부분적인 손실이 일어나 사물 지각과 공간 관계 파악이 왜곡될 수 있다. 시야의 반을 상실하는 반맹(半盲, hemianopsia: 응시하고 있는 점을 경계로 하여 한 눈 또는 두 눈의 시야 오른쪽 반 또는 왼쪽 반이 보이지 않는 상태)이 나타날 수 있다. 이 지각의 왜곡은 읽기, 쓰기, 착·탈의, 몸단장, 실내외 이동, 기타 독립적인 일상 활동에 영향을 준다.

따라서 감소된 시각으로 일상생활과 활동을 할 수 있는 방법은 물론이고 특별한 눈 관리가 필요하다. 노년층 대부분이 저시각인 점을 고려하여, Watson과 Echt(2010)는 생활 적응 과정에서 달성해야 할 목표를 다음과 같이 제시한다.

- 읽기
  - 일상에서 지속적으로 접근할 수 있는 읽기물(신문, 잡지, 책)
  - 짤막한 읽기물(spot reading: 돈, 편지, 전화번호, 제품 라벨, 요리책, 고지서)
- 쓰기
  - 단기간 과제(서명하기, 메모, 구매 목록, 전화번호)
  - 장시간 과제(편지 쓰기, 주소록 정리)
- 벽시계, 손목시계 보기
- 전화번호 누르기
- 가전 제품의 숫자판 혹은 다이얼식 조절기 사용하기
- 옷의 색상과 상태 파악하기
- 안전하고도 효율적으로 요리하기
- 몸단장하기(머리 손질하기, 면도하기, 화장하기, 손톱 손질하기)

- 얼굴 확인하기
- 취미(게임, 카드 놀이, 목공예, 바느질, 수공예 등) 즐기기
- TV 시청하기
- 다양한 환경에서 안전하게 이동하기
  - 자신의 주거지(계단, 통로)
  - 이웃 지역(슈퍼마켓, 교회, 차도 횡단, 사회 활동 장소)

2. 문해 기술 지도

시각 상실은 의사소통 기능 중 듣기와 말하기에는 영향을 주지 않는다. 시각 상실이 심하면 상대방의 얼굴 표정을 읽고 몸짓 등의 신체 언어를 이해하는 데 어려움이 생길 수 있지만, 다른 사람과 말로 의사소통하는 데는 문제가 없다. 그러나 시각 상실은 직접 눈으로 보고 해야 하는 읽기와 쓰기에는 영향을 미친다.

시각 상실 노인의 의사소통 요구, 사용 가능한 시각 수준과 일반적인 건강을 고려하여 가장 효율적이고 편리한 의사소통 수단을 결정한다. 쓰기 수단으로 점자, 일반 글자, 컴퓨터를 들 수 있다. 이를 통해 일상 활동에서 필요한 쓰기, 즉 쇼핑 목록 작성, 전화번호 기입하기 혹은 메모하기, 편지 쓰기 등을 성공적으로 할 수 있다.

대부분의 노년층이 저시각 상태에 있다는 점을 고려할 때, 저시각 보조구를 사용한 일반 글자 읽기와 쓰기가 보편적인 의사소통 방법이 될 것이다. 만약 이와 같은 방법으로 문해가 가능하지 않다면 대안이 되는 방법으로 점자의 사용을 고려해 볼 수 있다. 또한 의사소통 수단으로 보조공학을 활용하는 것이 편리할 수도 있다.

1) 시각 기능 평가

각 노인에게 필요한 의사소통 매체를 무엇으로 할 것인가, 즉 일반 글자로 할 것인가 혹은 점자로 할 것인가는 현재 노인이 보유한 시각 기능에 달려 있다. Wolffe (2010)는 자신이 보유한 시각 기능을 바탕으로 노년층이 개인 관리, 가정 관리, 읽기, 쓰기, 계산하기 등의 의사소통 기술을 배우는 것이 필요하다는 점에서 각 노인의 시각 기능에 대한 정보를 수집해야 한다고 보았다. 또한 시각 기능 파악은 자기 보호법, 안내법 등의 기본적인 방향정위와 이동 기술을 습득하고 활용하는 데도 중요하다.

노년층에게 직접 개방형 질문을 하여 정보를 수집하고, 가족, 보호자 등을 통해 확인을 받는 방법을 취한다. 예로 "눈으로 무엇을 보시나요? 어떻게 보시나요?" 라는 질문으로 시작하여 대답을 유도할 수 있다. 만약 노인이 혼자 다니는 데 어려움이 없다고 하더라도 가족은 도움이 필요하다고 말한다면 좀 더 심도 있게 조사하여야 한다.

시각 기능 수준을 파악하기 위하여 평가 자료를 활용할 수 있다. 예로 색상지, 저시각인용 용지, 글자 모양과 크기를 달리하여 만들어진 짧은 글, 큰 활자 잡지, 카드, 여러 색의 천 샘플, 개인에게 적합한 조명을 알아보기 위한 백열등, 형광등, 할로겐등의 조명등, 독서 보조판(typoscope), 컬러 깔판, 대비 효과를 알아보기 위한 컬러 투명 아세테이트지(colored filers)를 들 수 있다.

또한 노인이 퍼즐, 시계, 전화, 소형 가전제품 등을 직접 조작해 보도록 한다. 시각을 사용하여 지침에 따라 퍼즐을 얼마나 잘 맞출 수 있는지, 과제를 얼마나 신속하게 마칠 수 있는지, 왼손잡이인지 혹은 오른손잡이인지를 파악할 수 있다.

노인이 읽을 수 있는 글자의 크기를 파악하기 위하여 근거리 읽기 카드(near-point reading card)를 사용할 수 있다. 카드에 적힌 내용을 정확하게 읽는지를 파악하고, 카드와 눈 사이의 읽기 거리, 자세, 머리 위치, 머리의 움직임을 파악한다. 독서용 확대경을 사용한다면 카드에서 확대경을 어느 정도 떼어서 보는지 등을 관찰할 수 있다.

시각 기능을 확인해야 하는 이유는 노인이 자신의 시각을 가장 잘 활용할 수 있도록 하기 위함이다. 시각을 효율적으로 사용하는 데 중점을 두는 예로 주사하는 방법(scanning), 사물을 좀 더 잘 보이게 하기 위해 대비를 두는 방법, 독서 보조판을 사용하여 한꺼번에 한 행에 집중하는 방법, 책의 글자를 잘 보기 위해 책장 위에 노란색 투명 아세테이트지를 얹어 사용하는 방법, 눈부심을 줄이는 방법, 과제를 달성하기 위해 조명을 사용하여 재료를 시각적으로 확인하는 능력을 최대화하는 방법을 들 수 있다.

저시각 기능 평가 후에 저시각 보조구를 일상 활동에서 사용하는 방법을 익히는 것도 중요하다. 할로겐등, 독서대, 빛가리개 챙, 흡광 렌즈 혹은 보안경(sunglass, 예: NoIR)도 시각 기능 활용을 위해 사용될 수 있다.

저시각 성인의 시각 기능을 평가하는 단계는 다음과 같다. 저시각 성인이 시각을 사용하는 활동을 수행하는 것을 보고 단계에 따라 시각 기능을 평가해 볼 수 있다.

■ 저시각 성인의 시각 기능을 평가하는 단계

1. 개인 기록의 내용을 검토한다. 원인, 장애 정도, 예후, 치료에 대한 내용을 확인한다.
2. 자신의 시각 상태의 원인, 치료 과정과 예후에 대해 이해하고 있는 수준을 확인하기 위해 당사자를 면접한다.
3. 저시각에 대한 평가를 받았는지 확인한다. 그렇다면 평가 결과가 무엇인지, 추후 서비스가 제공되고 있는지, 아직 보조구를 사용하고 있는지 확인한다.
4. 저시각 평가에서 사용자가 기대하는 것을 확인한다. 평가에 임하는 동기를 파악한다. 저시각 보조구로 기대하고 있는 것이 있는지 알아보고, 사용자의 기대가 실현 가능한 것인지 논의한다.
5. 조명, 대비와 눈부심을 조절하여 시각 기능에 미치는 환경적인 요인의 영향을 판단한다. 평가 활동과 교수 활동을 하는 동안에 실시한다.
6. 일과에 정기적으로 반복해야 하는 과제가 무엇인지 확인하고, 과제를 수행하는 작업

거리, 특수 장비, 속도, 정확도, 지구력을 평가한다.

7. 과제를 수행하는 동안 근거리, 중간 거리, 원거리 시각, 색, 대비감도, 주변 시야, 중심 시야, 인내, 피로, 정확도, 동기, 문제 해결력을 평가한다. 다음과 같은 과제를 제시하여 시각 기능을 평가해 볼 수 있다.

- 주변 환경에 있는 사물을 보는 방법을 살펴본다. 보는 거리, 시각 행동(머리 기울이기, 눈을 찌푸리기 등), 문제 해결 능력을 관찰한다.
- 사용자의 근거리 시각(near vision)을 평가하기 위해 캔 제품 혹은 약병의 이름표, 관리비 영수증, 화폐, 전화번호부의 페이지, 필기한 내용을 읽게 한다. 또 바늘에 실꿰기, 시계 맞추기, 주사기에 약 주입하기를 하게 한다. 가장 크기가 작은 세밀한 부분 혹은 활자를 읽는지, 조명의 휘도와 각도 그리고 대비의 효과, 선호하는 작업 거리, 광학 보조구와 비광학 보조구(예: 독서대 혹은 클립보드)의 사용 여부를 파악한다.
- 사용자의 중간 거리(intermediate) 시각을 평가하기 위해 액체 따르기, 전화 사용하기, 탁자 위 돈 확인하기, 계량하기, 컴퓨터 화면 보기를 하게 한다. 보는 거리, 조명, 대비, 저시각 보조구를 사용할 때의 효과의 변화, 촉각과 청각 신호 사용을 평가한다.
- 사용자의 원거리(distance) 시각을 평가하기 위해 사용자에게 선반에 캔 제품을 올려놓든가, 벽에 걸어 놓은 그림에 대해 설명하게 하든가, 벽시계의 시간을 말하도록 한다. 사용자가 보는 거리, 조명, 대비 효과, 저시각 보조구를 통한 효과를 평가한다.
- 색각을 평가한다. 실의 색, 옷(특히 양말), 캔 제품의 그림의 색을 확인하도록 한다. 색을 확인하는 능력이 조명으로 영향을 받는지 확인한다.
- 사용자가 중심 시야 손실이 있는 경우 중심외 보기 활용을 평가한다. 집 안에서 돌아다닐 때나 우편물 박스를 확인할 때 관찰하여 평가한다.
- 사용자가 이웃을 방문하러 가거나 가게에 갈 때 주변 시야 상실이 있는 사용자의 주사하기(scanning)와 움직이는 사물을 추적하기(tracking)를 관찰한다.

Judy C. Matsuoka(해이들리 맹학교 교사)

출처: Wolffe(2010), pp. 740-741.

실제 활동을 통한 시각 기능 평가는 사용자가 일반 활자를 사용할 수 있는지를 보여 준다. 일반 활자로 읽기와 쓰기가 가능하다면 최대한 효율적으로 자신의 보유 시각을 사용할 수 있도록 도와야 한다.

표 7-1 읽기 매체로 일반 활자 혹은 점자를 사용하는 사람의 특성

일반 활자 사용자	점자 사용자
• 근거리에서 과제를 수행하기 위해 시각을 효율적으로 사용한다. • 그림에 관심을 보이고 그림 안에서 작게 묘사된 부분을 식별해 낸다. • 자신의 이름을 글자로 확인해 내고, 글자가 주는 의미를 이해한다. • 읽기를 위해 일반 활자를 사용한다. • 시각의 상태가 안정되어 있다. • 중심 시야의 시각이 온전하다. • 시각을 사용한 학습에서 서서히 진전이 있다. • 효율적인 일반 활자 읽기를 보장하는 일반 활자 읽기 프로그램에서 진전을 방해하는 중복장애가 없다.	• 환경을 탐색할 때 촉각을 선호하는 성향이 있다. • 작은 사물을 확인하는 데 촉각을 효율적으로 사용한다. • 자신의 이름을 점자로 확인하고 점자가 의미하는 것을 이해한다. • 읽기를 위해 점자를 사용한다. • 시각 상태가 불안정하고 가까운 미래에 현재의 시각 수준을 보유하기 어렵다는 예후가 있다. • 일반 활자 읽기가 가능한 범위의 중심 시야가 감소되었거나 기능이 상실되어 있다. • 효율적인 점자 읽기에 필요한 촉각 기술이 서서히 향상되고 있다. • 점자 읽기 프로그램에 영향을 줄 수 있는 중복장애가 없다.

출처: Koenig & Holbrook(1995), p. 43.

2) 일반 글자

(1) 읽기

저시각 상태에 있는 노년층은 일반 글자를 사용할 수 있다. 단, 시각 기능이 제한되어 있는 경우에는 일반 글자를 확대하여야 한다. 확대하는 방법에는 세 가지가 있다. 첫째, 자신의 눈을 글자 쪽으로 가까이 가져와서 눈 속의 망막에 맺히는 이미지를 확대하는 것이다. 둘째, 눈과 글자 사이에 광학 보조구를 사용하여 이를 통해 이미지를 확대하는 것이다. 셋째, 사용자를 위해 글자를 확대 제작하여 사용하는 것이다.

확대 글자(large print)는 잔존 시각이 남아 있는 시각장애 노인이 사용할 수 있다. 확대 글자를 사용한 책도 출간되고 있는데 글자 크기는 18포인트다. 이 글자 크기는 저시각 보조구 혹은 다른 보조적인 수정 없이 많은 시각장애인이 읽을 수 있는 것으로 알려져 있다. 확대 글자를 성공적이고 효율적으로 사용하기 위해서는 개별적인 훈련이 필요하다. 글자 크기, 글자 모양, 자간, 행간, 대비, 조명, 책과의 각도, 저시각 보조구(예: 확대 보조구, 저시각인용 확대 독서기), 노인의 읽기 요구와 의지가 주요하게 영향을 준다.

시각 상실을 경험하는 노인이 저시각 상태라고 하더라도 읽기를 종종 어려워할 수 있다. 다음의 조건이 읽기에 영향을 줄 수 있다.

- 눈으로 들어오는 빛의 양 감소
- 망막에 맺힌 상의 흐릿해짐
- 사물의 세부를 파악하는 망막의 중심 부분인 황반의 손상

인쇄된 부분과 배경의 대비는 빛의 감소와 흐릿해짐으로 인해 영향을 받는다. 망막의 중심 부분이 손상되면 작게 인쇄된 것을 보는 능력이 상실되고 읽기에 필요한 눈의 움직임이 어려워진다.

시각 상실이 있는 노인이 좀 더 쉽게 읽을 수 있는 인쇄물을 만들기 위한 지침은 다음과 같다.

저시각인은 컴퓨터를 사용하여 읽기가 가능하다. 화면 확대 프로그램을 사용하여 화면의 내용을 확대해 볼 수 있다. 또한 음성 출력 프로그램을 사용하여 화면의 내용을 음성으로 들을 수도 있다. 화면 확대와 음성 출력 프로그램을 동시에 사용하면 더욱 편리하게 컴퓨터를 사용할 수 있다.

망막변성으로 중심 시각에 손상이 있는 경우 손상된 중심 시각 바깥 부분을 사용

하여 읽기를 한다. 이것을 중심외 보기라고 한다. 일반적으로는 자신이 목표한 사물을 정면으로 똑바로 보지만, 이 경우에는 주변 시야 부분으로 보기 위해 머리를 움직인다. 처음에는 먼저 보던 습관 때문에 다소 어색할 수 있으나 적응이 되면 효과적이다.

표 7-2 노인이 쉽게 읽을 수 있는 인쇄물 제작 지침

항목	세부 내용
글자 크기	확대 문자 크기는 18포인트이고 최소 16포인트로 한다. 컴퓨터로 쉽게 만들 수 있다.
글자체와 스타일	쉽게 확인될 수 있는 글자체를 사용한다. '고딕체' 혹은 '돋움체' 등이 장식이 적어서 가독성에 도움이 된다. **또한 글자를 굵게 만들면 글자 두께가 두꺼워 변별하기 쉽다.** 이탤릭체로 만들거나 영어 알파벳을 모두 대문자로 만들어서 사용하는 것은 피한다. 이런 형태는 글자를 구분하는 것을 더 어렵게 만든다.
색	제목과 강조 부분에서는 다른 색깔의 글자를 사용하지 않는다. 저시각인이 읽는 데 어려움이 있다. 혹시 색을 사용한다면 짙은 청색과 녹색이 가장 효과적이다.
대비	대비는 시기능을 높여 주는 가장 중요한 요인 중 하나다. 인쇄물에서나 환경 속에서 모두 중요하다. 내용은 최대한 대비가 잘되게 구성하여야 한다. 노년기에는 어두운 바탕, 즉 검은색에 백색이나 옅은 황색의 글자가 읽기에 더 쉽다. 오히려 백색 혹은 옅은 황색 바탕에 검은 글씨보다 더 읽기가 쉽다.
종이 재질	잡지 등에 사용되는 광택지는 피한다. 광택지는 빛에 반사하면서 눈부심이 심하다. 저시각인의 읽기를 더욱 어렵게 만든다.
행간	행간은 1.5 정도가 적당하다. 행간이 더 좁으면 다음 행의 처음을 확인하는 것이 어렵다.
자간	자간이 좁으면 읽기가 어렵다. 황반변성 등으로 중심 시야에 결손이 있는 경우 더욱 그러하므로 자간은 넓히도록 한다.
여백	확대경 혹은 확대 독서기 같은 저시각 보조구는 평평한 면을 읽도록 되어 있다. 인쇄물이 제본되면 접혀 들어가 있는 부분은 읽기 어렵다. 접혀 들어간 부분이 없도록 여백을 2.5cm 정도 둔다. 만약 인쇄물이 두껍다면 3.8cm 정도의 여백을 둔다. 여백을 두면 인쇄물을 평평하게 할 수 있다.

출처: Orr(1998), pp. 79-80.

(2) 읽기보조구 활용

읽기는 사회생활에서 기본이 되는 과제다. 연령 관련 시각장애는 읽기를 어렵게 하기 때문에 기본적으로 지도가 필요하다. 스웨덴인을 대상으로 한 연구에 따르면, 저시각 노인의 71%가 읽기 지도를 통해 신문을 읽게 되었지만 3년의 추수 지도 과정에서는 그 수가 48%로 떨어졌다. 그러나 유창한 독서가(분당 70단어 읽기)의 수는 3년 동안 41%에서 48%까지 증가하였다(Myrberg, Bäckman, & Lennerstrand, 1996). 이 결과는 시각 상실 노인이 지속적으로 지도를 받게 되면 자신의 기술을 향상할 수 있다는 것을 증명한다.

중심 시야에 영향을 받은 시각장애, 즉 연령 관련 황반변성과 백내장으로 인한 경우 주변 시야만을 제한하는 시각장애보다 읽기에서 어려움을 보인다. 백내장은 수술로 치료되기 때문에 황반변성이 저시각 노인에게서 주로 읽기 문제를 일으키는 원인이 되고 있다. 대부분의 독서인은 중심 시야에 암점이 생기게 되면 자신이 강하게 선호하는 망막 부분을 개발한다(Cummings, Whittaker, Watson, & Budd, 1985; Schuchard & Fletcher, 1994; Sunness, Bressler, & Maguire, 1995).

선호하는 망막의 부분은 망막에서 손상이 안 된 부분으로 고정 주시(fixation)가 가능하다. 읽기에서 확대경을 사용해서 선호하는 망막의 부분으로 읽기를 배우는 것이 필요하다. Sunness, Applegate, Haselwood와 Rubin(1996)은 황반 상실이 있는 사람 중 암점 아래 망막 부분을 선호하는 사람이 다른 부분을 선호하는 사람보다 읽기 속도가 빠르다고 한다. 그들은 황반의 위축 부분의 크기가 읽기를 제약하는 요인이라고 보고하였다. 즉, 위축이 클수록 읽기 속도는 느려지는 것이다.

연령 관련 황반변성을 가진 사람의 읽기 문제와 관련하여 발표한 연구 결과는 다음과 같다.

- 연령 관련 황반변성이 있는 사람은 일관성 있게 중심외 보기를 활용하여 고정 주시를 하고 읽기 과제에서 단어들을 성공적으로 읽어 낼 수 있다.
- 연령 관련 황반변성이 있는 사람은 정확하게 읽기를 유지할 수 있으나 읽기 속

도는 암점의 크기에 따라 심각하게 제약을 받을 수 있다. 암점이 클수록 읽기 속도는 느려진다.

- 다른 안질환 상태와 비교하였을 때 연령 관련 황반변성이 있는 사람은 응시 조절 혹은 불안정한 고정 주시 능력의 부족으로 인해 읽기 속도가 느리다.

(3) 쓰기

시각을 상실한 노인은 자신의 잔존 시각을 사용하여 손글씨 쓰는 법을 배워야 한다. 펠트심인 사인펜 등을 사용하여 글자를 두껍게 쓰고, 쓰기 보조판을 사용하여 행을 맞춰 쓰고 행간을 일정하게 유지하도록 한다. 일반 노트의 종이와 같지만 간격이 넓고 선은 굵어서 좀 더 구별이 쉽게 만든 종이를 사용할 수 있다.

3) 점자

점자는 실명한 사람이 가장 많이 사용하는 의사소통 수단이다. 법적 맹인의 20% 미만이 2급 점자까지 사용한다(Crews & Luxton, 1992). 영어 점자와 외국어 점자, 그리고 수학, 과학, 음악, 컴퓨터 점자가 있다. 점자판과 점자타자기를 사용해서 직접 손으로 점자를 찍을 수 있고, 점자정보 단말기를 사용하여 점자를 입력하고 재생할 수 있다.

한 칸마다 볼록 나온 6점을 찍을 수 있다. 영어 점자에서 1급 점자는 알파벳, 숫자, 구두점 등으로 구성되고, 2급 점자는 다소 복잡한 약 200개의 약자로 구성되어 있다. 대부분의 점자 자료는 2급 점자를 사용하여 제작된다.

노인은 일반적으로 사용하는 점자 크기가 작아 손가락 끝으로 변별하기 어렵기 때문에 점보 점자를 사용한다. 점보 점들은 크고, 점 사이의 간격이 넓어 읽기가 쉽다.

점자는 노년층에게 의사소통 수단으로 유용하다(Crews & Luxton, 1992). 노년층에서는 점자를 배워 일반 활자 대신 사용할 수 있다. 노년층에서는 한글 자모음 기호와 숫자를 배워 물품 라벨링, 전화번호 혹은 주소 적기, 간단하게 메모하기 등의

| 사진 7-1 |

점자모형판

점자의 특성을 이해하는 데 쓰이는 점자모형판(Pop-A-Cell)은 크기가 6.7×10.8cm다. 점을 위아래로 움직여서 여러 모양의 점을 만들 수 있다.

출처: Lighthouse for the Blind and Visually Impaired, http://store.lighthouse-sf.org

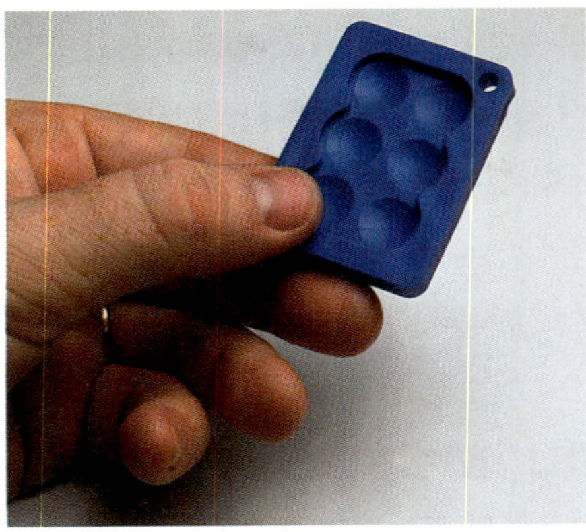

| 사진 7-2 |

점 칸

점 칸 모형은 점자 모양을 익히는 데 도움이 된다. 점자를 처음 배우는 초보자가 점의 구조를 익히고 점필로 점의 위치에 맞게 찍는 연습을 할 수 있다.

출처: Lighthouse for the Blind and Visually Impaired, http://store.lighthouse-sf.org

| 사진 7-3 |

퍼킨스 타자기

일반 점자타자기(Standard Perkins Brailler)는 휴대용이고 27.9×29.2cm 크기의 용지에 42칸의 25개의 행을 만들어 쓸 수 있다(좌측). 점보 점자타자기(Large Cell Electric Perkins Brailler)는 점 사이에 여백을 많이 주도록 제작되어 점자를 읽기 어렵게 만드는 촉각 문제가 있는 사람에게 도움이 된다(우측).

출처: Perkins School for the Blind, http://www.perkins.org

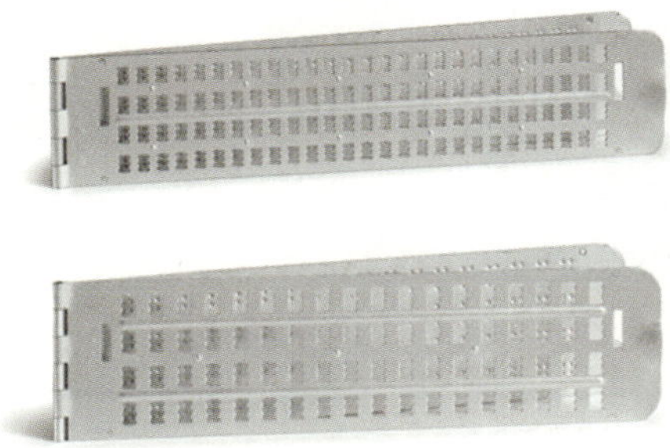
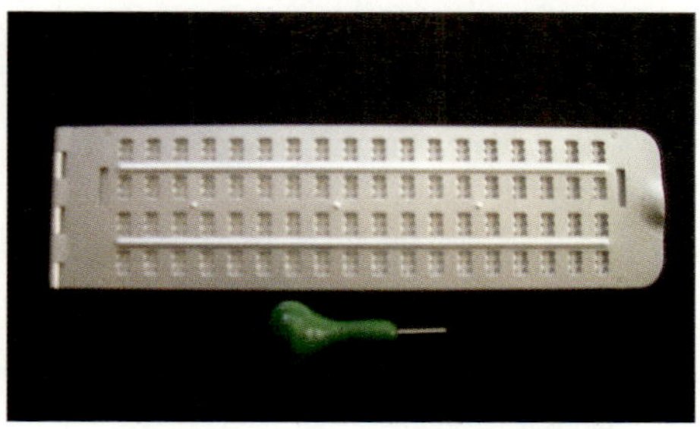

| 사진 7-4 |

일반 점자판과 점보 점자판

일반 점자판(E-Z Read Slate)은 27칸의 4행으로 만들어져 있다(좌측 위). 점보 점자판(Jumbo E-Z Read Slate)은 한 행에 18칸이고 모두 4행으로 구성되어 있다. 일반 점자판보다 더 큰 점을 찍기 위해 6개의 점이 모인 칸은 더 크다(좌측 아래). 점보 점자판의 뚜껑이 닫힌 모습이다(우측).

출처: Perkins School for the Blind, http://www.perkins.org

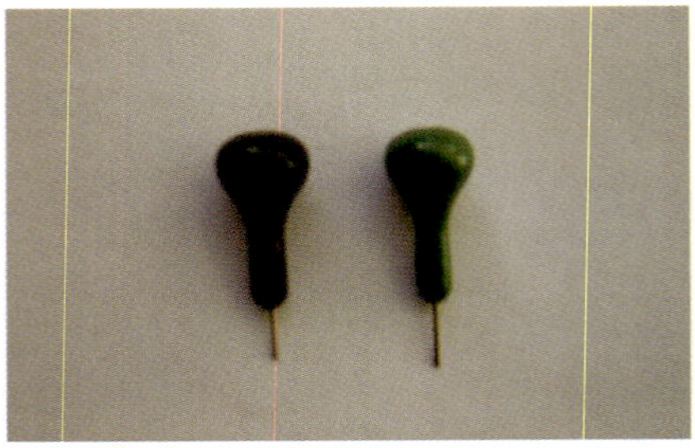

| 사진 7-5 |

점필

검은색 표준 점필(regular stylus)은 모든 종류의 점판에 사용되고, 초록색 점보 점필은 표준 점자보다 더 큰 점자를 만들 때 사용된다.

| 사진 7-6 |

맹인용 주판

맹인용 주판을 사용하여 계산하고 그 내용을 점자판을 사용하여 점자로 찍을 수 있다.

가정 과제에 유용하게 쓸 수 있다. 점자 라벨은 레인지, 오븐, 시계, 타이머, 세탁기 등에 사용할 수 있다. 가족도 점자를 읽고 쓰는 것을 배울 수 있다. 집 안에서 가정 용품을 만져서 확인할 수 있다면 생활이 더욱 편리해질 수 있다.

4) 컴퓨터 공학

공학의 발달로 컴퓨터 화면의 내용을 음성으로 들을 수 있고, 점자로도 출력할 수 있다. 또한 입력한 내용을 화면으로 즉시 확대하여 읽을 수 있다. 또한 일반 활자로도 출력이 가능하여 자신이 작성한 내용을 다른 사람과 나눌 수 있다. 컴퓨터를 사용하여 인터넷 활용, 자신의 기록을 작성하여 보관하기 등의 활동이 가능하므로 키보드 사용법과 프로그램에 대한 지도를 적극적으로 시행하여야 한다.

3. 일상생활 기술 지도

일상생활 기술(activities of daily living: ADL)은 하루 동안 수행해야 하는 과제와 활동이다. 일상생활 활동은 가정 관리 기술(식사 준비, 가정 살림, 라벨링, 쇼핑, 세탁, 가정에 대한 기록, 체계적인 정리)과 개인 관리 기술(개인 건강 관리와 위생, 의복 관리, 식사법, 몸단장, 사회 기술)로 나누어진다(Crews & Luxton, 1992). 이 활동으로 자신과 자신이 생활하는 공간을 돌보는 것이 가능하기에 매우 중요한 부분이다.

가정 관리 기술에는 집안 관리(먼지 제거, 청소기로 청소하기, 빗질하기, 걸레질하기, 설거지와 그릇 정리, 세탁), 식사 계획과 준비, 쇼핑, 금전 관리와 간단한 가정 관리 일과 활동(전구 갈기, 느슨해진 문손잡이 조이기, 부품 교환하기) 등이 있다. 개인 관리 기술에는 몸단장과 위생 활동(세수, 목욕, 손톱 손질, 머리 손질, 화장, 면도 등)과 약 복용 등의 활동이 포함된다(Wolffe, 2010).

가정환경 방향정위와 의사소통 기술은 일상생활 기술에 포함된다. 개인별 요구를 고려하여 개별화된 지도 계획을 수립하여야 한다. 평가는 꾸준하게 수시로 하여 노인이 배운 것을 알려 주며 자신감을 가지도록 한다. 일상생활 기술은 저시각인이 시각을 사용하거나 광학 보조구(안경, 확대경 등)를 사용해서 배우게 된다.

생존 기술(survival skills)은 자신의 기본 욕구(건강, 안전, 음식 준비)를 해결하는 기술로 가장 먼저 지도하는 것이다. 일상생활 활동의 범위는 광범위해서 사람마다 각각 다를 수도 있다. 따라서 개별적인 요구, 생활 방식, 학습에 대한 의지력, 필요한 기술의 숙달 정도 등을 고려해 지도 내용을 결정하여 계획을 수립한다.

집 안의 어느 곳에서든 할 수 있는 활동이 있는데, 이 활동들은 독립생활에 중요하다. 이 활동을 수행하는 실제적인 방법을 생각할 때, 안전을 우선으로 고려한 뒤 조명, 대비, 색과 조직화를 고려한다. 또한 맹 상태에 있는 노인은 시각에 의지하지 못하고, 촉각 혹은 청각 등의 감각에 의존하여 생활을 해야 한다.

1) 요리

주방과 식당에서 주로 매일 하게 되는 활동은 다음과 같다.

① 전자레인지 혹은 오븐에서 냄비 등을 꺼낼 때 팔꿈치까지 오는 내연 주방용 장갑을 사용한다. 장갑이 젖어 있으면 물이 열 흡수를 돕기 때문에 항상 마른 상태를 유지하도록 한다.

| 사진 7-7 |

특수 주방용 장갑

주방에서 화상을 입지 않기 위해 사용한다. 장갑의 길이는 43cm로 팔꿈치까지 오고, 방화 효과가 있고 200℃의 열도 막아 준다. 물과 얼룩은 피하고, 더러워진 부분은 물에 적신 천으로 닦아 준다.

출처: Lighthouse for the Blind and Visually Impaired, http://store.lighthouse-sf.org

② 요리할 때 안전 제품을 사용한다. 팔꿈치까지 오는 오븐 장갑 외에 화상을 예방하는 불꽃 조절덮개와 안전 장갑을 사용한다.

| 사진 7-8 |

불꽃 조절덮개

불꽃 조절덮개(flame tamer)는 가스레인지와 전기레인지 모두에서 열을 분산한다. 유리그릇이 과열하는 것을 방지하고 금이 가는 것을 방지한다. 덮개의 지름은 19.7cm다.

출처: Maxi Aids, http://www.maxiaids.com

| 사진 7-9 |

안전 장갑

칼을 사용하다가 손가락을 다칠 위험이 있는 경우 안전 장갑을 착용할 수 있다.

출처: Maxi Aids, http://www.maxiaids.com

③ 레인지 혹은 오븐의 조절기의 특정 지점에 양각 표식 재료(예: 볼록점)로 표시하여 손으로 만져 조절기를 맞출 수 있다.

| 사진 7-10 |

볼록점 표식

오븐의 조절기의 특정 지점에 볼록점을 붙여 손끝으로 확인하여 조절기를 맞출 수 있다.

④ 시각 상실 정도에 따라 주방용 타이머를 사용한다. 숫자가 큰 주방용 타이머와 점자 표식이 된 타이머도 사용이 가능하다. 음성 타이머도 있다.

| 사진 7-11 |

점자 타이머

표준형 타이머로 긴 시간 동안 벨이 울린다. 2.5분마다 돌출점 1개가 표시되어 있고 0, 15, 30과 45분에 돌출점 3개가 표시되어 있다.

출처: Lighthouse for the Blind and Visually Impaired, http://store.lighthouse-sf.org

| 사진 7-12 |

저시각인용 타이머

이 타이머(low vision timer)는 검은색 바탕 위에 흰색의 다이얼과 3.2cm의 숫자가 흰색으로 양각되어 있다. 타이머는 60분용이고, 타어머의 지름은 20.3cm다.

출처: Lighthouse for the Blind and Visually Impaired, http://store.lighthouse-sf.org

| 사진 7-13 |

촉각 저시각인용 타이머

이 타이머(tactile low vision long ring timer)는 맹, 저시각, 관절염인 사람에게 도움이 된다. 타이머의 지름은 20.3cm이고, 숫자가 진하고 3.2cm 크기로 크다. 볼록하게 새겨진 숫자와 표식은 손끝으로 만져 알 수 있다. 흰 다이얼은 커서 잡고 돌리기도 쉽다. 길게 울리는 벨 소리는 난청과 소음이 있는 환경에서 도움이 된다.

출처: Maxi Aids, http://www.maxiaids.com

| 사진 7-14 |

음성 타이머

이 타이머(handheld talking timer)는 시간뿐만 아니라 시간을 재는 기능도 한다. 자석 포켓 클립도 있어 냉장고 혹은 타이머에 부착할 수 있다.

출처: Lighthouse for the Blind and Visually Impaired, http://store.lighthouse-sf.org

⑤ 주방 기구를 치우면서 스토브 혹은 오븐을 끈다. 오븐의 문을 열 때 바로 앞에서 있지 말고 옆으로 비켜선다.

⑥ 확대 인쇄된 요리책과 레시피를 사용한다. 독서대에 올려놓고 보면서 요리를 할 수 있다.

⑦ 냄비는 기울이지 말고 똑바로 들어 옮긴다.

⑧ 냄비 손잡이는 눈에 잘 띄게 대비되는 색의 테이프를 감아 놓는다.

⑨ 도마는 양면 사용이 가능한 것으로 한다. 한쪽 면은 밝은색으로 하고, 다른 쪽 면은 어두운색으로 한다. 색깔이 옅은 음식 재료(예: 감자, 양파)는 어두운 면을 사용하고, 색깔이 짙은 음식 재료(예: 토마토, 파, 고추)는 밝은 면을 사용한다. 밀가루 반죽을 만들 때는 어두운색의 그릇을 사용하고, 어두운색의 음식 재료에는 밝은색의 그릇을 사용한다.

| 사진 7-15 |

안전 테이프

냄비 손잡이에 노란색의 테이프를 감아 눈에 잘 띄게 할 수 있다. 냄비 손잡이는 싱크대 안쪽으로 둔다. 싱크대 바깥으로 나와 있으면 몸으로 쳐서 음식이 엎질러지면서 사고가 날 수 있다.

| 사진 7-16 |

저시각인용 도마

이 도마(contrasting cutting board)의 크기는 36.2×24×0.6cm다. 한 면은 흰색이고 다른 면은 검은색으로 요리 재료에 따라 대비가 잘되는 면을 사용하면 된다.

출처: Perkins School for the Blind, http://www.perkins.org

| 사진 7-17 |

컬러시트 도마

빨강, 초록, 노랑의 색판으로 대중소 크기로 구분 가능하다. 음식재료의 색깔에 따라 골라 사용할 수 있다. 도마에 올려서 사용할 수 있으며 음식을 자른 후에 용기에 옮겨 담기 쉽다.

⑩ 음식 준비하는 장소의 벽에 밝고 어두운 색상지를 붙여 놓는다. 어두운 음식재료는 밝은 색상지에, 밝은 음식은 어두운 색상지에 대고 분량을 확인한다.

| 사진 7-18 |

액체 따르기

음료의 색깔과 대비되는 벽면을 사용하여 컵에 따르는 음료수의 양을 조절할 수 있다.

⑪ 소금 같은 양념의 사용 시 음식 조리법에 정해진 양을 사용하는지 확인한다.
⑫ 캔 제품 혹은 박스 제품은 라벨을 사용하여 체계적으로 정리한다.
⑬ 손이 쉽게 닿는 곳에 팬 혹은 냄비를 걸어 둔다.

⑭ 칼은 안전하게 칼꽂이대에 보관하거나 칼에 안전 커버를 씌운다.

⑮ 차가운 액체를 따를 때는, 검지를 컵의 테두리 쪽에 놓고, 액체가 채워지는 소리를 들으면서 컵에서 전해지는 온도의 변화를 느껴 본다.

⑯ 전기포트에 한 번에 사용할 수 있는 물만 부어 사용한다. 뜨거운 물이 넘쳐 화상 사고가 날 위험을 방지할 수 있다.

| 사진 7-19 |

전기포트

물은 차를 마실 정도의 양만 부어 끓여 사용한다.

⑰ 뜨거운 액체를 부을 때, 액체 탐지기를 사용하면 안전하다.

| 사진 7-20 |

액체 탐지기

컵 테두리에 액체 탐지기를 끼워 사용하면 탐지기의 끝 부분에 물이 닿을 때 소리가 나서 물 따르기를 멈출 수 있다.

2) 식사

① 의자에 앉아야 할 때는 의자 쪽으로 다가가 안내자가 의자를 만져 주면 의자 바닥을 문질러서 의자 위에 물건이 놓여 있는지 확인하거나, 의자 등받이와 앉는 부분을 따라 트레일링하면서 의자 손잡이가 있는지 확인한다. 의자의 자리에 물건이 없으면 등받이를 뒤로 해서 앉는다.

② 식탁 앞에 있는 의자에 앉는 경우는 안내자가 책상 모서리와 의자 등받이에 양손을 각각 대 준다. 노인이 식탁 쪽이 몸 앞으로 오게 하며 스스로 앉을 수 있게 한다.

③ 식탁에 차려진 음식의 위치는 시계 방향으로 알려 준다. 한식인 경우는 여러 그릇에 각기 다른 음식이 담겨 있다. 노인 앞 좌측에는 밥그릇, 우측에는 국그릇을 놓아 준다. 이 그릇들을 기준으로 앞, 옆 등의 위치를 알려 주는 용어를 사용하여 다른 음식 그릇의 위치와 담겨 있는 음식이 무엇인지를 알려 준다. 양식으로 접시에 여러 음식이 함께 담겨 있는 경우는 시계 방향으로 알려 줄 수 있다. 예컨대, 6시 방향에 스테이크가 있고, 10시 방향에 으깬 감자가 있고, 1시 방향에 완두콩이 있다고 알려 준다.

3) 위생 및 건강 관리

① 줄에 매단 비누를 사용하면 더 쉽게 위치를 파악하고 미끄러뜨리거나 욕조 혹은 다른 곳에 떨어뜨릴 위험을 방지할 수 있다.

② 욕조의 물을 적당한 수준으로 받기 위해 욕조의 적정 수준에 색테이프를 붙여 놓거나 물이 일정 수준 차오르는지 알기 위해 물 위에 뜨는 장난감을 사용할 수 있다. 또한 욕조의 가장자리에 수건을 걸쳐 놓고 수건 자락이 물에 젖을 때 물을 잠그도록 한다.

③ 벽에 고정되어 있지 않아 손에 들고 사용하는 샤워기를 사용하여 물의 온도를

손으로 맞출 수 있다. 먼저 찬물을 틀고, 다음으로 더운물을 튼다. 물을 잠글 때는 더운물을 먼저 잠그고 난 뒤 찬물을 잠근다.

| 사진 7-21 |

줄을 매단 비누

이 비누(soap-on-rope)는 비누에 줄이 달려 있어 찾기 쉽다. 시력이 좋지 않은 경우 미끄러운 비누를 손에서 놓치면 찾기 어려운데, 이때 줄을 매단 비누가 도움이 된다.

출처: Amazon, http://www.amazon.com

| 사진 7-22 |

손으로 잡고 하는 샤워기

이 샤워기(handheld shower)는 머리 위에 고정된 샤워기인 경우 온도 조절이 안 된 물을 그대로 뒤집어 쓸 수 있다. 손으로 잡고 사용하는 샤워기는 물의 온도를 맞출 수 있어 편리하다.

출처: McAfee Secure, http://www.highpressureshowerheads.com

④ 치약을 짤 때는 칫솔의 색과 대비가 되는 수건 위에 칫솔을 올려놓고 한다. 치약을 짜는 요령으로 먼저 치약의 뚜껑을 열어 두고 자신이 다시 확인하기 쉬운 위치에 놓는다. 한 손으로 솔 부분을 엄지와 검지로 잡는다. 솔의 끝에서 약간 아래로 내려 잡는다. 다른 손으로는 손가락 사이의 칫솔모 위에 치약을 짠다. 만약 이 방법이 가능하지 않다면 차선책으로 손바닥에 짠 뒤 솔 부분으로 떠올릴 수 있다. 또 직접 치약을 입안에 짜 넣는 방법도 있다.

⑤ 입안을 헹굴 때는 한 손을 수도꼭지에 올려놓아 기준점으로 삼고 머리를 부딪히지 않게 한다. 이 방법을 쓰면 수도꼭지 위로 치약 헹군 물을 뱉어내지 않을 수 있다.

⑥ 체중 관리를 위해 음성 저울을 사용한다. 체온, 혈압 등을 측정하기 위해 음성 기구를 사용한다.

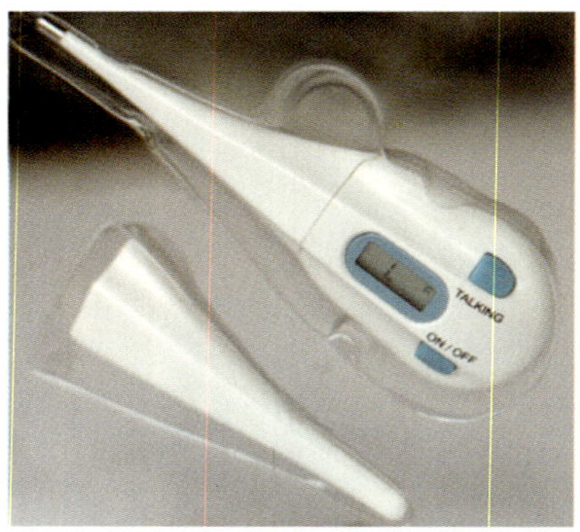

| 사진 7-23 |

음성 디지털 체온계

체온계는 크기가 작은 기구로 체온을 표시하는 숫자도 작아 시력이 안 좋은 경우 이 숫자를 읽기 어렵다. 음성 체온계는 체온을 숫자로 표시하는 동시에 표시된 숫자를 소리로 들려주어 확인에 도움이 된다.

출처: Lighthouse for the Blind and Visually Impaired, http://store.lighthouse-sf.org

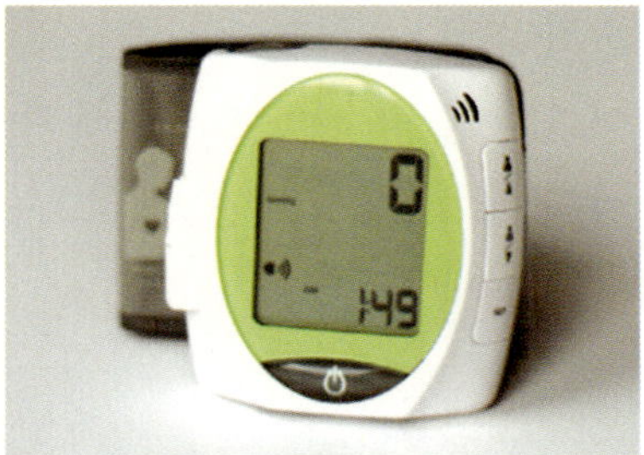

| 사진 7-24 |

음성 손목 혈압 확인기

이 혈압기(talking wrist blood pressure monitor)는 확장기와 수축기의 혈압, 맥박, 평균 동맥압(mean arterial pressure: MAP)을 음성으로 들려주어 확인에 도움이 된다.

출처: Lighthouse for the Blind and Visually Impaired, http://store.lighthouse-sf.org

4) 복용약 관리

① 약을 장소를 달리하여 보관한다. 예로 아침에 복용하는 약은 주방에, 밤에 복용하는 약은 침실에 보관한다.

② 약사에게 약통에 큰 활자로 된 라벨을 붙여 달라고 요구한다. 혹은 확대경을

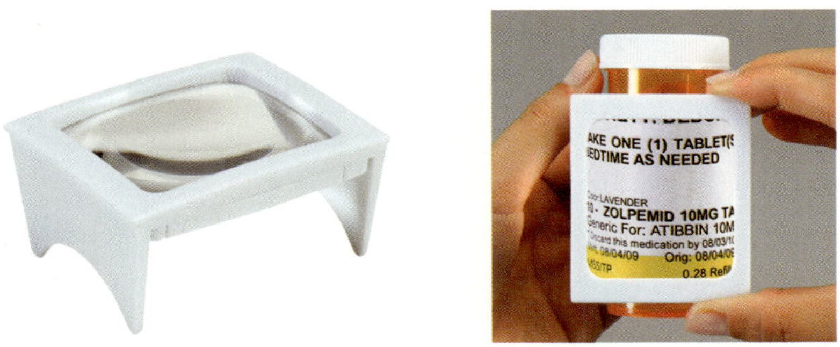

| 사진 7-25 |

약통용 확대경

약통의 처방 내용을 3배 확대하여 읽을 수 있다. 6.1×5.1×3.1cm 크기의 아크릴 렌즈로 되어 있다.

출처: Lightwedge, http://www.lightwedge.com

사용하여 약품 이름을 확인한다.

③ 알약은 칸이 구분되어 있는 알약 상자에 넣는데 주마다 매일 복용해야 하는 약을 칸칸이 넣어 둔다.

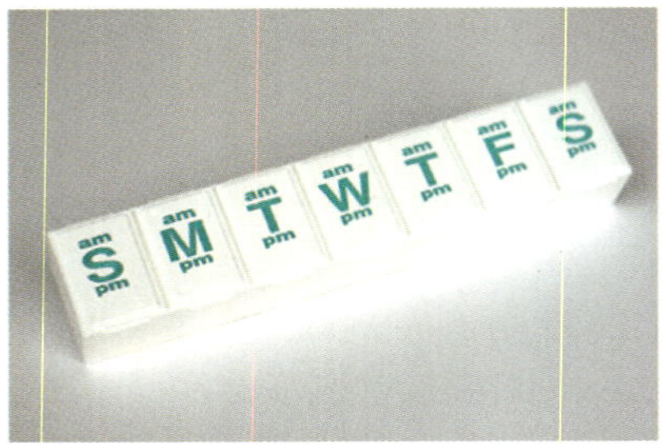

| 사진 7-26 |

약상자

일주일 동안 복용할 약을 오전과 오후로 나누어 보관한다.

출처: Maxi Aids, http://www.maxiaids.com

④ 약통에 라벨을 붙이거나 표식을 한다.

⑤ 비슷한 약통을 사용한다면 한 통에는 고무밴드를 둘러놓아 다른 통과 다르게 하여 구분할 수 있다.

⑥ 약사에게 음성 처방 라벨을 요청한다. 각 약통마다 특수 전자 라벨에 담긴 내용을 소리로 확인할 수 있다.

⑦ 오래된 약은 즉각 버린다.

5) 의복 관리

① 옷장과 서랍에 찾기 쉽게 정리하여 보관한다. 서랍에 칸막이를 만들면 더 쉽게 분류하여 정확하게 찾아낼 수 있다.

② 의복은 어울리는 옷(예: 정장, 셔츠 등)을 함께 모아서 별로 보관하거나 색깔이

같은 것을 함께 모아 옷장에 정리한다.

③ 옷, 액세서리, 신발은 체계적으로 정리하고 라벨을 붙인다.

| 사진 7-27 |

라벨 붙이기

옷의 색깔을 확인하기 위한 방법으로 알아볼 수 있는 글자 크기로 이름표를 달아 놓는다.

④ 옷에 라벨을 붙이기 위해 다양한 크기와 모양의 작은 구리 '녹 방지' 세탁용 핀, 다리미 열로 부착하는 천 조각, 단추 혹은 다양한 표식 제품을 사용한다.

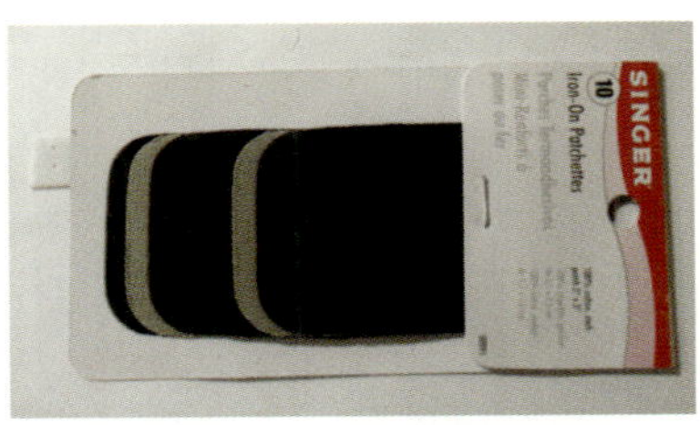

| 사진 7-28 |

천 조각

여러 가지 색의 천 조각(Iron-on patch)을 다리미의 열로 옷에 부착하면 다른 옷과 쉽게 구별할 수 있다.

출처: ebay, http://shop.ebay.com

⑤ 의복과 액세서리를 보관하기 위해 삼색 상자를 사용한다. 예로 갈색은 겨울 옷, 적색은 여름 옷, 흰색은 모자, 장갑과 목도리에 사용한다. 옷의 색을 확인하기 위해 음성 색 인식기를 사용할 수 있다.

| 사진 7-29 |

음성 색 인식기

이 인식기(colorino talking color identifier)는 포켓용으로 백 가지의 색을 인식할 수 있다. 소리의 크기는 3단계로 조절 가능하고 이어폰도 있어 외부에 나가 사용할 수 있다.

출처: Future Aids, http://www.braillebookstore.com

⑥ 양말집게 같은 플라스틱 클립은 세탁기, 건조기와 서랍에서 짝이 맞게 양말을 모아 세탁하거나 보관할 때 사용한다.

| 사진 7-30 |

양말집게

양말은 짝을 맞추어 신어야 한다. 시력이 좋지 않은 경우 같은 모양의 양말을 색깔을 맞추어 짝 짓는 것은 쉽지 않다. 이때 양말집게를 사용하여 같은 양말끼리 짝지을 수 있다.

출처: Future Aids, http://www.braillebookstore.com

⑦ 옷장 선반 위 물품에 손이 닿지 않는 경우 손잡이가 긴 집게를 사용한다. 가위 모양의 고무 집게는 물품을 집기 쉽게 한다.

| 사진 7-31 |

집게

손이 닿지 않는 높은 위치에 물건이 있을 경우 이 집게를 사용하면 편리하다.

출처: Bizrate, http://www.bizrate.com

⑧ 어울리는 옷끼리 함께 옷걸이에 걸어 둔다. 즉, 바지 혹은 치마에 어울리는 블라우스 혹은 셔츠를 함께 걸어 둔다.

⑨ 옷은 천의 촉감, 스타일(독특한 칼라, 목선, 소매), 단추, 잠금 장치와 장식 등으로 확인할 수 있다. 더 쉽게 옷을 확인하려면 다리미로 붙이는 테이프, 점자 의복 라벨을 사용할 수 있다.

⑩ 얼음틀(ice cube)은 귀걸이 등의 작은 물품을 보관하는 데 사용된다. 목걸이는 옷장의 벨트걸이대에 걸어서 보관할 수 있다.

6) 바느질

① 바늘에 실을 끼우기 위해 높낮이와 방향 조절이 가능한 등(adjustable swing-arm lighting)을 작업 공간에 설치하고, 실 끼우개(wire loop threader), 바늘귀가 큰 바늘(spread-eye needles), 바늘 끝의 뚫린 틈 사이로 실을 끼울 수 있는 바늘(self-threading needles)을 사용하여 편하게 실을 끼울 수 있다. 바늘을 코르크 마개 혹은 비누에 끼워 고정해 놓으면 실 꿰기가 더욱 편하다.

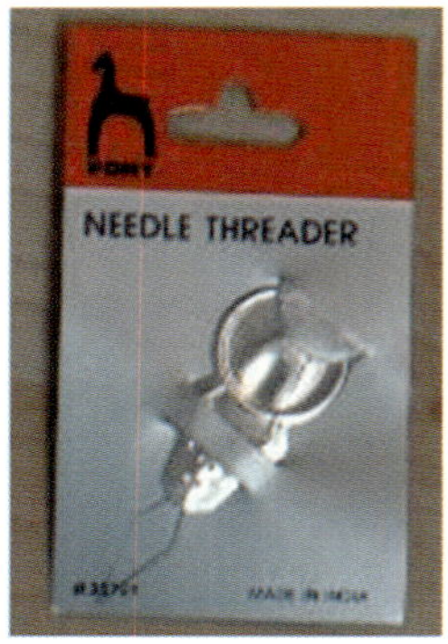

| 사진 7-32 |

실 끼우개

바늘귀가 작아 실을 꿰는 것이 어려울 경우 실 끼우개를 사용하면 쉽게 실을 꿸 수 있다.

출처: Future Aids, http://www.braillebookstore.com

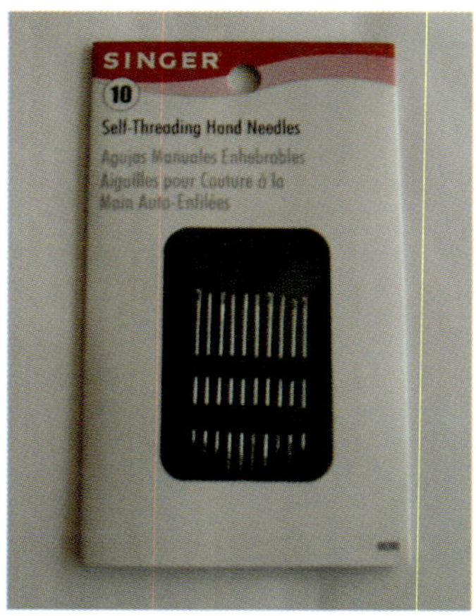

| 사진 7-33 |

바늘구멍의 틈으로 실 꿰는 바늘

이 바늘의 구멍 끝에 틈이 있다. 이 틈으로 실을 대고 구멍 안으로 잡아당겨 실을 쉽게 끼울 수 있다.

출처: Amazon, http://www.amazon.com

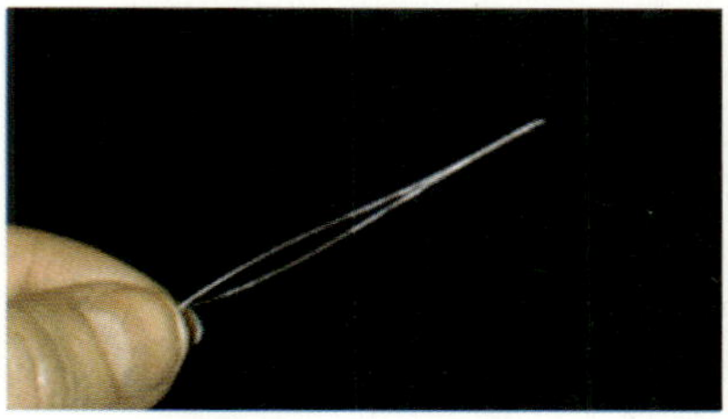

| 사진 7-34 |

바늘귀가 큰 바늘

시력이 좋지 않으면 바늘귀에 실을 꿰는 것이 쉽지 않다. 이 바늘은 바늘귀가 커서 쉽게 실을 꿸 수 있다.

| 사진 7-35 |

코르크 마개를 이용한 실 끼우기

바늘을 코르크 혹은 비누 위에 꽂아 놓고 실 끼우개를 사용하여 실을 꿴다.

출처: Duffy(2002).

② 바늘과 핀은 자석을 사용하여 함께 모은다. 혹은 손목용 바늘꽂이대를 사용하여 핀을 모아 사용할 수 있다.

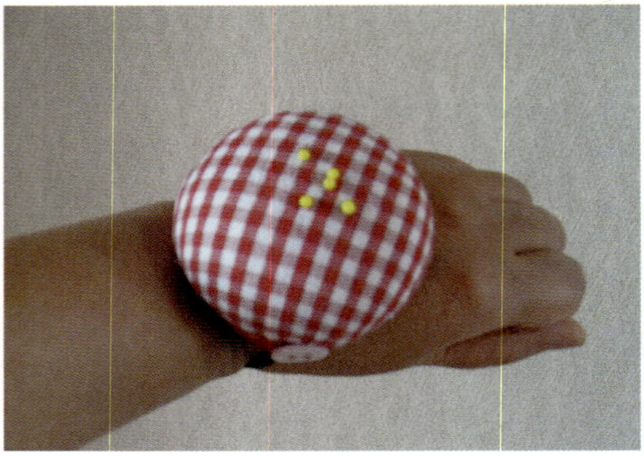

| 사진 7-36 |

바늘꽂이대

바늘을 꽂아두는 도구로 팔목에 찰 수 있도록 고리가 달려 있다.

③ 갑작스럽게 수선이 필요한 경우를 대비해서 여러 개의 바늘에 실을 미리 끼워 두면 좋다.

④ 1in(2.54cm)와 0.5in(1.27cm) 간격으로 구멍 뚫린 줄자로 측정한다. 줄자에 뚫린 구멍을 손가락 끝으로 사용하여 치수를 잴 수 있다. 특정 지점을 표시

| 사진 7-37 |

줄자

손으로 길이를 잴 수 있도록 테이프에 구멍이 뚫려 있다.

출처: Futura Aids, http://www.braillebookstore.com

하기 위해 핀을 사용하고 핀의 머리가 밝은색이면서 큰 것을 사용하면 눈에 잘 띈다.

⑤ 바닥에 바늘 혹은 핀이 떨어져 사용자에게 붙지 않게 맨발로 바느질을 하지 않는다.

7) 사무 관리

서재 혹은 사무 공간에서 이루어지는 일상 활동은 다음과 같다.

① 편지를 쓰거나 쇼핑 목록을 작성할 때 종이와 대조되는 바탕 위에서 한다. 클립보드 혹은 어두운색의 종이를 예로 들 수 있다. 눈부심을 막고 자신이 사용하는 종이의 크기와 모양을 인식하는 데 도움이 된다.

② 더 뚜렷한 대비가 필요하다면 굵은 줄이 쳐진 종이와 검정 펠트심 마커(예: 20/20펜)를 사용한다. 자신이 쓰고 있는 부분을 확인할 수 있고 줄을 따라서 바르게 쓸 수 있다.

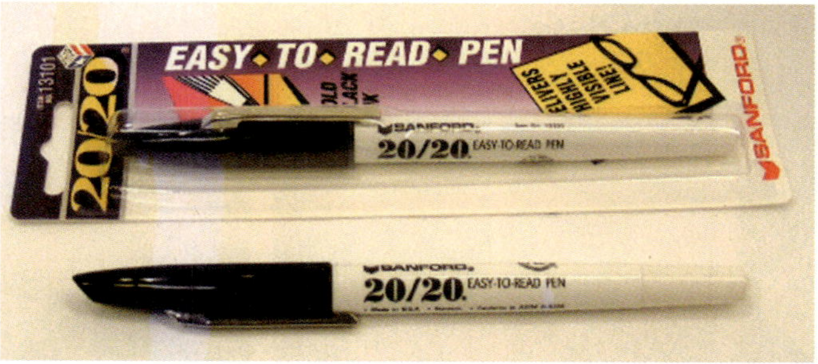

| 사진 7-38 |

20/20펜

검은색 펜으로 시각적으로 대비가 잘되도록 굵고 진하게 쓸 수 있다.

출처: Lighthouse for the Blind and Visually Impaired, http://store.lighthouse-sf.org

③ 서류, 보험증서 혹은 축하 카드에 서명을 할 때는 서명판을 사용한다. 플라스틱, 카드보드 혹은 금속판에 뚫린 가로로 긴 구멍을 손으로 느껴 가며 쓰기도 할 수 있다. 주소록 쓰기판, 편지지용 쓰기판, 편지봉투용 주소판, 수표용 서명판이 있다.

| 사진 7-39 |

저시각인용 용지

용지의 크기는 모두 21.6×27.9cm다. 좌측에 세로선으로 여백을 주도록 표시되어 있고, 굵은 선은 0.9cm의 간격을 두고 그어져 있고, 펀치 구멍은 뚫려 있지 않다(좌측). 좌측에 세로선으로 여백을 주도록 표시되어 있고, 굵은 선은 1.4cm의 간격을 두고 그어져 있고, 펀치 구멍은 뚫려 있지 않다(가운데). 좌측에 여백 표시가 없으며, 다른 용지보다 더 굵고 진한 선이 1.9cm의 간격을 두고 그어져 있고, 펀치 구멍은 뚫려 있지 않다(우측).

| 사진 7-40 |

볼록선 용지

이 용지(bold lined pad of paper)의 크기는 21.6×27.9cm다. 종이의 앞뒤에 1.8cm 간격으로 볼록선이 있어 양면 모두 사용할 수 있다.

| 사진 7-41 |

저시각인용 주소록

이 주소록(EZ track address book)은 208개의 주소를 정리할 수 있다. 플라스틱 쓰기 보조판도 있어서 쓰기 쉽다. 굵은 선이 있는 페이지에 검정 펠트심 마커로 확대 프린트 주소록을 작성할 수 있고, 대비가 뚜렷한 쓰기 보조판(high-contrast writing guide)으로 행을 지켜 가며 정리를 할 수 있다.

출처: Lighthouse for the Blind and Visually Impaired, http://store.lighthouse-sf.org

| 사진 7-42 |

쓰기 보조판

이 보조판(plastic page writing guide)은 일반 공책 크기로 21.6×27.9cm이며 11개의 행이 있다.

| 사진 7-43 |

편지봉투용 쓰기판과 서명판

편지봉투의 보내는 사람과 받는 사람의 주소를 쓰는 부분만 파여 있는 편지봉투용 보조판이다. 보조판의 크기는 10.5×19.7cm다(위). 서명을 할 수 있는 서명판도 있다(아래).

④ 그래픽 혹은 그림을 그릴 수 있는 블록 그림 그리기 세트가 있다.

| 사진 7-44 |

볼록 그림 세트

이 세트(raised line drawing kit)는 고무판에 플라스틱 용지를 올리고 펜으로 그래픽 혹은 그림을 그릴 수 있다. 그려진 부분은 볼록하게 나와 손으로 만져 느낄 수 있다. 70장의 플라스틱 필름지(plastic film sheets)와 그리기용 펜이 포함되어 있다.

⑤ 독서 보조판을 사용하여 한 행씩 내용을 읽을 수 있다.

| 사진 7-45 |

플라스틱 독서 보조판

이 보조판(plastic reading line guide)은 한 행씩 읽을 수 있도록 도와주는 읽기 보조판이다. 읽기 보조판의 크기는 8.9×12.7cm이고, 보조판의 구멍은 1.3cm 넓이로 되어 있다(좌측). 독서 보조판의 구멍에 확대경을 끼우면 확대 효과도 볼 수 있다(가운데).

⑥ 확대 독서기(closed-circuit television)는 인쇄본 부분을 크게 확대하여 모니터 혹은 화면으로 볼 수 있는 읽기 기기다. 휴대용 확대 독서경도 있어 휴대하고 다니면서 읽기를 할 수 있다.

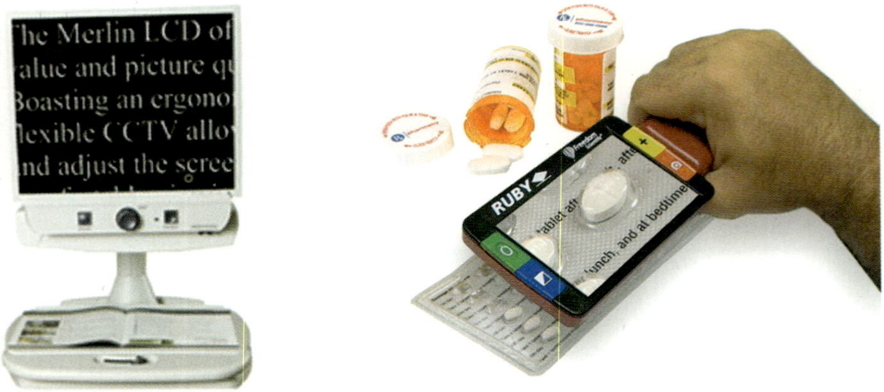

| 사진 7-46 |

탁상용 확대 독서기와 휴대용 확대 독서기

탁상용 확대 독서기를 사용하여 책과 잡지를 읽고, 사진도 보고, 편지를 쓸 수도 있다. 글도 쓸 수 있다. 2.4배에서 77배까지 확대가 가능하고, 모니터는 17in와 19in가 있다. 휴대용 확대 독서기는 사물 위에 올려놓고 확대 배율을 맞춘다.

출처: Lighthouse for the Blind and Visually Impaired, http://store.lighthouse-sf.org

⑦ 전화기는 숫자가 큰 버튼식 전화기를 사용한다. 보기 쉽도록 숫자가 크게 되어 있고, 대비가 잘되는 색으로 인쇄된 숫자가 있는 전화기가 효과적이다. 요즘 나오는 전화는 대부분이 버튼식 전화이고, 버튼에 점자 표시가 되어 있기는 하나 신속하게 전화번호를 모두 누르기 위해서는 버튼 구성 체계를 활용하여야 한다. 버튼의 숫자는 가로로 3개 버튼, 세로로 4개 행으로 구성되어 있다. 숫자는 첫 행부터 끝 행까지 1, 4, 7; 2, 5, 8; 3, 6, 9와 0으로 배열되어 있다. 맨 끝 행의 숫자에서 3씩 빼면 바로 위 행의 숫자가 된다. 이 관계를 활용하여 숫자 배열 체계를 이해하도록 한다. 오른손잡이인 경우 1, 2, 3 숫자가 있는 맨 왼쪽 행 버튼은 검지가, 4, 5, 6 숫자가 있는 가운데 행 버튼은 중지가, 7, 8, 9 숫자가 있는 맨 오른쪽 행 버튼은 약지가 누른다. 왼손잡이인 경우는 그 반대가 된다.

| 사진 7-47 |

점자 및 확대전화기

점자와 큰 글자 전화기는 흰색 바탕에 검은색 글씨로 되어 있어 대비가 뚜렷하여 식별이 쉽고 (좌측), 무선 버튼식 전화기 역시 숫자가 뚜렷하게 구분이 가는 것이 좋다(우측).

출처: Lighthouse International, http://shop.lighthouse.org

⑧ 무선 전화기도 대비가 잘되는 숫자가 큰 전화기로 한다. 특히 무선 전화기는 눈 가까이로 움직여 확인하기 쉽다는 장점이 있다. 탁상용 혹은 벽걸이용 전화보다 거리 조절에서 도움이 된다.

⑨ 컴퓨터 모니터를 보는 데 어려움이 있다면 눈부심을 줄이기 위해 모니터의 위치를 바꾸고, 글자의 크기와 모양을 바꾸어 보고, 모니터를 큰 것으로 바꾼다.

| 사진 7-48 |

줌텍스트 확대 소프트웨어

이 프로그램(Zoomtext Magnification Software 9.1)은 화면의 내용을 확대하여 볼 수 있게 하는 소프트웨어다.

혹은 소프트웨어를 설치하여 화면 확대를 하거나 음성으로 모니터의 내용을 확인할 수 있다.

⑩ 컴퓨터 키보드의 키를 쉽게 찾기 위해 촉각 표식 재료로 키 위에 표식을 한다. 혹은 크게 인쇄된 키보드 커버를 사용한다.

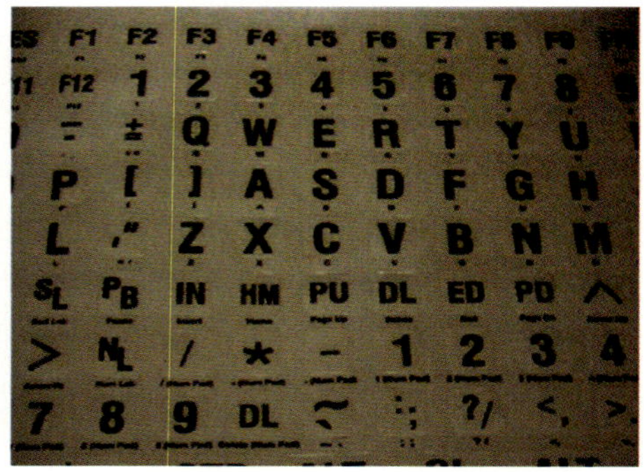

| 사진 7-49 |

점자 키보드

컴퓨터 키보드에 사용할 수 있는 점자와 큰 활자 겸용 스티커(좌측)와 큰 활자 스티커(우측)가 있다.

출처: Lighthouse for the Blind and Visually Impaired, http://store.lighthouse-sf.org

| 사진 7-50 |

확대 키보드

눈에 잘 띄게 검은색과 흰색을 조합한 키보드다. 확대 키보드(large print keyboards)는 표준 크기 47×19cm이며, 활자의 크기는 세로 1.3cm, 가로 0.9cm다.

출처: Lighthouse for the Blind and Visually Impaired, http://store.lighthouse-sf.org

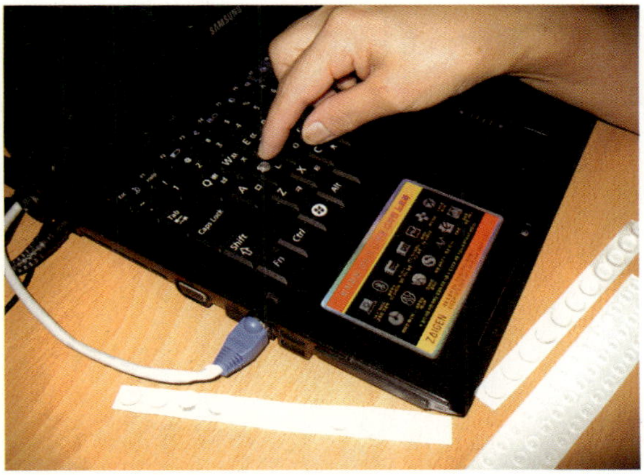

| 사진 7-51 |

블록 점 표식
키보드 위에 볼록점을 붙여 놓으면 표시한 자판을 쉽게 찾을 수 있다.

8) TV 시청과 독서

거실에서 매일 할 수 있는 활동은 다음과 같다.

① TV 화면의 그림을 보는 것이 어렵다면 바퀴 달린 카트 위에 TV를 올려놓고 가깝게 거리를 조절하거나, 화면이 빛 반사로 잘 안 보이면 방향을 바꿀 수 있다.

② 확대경, 독서용 잔글씨안경 혹은 소형 망원경 같은 특수 광학 보조구가 TV 시청이나 독서에 도움이 되는지 저시각 전문가와 상담한다. 보조구가 사용자의 요구와 특정 눈 상태에 적합한지도 알아본다.

③ 일부 TV 프로그램은 장면을 설명해 주는 화면 해설 기능을 포함하고 있으므로 적극 활용한다.

④ 읽기 자료를 가까이서 보기 위해 독서대 혹은 클립보드를 사용한다.

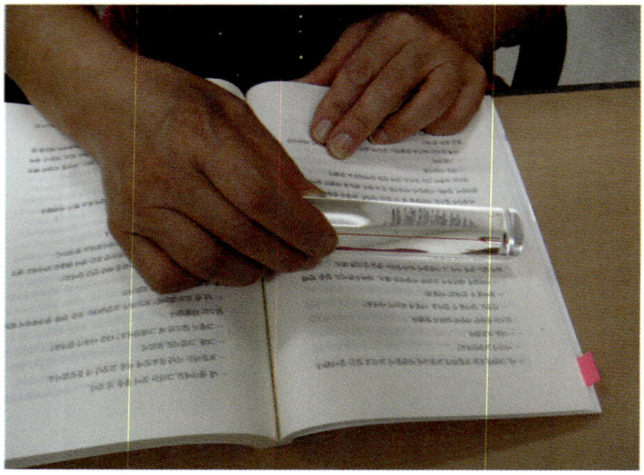

| 사진 7-52 |

막대확대경

막대확대경을 사용하여 읽기를 쉽게 할 수 있다.

| 사진 7-53 |

저시각인용 북스탠드 라이트

저시각인용 북 스탠드 라이트(ottlite bookstand lite for low vision)는 자연광의 밝은 LED 조명으로 눈부심을 줄여 눈의 피로를 줄이는 선명한 조명을 제공한다. 스탠드 판은 크기 조정을 할 수 있다.

출처: Maxi Aids, http://www.maxiaids.com

| 사진 7-54 |

무릎 책상

읽기와 쓰기를 할 때 무릎 위에 얹어서 혹은 탁자 위에 얹어서 사용한다. 무광택 합판으로 만들어졌고, 20도까지 기울기 조절을 할 수 있다. 튼튼하고 단단한 플라스틱으로 되어 있고, 크기는 39.4×33.7cm다.

출처: Lighthouse for the Blind and Visually Impaired, http://store.lighthouse-sf.org

⑤ 일반 활자를 읽는 것이 어렵거나 불가능하다면 확대 문자 책 혹은 녹음 도서를 사용하는 것을 고려한다. 뉴욕 타임스, 리더스 다이제스트 등은 확대 프린트가 되므로 구독이 가능하다. 시각장애인 도서관에서 각종 녹음도서를 사용할 수도 있다.

⑥ 라디오 리딩 서비스는 라디오의 특정 채널에서 신문과 기타 인쇄물의 내용을 알려 주는 것이다.

9) 시간 관리

① 저시각이라면 확대 벽시계 혹은 손목시계를 사용한다. 흰색 바탕에 검은색 글씨 혹은 검은색 바탕에 흰색 글씨가 되어 있는 것을 사용한다. 시계판이 크고 숫자가 크게 인쇄된 것이 좋다.

| 사진 7-55 |

색 대비 시계

저시각인이 보기 쉽게 만들어진 시계가 있다. 흰색 바탕에 검은색 글씨 혹은 검은색 바탕에 흰색 글씨로 되어 있어 시각적으로 변별이 쉽도록 만들어져 있다.

출처: Lighthouse for the Blind and Visually Impaired, http://store.lighthouse-sf.org

② 촉각을 사용하는 점자시계도 활용 가능하다. 점자시계는 큰 숫자를 읽지 못하는 경우의 대안이 될 수 있다. 점자시계는 대개 3, 6, 9, 12시를 표시하기 위해 3개의 볼록점이 표시되어 있고, 나머지 숫자에는 점 하나만 있다. 시침과 분침은 일반 시계보다 손끝으로 감지하기 쉽게 두껍고, 손으로 만졌을 때 움직이

| 사진 7-56 |

점자시계

점자시계는 손끝으로 만져 알 수 있도록 제작된 시계로 글씨 대신 점 표시가 되어 있다.

출처: Lighthouse for the Blind and Visually Impaired, http://store.lighthouse-sf.org

지 않도록 되어 있다. 시계의 버튼을 눌러 시계의 뚜껑을 열고 손끝으로 시침과 분침을 확인하여 시간을 확인할 수 있다.

③ 만약 큰 숫자도 읽을 수 없다면 음성시계를 사용한다. 이 시계는 여성 혹은 남성의 목소리로 시간을 알려 주므로 선호하는 것을 선택하면 된다. 또한 소리 크기 조절이 가능한 것을 선택할 수도 있다. 특히 청각 상실이 있는 사용자는 이 점을 특히 고려한다.

| 사진 7-57 |

음성시계

일반 음성시계(좌측)와 여성용 음성시계(중앙), 아날로그 음성시계(우측)다. 아날로그 음성시계는 검은색 바탕에 흰색의 글씨와 시계침으로 시각적으로 인식이 쉽도록 만들어졌으며, 여성의 목소리로 시간을 알려 주고 작지만 디지털 LCD 시간 표시 기능도 있다.

출처: Future Aids, http://www.braillebookstore.com(좌측, 중앙). Perkins School for the Blind, http://www.perkins.org(우측).

④ 시계는 사용자의 눈높이에 위치시키고, 시계 앞에는 빈 공간을 두어 사용자가 시계에 가까이 갈 수 있도록 한다.

| 사진 7-58 |

벽시계

지름이 33cm인 큰 시계로 약 5cm의 굵은 숫자가 표기되어 있다. 저시각인이 보기 쉽고 먼 거리에서도 잘 보인다.

출처: Perkins School for the Blind, http://www.perkins.org

10) 금전 관리

① 동전은 크기와 옆 날의 톱니 모양 유무로 확인할 수 있다. 동전을 서로 비교하여 크기로 구분하여 보고, 손톱 끝으로 날을 확인한다. 10원짜리 동전은 가장 작고, 50원짜리, 100원짜리, 500원짜리 순으로 동전의 크기가 커진다.

② 지폐는 액면가를 고려하여 접는 방식을 달리한다. 예로 1000원은 접지 말고, 5000원은 가로로 반으로 접고, 1만 원은 가로로 두 번 접고, 5만 원은 세로로 반을 접어 구분한다.

③ 지폐를 나누어 보관할 수 있는 주머니가 많은 지갑과 동전 주머니를 구매하여 사용한다. 1000원, 5000원, 1만 원, 5만 원권 지폐는 다른 길이로 접어서 지갑에 따로 보관한다. 1000원은 자주 사용되므로 접지 않고 지갑 맨 앞주머니에 보관한다. 5000원짜리는 반으로 접어 오른편에 보관하고, 1만 원권은 두 번 접어 왼편에 보관하고, 5만 원은 1만 원권과 같이 두 번 접어 뒷주머니 오른편에 보관한다.

| 사진 7-59 |

두 겹으로 포개지는 검정 가죽 지갑

지폐별로 넣을 수 있는 주머니가 3개 있고, 6개의 카드 구멍이 있다(좌측). 더 많은 주머니와 구멍이 있어 돈을 체계적으로 정리하여 보관할 수 있는 지갑도 있다(우측).

출처: Lighthouse for the Blind and Visually Impaired, http://store.lighthouse-sf.org

| 사진 7-60 |

가죽 동전 주머니

4개의 주머니로 구분되어 있어 동전별로 구분하여 보관할 수 있다.

출처: Lighthouse for the Blind and Visually Impaired, http://store.lighthouse-sf.org

④ 물건 구매를 할 때는 가격과 가장 가까운 지폐 혹은 동전을 사용한다. 거스름돈을 분류하고 확인할 필요가 줄어든다.

11) 청소

① 탁자 위 혹은 싱크대를 닦을 때는 놓치는 부분이 없도록 문지른 부분을 다시 겹쳐서 닦는 방법인 오버랩핑 스트로크(overlapping strokes) 방법을 사용한다. 걸레를 쥐지 않은 손이 안내역할을 한다. 만일 바닥이 넓다면 쟁반, 작은 가구 혹은 기타 마커로 구역을 구분해 놓는다.

② 앞치마 혹은 큰 천가방의 주머니에 청소 용품을 넣어서 사용한다.

③ 먼지털이개 혹은 소형 휴대용 진공청소기는 먼지를 모아서 제거할 때 사용한다.

| 사진 7-61 |

먼지털이개

가구 등의 먼지와 이물질을 쉽게 털어 주는 도구다.

출처: Simply Good Stuff, http://www.simplygoodstuff.com

④ 먼지를 제거할 때는 오래된 면장갑 혹은 양말을 낀다.

⑤ 스프레이 클리너를 사용할 때는 노즐을 천에 직접 대고 스프레이 한다. 이 방법은 닦으려는 면에 대고 스프레이 하는 것보다 더 정확하다.

⑥ 유리를 닦을 때는 길고 가느다란 자국이 나지 않게 수직과 수평으로 닦는다.

⑦ 탁자를 닦을 때는 쟁반을 탁자 앞의 가장자리에 맞춰 한 손으로 잡고, 다른 손

으로 몸과 쟁반 사이를 닦는다.

⑧ 청소기를 사용하거나 걸레로 닦을 때 바닥은 작게 구획을 나눈다. 가구 혹은 다른 표시로 사용할 수 있는 물품들을 사용하여 경계를 정하고 구획마다 청소한다.

12) 주택 관리(유지, 보수)

① 좋은 조명은 주택 관리 과제에 필수적이다. 작업 공간에 거리 조정이 가능한 전등을 벽면 혹은 탁자 위에 설치하거나 마루용 바퀴 달린 전등을 사용하여 자유롭게 가지고 다니며 사용할 수 있다.

② 특수 보조구, 즉 몸 전방 확대경 혹은 확대경이 부착된 거위목 전등에 대해 저

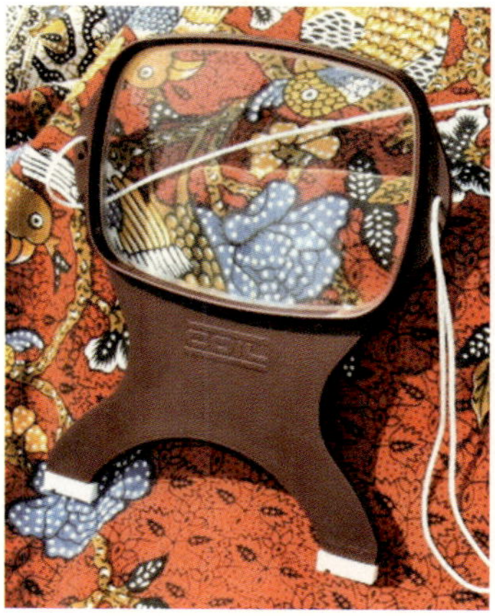

| 사진 7-62 |

몸 전방 확대경

이 확대경(Coil 1.7X EasiView Rectangle Chest Magnifier)은 1.7배 확대를 하며 목둘레에 끼울 수 있다. 크기는 14.5×10.5cm이고 무게는 260g이다. 확대하는 부분이 넓고 목에 끼워 가슴 위에 있게 되면서 손을 자유롭게 사용할 수 있다. 양손을 사용하는 바느질 등을 할 때 많은 도움이 된다.

출처: Vision Enhancers, http://www.visionenhancers.co.uk

시각 전문가와 상담을 한다. 주택을 관리하는 일에 적합한지, 사용자의 눈 상태와 요구에 알맞은지 알아본다.

③ 안전 고글 혹은 안경을 착용한다.

④ 작업 공간에서 눈에 쉽게 띄도록 작업 도구(망치, 집게 등)의 손잡이와 대비되는 테이프를 감아 놓는다.

⑤ 못, 나사, 바느질 혹은 공예 제품을 체계적으로 정리하기 위해 색깔로 구분된 상자(color-coded bins)를 사용한다.

| 사진 7-63 |

컬러 상자

다양한 색의 상자를 이용하여 물품을 정리 정돈한다.

출처: Industrial Supplies, http://www.industrialsupplies.com

⑥ 사용자가 자주 사용하는 도구는 손잡이에 양각 표식 재료(예: Hi-Marks, 3-D Marker, Maxi-Marks, Bump Dots, Spot'n Line Pen)를 사용하여 돌출점을 표시한다.

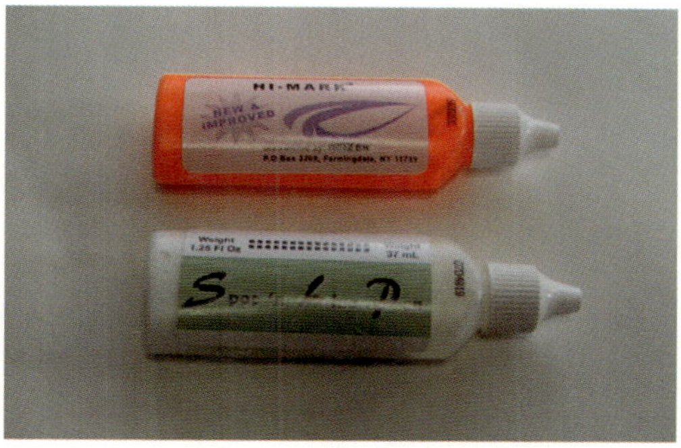

| 사진 7-64 |

양각 표식 재료

하이 마크는 특정 지점을 손끝으로 확인할 수 있도록 도와주는 양각 표식 재료를 사용한다. 용기 안에서는 액체 상태이나 상온에서는 굳어 손끝으로 확인할 수 있다.

출처: Maxi Aids, http://www.maxiaids.com

⑦ 돌출점 혹은 돌출선이 있는 막대자 혹은 줄자를 사용하여 측정을 한다.

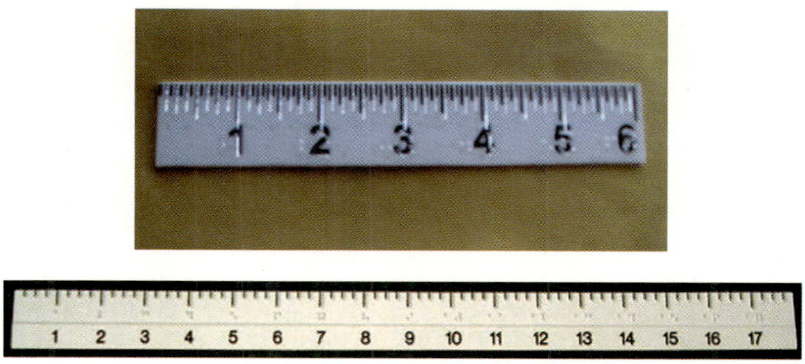

| 사진 7-65 |

점자 및 확대 문자 겸용 막대자

저시각인 및 완전실명인이 함께 사용할 수 있도록 제작된 특별한 막대자다. 손끝으로 확인할 수 있도록 볼록선이 있고 숫자를 나타내는 점 표시가 되어 있다. 선과 숫자가 크고 짙어서 저시각인에게도 편리하다.

출처: American Printing House for the Blind, http://shop.aph.org

13) 열쇠 관리

① 촉감을 사용하여 열쇠로 문을 열 수 있다. 먼저 문의 열쇠 구멍을 찾기 위해 문을 수직으로 따라 트레일링한다. 열쇠를 넣는 구멍을 확인하기 위해 엄지손톱을 사용한다. 열쇠구멍 가까이에 나란히 엄지를 갖다 대고 다른 손으로 열쇠를 끼워 연다.

② 열쇠를 확인하기 위해 열쇠고리에 열쇠를 순서에 맞춰 정리하고, 열쇠에 색깔 표시를 한다. 예로 열쇠머리에 다른 색깔의 고무 고리를 씌운다.

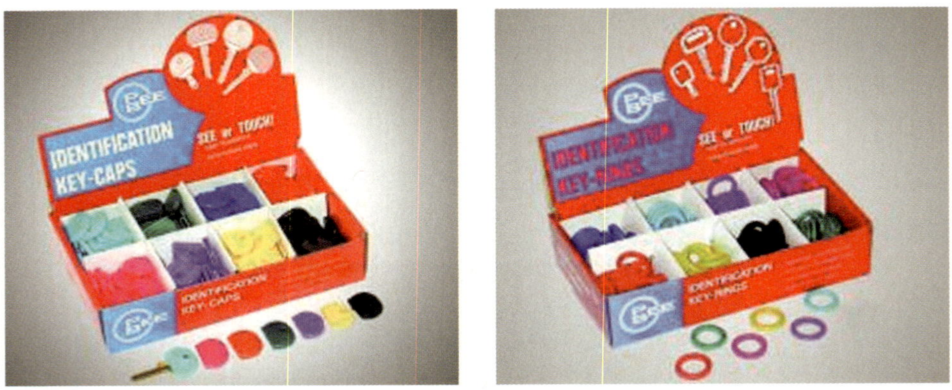

| 사진 7-66 |

열쇠 고무 고리/커버

열쇠의 둥근 부분에 고리 혹은 커버를 씌워 촉감으로 다른 열쇠와 구분해 낸다. 열쇠마다 다른 색의 고리 혹은 커버를 끼워 색깔로 열쇠를 확인할 수 있다.

출처: Key Mart, inc., http://www.keymart.com

14) 세탁물 관리

① 집에 세탁 시설이 되어 있다면 거리 조정이 가능한 전등을 세탁기 위에 설치한다. 각 조절판은 확대경으로 읽는다.

② 조절판의 일정 부분에 양각 표식 재료를 사용하여 손으로 만져 알 수 있도록 볼록한 점을 만들어 놓는다.
③ 세탁기를 새로 구입한다면 조작이 간편하고 조절판이 보기 쉽고 사용하기 쉬운 것으로 한다. 조절판에는 돌출점 표식을 하여 위치 확인을 하도록 한다.
④ 다림질을 하는 경우 다림질하는 공간에 높낮이 및 방향 조절이 가능한 등을 사용하고, 다리미의 온도 조절판에서는 돌출점 표시를 할 수 있는 특수 제품을 사용하여 특정 지점에 볼록점을 만들어 표시한다. 다리미판의 싸개는 무늬가 없는 단색으로 한다.
⑤ 다리미를 다시 집을 때는 먼저 전기선의 위치를 찾아 잡고 따라가서 손잡이를 잡는다.
⑥ 증기다리미 안에 물을 부을 때는 깔대기를 사용한다.

15) 차량 이용

① 자가용의 차량에 승차할 때는 문손잡이를 찾아 완전하게 문을 열어 놓은 뒤에 열어 놓은 차문의 상단과 차체의 지붕 가장자리를 양손으로 잡고 자리에 엉덩이를 댄 뒤 다리를 차 안에 넣는 방법으로 승차할 수 있다. 또는 차 안의 의자와 차의 지붕 가장자리를 양손으로 확인하고 차에 승차하는 방법도 있다.
② 차에서 내릴 때는 차가 완전하게 정지한 후에 문을 열고 다리를 차 밖으로 내민다. 다음으로 열린 차문의 위를 잡고 내린다.

4. 여가 활동

사람은 살아가면서 매일 생활하는 데 필요한 기술 이상의 것이 필요하다. 은퇴로 더 많은 시간을 갖게 되면서 노년기에 여가 활동은 더욱 중요해지고 있다. 여가 활동은 능동적이든 수동적이든 참여함으로써 즐거움을 느낄 수 있는 것이라면 어떤 것이라도 포함한다. 활동은 개인 혹은 집단으로, 집 혹은 지역사회에서 이루어질 수 있다. 시각을 상실한 노인은 창의적이든 심미적이든 간에 사회적, 지적 혹은 육체적 면모를 강화할 수 있는 활동이 필요하다. 개인별로 자신만의 여가 활동을 추구할 수 있어야 한다.

노년기의 여가 활동에서 고려해야 할 사항이 있다.

- 여가 활동에 접근이 가능한가?
- 여가 활동을 지도할 때 성인 학습의 원리를 따르는 것이 필요한가?
- 여가 활동에 필요한 시각 조건은 무엇인가?
- 여가 활동 참여에 영향을 주는 다른 감각 상실 혹은 신체장애가 있는가?
- 여가 활동에 흥미가 있어 참여하려는 의지가 있는가?

시각 상실을 경험하고 있는 노년층을 위해 다음과 같이 여가 활동 수정 전략을 사용할 수 있다.

① 활동을 가르칠 때는 지도자가 시범을 보여 주는 모습을 볼 수 없기 때문에 촉각으로 느껴서 활동하는 방법을 익히도록 한다. 지도자의 손 움직임을 알 수 있도록 지도자의 손 위에 노인의 손을 얹어 느끼게 할 수 있다. 다른 방법으로는 노인의 움직임이 정확한지를 지도자가 손을 얹어 파악하면서 직접 손 위로 정확한 움직임을 지도하는 방법이 있다.

② 지침을 말해 주고, 활동하는 동안 말로 이야기를 해 준다.

③ 저시각 보조구, 점자 혹은 녹음 자료, 게임 기구 같은 시각 상실을 고려해 수정한 도구를 제공한다. 예로 일반 카드는 점자 혹은 확대 카드로 제시한다.

④ 비디오테이프나 TV 프로그램에 익숙해지도록 한다. 시각장애인용 음성 해설이 되어 있는 것으로 한다. 전반적인 시각적 장면을 설명해 주고, 얼굴 표정과

| 사진 7-67 |

확대 카드

저시각인을 위해 특별하게 제작된 카드다. 일반 카드보다 크기가 크며 숫자와 하트 등의 모양이 크게 인쇄되어 있다.

출처: Lighthouse for the Blind and Visually Impaired, http://store.lighthouse-sf.org

제스처의 차이(뉘앙스)와 상황에 대해 알려 준다.

⑤ 여가 활동은 참여하는 개인의 능력에 대한 부정적인 태도 혹은 장벽, 즉 개별 이동 능력의 상실, 교통수단 이용의 어려움, 여가 활동 지식의 부족, 활동에 대한 동기 부족, 두려움으로 인해 어려울 수 있다. 각 개인이 처한 어려움을 알아내어 지도한다.

이러한 전략을 일반 시니어 센터의 여가 및 레크리에이션 지도자를 대상으로 연수를 통해 지도한다. 이를 통해 시각을 상실한 노인이 현재 진행되고 있는 활동과 프로그램에 참여하도록 도와줄 수 있다.

제8장

시각 기능 강화 환경 구성

사람들은 대부분 독립적으로 살고자 하는 욕구를 지니고 있다. 노년층은 시각이 상실되어도 자신의 집에서 계속 살기를 원한다(Duffy, 2002). 배우자, 가족, 친구들은 노인이 약간 보이는 정도의 시각으로 혼자 다니고 생활을 할 수 있는지에 대해 걱정이 많다. 한국 고령자의 89.4%는 자신의 주거 환경에서 불편을 느끼는 점으로 화장실 등에 미끄럼 방지 장치가 없는 경우를 가장 많이 들었다. 다음으로 14.6%는 문턱이 있어 이동이 불편한 경우를 들었고, 8.1%는 조명이 어두워 불편한 경우를 들었다(보건복지가족부, 계명대학교 산학협력단, 2008). 시각을 상실한 사람들의 안전과 삶의 질을 보장하는 생활환경을 만드는 것은 독립생활의 가능성을 높여 줄 수 있으므로 매우 중요한 부분이다.

이 장에서는 노년기의 시각 기능 강화 환경에 대해 알아보고, 시각 기능을 중점적으로 강조하면서 환경을 평가할 때 고려해야 하는 요소를 구체적으로 살펴보면서 강화하는 요령에 대해 알아본다. 그리고 주거 환경을 자세하게 평가해 볼 수 있는 주거 환경 평가표를 제시한다. 마지막으로 시각 기능 강화 환경을 구성하는 방법을 시각 기능 강화에서 다루어야 할 요소별로 알아보고, 주거 공간별로 환경 구성 요령을 살펴본다.

1. 노년기의 시각 기능 강화 환경에 대한 이해

환경은 노년층의 독립 기능, 존엄성과 행복에서 중요한 요소다. 환경 설계는 노년층의 시각, 청각, 이동력, 민첩성, 피로 한도 등을 고려하여 이루어져야 한다. 노년층에게 친화적이지 못한 환경에서 이동하거나 시간을 보내는 것은 맥 빠지고 억제된 상태에 있는 것과 같다. 노인의 독립적인 기능을 촉진하는 환경을 창조하는 것이 주된 관심사가 되어야 한다. 이러한 맥락과 환경 설계에서 환경은 물리적 환경 이상의 것으로 심리적, 사회적, 문화적 요인을 포함해야 한다(Hiatt, 1985; Lawton, 1985). 노년층의 신체적, 심리적 환경의 영향을 이해하는 것은 환경을 만드는 데 도움이 될 수 있다. 시각 상실과 노화와 관련해서 특별한 관심이 가는 환경 특성의 예는 다음과 같다. 물리적 특성으로는 크기, 배치 혹은 형태, 속이 찬 혹은 빈 공간, 통로, 음향, 조명 수준, 향기, 촉감을 들 수 있고, 심리적 특성으로는 사람의 환경에 대한 개인적인 반응과 관련된 것을 들 수 있다. 그리고 사회적 특성으로는 사회 속의 사람들(수, 역할 등)의 영향을 들 수 있고, 문화적 특성으로는 규범, 규정, 전통 등을 들 수 있다. 환경을 바꾸기 위해서는 문화적인 속성을 완벽하게 이해하여야 한다(Hiatt, 1985; Parr, 1980).

우선적으로 시각을 상실한 노인이 보다 생활하기 편한 물리적 환경을 구성하는 것이 필요하다. 개인 공간뿐 아니라 공공시설에서도 편안하고 기능적인 환경을 설계하여 구성하여야 한다.

Orr(1998)는 노년층에게 안전하고 접근하기 쉬운 시설, 프로그램과 활동을 만드는 것은 많은 시간, 에너지, 금전이 필요하지 않다고 본다. 건축과 인테리어 설계를 할 때는 적절한 조명, 색 대비와 눈부심을 일으키는 요소를 제거하여 눈부심을 줄이는 것을 고려하여야 한다. 노년층을 위한 효과적인 환경 설계를 생각할 때는 노년층을 위한 환경, 특히 시니어 센터, 요양원 등에서 이러한 요인을 고려하여 환경을 구성하는 것이 필요하다.

시각 상실자가 있는 환경은 조명과 색 대비의 사용, 가구의 배치, 장애물의 제거와 교통 지역에서의 위험물 제거, 그리고 신호는 확인이 쉬운 적절한 곳에 배치하고 가독성(readability)이 있도록 만들어 주는 요소를 반영하여야 한다.

노년층의 기능을 향상하기 위한 조정 혹은 수정이 여러 측면에서 이루어질 수 있다(Orr, 1998, pp. 81-83).

① 조명

- 레크리에이션 혹은 독서하는 공간에 마루용 전등 혹은 책상용 전등을 충분하게 배치한다.
- 작업 시 조명은 눈이 아닌 작업하는 곳을 비추도록 한다.

- 못 쓰게 된 전구를 바꾸어 준다.
- 조명이 반사되어 눈부심을 일으키지 않는 곳에 거울을 배치한다.
- 자연광을 조절하고 눈부심을 조정하기 위해 창문에 블라인드, 얇은 커튼, 천을 단다.
- 자연광을 사용하여 손 작업을 하거나 독서를 하도록 창문 근처에 의자를 배치한다.

② 가구

- 가구 옆에 조명을 배치한다.
- 가구는 질감을 고려하여 구입한다. 가구별 질감은 위치 확인 시 주요 단서가 된다.
- 꽃병, 전등 등은 가구와 대비되는 색깔로 선정하면 눈에 잘 띄어 가구의 위치를 쉽게 파악할 수 있다.
- 가구 혹은 바닥에는 무늬가 있는 덮개의 사용을 피한다. 줄 혹은 체크 무늬는 시각적으로 혼란을 줄 수 있다.

③ 장애물의 제거

- 다 낡은 카펫과 바닥 덮개는 치운다.
- 바닥 깔개는 테이프로 붙여 고정한다.
- 사람이 다니는 통로에 있는 전깃줄은 치워 준다. 아니면 테이프로 붙여 고정한다.
- 바닥은 왁스칠을 하지 않는다. 윤이 나지 않고 미끄럽지 않은 제품으로 바닥을 청소한다.
- 책상과 탁자 안에 의자는 꼭 밀어 넣는다.
- 통행로에는 큰 가구를 놓지 않는다.
- 통행로에 음수대, 전화 부스 같은 돌출물은 제거한다.

④ 색 대비의 사용

- 사물은 배경과 대비가 되는 색을 사용한다. 예로 밝은색 벽과 어두운색의 탁자,

흰색 벽에 검은색 전기 스위치판을 사용하여 대비가 잘되게 한다.

- 문손잡이는 문의 색과 구분이 잘되는 색을 사용하여 쉽게 확인하도록 한다.
- 계단의 가장자리와 경사로의 끝에 대비가 잘되는 페인트칠을 해 두거나 테이프를 붙여 준다.

⑤ 복도와 계단

- 조명을 여러 개 설치하여 복도에 전반적으로 고르게 빛이 비치도록 한다.
- 복도의 한쪽에만 음수대와 소화기를 배치하여 시각 상실이 있는 노인은 장애물이 없는 반대쪽으로 다니게 한다.
- 필요하다면 가로대(grab bar)를 설치한다.
- 계단에 조명을 설치한다.
- 계단의 마지막까지 손잡이를 완전하게 설치한다.
- 계단을 다 내려온 지점은 대비가 잘되는 색으로 표시한다.

⑥ 신호

- 신호는 눈높이 수준에 배치하고 미국장애인법(Americans with Disabilities Act: ADA)의 기준에 맞는 크기의 글자를 사용한다.
- 미국장애인법(ADA)의 기준에 맞는 점자 신호를 제공한다.
- 비상구를 확실하게 표시한다.
- 손으로 신호를 그릴 때는 심이 굵은 매직펜으로 흰색 혹은 옅은 황색의 무광택지에 표시한다.

⑦ 전화

- 숫자가 큰 번호판을 준다.
- 전화 증폭기를 사용하여 소리를 높여 준다.

⑧ 가정 안에서의 환경 수정

- 가정에서 독립적으로 안전하게 기능하도록 하는 것은 중요하다. 시각 관련 재활 분야의 전문가들은 가정 혹은 직장의 환경 수정을 도울 수 있다. 일단 환경이 안전한지, 기능에 편리한지를 평가하여 수정을 고려한다.

노인의 환경에서 노인에게 충분한 빛을 제공하는 조명 기구의 부족, 조명 기구의 적절하지 못한 배치, 눈부심을 초래하는 조명 등은 사물을 명확하게 확인하기 어렵게 하고 사물의 테두리를 흐릿하게 보이도록 만드는 요인이 된다. 또한 계단의 깊이도 확인하기 어렵다. 리놀륨 혹은 유화 그림 같은 반짝이는 표면에서 나오는 눈부심은 문제를 일으킨다(Rosenbloom, 1992). 조도가 높은 조명을 사용하여 적절하게 배치하면 노년층의 시기능을 향상할 수 있다.

Watson과 Echt(2010)는 노인이 시각적으로 접근하기 쉬운 환경을 만들기 위한 전략을 제시하였다(p. 898).

표 8-1 시각적 환경 구성 전략

목표	전략
실물 혹은 사물의 크기 변화	• 살피는 시각을 보상하기 위해 - 크기를 확대한다(확대 인쇄). - 가깝게 움직이기(TV에 가깝게 앉기) - 확대경 사용 • 정상 시력이지만 주변 시야에서의 상실을 보상하기 위해 - 리벌스 망원경을 사용하여 시각적인 상을 축소한다. - 멀찌감치 떨어진 위치에서 본다. - 거울 같은 시야 확대 보조구를 사용한다.
빛 조절	• 눈부심을 줄이면서 전반적으로 빛의 수준을 높여 주는 조명을 사용한다. • 보안경, 모자, 챙, 색 필터, 전등을 사용한다.
사물과 배경 사이의 대비 강화	• 복잡한 전경과 배경 상태는 제거한다. • 올라가는 계단은 대비되는 색으로 표시한다. • 가구와 배경 사이에 대비를 높인다.
밝고 선명한 색상 사용	• 색 테이프로 조명 스위치, 다이얼 등을 표시한다.
쉽고 안전한 환경 구성	• 사고를 방지하기 위해 정리 정돈이 잘되는 환경을 만든다. • 문은 완전하게 닫아 두거나 열어 둔다. • 의자는 탁자 아래 넣어 두고 가구는 벽에 붙여 진열한다.
시각을 대체하는 전략 사용	• 녹음된 읽기 자료를 사용한다. • 안전한 이동을 위해 흰지팡이를 사용한다. • 음식이 다 된 것을 확인하기 위해 후각 단서를 사용한다.

2. 시각 기능 중심 환경의 평가

매일 생활하는 환경에 대해 신중하게 평가하고 주위 환경을 바꾸며 더욱 안전하고 편안하고 조직적으로 자기조절력을 가지고 활동하는 방법을 활용할 수 있다. 시각 상실이 있다고 하더라도 자신의 집에서 생활할 수 있다.

1) 기능 환경 평가 요소

집에서 변화를 줄 수 있는 곳을 찾기 위한 검사를 할 때는 기본적인 여러 요소를 고려하여야 한다. 조명, 색과 대비, 조직화, 촉감과 질감, 소리, 라벨, 글자로 쓰기, 표식하기, 안전이 그 요소다(Duffy, 2002).

■ 시각 상실 후 집을 더 살기 좋게 만드는 기본 원칙

가시성 향상하기

_____ 적절한 조명을 제공하기

_____ 반짝이는 표면에서 반사된 빛으로 인한 눈부심을 줄이기

_____ 사물과 배경 사이에 대비를 높이기

_____ 눈에 띄게 사물과 모서리(예: 문틀 혹은 벽의 몰딩)를 밝은색으로 표시하기

_____ 잔존 시각을 최대로 활용하도록 확대되어 굵게 인쇄된 읽기물과 보조구를 사용하기

조직화하기

_____ 자신의 물건을 예측 가능한 품목으로 분류하여 정리하기

_____ 활동 장소 근처에 사용해야 하는 장비와 물품을 보관하기

_____ 사용한 물건은 항상 같은 장소에 갖다 놓기

불필요한 물품을 치우고 나머지는 적당한 장소에 보관하기

감각 사용하기

_____ 느낌 혹은 소리로 장소와 사물을 확인하는 방법 배우기

_____ 손가락으로 만져 알 수 있는 촉각 표식이 되어 있는 자 혹은 음성시계같이 촉감이나 소리를 활용하는 적응 보조구를 사용하기

_____ 청각을 최대한으로 사용하기 위해 배경 소음을 최소화하기

라벨을 사용하기

_____ 구별하기 어려운 물품을 확인할 수 있게 라벨을 사용하기

_____ 캔 제품, 청소 용품, 약 같은 물품에 프린트 라벨에 두꺼운 마커를 사용하기

_____ 손으로 만져 알 수 있는 돌출점 혹은 밝은색의 라벨링 제품으로 가전 기기에 표식을 하기

_____ 손으로 느껴서나 밝은색으로 알 수 있도록 고무밴드, 리본, 전기용 테이프, 안전핀 같은 일상 물품을 사용하기

안전을 우선으로 하기

_____ 작은 깔개 매트, 낡은 카펫, 높이가 낮은 탁자, 잡동사니 같이 걸려 넘어지게 하는 위험물은 다른 물건으로 바꾸거나 위치를 바꾸거나 치우기

_____ 계단과 문턱 등의 사고 위험이 있는 장소에는 눈에 잘 띄도록 시각적 효과 넣기

_____ 충돌해서 다치지 않게 보관장의 문과 서랍은 사용 후에 확실하게 닫고 의자는 탁자 아래에 밀어 넣기

_____ 화기(예: 가스레인지) 근처에서 가연성 물품을 치우기

_____ 뜨거운 열을 내는 고광도의 조명 혹은 할로겐등을 사용할 때 안전 수칙을 지키고 전등의 전력량을 지키기

(1) 조명

조명은 환경 평가에서 가장 중요한 요소다. 효과적인 조명은 시각을 최대한으로 활용할 수 있도록 돕는다. 노년층은 젊은 층보다 읽기, 쓰기 및 일상 활동을 할 때 4배 이상의 밝기가 필요하다. 더 밝고 집중적으로 작업 영역을 비추는 조명과 함께 독서용 안경 혹은 양안 망원경이 도움이 된다.

커튼 혹은 블라인드를 열어서 더 많은 빛이 들어오게 하거나 혹은 램프를 추가로 배치하거나 활동에 맞춰 한 영역에 조명을 사용하는 방법도 있다. 조명을 늘려서 집 안에서 모든 일상 활동을 잘해 내게 하고, 다니는 곳을 잘 볼 수 있게 하여 안전성을 높일 수 있다.

가정에서 활용될 수 있는 빛의 종류에는 다섯 가지가 있다. 빛은 각각의 특색이 있고 활동마다 적절하게 사용될 수 있다.

① 자연광

자연광, 즉 햇빛은 일상 과제에서 가장 이상적인 빛이지만, 하루 종일 사용할 수는 없다. 빛이 그림자를 만들기도 하고 눈부심을 일으킨다.

② 백열등

백열등(白熱燈, incandescent lamp)은 읽기, 쓰기와 바느질 같은 근거리 활동을 돕는 고광도 조명으로 높낮이 및 방향 조절이 가능한 등에 사용한다. 일반적인 방의 조명으로는 추천되지 않는데, 햇빛처럼 그림자를 만들고 눈부심을 만들기 때문이다. 백열등은 진공의 유리구 안에 텅스텐으로 된 가는 금속선(필라멘트)을 넣어 만든 전구로서, 백열등이 빛을 내는 원리는 '온도 복사'라는 물리 현상이다. 백열등은 일반적으로 표면 밝기가 매우 높아 사용자의 눈이 부시고 '온도 복사'로 인한 열 때문에 붉은 빛을 띤다. 일반적으로 사용하는 형광등에 비해 수명이 짧다. 그래서 비교적 좁은 장소의 전반 조명이나 국부 조명용으로 많이 쓰인다. 백열등에서 주목해야 할 사항은 두 가지로 정리된다.

① 백열전구는 전력량(와트 수)이 높아질수록 발열량이 높아져 뜨거워진다. 그 결과 길어질 수 있는 근거리 작업(예: 길어지는 독서 혹은 세밀함이 요구되는 수공예)에는 적합하지 않다.

② 새로 개발된 풀 스펙트럼(full-spectrum) 백열전구(예: Chromalux bulb)는 햇빛에 가깝게 만들어져 일부 사람에게는 더 밝고 선명하게 느껴진다. 태양광선이나 백열전구의 빛은 가시광선 영역의 스펙트럼인 무지개 띠를 보인다. 태양광선에는 연속 스펙트럼이 있고, 네온등이나 수은등에서 나온 빛에는 특정 파장으로만 이루어진 태양광 스펙트럼이 있다. 형광등의 경우는 가시광선 영역의 연속 스펙트럼과 증기에 의한 선 스펙트럼이 모두 있다. 인공 광원 중에서 풀 스펙트럼이 나오는 광원은 백열전구, 할로겐전구 또는 특수형광전구가 있다.

3 형광등

형광등(螢光燈, fluorescent lamp)은 유리관 속을 진공으로 하여 수은과 아르곤 가스를 넣고, 안쪽 벽에 형광 도료를 칠하여 수은의 방전으로 생긴 자외선을 가시광선으로 바꾸어 빛을 내는 등이다. 눈부심을 적게 만들고 발광 효율이 높으며, 건물의 사무실과 학교에서 일반적으로 쓰이는 조명이다. 가정에서도 방의 조명으로 사용할 수 있다. 비교적 넓게 빛을 제공하고 그림자를 만들지 않고 눈이 부시는 지점을 만들지 않는다.

① 새로 개발된 형광등으로 전구식 형광등(compact fluorescent lamps: CFLs)은 일반 램프의 소켓에 끼울 수 있고 백열등과 같은 조명을 제공한다. 열이 적게 나고 에너지 소모도 적다.

② 천장 형광등은 덮개를 장착하여 눈부심을 줄일 수 있다.

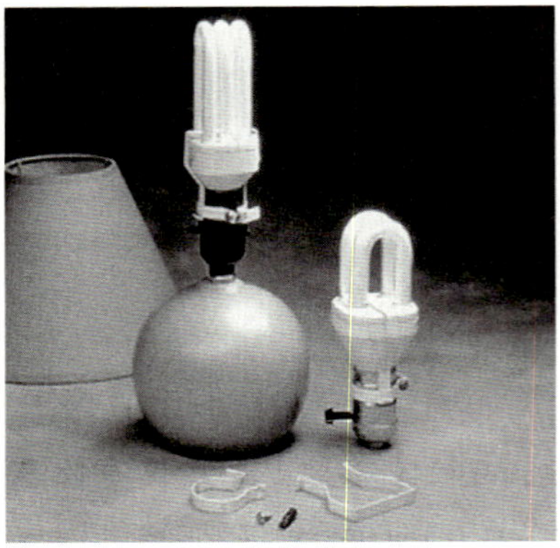

| 사진 8-1 |

전구식 형광등

일반 등의 소켓에 들어가고 일반 형광등의 장점을 지닌다.

출처: Duffy(2002).

④ 혼합등

백열전구와 형광전구를 함께 사용하는 혼합등은 대부분의 일상 활동에서 가장 유용하고 편안하다. 혼합등의 빛은 태양광에 가장 가깝다.

① 같은 등에 백열등과 형광등을 함께 사용하는 것이 가능하다. 높낮이와 방향 조절이 가능한 등을 백열전구와 형광등을 함께 사용하여 제작하기도 한다.

② 가능하다면 집 안에서도 혼합 방식의 등을 사용하도록 한다. 방의 조명으로 백열등 또는 전구식 형광등을 사용한다. 그리고 보충 조명으로 높낮이와 방향 조절이 가능한 백열전구를 사용한 등(예: 스탠드)과 플로어등(floor lamp)을 사용한다.

| 사진 8-2 |

혼합등

백열전구와 형광전구를 함께 사용한 혼합등으로 자연광에 제일 가까운 빛을 제공한다.

출처: Duffy(2002).

5 할로겐등

할로겐등(halogen lamp)은 백열전구의 일종으로 유리구 안에 할로겐 물질을 주입한 등이다. 백열전구에 비해 더 높은 온도에도 필라멘트가 견딜 수 있고, 이로 인해 더 밝고 환한 빛을 내면서도 수명이 오래간다. 백열전구에 비해 1/20 정도로 크기가 작고 가벼워 자동차 헤드라이트용이나 비행장의 활주로 매입등, 무대 조명, 백화점 · 미술관 · 상점 등의 스포트라이트용과 인테리어 조명의 광원으로 많이 사용된다.

일부 사람은 백열등보다 더 밝고, 흰색 빛이 더 나고, 집중을 쉽게 할 수 있고, 에너지 효율성이 높아서 이 등을 선호한다. 일반등, 천장 매입등, 트랙등(track lighting: 조명 장치를 천장 · 벽 등의 레일에 달아 옮기는 방식)에 사용되고, 높낮이 및 방향 조절이 가능한 등(adjustable swing-arm lamps)에도 사용된다.

① 할로겐등은 열이 나서 보호 가리개(shield)가 필요하다. 읽기, 뜨개질, 바느질 혹은 수공예 같은 시간이 걸리는 근거리 작업에는 적절하지 않다.

② 할로겐등은 열이 심하게 나 뜨거워지면서 화재의 위험이 있고, 화상을 일으켜

서 상해를 입힐 수 있다. 할로겐등을 사용할 때는 제품의 안전 수칙을 지켜야 한다.

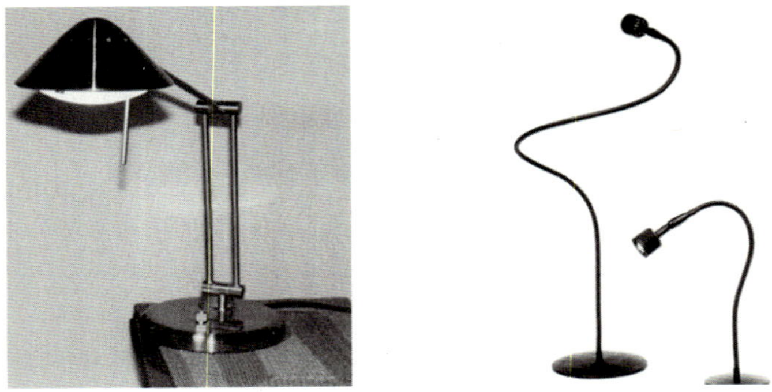

| 사진 8-3 |

할로겐등

할로겐등은 크기와 모양이 다양하다. 빛이 매우 밝으나 전구에서 뜨거운 열이 난다. 따라서 시간이 오래 걸리는 근거리 작업에는 적절하지 않다.

출처: Duffy(2002).

⑥ 발광다이오드(LED) 조명

전기로 빛을 발하는 LED(light emitting diode) 소자를 이용한 조명 방법이다. 색의 기본요소인 적색, 녹색, 청색에 백색까지 다양한 색의 빛을 만들 수 있으며, 기존 조명기구보다 에너지를 획기적으로 줄일 수 있다. 또한 자외선과 같은 유해파의 방출이 없으며 이산화탄소가 발생하지 않아 환경 친화적이다.

- 기존의 백열전구나 형광등에 비해 소비 전력이 매우 적고, 수명이 길어 효율적으로 사용 가능하다.
- 형광등 같은 빛 떨림 현상이 없어 시력 피로가 없으므로 시력을 보호할 수 있다.
- 다른 전구보다 가격이 비싸다는 단점을 가지고 있으나 최적의 방열 설계로 발열이 적어 안전하게 사용할 수 있다.

각 방을 다니면서 조명이 부적절하거나 고르지 않은 곳을 찾아내는 것이 필요하다. 또한 빛이 사물에 부딪혀 반사하여 눈을 부시게 하는 장소를 찾아낸다. 눈부심은 윤(광)을 낸 마루, 탁자, 거울, TV와 컴퓨터 화면에서, 화장실과 주방의 크로뮴(chromium)으로 된 구조물에서 일어날 수 있다. 이와 같은 눈부심을 줄이는 해결책으로는 다음의 방법이 있다.

- 번쩍이지 않는 마루로 교체하기
- 책상보 혹은 탁자보를 씌우거나 매트 깔기
- 거울과 컴퓨터 화면을 빛으로 반짝이지 않는 곳으로 재배치하기
- 화장실과 주방에 미니 블라인드 설치하기
- 커튼 혹은 가리개 하기

읽기를 할 때는 커튼을 열어 자연광인 햇빛이 들어오게 하여 최대한 활용하고, 전등 가까이 앉아 빛의 양을 늘릴 수도 있다. 밝은 고광도 조명이나 할로겐등은 독

| 사진 8-4 |

독서용 전등

독서용 전등을 사용하면 독서에 필요한 조명을 추가로 받을 수 있다(좌측). 전등에 추가해 확대경이 딸린 전등을 사용하면 확대 효과도 볼 수 있다(우측).

| 사진 8-5 |

독서용 조명판

이 판(LightWedge Ⓡ 2.0 Rechargeable Light)은 책 한쪽 크기의 투명판으로 스위치를 올려 조명을 켤 수 있다. 어두운 곳에서도 읽을 수 있다.

서 혹은 바느질 같은 근거리 활동을 더 쉽게 할 수 있다. 또한 독서물의 표면에 사용하는 독서용 조명판도 활용 가능하다. 예로 라이트웨지 LED 북라이트는 두 개의 고효율 LED 조명이 내장되어 있고 얇은 사이즈의 아크릴 렌즈도 부착되어 있다. 책 위에 올려놓고 빛의 밝기를 조절하면 독서를 할 수 있다.

(2) 색과 대비

색상을 인식하고 색조의 차이를 아는 능력은 시간이 갈수록 줄어든다. 꽃무늬 침대보 위에 열쇠를 올려놓았다가 찾지 못하거나 나무 의자 혹은 탁자 위에 갈색 지갑을 올려놓았다가 혹은 어두운색의 카펫에 어두운색의 신발 혹은 슬리퍼를 벗어 두었다가 찾지 못하는 경우가 발생한다. 찾으려는 물건이 두드러지게 색 대비가 되지 않기 때문에 어려워지는 것이다. 코앞에 있는 것을 발견하지 못하면 좌절감을 느낄 수도 있다. 사물과 배경색의 대비를 향상하고, 강하고 밝은 색깔을 사용하는 것은 가장 단순하고도 효과적인 수정 방법인데, 이를 통해 사물을 쉽게 찾아낼 수 있다.

집 안에서 대비가 충분하지 않은 곳을 찾는다. 색깔을 결정하고 대비 효과를 주면 자신감을 가지고 안전하다는 느낌을 갖게 할 수 있다. 예를 들면 다음과 같다.

① 문턱은 보기 어렵다. 정확하게 높이를 판단하는 것도 어려울 수 있다. 밝은 원색, 즉 빨간색, 오렌지색, 노란색으로 문턱을 색칠하면 도움이 된다. 이 색깔은 주위에 있는 가구와 색과 어울리지 않을 수 있지만, 파스텔색보다 밝은 원색이 눈에 더 잘 띈다. 이 방법은 문턱에 걸리거나 넘어지는 것을 막아줄 수 있다.

② 색상은 주방 혹은 화장실에서도 도움이 된다. 보관장의 가장자리를 따라서 밝은색으로 색칠을 하거나 줄무늬의 경고 테이프를 붙여 두면 문이 열려 있는지 알 수 있다.

③ 가정 관리 문서 혹은 서류는 주제 혹은 영역별로 색깔로 표시하여 구분한다. 형광색의 포스트잇, 밝은색의 스티커, 페이퍼 클립, 형광색 마커 등을 사용한다.

| 사진 8-6 |

안전 테이프

보관장의 문 가장자리에 대비가 되는 밝은색의 테이프를 줄무늬로 붙여 놓으면 문이 열려 있는지 쉽게 확인할 수 있다.

| 사진 8-7 |

저시각인용 안전 테이프

이 테이프(safety tape for low vision)는 눈에 잘 띄는 테이프로 손으로 쉽게 찢을 수 있다. 테이프의 폭은 약 3cm다. 나무와 위험한 부분을 안전 테이프를 붙여 표시할 수 있다. 빨간색과 노란색이 있다.

출처: Maxi Aids, http://www.maxiaids.com

| 사진 8-8 |

저시각인용 형광 안전 테이프

이 테이프(safety tape for low vision: fluorescent pink)는 눈에 잘 띄는 형광 테이프로 손으로 잘 뜯어진다. 테이프 폭은 약 3cm다. 나무 등의 위험한 부분에 붙인다. 분홍색과 오렌지색이 있다.

출처: Maxi Aids, http://www.maxiaids.com

④ 식탁에서 사고 혹은 흘림을 방지하기 위해 색을 결정하고 대비를 한다. 어두운색의 식탁보 위에 흰색 혹은 밝은색의 접시는 강한 대비 효과를 낼 수 있다. 투명 유리컵 혹은 투명 접시는 구분하기 어려우므로 사용하지 않는다.

| 사진 8-9 |

식탁용 매트

식탁과 같은 색의 접시를 사용하는 경우(좌측)에는 식탁과 대비가 되는 매트를 깔아 식사 도구와 시각적으로 구분이 잘되게 할 수 있다(우측).

⑤ 밝은 배경에 어두운색의 사물을 배치한다. 그 반대로 할 수 있다. 예로 짙은 갈색 의자는 희색 혹은 크림색의 벽에 좋다. 만약 가구와 벽의 색을 대비시키는 것이 가능하지 않다면, 짙은 색 의자의 경우 의자 등받이에 흰색의 덮개를 씌운다.

(3) 조직화

자신이 사용하는 물품을 체계적으로 정리하여 놓으면 필요할 때마다 혼자서 찾아내서 쓸 수 있다. 주변이 어수선하지 않고 정리되어 있어서 사고의 위험도 방지할 수 있다.

집을 돌아다니면서 체계적으로 정리해야 할 것이 무엇인지를 살펴본다. 어수선하게 있는 것을 그냥 방치하고 있었다면 집 안에서 안전함을 느끼도록 물건을 특정

한 방식으로 정리하도록 한다. 집 안에서 잠재적으로 문제가 될 곳(예: 옷장, 보관장)을 살펴보고 다음 사항을 고려하여 해결책을 찾아본다.

① 때때로 옷장 안을 간편하게 정리하도록 한다. 의복, 신발, 액세서리 등을 확인하기 쉽게 정리하는 것이 필요하다. 계절별로 입는 옷을 구분하고, 오래되어서 낡은 옷, 유행이 지난 옷, 작아서 입지 못하는 옷은 치운다. 옷차림에 어울리는 정장, 셔츠, 벨트, 타이를 옷걸이에 함께 걸어 두는 방법도 있다. 물품을 한군데 모아 놓거나 바지는 옷장의 한편에 걸어 두고, 다른 편에는 셔츠를 둔다.
② 서랍 속에 지퍼형 플라스틱백, 얼음판, 계란판을 사용하여 귀금속 혹은 작은 물품을 분리해서 보관한다.
③ 화장실 보관함의 오래된 약은 버린다.
④ 주방에서 많이 사용되는 기구는 작업 영역에 가까이 둔다. 양념은 알파벳 순으로 정리한다. 캔 제품은 과일, 수프, 야채끼리 모아 둔다. 라벨링과 표식을 하여 분류를 쉽게 할 수 있다.
⑤ 정기적으로 할 활동의 스케줄을 만든다. 즉시 해야 할 과제도 생각해 두어야 한다. 예로 요리 후에 즉시 스토브 위를 닦는 것이 노력을 덜 들여 깨끗하게 하는 방법이다.

(4) 촉감과 질감

시각이 감소되면서 자신이 촉각에 더 많이 본능적으로 의존하고 있음을 알 수도 있다. 촉감이 자동적으로 시각을 보완하기 위해 예민해지는 것은 사실이 아니지만, 손과 심지어 발로 받아들여지는 정보에 주목하는 것을 배워야 한다. 예로 눈으로만 콤비 상의 혹은 재킷을 확인하는 대신에 다른 특성, 즉 천의 질감, 버튼, 벨트 등을 손으로 느껴 찾아낼 수 있다. 촉각을 활용하는 방법을 배워 집 안의 물품을 손으로 느껴서 확인하는 능력이 생기면 자신감이 들고 주위 환경을 통제하는 힘이 생긴다.

집 안을 다니면서 촉감이 사물 혹은 위치에 대한 정보를 제공하는 곳 혹은 촉각 단서가 필요한 곳을 찾는다. 다음의 방법을 사용한다.

① 저렴한 촉각 장식품(예: 리본, 고무밴드)을 부착한다. 방을 구분하여 출입을 쉽게 하기 위하여 침실 문손잡이에 사용할 수 있다.
② 양각 표식 재료(예: Hi-Marks, 3-D Marker, Maxi-Marks, Bump Dots, Spot'n Line Pen)를 사용하여 느끼기 쉬운 표식을 할 수 있다. 집 안에서 사용하는 가정 기기부터 약통, 문에까지 사용 가능하다.
③ 탁자를 닦거나 가구 광택을 낼 때 손가락으로 만져 가며 크기, 모양, 촉감을 느끼고, 훼손되어 수선이 필요한 부분이 있는지 찾는다.
④ 우유, 주스, 음료수를 따를 때는 액체가 차오르면서 컵이 차가워지는 변화를 손으로 느낀다.
⑤ 발로도 유익한 정보를 얻을 수 있다. 카펫이 깔린 곳과 마루가 깔린 곳은 발로 확인이 가능하여 현재 있는 위치를 파악하는 데 도움이 된다. 작은 깔개 매트는 가급적 치운다. 잘못하면 걸려 넘어져 다칠 수 있다.

| 사진 8-10 |

돌출점 표식

돌출점 표식은 접착 가능하여 스토브 다이얼이 제자리에 있는지를 확인할 수 있게 한다. 밝은 빨간색의 점이라면 시각적으로도 구분이 쉽다.

출처: Duffy(2002).

| 사진 8-11 |

카펫

바닥에 카펫이 깔린 부분이 있고, 리놀륨 처리가 된 부분이 있다. 발로 촉감을 느껴 카펫이 깔린 거실인지, 리놀륨이 깔린 주방인지를 알 수 있다.

(5) 소리

촉감으로 정보를 얻을 수 있듯이 환경의 소리에 주의를 기울여 주위 환경에 대한 정보를 얻을 수 있다. 예를 들면 다음과 같다.

① 주방에서 크기, 모양, 무게 같은 캔 제품의 차이를 소리를 들어 알아낼 수 있다. 과일 칵테일이 든 캔을 흔들었을 때 나는 소리와 토마토 페이스트가 든 캔의 소리는 다르다.

② 찬 액체(예: 우유, 주스, 음료수)를 컵 등에 부을 때 처음 액체가 들어갈 때 나는 소리와 액체량이 많아지면서 나는 소리와 꽉 차서 나는 소리는 차이가 있다.

③ 요즘에는 음성으로 들려주는 전자레인지, 탁상시계, 손목시계, 저울과 계산기도 나와, 청각을 사용하면서 독립적이면서도 안전한 생활을 할 수 있도록 도와주고 있다.

④ 전자 액체 탐지기(electronic liquid-level indicator)는 뜨겁거나 차가운 액체를 부을 때 도움이 된다. 컵 가장자리 가까이에 액체가 도달하면 소리를 내준다.

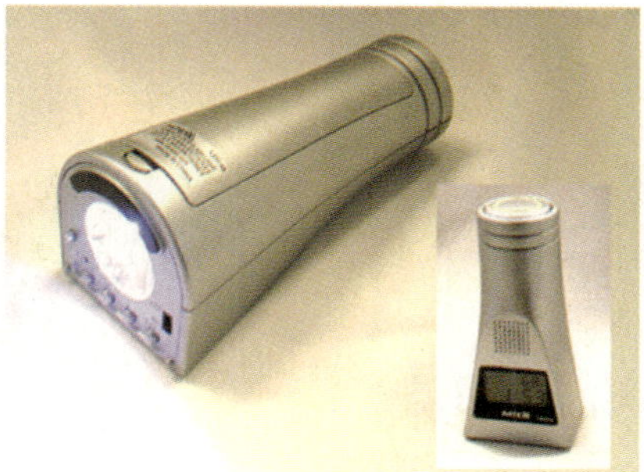

| 사진 8-12 |

음성 자명종 시계

이 시계(talking alarm clock w / built in LED flashlight)는 음성으로 시간을 알려 준다. LED 조명등이 장착되어 있어 조명기구로도 사용할 수 있다.

출처: Lighthouse for the Blind and Visually Impaired, http://store.lighthouse-sf.org

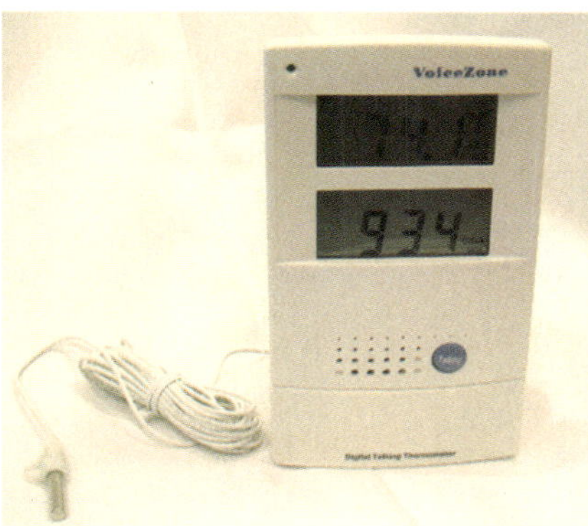

| 사진 8-13 |

음성 온도계

음성으로 온도를 알려 준다.

출처: Lighthouse for the Blind and Visually Impaired, http://store.lighthouse-sf.org

| 사진 8-14 |

음성 계산기

계산기의 버튼으로 눌린 숫자 혹은 부호를 소리로 들려준다. 또한 계산 결과값도 음성으로 알려 준다.

출처: Lighthouse for the Blind and Visually Impaired, http://store.lighthouse-sf.org

| 사진 8-15 |

액체 탐지기

액체 탐지기(liquid imdicator)는 용기의 가장자리에 끼워 사용한다. 용기에 액체가 닿으면 삐 소리가 난다. 컵의 테두리에 2.5cm 아래에서 액체를 감지해 낸다.

출처: Lighthouse for the Blind and Visually Impaired, http://store.lighthouse-sf.org

⑤ 카세트 레코더와 음성 디지털 오거나이저(digital organizers)는 전화번호, 주소, 메모, 약속 사항을 녹음하고 나서 되돌려 확인할 수 있다.

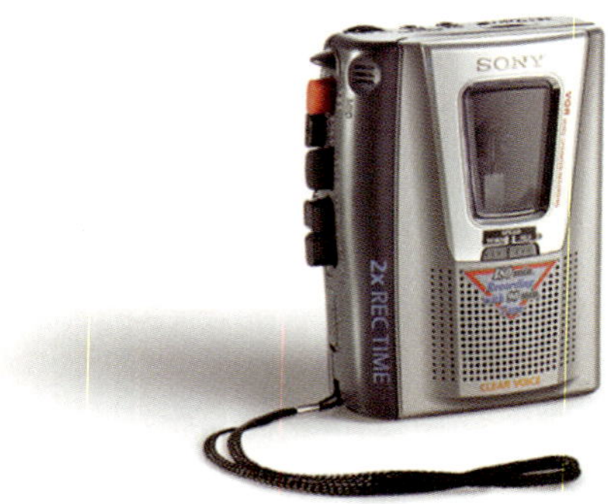

| 사진 8-16 |

휴대용 카세트

무게는 약 185g이고 크기는 10×7.5×2.5cm다. 일반 2트랙 테이프와 4트랙 테이프를 동시에 사용한다.

출처: Perkins School for the Blind, http://www.perkins.org

| 사진 8-17 |

20초 메모 녹음기

이 녹음기(20 second memo recorder)는 10초의 녹음 시간 동안 2회에 걸쳐 녹음이 가능하다. 전화번호, 약속, 이름, 물품 목록 등을 녹음한 뒤 필요할 때 재생하여 확인할 수 있다.

출처: Perkins School for the Blind, http://www.perkins.org

| 사진 8-18 |

예약 알림장

예약 알림장(Appointment and Reminder Book)은 양면 전체 185쪽으로 되어 있고, 줄은 1.4cm 간격으로 진하게 인쇄되어 있다. 날짜용으로 각 페이지의 위에 헤더 라인(header line)이 있다. 책 끝 쪽에는 주소와 전화번호 페이지가 있다.

출처: Perkins School for the Blind, http://www.perkins.org

⑥ 오디오 토크 라벨(audio talk labels)은 의복, 음식, 약을 확인할 수 있다. 라벨은 검은색 카드로 색인 카드 혹은 신용카드 크기다. 이 라벨에는 바코드 혹은 자기 녹음 스트립(magnetic recording strip)이 있다. 카드에는 소형 녹음 보조 장치가 들어가 있어 물품 확인에 도움이 되는 내용을 간략하게 녹음할 수 있다. 이 카드는 약통에 접착될 수도 있고, 다른 물품에 고무밴드로 묶어 둘 수도 있다. 카드에 녹음된 내용을 확인하려면 카드를 기계에 끼워 재생하여야 한다.

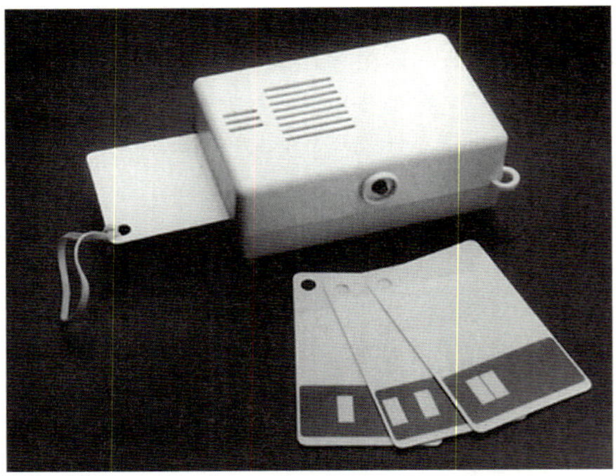

| 사진 8-19 |

오디오 토크 라벨

자기 녹음 스트립(magnetic recording strip) 카드에 물품에 대한 간단한 설명을 녹음하는 소형 보조구다. 카드는 고무밴드로 물품에 묶어 준다. 녹음된 내용은 재생기에 넣어 다시 들을 수 있다.

출처: Duffy(2002).

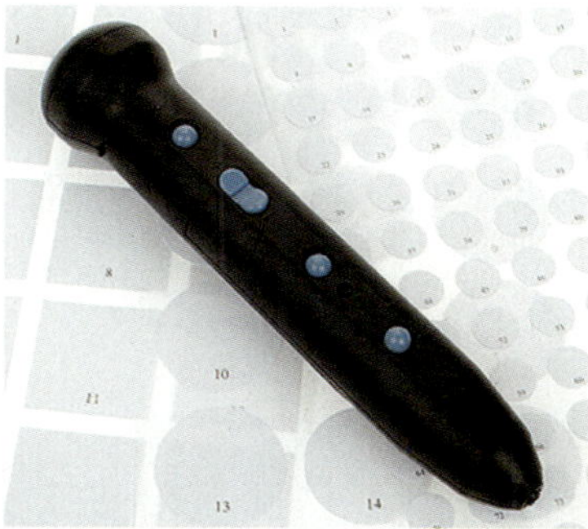

| 사진 8-20 |

펜프렌드

이 기구(PenFriend)는 집, 사무실 혹은 학교에 있는 물품에 대해 쉽게 녹음할 수 있고 언제나 녹음된 내용을 확인할 수 있다. 이 기구에는 숫자가 매겨진 접착 가능 라벨(self-adhesive labels)이 있어 각각에 맞는 녹음을 확인할 수 있다. 냉장고에 보관한 음식 재료의 유통 기한과 조리법도 녹음할 수 있다. 쇼핑하면서 카트에 들어가는 물품을 녹음하여 확인할 수 있다. 자신이 수집한 영화, 음악도 녹음할 수 있다.

출처: Perkins School for the Blind, http://www.perkins.org

(6) 라벨, 글자로 쓰기, 표식하기

물품에 라벨링을 하거나 표식을 해 놓으면 스스로 확인하면서 독립적이고 안전하게 생활할 수 있다. 약, 음식, 의복과 청소 용품은 물론 스토브, 전자레인지, 오븐의 온도 조절 세팅에 다른 종류의 라벨과 표식 재료를 사용하여 확인이 가능하도록 할 수 있다. 예로 옥수수 캔에는 고무줄을 끼워서 다른 캔과 구분할 수 있고, 고혈압 약통 뚜껑 위에는 볼록점 표시를 해 두어 다른 약통과 구분할 수 있다.

대부분의 라벨링 방법은 간단하고, 비용이 저렴한 재료를 사용하는 것이어서 매일 해야 하는 일상 과제(예: 식사 준비, 식품 구매, 옷 맞춰 입기)에서 매번 다른 사람의 도움을 받지 않아도 된다.

① 심이 굵은 검은색 마커, 세탁물용 마커 혹은 펠트심 펜으로 3×5in(7.26×12.7cm)의 흰색 카드에 글자를 크고 진하게 쓸 수 있다. 유리 세정제, 화장실

클리너, 다목적용 클리너는 비슷한 형태의 스프레이 용기에 담겨 있기 때문에 구분을 위해 라벨링을 하는 것이 필요하다. 각 용기에 카드를 고무밴드로 묶어 놓을 수 있다. 다 사용하였으면 라벨을 떼어 내고, 쇼핑해야 할 물품 목록으로 사용할 수 있다. 해당 물품을 새로 구입하면 이 라벨을 다시 사용한다.

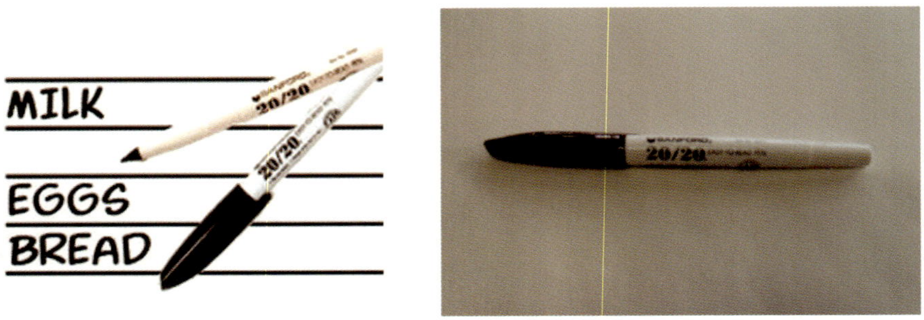

| 사진 8-21 |

20/20 샌퍼드 펜

이 펜(Sanford pen)은 저시각용으로 만들어졌고, 진하고 두꺼운 선을 만들어 가시적인 효과가 뛰어나다. 번짐이 없고, 총알 모양의 심은 잉크를 빨리 마르게 한다. 무향이며 리필은 안 된다.

출처: Perkins School for the Blind, http://www.perkins.org

| 사진 8-22 |

약통 라벨

약통을 고무밴드로 감아서 확인하도록 한 것(상단)과 약통에 손끝으로 느낄 수 있게 돌출선으로 글자를 써서 구분이 쉽게 한 것(하단)이다.

| 사진 8-23 |

양각 표식 재료

주방 용품에 표식을 한 것이다. 물품과 대비가 되는 색의 양각 표식 재료를 사용하여 크게 글자를 써놓고 손끝으로도 느끼게 할 수 있다. 검은색 쟁반 위에 흰색 접시는 대비가 뚜렷하게 이루어져 구분이 쉽다(Andy Warren 작).

출처: Duffy(2002).

| 사진 8-24 |

점자 라벨과 종이

접착이 가능한 지면에 점자를 찍어 라벨로 사용할 수 있다. 집, 학교와 사무실의 물품(가전 기구, 캔 제품, 카드, 책, CD, 폴더 등)에 사용할 수 있다.

출처: Lighthouse International, http://shop.lighthouse.org

② 라벨링 재료로 밝은색의 플라스틱 테이프 혹은 전기용 테이프, 안전핀, 파이프 클리너(pipe cleaner), 벨크로, 옷감 혹은 공예 물감, 가구 보호용 벨루어 패드(velour pads)와 다리미 열로 접착하는 천 조각이 사용된다.

| 사진 8-25 |

전기용 테이프

밝은색의 전기용 테이프도 라벨링에 사용할 수 있다.

출처: Maxi Aids, http://www.maxiaids.com

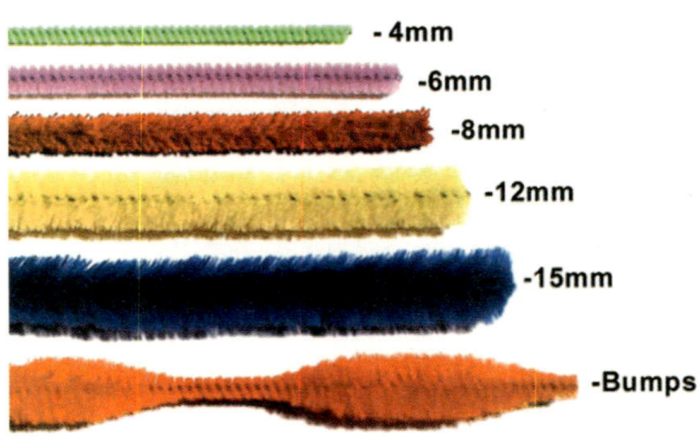

| 사진 8-26 |

파이프 클리너

이 파이프 클리너 안에는 철사가 들어 있어 쉽게 구부릴 수 있으며 표식을 하는 데 유용하다.

출처: Maxi Aids, http://www.maxiaids.com

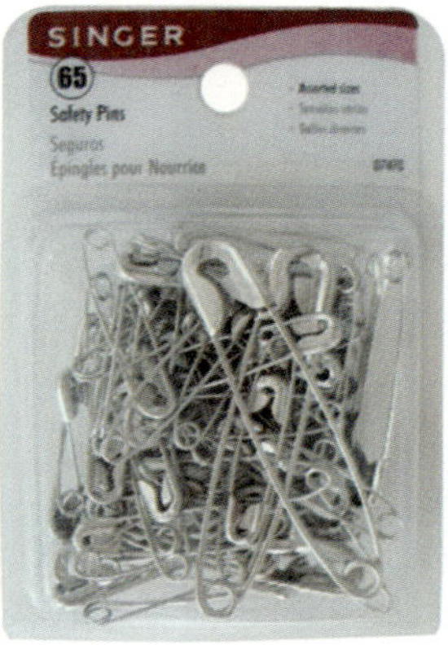

| 사진 8-27 |

안전핀

안전핀을 옷 등에 끼워 놓으면 손으로 구분하기 쉽다.

출처: Maxi Aids, http://www.maxiaids.com

③ 많은 특별한 표식을 만들어 라벨링을 할 수 있는 양각 표식 재료(예: Hi-Marks, 3-D Marker, Maxi-Marks, Bump Dots, Spot'n Line Pen)를 활용한다.

| 사진 8-28 |

하이 마크스(Hi marks, 좌측)와 3-D 마커(우측)

3차원의 쓰기 도구로 돌출 선, 점, 여러 형태를 만들 수 있다. 무독성으로 만져서 느낄 수 있다.

출처: Stamping cottage/Lighthouse International, http://stampingcottage.com

| 사진 8-29 |

스팟 앤 라인펜

이 펜(Spot'n Line Pen)은 3차원의 돌출 선, 점과 모양을 만들 수 있다. 무독성이고 완전히 마른 후에 손으로 만져 확인할 수 있다. 글자, 선, 미술, 지도 등에도 사용할 수 있다.

출처: Maxi Aids, http://www.maxiaids.com

④ 점자를 모른다면 단순히 돌출점을 표시하는 촉각 라벨을 사용할 수 있다. 점자로 표식을 만들고 라벨링을 하는 일반 상품(예: 의복 꼬리표, 지폐 점판)에 사용할 수 있다.

| 사진 8-30 |

의복 꼬리표

각 꼬리표는 색깔별로 만들어져 있고 글자와 점자가 동시에 새겨 있다. 세탁기와 건조기에서도 안전하게 사용되고, 꼬리표에 구멍이 있어 꿰맬 수도 있고 옷핀으로 옷에 매달 수도 있다.

출처: Future Aids, http://www.braillebookstore.com

| 사진 8-31 |

지폐 점판

이 점판(money brailler)은 작은 플라스틱 보조구(7.6×3.8cm)로, 지폐의 한 귀퉁이를 지폐 점판에 끼우고 돈에 해당하는 숫자를 눌러 찍어 주면 된다. 찍힌 점으로 혼자서 돈을 구별한다. 1000원, 5000원, 1만 원짜리에 표시를 한다.

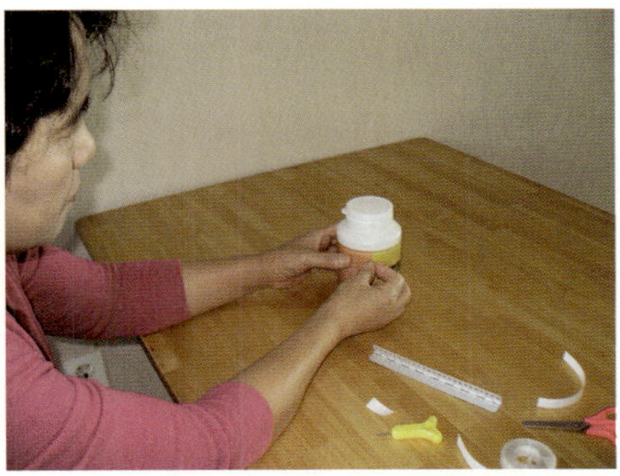

| 사진 8-32 |

라벨링 테이프

라벨링 테이프에 점자를 찍으면 촉감으로 구분하기가 쉽다. 점자를 모르는 경우라도 도움이 된다.

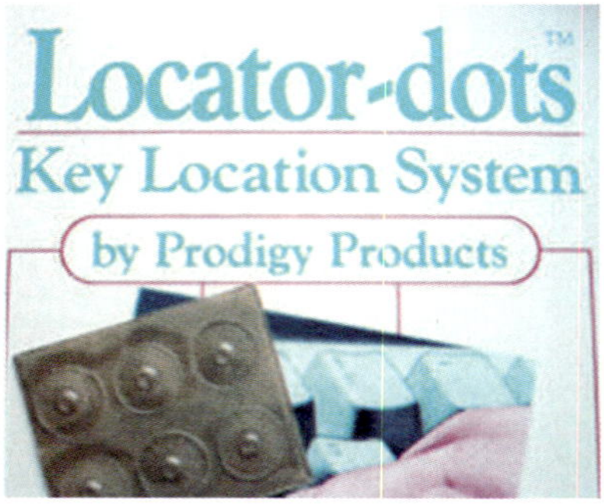

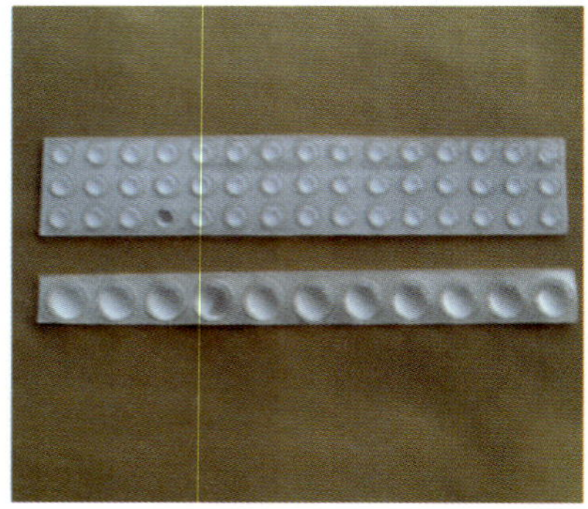

| 사진 8-33 |

위치 표시용 돌출점

위치 표시용 소형 돌출점(locator-dots)은 열쇠, 스토브 다이얼, 키보드 같은 여러 가정 물품에 부착하여 촉각적 참조점(tactile reference points)을 만들 수 있다(좌측). 투명하고 접착할 수 있다. 돌출점(bump dots)은 컴퓨터 키보드, 전화 다이얼, 스위치 등의 촉각적인 확인이 필요한 곳이라면 어디든 접착할 수 있다(우측).

출처: Lighthouse International, http://shop.lighthouse.org

| 사진 8-34 |

라벨링 자석용지

라벨링 자석용지(magnetic labels)는 금속 물품에 부착 가능하고 쉽게 붙였다 뗄 수 있다.

출처: Duffy(2002).

| 사진 8-35 |

라벨링 자석테이프

라벨링 자석테이프로 물품에 쉽게 붙였다 뗄 수 있다. 점자 라벨(좌측)과 문자 라벨(우측)이 있다.

출처: Duffy(2002).

| 사진 8-36 |

냉장고용 라벨

12.7×3.8cm 크기의 라벨로 점자판 혹은 점자타자기로 찍어 표시할 수 있다.

출처: Lighthouse International, http://shop.lighthouse.org

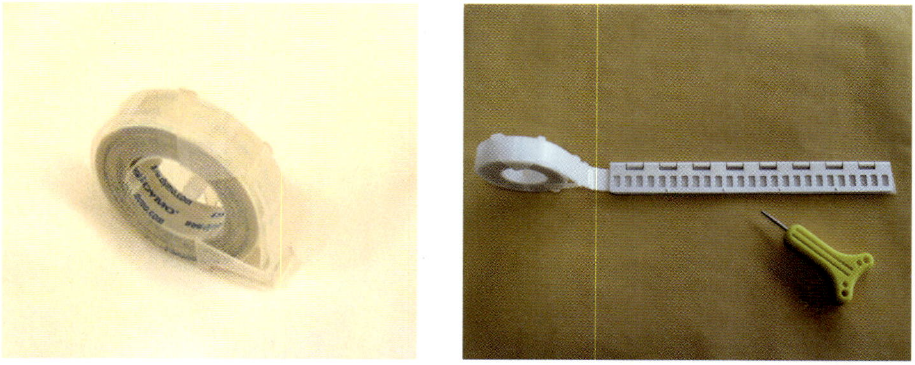

| 사진 8-37 |

다이모 라벨 테이프

이 테이프(dymo labeling tape)는 폭 1.3cm, 길이 360cm의 투명 테이프다. 점자를 찍어 캔 제품 등의 물품에 부착할 수 있다(좌측). 한 행용 점판을 사용하여 점자를 찍을 수 있다.

| 사진 8-38 |

10.2×4.5cm의 플라스틱 점자용지

기록, 콤팩트디스크, 컴퓨터 CD 등을 정리할 때 사용할 수 있는 50개의 플라스틱 접착 라벨이 있다. 라벨당 4행이 들어가고 11개 칸의 점자가 들어간다.

출처: Lighthouse International, http://shop.lighthouse.org

(7) 안전

가족과 친구들은 저시각인의 안전을 걱정한다. 일반적으로 알려진 안전사고 예방 수칙을 따르면서 안전 위험 요소를 제거하여 사고를 방지해야 한다. 집 안을 살피면서 문제가 될 수 있는 부분을 찾는다. 다음의 안전 원칙을 고려해야 한다.

① 요리할 때 소매가 길고 넓거나 너무 헐렁거리는 옷은 피한다. 화기 쪽에 옷소매가 닿으면 불이 붙는 등 위험할 수 있다.
② 화기 위의 보관장, 화기와 싱크대 위에 가연성이 있는 물품은 치운다.
③ 자신이 조작할 수 있는 소화기를 선택하고, 이를 조리 영역과 방의 출구에 배치한다.
④ 전선의 상태가 양호한지 정기적으로 점검한다. 닳거나 갈라진 것이 있다면 새것으로 교체한다.
⑤ 스위치와 전기 접속구(예: 콘센트)가 뜨겁다면 전기선에 이상이 있을 수 있으므로 전기 점검을 요청한다.
⑥ 가스레인지 가까이에 전선이 있는지 확인하고 있다면 치운다.
⑦ 연기 탐지기를 설치한다. 사용 지침을 확인하고 건전지를 교체한다.
⑧ 냄비 등의 주방 기구의 손잡이가 화기 밖으로 나와 지나가다가 걸려서 사고가 나지 않도록 한다.
⑨ 사용하지 않는 가전 기기의 플러그는 빼놓는다.
⑩ 사용 후에 수납장 문과 서랍은 모두 확실하게 닫아 놓는다.
⑪ 방문은 완전히 열어 주거나 닫아 둔다. 바람 등에 의해 닫힐 염려가 있을 때 방문 닫힘 방지용품을 사용한다.
⑫ 가구 모서리에 부딪혀서 다칠 염려가 있으므로 모서리 부근에 가구와 대비되는 색의 깔판을 깔아 놓거나 모서리 안전 가드를 붙여 놓는다.

| 사진 8-39 |

방문닫힘방지(고리형)

방문을 완전히 열어 두기 위해 사용한다(좌측). 사용하지 않을 때는 방문 손잡이에 걸어 보관한다(우측).

| 사진 8-40 |

모서리 안전 가드

모서리 안전 가드는 모서리에 부딪혀 일어나는 사고를 예방하고 위험을 최소화하며 충격 흡수도 가능하다.

2) 주거 환경 평가표

집에 대해 환경 평가를 실시하는 것이 우선된다. 자신의 상황을 검토할 때 검목표(checklist)가 도움이 된다(Duffy, 2002). 이 검목표를 사용하여 자신의 주위 상황에 더욱 관심을 가지고, 간과해 온 잠재적인 위험을 알아낼 수 있다. 예로, 주방 창문으로 들어오는 아침 햇빛이 마루에서 반사하여 눈부심을 일으키는지를 몰랐을 수 있다.

▪ 주거 환경 평가표

일자: __________ 시간: __________________ 오전/오후 (동그라미 치세요)
방 혹은 장소명: ____________________________________

1. 조명

이 장소에서 사용하는 조명은 무엇인가요?(모두 확인하시오)

____ 햇빛/자연광(daylight/natural light)
____ 백열등(incandescent)
____ 형광등(fluorescent)
____ 백열등과 형광등 모두(combination)
____ 할로겐(halogen)

이 장소에서 사용하는 조명등은 무엇인가요?(모두 확인하시오)

____ 천장등
____ 탁자 램프
____ 조광 스위치가 있는 조명등 혹은 램프

_____ 자연광/창문

_____ 기타(설명하시오) ________________________________

_____ 조명등 사용 안 함

조명의 수준은 어떠한가요?

_____ 매우 밝다

_____ 밝고 어두운 부분이 동시에 있다

_____ 매우 어둡다/희미하다

_____ 적당하다

변화가 요구되는 사항

____

____

____

____

____

____

2. 광채로 인한 눈부심

빛이 반사되면서 광채를 일으키는 것이 있나요?(모두 확인하시오)

_____ 윤을 낸 마루

_____ 거울

_____ 탁자

_____ 컴퓨터 혹은 TV 화면

_____ 반짝이거나 윤이 나는 페인트벽 혹은 벽지

_____ 싱크대의 크로뮴 재료

_____ 기타(설명하시오) ____

____

____

이 장소에 창문이 있나요?

_____ 햇빛 가리개, 블라인드, 천 휘장이 쳐진 창문

_____ 가림막이 없는 창문

_____ 채광용 천창

_____ 기타(설명하시오) ____

변화가 요구되는 사항

____

____

____

____

____

____

____

3. 색과 대비

벽은 어떤 색입니까?

_____ 흰색

_____ 파스텔색

_____ 어두운색

_____ 장식 무늬 혹은 줄무늬

마루 덮개는 무슨 색입니까?

____ 흰색

____ 파스텔색

____ 어두운색

____ 장식 무늬 혹은 줄무늬

가구는 무슨 색입니까?

____ 흰색

____ 파스텔색

____ 어두운색

____ 장식 무늬 혹은 줄무늬

다음 사물 간에 대비가 충분하게 되어 있나요?

문, 벽, 문틀 간	____ 예	____ 아니요
벽과 마루 간	____ 예	____ 아니요
가구와 벽 간	____ 예	____ 아니요
벽과 핸드레일 간	____ 예	____ 아니요
인쇄물/장식물과 배경 간	____ 예	____ 아니요

변화가 필요한 사항

____

____

____

____

____

____

____

4. 조직화

구조 개선과 정리 정돈이 필요한 어수선한 곳이 있나요?

벽장	____ 예	____ 아니요
찬장	____ 예	____ 아니요
서랍	____ 예	____ 아니요
보관장	____ 예	____ 아니요
탁자와 책상	____ 예	____ 아니요
계단/단차	____ 예	____ 아니요

변화가 요구되는 사항

____

____

____

____

____

____

____

5. 안전 위험

불 근처에 가연성 물질이 있는가?	____ 예	____ 아니요
모든 전선이 안전한 상태로 있는가?	____ 예	____ 아니요
모든 전기 접속구 혹은 스위치가 뜨겁지 않은가?	____ 예	____ 아니요
연기 탐지기가 제대로 작동되는가?	____ 예	____ 아니요
소화기가 적당한 장소에 있는가?	____ 예	____ 아니요
기타 안전 위험 요인(설명하시오)	____ 예	____ 아니요

____

변화가 요구되는 사항

6. 이 장소에 촉각으로 느낄 수 있는 표식을 추가해야 하는가?

7. 이 장소에 청각으로 느낄 수 있는 장치를 추가해야 하는가?

8. 이 장소에 라벨 붙이기, 글자 써넣기, 표식 만들어 붙이기를 해야 하는가?

이 조사를 하면서 가정생활의 두 가지 측면, 즉 가정 내에서 그리고 주위 환경에서 매일 이루어지는 활동을 생각하면 실제적인 면에서 평가가 이루어질 것이다. 개인이 좀 더 생활할 만한 집을 만들기 위해서 일상생활과 일과에 관련한 질문에 답을 해 보는 것이 필요하다(Duffy, 2002).

- 시각 상실은 일상 활동에 어떻게 영향을 주나요?
- 가정에서 환경 평가를 할 때 고려해야 할 기본 원칙은 무엇인가요?
- 고려해야 할 안전 문제는 무엇인가요?
- 매일 행해야 하는 활동은 무엇인가요?
- 자신이 해낼 수 있는 간단한 해결책은 무엇인가요?
- 시각 상실 외에 다른 장애가 있다면 어떤 적응 활동을 고려해야 하나요?

3. 시각 기능 강화 환경의 구성

환경에 대한 기본 원칙은 가정의 모든 장소에 적용할 수 있다. 원칙을 적용하여 가정 내에서 변화를 추구할 때는 다음의 지침을 숙지하여야 한다(Duffy, 2002).

① 문제가 있다고 확인된 장소에 대한 해결책은 가족 및 친구와 함께 마련한다.
② 집 안의 물품(예: 스토브 다이얼, 전자레인지 조작판, 약통)에 표식을 하거나 라벨을 붙이는 경우 다른 가족도 쓰임새를 알고 사용할 수 있도록 한다.
③ 복용 횟수 등의 처방 정보는 가리지 않게 표식을 한다.
④ 언제나 최소한의 노력으로 독립성을 유지하기 위해 변화를 유도한다.예로, 계단 혹은 턱(step)은 테이프 혹은 페인트를 사용하여 표식을 한다. 표식이 지워지면 다시 표식을 한다.

| 사진 8-41 |

저시각인용 미끄럼 방지 테이프

저시각인용 미끄럼 방지 테이프(low vision anti-slip tape)는 폭이 5cm이며 미끄러져서 혹은 넘어져서 다치는 것을 방지하기 위한 테이프다. 저시각인을 돕기 위해 계단에 사용하여 쉽게 볼 수 있게 한 것이다. 잔모래 표면은 마찰이 있고, 반대 면은 접착할 수 있게 되어 있다. 작업장, 아파트 등의 건물에 적당하며 집에서는 계단에 사용된다. 검은색, 노란색이 있고, 노란색과 검은색이 혼용된 테이프도 있다.

출처: Maxi Aids, http://www.maxiaids.com

| 사진 8-42 |

저시각인용 체크무늬 테이프

저시각인용 체커판 테이프(low vision checkerboard tape)는 창고, 작업장, 아파트 빌딩 혹은 집에 사용하여 주의를 주고 잠재적인 위험에서 보호하기 위한 것이다. 이 방수 테이프는 폭이 5cm이며 경사로, 계단, 마루에 표시한다. 검은색과 노란색이 있다.

출처: Maxi Aids, http://www.maxiaids.com

| 사진 8-43 |

체크무늬 테이프 사용 예

체크무늬 테이프를 집 안의 단차가 있는 부분에 표시하여 바닥의 높낮이가 변함을 알려 준다.

⑤ 화장실, 복도, 계단에서 낙상할 위험이 크기 때문에 항상 안전사고 예방에 관심을 가진다.

한 가지 방식이 모든 사람에게 바람직한 해결책은 아니다. 모든 사람이 똑같은 생활방식을 지니고 똑같은 집에서 생활하고 있지 않기 때문이다. 사람마다 생활에서 요구하는 것이 다르고 선호하는 것도 다르므로 개개인에게 최선이 될 수 있는 해결책을 마련하는 것이 중요하다. 해결책은 창의적이어야 하나 가족과 친구와 함께 할 수 있어야 한다. 환경의 변화는 단순하면서도 실용적이어야 하며 비용을 적게 들여서 이루어져야 한다(Duffy, 2002).

1) 시각 기능 강화의 공통 요소

집 안의 모든 장소에 공통으로 적용할 될 수 있는 환경 수정 사항은 조명, 바닥, 문턱과 문틀, 창문에 대해 적용할 수 있다.

(1) 조명

① 더 높은 광도와 집중이 필요한 활동에서는 높낮이와 방향 조절이 가능한 등을 추

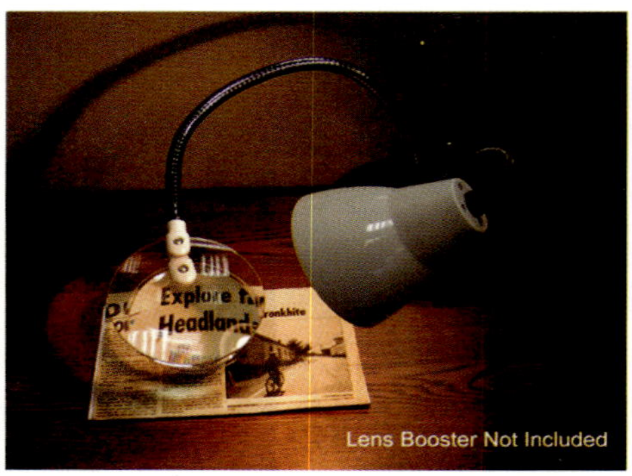

| 사진 8-44 |

스탠드등

탁자용 거위목 확대등(Big Eye Two Arm Gooseneck Table Lamp)은 36cm의 굴곡진 팔(flexible arm)의 한쪽에는 등이, 다른 쪽에는 12.7cm 지름의 2배 렌즈가 있다(좌측). 40W 전구가 사용되고, 렌즈가 부착되면서 5배까지 확대가 가능하다. 스윙 암 확대등(Magnifier swing arm lamp)은 책상 혹은 탁자에 부착할 수 있다(우측). 91cm 길이의 팔과 12.7cm 지름의 3D 터 렌즈로 독서 등의 활동을 할 수 있다. 20W 할로겐전구를 사용한다.

출처: Lighthouse for the Blind and Visually Impaired, http://store.lighthouse-sf.org

가로 사용한다.

② 자신에게 필요한 빛을 조절하기 위해 빛의 밝기를 조절하는 조도 스위치가 있고, 밝기가 3단으로 된 전구가 있는 등을 사용한다.

③ 스위치판을 밝은 원색으로 칠하거나 형광 테이프나 페인트로 윤곽선을 만들어서 시각적으로 눈에 잘 띄게 만든다. 밤에 어둠 속에서 확인하기 쉬운 야광 스위치 혹은 밤새 켜 놓는 등의 스위치를 사용한다.

④ 상해 혹은 화재의 위험이 있을 수 있으므로 전등에 맞는 전력량(와트)을 지킨다.

⑤ 어두운색 등갓보다는 최대한 많은 빛을 발하는 밝은색 등갓을 사용한다.

(2) 바닥 커버링

① 깔개 매트의 각 코너와 가장자리는 압정이나 테이프로 고정한다. 바닥용 깔개의 뒷면은 고무 소재로 하거나 양면 카펫용 테이프로 고정한다.

② 찢어졌거나 낡은 카펫과 리놀륨은 없애거나 새로 교체한다. 정기적으로 바닥 부분에 까는 깔개 매트와 러너를 점검한다.

③ 카펫이나 러너를 미끄러질 위험이 있는 바닥에 깐다.

④ 복잡한 무늬가 있거나 서양 장기판 모양이 있는 것보다는 단색의 카펫, 리놀륨 혹은 타일을 사용하여 시각적 혼란을 방지한다.

(3) 문턱과 문틀

① 문턱은 걸려 넘어지지 않게 낮추고 평평하게 혹은 비스듬하게 면을 만든다.

② 문, 문손잡이와 문틀은 밝은 원색으로 색칠하여 눈에 잘 띄도록 만든다. 이렇게 하면 문의 위치를 확인하기 쉽고 비상시 빠르게 대피할 수 있다.

③ 바닥이 고르지 못한 곳에서 미끄러지는 것을 방지하기 위하여 발에 꼭 맞는 뒤축이 있는 신발 혹은 슬리퍼를 신는다.

(4) 창문 커버링

① 미니 블라인드 혹은 버티컬 가리개는 방 안으로 들어오는 태양 광선을 조절하기 쉽다. 날씨와 시간에 따라 다르게 광선의 양을 조절할 수 있다. 장식용으로 얇은 직물 혹은 레이스를 덧붙여 창문을 가릴 수 있다.

② 햇빛을 가리고 오히려 그림자를 만들 수 있는 매다는 화분, 모빌, 기타 창문 장식품은 피한다.

2) 주방과 식당

집 안에서 많은 시간을 보내는 곳이면서 모든 가정 활동의 중심이 되는 곳이 주방과 식당이다. 이 영역에 변화를 줄 때는 식사 준비, 요리와 다양한 주방 가전 기기 사용과 관련된 안전 문제를 고려하여야 한다. 조명, 색상 및 대비 효과에 변화를 주고 시험해 보면서 요리와 기타 주방 활동을 안전하게 할 수 있도록 한다. 이 장소에서 변화를 줄 수 있는 사항은 다음과 같다.

① 작업 공간 위 수납장 아래에 조명을 부착한다. 눈 아래에 있게 하고 눈에 직접 빛이 비추지 않게 설치한다. 가능하면 형광 혹은 전구식 형광전구(compact fluorescent bulbs)를 사용한다.

② 자주 사용하는 기기 근처에 높낮이와 방향 조절이 가능한 거위목 전등을 설치하거나 주방에서 돌아다니면서 사용할 수 있도록 이동식 바퀴등(floor lamp on wheels)을 사용한다.

③ 오븐 핸들에 걸려 있는 수건은 치운다. 수건이 버너 근처에 있으면 수건 걸이대의 위치를 화기가 먼 곳으로 옮긴다.

④ 찬장 혹은 수납장에서 물건을 꺼내거나 넣어놓고 즉각 문을 닫는 습관을 기른다.

⑤ 수납장의 문은 벽과 싱크대와 확연하게 구분되는 밝은 단색으로 한다. 수납장의 문손잡이는 문과 다른 색으로 하여 눈에 띄게 한다.

⑥ 가스레인지와 오븐의 손잡이를 돌렸을 때 걸리는 부분의 딸깍하는 소리를 듣거나 느끼는 것을 배운다. 낡았거나 때가 끼어 있다면 새 다이얼 혹은 손잡이로 교체한다.
⑦ 가스레인지의 다이얼 혹은 전자레인지의 조작판에 돌출점 표시를 할 수 있는 양각 표식 재료를 사용한다.

3) 화장실

화장실 안에 윤이 나는 타일, 크로뮴 구조물, 미끄러운 욕조, 바닥은 낙상의 위험을 일으키는 요인이 된다. 조명, 안전 문제와 눈부심을 일으키는 구조물이 이 장소에서 다루어야 할 요소다. 변화를 줄 수 있는 사항은 다음과 같다.

① 전등으로 여러 종류의 전구를 사용하여 본다. 자연광 혹은 전구식 백열전구(full-spectrum or compact fluorescent bulbs) 혹은 전력량(와트 수)이 높은 전구를 사용해 본다.
② 머리 손질과 화장이 필요하다면 거위목 보조등(adjustable swing-arm lamps)을 추가로 설치한다. 전선 자동 감김 장치(automatic windup reel)를 사용하거나 고무줄로 묶어 두어 전깃줄이 늘어져 있지 않도록 한다.
③ 뒷면이 미끄럼 방지 처리가 되어 있는 악센트 매트 혹은 부분 깔개 매트를 깐다.
④ 수건, 목욕 수건, 화장실용 매트 등은 욕조, 바닥, 벽 타일 색과 대비가 되는 단색으로 구입한다.
⑤ 안전을 보장하기 위해 변기, 샤워와 욕조 부분에 가로대(grab bar)를 설치한다. 신속하게 찾아 잡을 수 있도록 대비가 큰 색의 테이프로 감아 눈에 잘 띄게 만들어 놓는다. 체중을 지지할 정도로 강하지 못하므로 화장지 걸이대 혹은 비누 받침대를 잡는 것은 좋지 않다.
⑥ 벽과 다른 구조물과 대비가 되는 색의 변기 커버를 씌운다.

| 사진 8-45 |

자연광 전구

자연광 60W 전구(Chromalux, 좌측)와 자연광 3-way bulb(50, 100, 150W, 우측)다. 둘 다 흑백의 대비가 잘되게 하고, 가독성을 높여 주고, 눈부심과 눈의 피로를 줄여 준다. 대부분의 등에 사용할 수 있다.

출처: Lighthouse for the Blind and Visually Impaired, http://store.lighthouse-sf.org

| 사진 8-46 |

조명 거울

양면 모두 사용 가능한 거울로 1배와 5배 확대하여 볼 수 있다. LED 빛으로 훨씬 보기가 편하다.

출처: Maxi Aids, http://www.maxiaids.com

| 사진 8-47 |

조명 화장 거울

이 조명거울(Zadro Next Generation LED Lighted 10x/1x Vanity Make-Up Mirror)은 LED 조명이 들어오며 양면을 모두 사용한다(좌측). 한 면은 1배 거울이고, 다른 면은 10배 확대가 가능하다. 화장을 하거나 콘택트렌즈를 낄 때 매우 세밀한 부분까지 볼 수 있다. 우측 거울은 조명은 없으나 5배와 10배 확대가 가능한 거울이다.

출처: Maxi Aids, http://www.maxiaids.com

⑦ 눈에 잘 띄도록 욕조 가장자리에 대비되는 색의 깔개 매트를 걸쳐 놓는다.

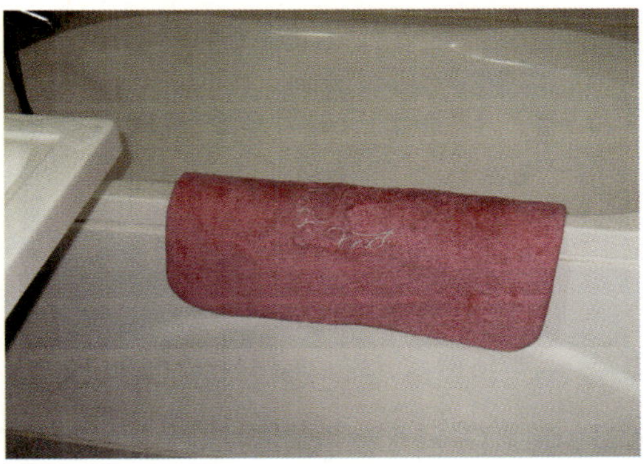

| 사진 8-48 |

깔개매트

욕조와 대비되는 색의 깔개 매트를 걸쳐 놓아 구분이 잘 가게 한다.

⑧ 욕조 테두리를 따라 대비되는 색의 테이프를 붙여 놓는다.

⑨ 욕조 안에 미끄럼 방지용 깔개를 깔아 사고를 방지하고, 욕조와 대비되는 색을 사용하여 욕조의 깊이를 가늠하도록 한다.

⑩ 뜨거운 물에 데지 않도록 수온조절기를 중간 온도로 고정해 놓는다.

⑪ 비누, 샴푸와 기타 목욕 제품은 밝은색의 플라스틱 통에 담는다. 통들은 서로 구분이 되는 색으로 하고, 타일 벽과 욕조와 대비가 잘되게 한다. 통에 고무밴드를 끼워 구분할 수도 있다. 샤워 수납용기를 사용하여 목욕 용품을 체계적으로 정리할 수 있다.

| 사진 8-49 |

고무밴드

샴푸와 컨디셔너 통을 구분할 수 있도록 고무밴드를 사용한다.

4) 침실

침실에서 가장 중요하게 고려해야 할 점은 안전이다. 침대에서 일어나면서 넘어지는 사고가 자주 발생하는데, 밤에 잠이 깨었을 때 침대 옆 전등이 너무 밝거나 희미하면 안경을 찾지 못할 수 있다. 효과적인 해결방법은 안전 수칙을 지키면서 침실의 방 조명 혹은 전등의 종류를 바꾸는 것이다. 침실에서의 또 다른 관심 사항은 옷을 확인하여 맞춰 입는 것과 좋은 상태로 유지하는 것이다. 침실에서 이루어질 수 있는 수정 사항은 다음과 같다.

① 조광 조절이 가능한 벽 스위치로 대체하고, 침실 옆의 등에도 조광 스위치를 사용한다. 등에 사용되는 전깃줄이 널려 있어 넘어질 위험이 있으므로 자동 잠김 장치를 사용하거나 고무밴드로 모아 묶어 둔다.
② 독서, 의복 혹은 약 확인을 위해 등을 추가로 설치한다. 옷장 안을 살피기 위해 벽에 건전지를 사용하는 보조등을 설치할 수 있다.
③ 침대 곁에 있는 등은 손뼉을 쳐서 혹은 등의 받침을 만져서 작동되는 등을 사용한다.
④ 밤새 켜 두는 야간등을 사용한다. 침실, 통로, 화장실에 설치하면 좋다.
⑤ 침실문 안쪽에 작은 등을 설치하여 침대 곁에 있는 등을 찾도록 도울 수 있다.
⑥ 악센트 깔개 매트 혹은 부분 깔개 매트는 테이프로 바닥에 붙는 것을 사용한다.
⑦ 침대 옆에 작은 가방을 매달아 안경, 휴지, 약통 같은 작은 물품을 넣어 둔다.

| 사진 8-50 |

실내외 소리 센서등

휘파람 소리, 손뼉 소리, 손가락을 부딪혀서 내는 소리, 말소리로 소리 센서를 작동하여 불이 들어오게 할 수 있다. 30초 후에 불은 자동으로 꺼지며, 실내 혹은 실외에 모두 설치할 수 있다. 실외에서 사용할 수 있도록 방수 기능이 있다. 벽에 설치가 가능하고, 자신에게 필요한 위치에 달아 빛의 각도를 조절할 수 있다.

출처: Maxi Aids, http://www.maxiaids.com

| 사진 8-51 |

야간등

희미한 불빛으로 밤새도록 켜 놓는 불이다. 밤에 일어나는 경우 어둠 속에서 물건에 부딪혀서 일어나는 사고를 방지하고, 물건의 위치를 쉽게 파악하게 도와준다.

출처: Amazon, http://www.amazon.com

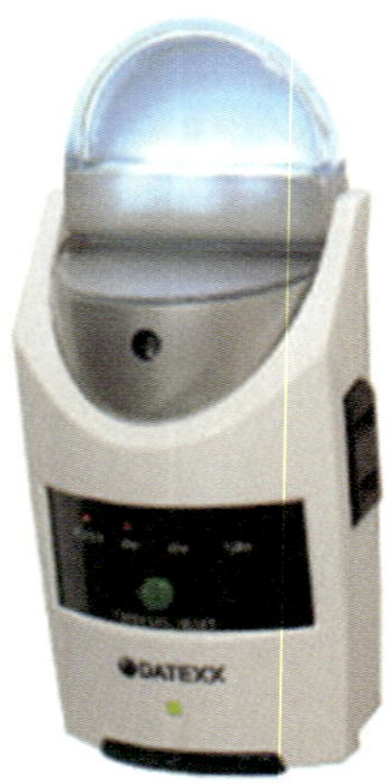
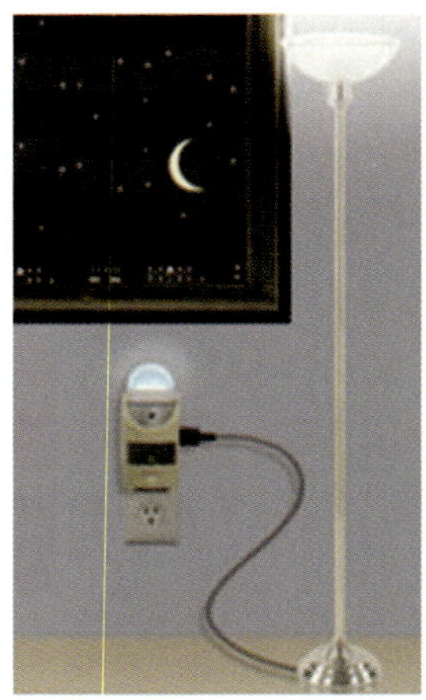

| 사진 8-52 |

인공지능 타이머

어두울 때 자동으로 빛이 들어오게 하는 인공지능 타이머는 4, 8 혹은 12시간 후에 꺼진다. 이것은 LED 조명으로 어두워지면 자동으로 불이 켜지고 해가 뜨면 꺼진다.

출처: Maxi Aids, http://www.maxiaids.com

⑧ 침대 옆 발판은 걸려 넘어지게 하므로 가급적 사용하지 않도록 한다.

⑨ 옷장문과 서랍은 사용 후에 즉각 닫아 두어 부딪혀서 다치지 않게 한다.

⑩ 신발과 슬리퍼는 벗자마자 옷장 안이나 침대 밑에 넣어 둔다.

5) 서재 혹은 사무 공간

우편물을 확인하고, 편지를 쓰고, 영수증 처리를 하고, 컴퓨터 작업을 하는 공간이 필요하다. 이런 활동은 식탁에서도 할 수 있지만, 가정 관리 및 가정 경제를 독립적으로 수행하기 위해 서재 혹은 사무 공간이 있어야 한다. 따라서 이 장소의 조명, 색, 대비 효과와 조직화가 필요하다. 이 장소에 대한 수정 제안 사항은 다음과 같다.

① 읽기, 쓰기와 지불 처리를 하는 장소에서 높낮이 및 방향을 조절하는 등을 설치하거나 사용자가 이동하면서 사용할 수 있는 바퀴가 달린 플로어 등(floor lamp)을 사용한다.

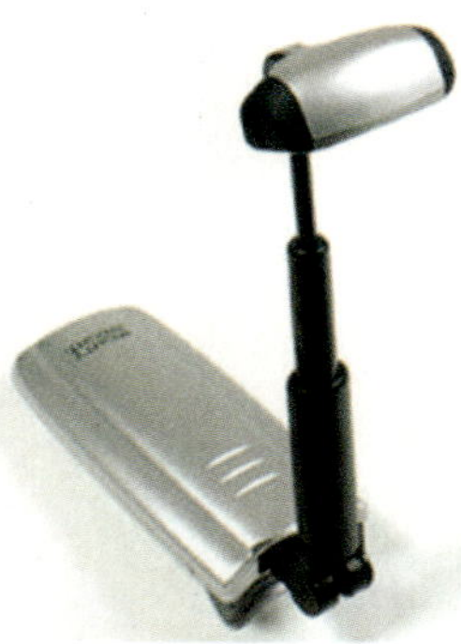

| 사진 8-53 |

책등

책등(Triple LED Book Light)은 책 혹은 잡지의 가장자리에 끼워서 사용한다.

출처: Lighthouse International, http://shop.lighthouse.org

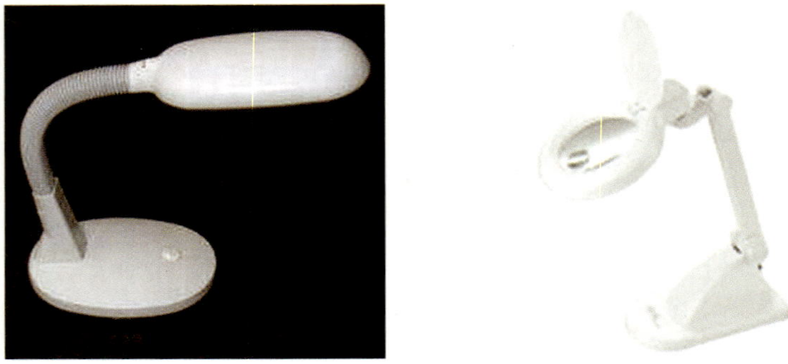

| 사진 8-54 |

책상용 등

책상용 등(Robin Spring 32 Desk Lamp)은 27W 등으로 눈부심을 유발하지 않는다(좌측). 책상용 확대전등은 자연광 등으로 가정과 사무용으로 적합하며 8.9cm의 확대경이 부착되어 있다(우측). 1.75배까지 확대할 수 있으며, 양안용 렌즈에 이중 경첩으로 거리 조정이 가능하여 30.5cm까지 가져가서 사용할 수 있다.

출처: Lighthouse International, http://shop.lighthouse.org

| 사진 8-55 |

플로어 등

이 등(verilux floor lamp)은 27W의 밝은 빛은 대비를 잘 이루도록 만들어 주고, 눈의 피로를 줄여 준다.

출처: Lighthouse International, http://shop.lighthouse.org

② 책상 테두리에 형광 경고용 테이프를 줄로 만들어 붙인다. 파일 캐비닛 서랍이 열려 있는 것을 쉽게 확인할 수 있도록 테이프를 부착할 수 있다. 잠재적인 사고 예방에 효과적이다.
③ 물품을 사용한 후에 즉각적으로 서랍을 닫아 둔다. 또한 의자는 탁자 밑으로 밀어 넣어 두고, 사용한 다음 물품은 제자리에 돌려놓는다.
④ 가정 관리 파일, 서류, 양식 등은 색 표시를 하여 분류하여 보관한다. 형광 포스트잇 메모지, 컬러 스티커, 페이퍼 클립, 밝은색의 형광 마커를 사용할 수 있다.
⑤ 책상 혹은 탁자 표면이 빛에 반사되어 반짝이는 경우, 천 덮개 혹은 책상용 깔개를 사용한다.

6) 거실

거실에서 자주 문제가 되는 것은 조명이다. 햇빛이 가려지지 않은 창문을 통해 빛이 너무 많이 들어오거나 너무 적게 들어와 문제가 될 수 있다. 거실 가구 중 모서리가 뾰족하거나 높이가 낮은 탁자(예: 커피 탁자)로 인해 넘어지거나 다칠 위험이 있다. 거실은 TV를 시청하거나 독서를 하고 대화를 나누는 주요 장소이므로 조명과 안전을 고려하여 활기 넘치고 유쾌한 장소가 될 수 있도록 한다. 거실에 변화를 주기 위한 제안 사항은 다음과 같다.

① 등의 갓이 어두운색이라면 밝은색으로 바꾸고, 등에 적합한 전구를 찾기 위해 여러 종류의 전구를 사용해 본다. 전구의 와트 수를 바꾸어 보거나 자연광 혹은 전구식 형광전구(full-spectrum or compact fluorescent bulbs)를 사용해 본다. 책, 신문, 잡지를 읽는 장소에 높낮이와 방향 조절이 가능한 등을 설치한다. 등에 맞는 전력량의 전구를 사용한다.
② 손뼉을 쳐서 혹은 등의 받침을 만져서 조작되는 등을 사용한다.
③ 러너와 부분 깔개 매트는 양면 테이프를 사용하여 고정한다.

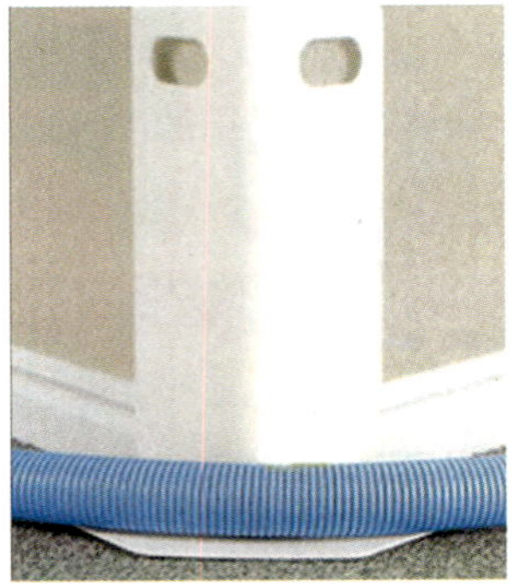

| 사진 8-56 |

벽과 가구 보호대

이 보호대(Wall Buddy: wall and furniture protector)는 벽과 가구의 코너를 보호하기 위해 만들어진 것으로 카펫 청소용, 페인트 작업 시에 사용된다. 이 보호대의 크기는 36×28×14cm다.

출처: Maxi Aids, http://www.maxiaids.com

④ 가구를 재정돈한다. 통로가 되는 길에 있는 낮은 커피 탁자 혹은 모서리가 뾰족한 것은 모두 치운다. 만약 치울 수 없다면 밝은 수건 혹은 행주로 가구의 모서리 부분을 덮어 둔다.

⑤ 거실에서 희미한 통로로 갈 때와 같이 밝고 어두운 장소 사이의 조명 수준 변화에 적응이 필요하다면 잠시 멈출 수 있는 장소를 두기 위해 가구 재정돈을 고려해 본다.

⑥ 의자를 더 쉽게 찾기 위해 의자 색과 대비가 되는 색의 쿠션을 얹어 둘 수 있다. 혹은 단색으로 밝은색의 소파용 덮개로 의자를 덮어 두거나 벽 색깔과 대비되는 수건을 의자 등에 걸쳐 놓는다.

7) 계단과 복도(통로)

통로는 중요하게 생각하지 않을 수 있으나 희미한 조명으로 인해 턱, 깔개 매트에 걸려 넘어질 위험이 있다. 또한 계단에서 노년층은 낙상 사고를 많이 겪는데, 계단을 내려올 때 첫 번째 계단에서 주로 발생한다. 조명이 계단에 그림자를 만들거나 눈부심을 만든다면 사고의 위험은 더욱 크며, 안전을 위협하는 장애물을 치우는 것도 중요하다. 계단과 복도에서 제안되는 수정 사항은 다음과 같다.

① 통로까지도 조명의 밝기를 일정하게 유지한다. 조명을 고르게 유지하기 위해 트랙 라이트가 도움이 될 수 있다.

② 계단 조명도 밝게 유지하고, 사용자는 맨 위 계단과 바닥 도착 지점에 특히 관심을 가지고 주의하여 확인한다. 필요하다면 추가로 전등을 설치하되, 여건상 어렵다면 손전등을 사용하여 위치를 확인한다.

③ 계단과 대비되는 밝은색의 페인트 혹은 반사광 테이프로 맨 위 계단과 아래 계단 끝을 표시한다. 빛에 반사하는 테이프를 부착하면 어둠 속에서도 쉽게 계단을 확인할 수 있다(다양한 반사광 테이프는 http://www.alibaba.com과 http://n-gaeam.co.kr을 참조). 발로 느낄 수 있는 촉각 재료를 사용하면 시각과 동시에 촉각을 사용하여 이중으로 도움을 받을 수 있다.

④ 벽과 바닥과 대비가 되는 밝은색으로 핸드레일을 채색한다. 핸드레일은 끊긴 부분이 없도록 확실하게 고정한다. 계단이 시작되고 끝나는 곳의 핸드레일에 촉각 표식을 해 놓는다. 계단에서 양쪽에 핸드레일을 설치하는 것이 안전하다.

| 사진 8-57 |

트랙 라이트

트랙라이트(track lights)는 작은 조명등을 여러 개 일렬로 배열한 등이다. 조도를 고르게 함으로써 환경 파악과 이동시 불편을 줄여 주는 효과가 있다.

출처: Lamp Plus, http://www.lampsplus.com

⑤ 통로 혹은 계단에 밝은 단색의 러너를 깔아 공간 표식을 명확하게 한다. 러너의 상태를 확인하여 걸려 넘어지지 않도록 한다.

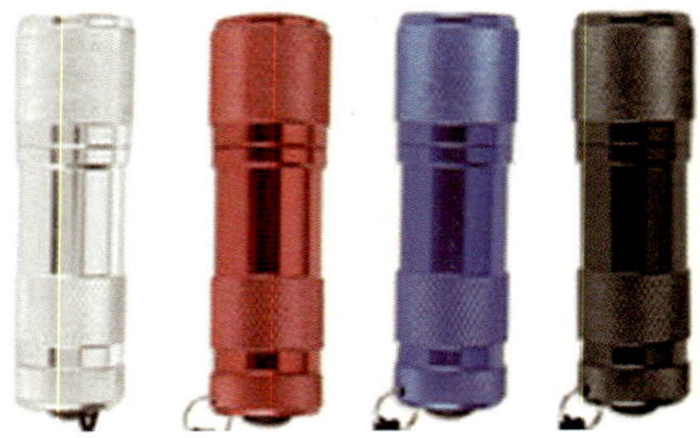

| 사진 8-58 |

포켓 LED 손전등

이 손전등(pocket LED flashlight)은 주머니에 들어갈 정도로 작은 LED 전등이다. 밤길을 갈 때 불을 비추어 환경을 파악하는 데 사용한다.

출처: Maxi Aids, http://www.maxiaids.com

| 사진 8-59 |

고휘도 반사지

빛을 받으면 빛을 반사하여 밝아지는 특수지다. 단차(계단 등)가 있는 곳에 부착하면 쉽게 위치를 확인할 수 있도록 도와준다.

출처: SK축광, http://www.korlight.co.kr

| 사진 8-60 |

저시각인용 반사 테이프

저시각인용 반사 테이프(low vision reflective tape)는 전봇대, 안벽 문(dock doors)과 창고의 받침대에 사용하여 사고를 방지할 수 있다. 벽의 코너와 고정된 사물에 붙여서 위치를 알려 주어 상해를 막기 위한 것이다. 테이프의 폭은 5.1cm다. 흰색, 노란색, 빨간색, 파란색, 녹색으로 단색인 테이프도 있고, 두 가지 색이 혼용되어 있는 테이프(검은색과 노란색, 흰색과 검은색, 흰색과 오렌지색, 흰색과 빨간색)도 있다.

출처: Maxi Aids, http://www.maxiaids.com

8) 집 외부 공간

집에 들어올 때나 나갈 때 통과하는 중요한 부분이다. 아파트 건물은 시각을 상실한 사람들에게 상당히 어려움이 있는 공간이다. 엘리베이터 혹은 계단으로 이동 후 자신의 집을 찾을 때 같은 문들이 일렬로 배치되어 있기 때문에 구별이 쉽지 않다. 또한 우편함도 똑같은 모양이어서 구분이 어렵다. 다음과 같은 수정 방법을 사용될 수 있다.

① 화재 발생 시 비상구를 알고 탈출 방법을 미리 모색한다.

② 출입문에 전등을 설치하고 전구가 닳는 즉시 교체한다. 추가로 움직임에 따라 자동으로 켜졌다 꺼졌다 하는 센서가 장착된 센서등을 사용할 수 있다. 사람이 감지 거리 안에 있으면 켜졌다가 사라지면 자동으로 꺼지도록 한다.

③ 출입문 근처에 깔개를 깐다면 뒷면에 미끄럼 방지용 고무가 있는 것으로 한다.

④ 자신이 찾는 문인지를 알게 하기 위해 문틀의 특정 지점에 양각 표식 재료(예: Hi-Marks, 3-D Marker, Maxi-Marks, Bump Dots, Spot'n Line Pen)로 돌출점 표식을 한다. 자신이 도착해야 하는 층인지를 확인하기 위해 엘리베이터 문 근처에 표식을 한다.

⑤ 아파트 내 자신의 우편함을 확인하기 위해 해당 우편함에 리본 조각 혹은 고무밴드를 매 두거나 볼록점 표시를 할 수 있다. 또는 우편함 줄에서 끝에서 몇 번째 것인지 세어서 확인한다.

용어정리

각배율(angular magnification) 각종 렌즈를 사용하여 사물의 크기를 확대하는 것이다. 빛이 광학계를 통과한 뒤 만든 상(像, image)과 원래 물체 사이의 시각적 비율을 뜻하며, 물체의 시각차를 얼마나 확대하는지를 나타내 준다.

개재(介在, interposition) 자신과 근접해 있는 사물이 더 멀리 있는 사물을 가리는 현상을 말한다.

건성안(dry eye) 안구건조가 지속적으로 나타나는 눈을 말한다. 안구건조증후군 참조.

검영기(檢影器, retinoscope) 동공 안으로 빛을 비추어 망막에서 반사되어 나오는 빛의 움직임을 평가하여 굴절 이상을 측정하는 기구다.

공간 업데이팅(spatial updating) 환경 속에서 사물의 위치를 알고, 자신이 위치한 지역에서 사물 간의 관계 변화를 정확하게 모니터(monitor)하면서 움직이며 공간 관계를 지속적으로 추적(track)하는 능력이다.

공간 방향정위(spatial orientation) 직접적으로 지각할 수 없는 사물과 관련해서 공간 속에 자신의 위치를 설정하고 유지하는 과정이다. 한 장소에서 사물 간의 공간 관계를 배우는 과정이다.

공간 인식(spatial awareness) 환경 속의 사물에 대한 지식과 사물 간의 관계에 대한 지식이다.

광각(light perception) 암실에서 빛이 있음을 확인 할 수 있는 정도의 시각 상태를 말한다. 빛이 있는지 없는지 구분하는 능력으로 빛의 근원은 파악하지 못한다.

광결합 단층촬영법(optical coherence tomography: OCT) 적외선 계열의 레이저 광선이 눈 안에 투사되어 망막의 3차원적인 횡단 이미지를 얻을 수 있는 검사로 안전하고 고통 없이 할 수 있다. 망막의 두께가 측정되며, 얇아진 부분은 연령 관련 황반변성을 예측하게 한다.

광수용세포(photoreceptor cells) 눈 속으로 들어온 빛을 뇌에 전달될 수 있는 전기 충격으로 변환하는 망막세포(간상세포와 추상세포)다.

광원 파악(light projection) 빛의 근원 혹은 방향을 확인해 내는 능력이다. 그러나 사물, 사람, 형태 혹은 움직임은 확인하지 못한다.

광감도(light sensitivity) 빛의 밝기에 대해 눈으로 민감하게 반응하는 정도를 말한다.

광채(glare) 눈을 부시게 하는 빛이다. 눈에 불편함을 초래하며 시각이 감소된다.

광학(optics) 빛, 빛의 굴절과 반사(reflect), 렌즈, 프리즘, 눈에서의 작용에 관한 학문이다.

광학 매개체(optical media) 눈 속의 네 개의 투명한 각막, 수양액, 수정체, 초자체다.

광학 보조구(optical device) 시각 기능 향상을 위한 렌즈나 프리즘 같은 광학 기기를 사용하는 보조구다.

굴절 이상(refractive error) 눈에 들어온 빛이 적절하게 굽어 들어가지 못하는 메커니즘 문제가 있는 것을 말한다. 굴절 이상의 대표적인 예로 근시(myopia)와 원시(hyperopia)가 있다.

굴절 수술(refractive surgery) 콘택트렌즈 혹은 안경 대신으로 각막을 개조(reshape)하는 수술이다. 굴절 수술 방법에는 라식 수술(LASIK surgery)과 각막 절제술(photorefractive keratectomy: PRK) 같은 레이저 수술이 있다.

근시(myopia, nearsightedness) 안구의 길이가 길어서 나타나는 굴절 이상이다. 눈 안으로 들어온 빛이 망막 앞에 초점이 맞추어지는 것이다. 근시인 사람은 가까이 있는 물체는 잘 보나 멀리 있는 물체는 뿌옇게 보인다. 멀리 있는 것을 보기 위해 눈을 찡그리기도 하며, 눈의 피로 혹은 두통을 보인다. 오목 렌즈를 사용하여 교정하며, 수술도 치료의 한 방법이다.

기능적 맹(functional blindness) 활용 가능한 시각이 전혀 없거나 약간 남아 있을 수도 있는 상태다. 학습에 효율적으로 사용하는 감각은 촉각과 청각이다.

기능적 문해(functional literacy) 생활 속 실제 과제 수행에서 읽기와 쓰기 기술을 적용하는 능력이다.

기능 시각(functional vision) 과제를 계획하고 수행하는 데 있어서 시각을 사용하는 능력이다.

기능 시각 평가(functional vision assessment) 다양한 과제와 환경 속에서 시각을 활용하는 능력을 평가한다. 근거리와 원거리 시각, 시야, 안구 운동을 포함해서 평가하며, 빛, 색깔 같은 환경 특성에 대한 반응도 시각을 사용하는 과제를 계획하거나 수행할 때 평가한다. 평가 보고서에는 교수 절차, 수정 사항과 추가 검사에 대한 제안을 포함한다.

기능 시력(functional visual acuity) 실제 환경 속에서 시각 대상을 식별하여 확인하는 능력이다.

난시(astigmatism) 각막이나 수정체 등 눈의 굴절면의 불균일한 굴곡으로 인하여 굴절 이상이 생겨 눈 내부로 입사(入射)되는 평행광선이 초점을 만들지 못하는 상태다. 난시인 사람은 뿌연 시각, 눈의 피로, 두통을 경험할 수 있다. 근시인 미국인의 2/3가 난시를 보이는데, 난시는 안경 혹은 콘택트렌즈로 교정할 수 있으며 원통형 렌즈(cylindrical lens)나 교정 수술로도 교정이 가능하다.

노안(presbyopia) 나이가 들수록 가까이에 있는 물체에 초점을 맞추는 능력이 떨어지는 상태를 말한다. 노안은 노화에서 자연스럽게 나타나는 것으로 모든 사람에게 40세 이후에 나타난다. 수정체, 모양체근의 노화에 따라 나타나는 시력장애 현상으로, 안경이나 콘택트렌즈 등으로 교정된다. 노안이 있는 사람은 책을 읽을 때 위해 책을 팔 길이 정도로 떨어뜨려 본다. 독서, 컴퓨터 작업 혹은 근거리 작업에서 두통, 눈의 피로를 경험할 수 있다. 노안은 독서 안경(reading glasses), 양안경(bifocal) 또는 다양한 초점 렌즈(focus lenses), 콘택트렌즈로 교정될 수 있다. 밝은 직접 조명이 읽기에 도움이 된다.

뇌혈관장애(cerebrovascular accident: CVA) 뇌졸중 혹은 두개골 내 출혈 혹은 경색을 의미한다.

녹내장(glaucoma) 주변 시각의 상실을 초래하는 안압이 너무 높아지는 병이다. 이 상태가 진단되지 않고 치료가 되지 않는다면 안압이 증가되어 시신경을 손상하고 맹 상태를 유발한다. 이러한 손상의 결과로 상실된 시각은 회복될 수 없다. 녹내장이 있는 사람은 처음에는 녹내장이 있는지를 깨닫지 못한다. 왜냐하면 이 질병은 징후 혹은 경고 사인(signs) 없이 진행되는 경우가 많기 때문이다. 정기 안과 검진을 통한 조기 발견이 중요하고, 적절한 치료는 시각 상실 예방에 필수적이다. 약물 투여(대개 안약), 수술 혹은 이 두 가지 모두가 안내압을 조절하고 시각을 유지하게 한다.

농맹(deaf-blindness) 시각과 청각 기능이 제한되면서 교육, 취업과 생활 기술에서 변화가 필요한 상태다. 대개 청각 혹은 시각 혹은 두 감각 모두에서 사용 가능한 감각이 남아 있다. 이중감각 장애(dual sensory impairment)라고도 한다.

눈부심(photophobia) 눈을 불편하게 하는 비정상적인 정도의 광민감성을 말한다. 안구 장애 혹은 질환으로 오는 증상일 수 있다.

도약 안구 운동(saccade, saccadic eye movement) 안구 운동의 한 종류로, 안구가 한 응시점에서 이와 떨어진 다른 응시점으로 신속하게 이동하는 움직임이다. 시각 대상의 위치가 갑자기 변하거나 시각 대상이 새롭게 나타날 때 그 점으로 향하는 운동으로, 스텝 형태로 일어난다. 안구는 1초에 4~5회의 도약 운동을 하는데 글이나 그림의 지각에서 중요하며, 읽기를 하는 동안 글자의 지각 폭에서 응시와 재응시가 가능하도록 하는 빠른 눈의 움직임을 말한다. 시각 대상을 중심으로 보기 위한 공역(안구) 운동의 일종이며, 대상을 중심와에서 포착하기 위해 이루어지는 급속한 안구 운동이다. 또한 시야를 수의적으로 자유롭게 탐색할 때에도 볼 수 있다.

단안 망원경(monocular telescope) 자신이 선호하는 한쪽 눈에 사용하는 망원경이다.

단안성(monocularity) 한 눈이 적출되었거나 손상되어 다른 한 눈의 시각만을 사용하는 경우다.

당뇨성 망막증(diabetic retinopathy) 망막의 순환 시스템(circulatory system)에 당뇨가 영향을 주어 손상을 준 결과로 나타난 눈의 상태다. 당뇨가 길면 길수록 당뇨성 망막증이 발생할 가능성은 커지며, 망막의 미세한 혈관에 일어나는 변화가 시각 상실을 유발한다. 당뇨가 있는 사람은 정기적인 안과 검진을 받아서 당뇨 관련 문제를 최대한 진단하고 치료하여야 한다. 혈당의 철저한 조절은 당뇨성 망막증을 방지하는 데 도움이 된다.

대비감도(contrast sensitivity) 사물과 배경 간의 차이를 감지하는 능력이다. 대비가 높을수록 시감도가 증가한다.

독립생활 기술(independent living skills) 일상 과제를 수행하고 개별 요구를 해결하는 기술이다. 과제를 수행하는 방법을 수정하거나 대체한 방법도 포함한다.

동적 시력(dynamic visual acuity) 사람은 정지해 있고 시각적 목표물은 움직이는 상태에서 사물을 식별하고 확인하는 능력이다. 사람과 시각적 목표물이 동시에 움직일 때 측정한 시력도 포함한다.

동적 시야(dynamic visual field) 환경 속에서 움직일 때 시각 기능이 나타나는 시야 범위다.

드루젠(drusen) 연령 관련 황반변성(age-related macular degeneration: AMD)의 발생 위험과 깊게 관련 있는 망막 위의 결정체다.

디옵터(diopter: D) 렌즈의 굴절률을 나타내는 측정 단위다. 근시인 경우에는 음수로, 원시인 경우에는 양수로 표시된다. 2D의 렌즈는 평행광선이 1/2m에 초점을 맞추게 한다.

라이트하우스 거리 시력표(Lighthouse distance acuity chart) 6.5ft(2m) 혹은 13ft(4m)에서 거리 시력을 측정할 수 있는 시력표다.

루페(loupe) 단안 혹은 양안에 사용하는 확대용 볼록렌즈다. 매우 근접한 거리에서 렌즈를 눈앞에 가까이 대고 작은 사물을 보는 용도로 사용한다.

마이크로스코프(microscope) 근점(near-point)의 사물을 확대하는 고배율 볼록렌즈로 안경 위에 붙여서 사용한다. 일반적으로 한 눈에만 사용한다.

망막 대립(retinal rivalry) 좌우의 눈에 다른 상이 동시에 맺히면서 불완전하게 억제된 부족한 상이 더 좋은 눈의 상의 질을 떨어뜨리는 현상이다. 안 좋은 눈을 가렸을 때 시각이 더 좋게 나올 수 있다.

망막색소변성(retinitis pigmentosa) 망막의 변성으로 야간시가 감소되고, 주변 시야가 서서히 감퇴되며, 중심 시각이 상실되는 경우도 있다. 변성은 시간이 가면서 나타나고 결국 맹 상태로 간다. 망막색소변성은 희귀한 유전성 질환으로 아직 치료법은 없다. 일부 안과의사는 고용량의 비타민 A가 망막색소변성의 진행을 늦출 수 있는 것으로 보기도 하나 비타민 E는 악화할 수도 있다. 조기 진단은 병의 진행에 대비할 수 있게 해 주며, 시각 상실의 정도에 따라 전자 확대경, 야간 시각 스코프(scope, 망원경, 마이크로스코프 등), 기타 특수 보조구가 도움이 될 수 있다.

망막염(cytomegalovirus[CMV] retinitis) 활성 후천성 면역 결핍증(active AIDS) 환자에게서 나타나는 증상 중의 하나로 시력을 위협하는 질환이다. 시력 감퇴, 시야 축소, 망막박리도 일어난다.

망막전도(electroretinogram: ERG) 망막에 광(光)자극을 주었을 때 발생하는 활동 전압을 유도·증폭하여 기록한 곡선 그래프다. 망막의 원추세포나 간상세포, 이극신경세포의 기능을 확인할 수 있다.

망원경(telescope) 작은 사물을 가깝고도 크게 만드는 렌즈 시스템이다. 일반적으로 원거리에 있는 목표물을 본다.

망원 시스템(bioptic telescopic system) 일반 안경 위에 붙여서 사용하는 소형 망원경이다. 중간 거리와 원거리의 목표물을 볼 때 사용한다.

망원현미경(telemicroscope) 리딩 캡(reading cap)이라고 불리는 적응 보조구로 이미 있는 시스템에 추가로 플러스 렌즈를 사용하여 렌즈의 강도를 높이는 데 사용한다. 망원경에 사용하면 망원경을 중간 거리용(intermediate) 보조구로 사용할 수 있다.

맹(blindness) 시각의 심각한 감퇴 혹은 완전한 상실을 의미한다.

무광각(no light perception: NLP) 빛조차 인식할 수 없는 시각 상태로 시각이 완전하게 없는 전맹(全盲) 상태라고 할 수 있다.

문해 매체(literacy medium) 읽기와 쓰기를 배우는 데 사용되는 매체(일반 활자, 점자 혹은 기타 촉각 알파벳)를 말한다.

반맹(hemianopsia or hemianopia) 응시하고 있는 점을 경계로 하여 한 눈 또는 두 눈 시야의 오른쪽 반 또는 왼쪽 반이 안 보이는 상태다. 대개 뇌졸중(중풍, stroke) 혹은 뇌손상으로 인해 나타난다. 시야의 왼쪽 혹은 오른쪽 부분에 영향을 줄 수 있고 대개 영구적인 장애가 된다. 반맹은 경미한 수준에서 심각한 수준까지 영향이 다양하다. 예로, 어떤 사람은 앞으로 보았을 때 한쪽으로만 볼 수 있기도 하거나 명확하게 차이를 식별하여 사물도 확인할 수 있다. 이러한 시각장애는 독서에서 거리 횡단까지의 다양한 일상 과제 수행을 어렵게 할 수 있다. 반맹의 치료는 불가능하지만, 저시각 재활 전문가가 잔존 시각을 사용할 수 있는 법을 지도할 수 있다. 반맹인 사람은 확대경 혹은 특수 프리즘 렌즈를 사용하여 도움을 받을 수 있다.

방향정위와 이동(orientation & mobility) 시각장애 학생에게 이동하는 기술을 가르치는 것이다. 저시각 보조구, 지팡이 사용, 전자 보행 보조구과 안내법을 배운다.

백내장(cataract) 정상적인 수정체는 투명해야 하는데 뿌옇거나 불투명하게 된 상태를 말한다. 백내장은 일반적으로 서서히 통증 없이 나타나며, 한 눈 혹은 두 눈에 나타날 수 있다. 백내장은 시각을 방해하여 시각상이 흐릿하거나 불분명하게 보이고 색이 희미하게 보인다. 대부분의 백내장은 노화와 관계가 있으며, 실제로 80세 노인의 50% 이상에서 보인다. 또한 55세 이상에서 실명의 주요 원인이다. 백내장 초기에 있는 사람은 안경, 밝은 조명, 눈부심 방지 색안경 혹은 확대 렌즈가 도움이 될 수 있다. 이러한 보조구를 사용하더라도 백내장은 일상생활을 방해하며, 수술이 효과적인 치료법인데 백내장 수술은 뿌옇게 변해 버린 수정체를 제거하고 인공 수정체를 삽입하는 것이다.

법적 맹(legal blindness) 정부 혜택의 적격 여부를 결정하기 위해 법률에서 정의한 시각장애 수준이다. 교정 렌즈를 사용하여 잘 보이는 눈의 시력이 10/200(6/60) 이내 혹은 시야가 20도 이내로 시각이 손상된 경우다. 미국에서 공적 서비스 및 각종 혜택의 자격 여부를 결정하는 장애 기준으로 사용된다.

베체트병(Behcet's disease) 구강과 생식기의 점막에 생기는 만성 염증과 혈관 병변을 말한다. 안구에서는 포도막염, 시각신경염, 홍채 모양체염이 나타난다.

변형시증(metamorphopsia) 망막의 결함으로 인해 사물을 왜곡해서 보게 되는 시각의 결함을 말한다.

병변(lesion) 조직 손상(예: 각막 화상), 병리(예: 백내장, 기저 세포암) 혹은 기능 상실(예: 황반변성으로 인해 황반의 기능이 더 이상 가능하지 않음)을 묘사하는 데 쓰이는 용어다.

병행교수(parallel instruction) 일반 활자와 점자를 동시에 강조하면서 지도한다.

복시(double vision or diplopia) 한 사물이 두 개의 상으로 보이는 것이다. 상은 수평, 수직 혹은 대각선으로 위치되어 보인다.

볼록렌즈(convex lens) 원시를 교정하기 위해 광선을 안쪽으로 이동시키는 렌즈로 플러스 렌즈라고도 한다.

부동시(굴절부동, anisometropia) 두 눈 사이에 적어도 1D의 굴절 이상이 있는 경우를 말한다.

비광학 보조구(nonoptical device) 렌즈나 프리즘 같은 광학 기기를 사용하지 않고 저시각인이 시각 정보에 더 쉽게 접근할 수 있게 하는 보조구 혹은 수정 기법을 말한다. 독서대와 확대활자 사용을 예로 들 수 있다.

비디오 확대 장치 상을 포착(capture)하기 위하여 비디오카메라를 사용하고, 화면에 확대된 형태로 투영(project)하는 것을 통해서 전자 확대를 제공하는 전자 저시각 보조 시스템이다. 저시각인용 확대 독서기(CCTV)가 이에 속한다.

비문증(飛蚊症, muscae volitantes) 부유물과 점(floaters and spots)은 시야에서 떠다니는 작은 반점이나 가닥이다. 눈 안을 채우는 투명한 초자체액에 낀 부유물과 점은 실제로 망막에 그림자로 나타난다. 부유물과 점은 대개 정상이고 해롭지 않으나 망막박리, 당뇨성 망막증 혹은 감염 같은 심각한 상태의 경고로 알려져 있다. 반짝이는 빛 혹은 부유물이 수반되면서 시각이 갑작스럽게 감소되는 경우와 부유물 수가 갑작스럽게 증가하면 안과 전문의에게 상담을 해야 한다.

비직선 이동(veering) 자신이 의도한 대로 똑바로 가지 못하고 길에서 벗어나는 것을 의미한다.

빛반사(light reflex) 빛의 변화에 따라 동공이 좁아졌다 넓어졌다 하는 것이다.

사시(strabismus) 두 눈이 동시에 같은 점을 바로 보지 못하는 상태다. 사시는 안근이 함께 적절하게 움직이지 못할 때 나타나며, 대부분 선천적으로 나타나나 질병 혹은 손상(injury)으로 나타날 수 있다. 조기에 진단되면 대부분의 사시는 교정이 가능하며, 교정 안경, 안근 운동, 수술 혹은 이들 접근법을 복합적으로 사용하여 치료할 수 있다. 이 상태에 있는 어린 아동은 강한 눈 위에 가리개(patch)를 하여 약한 눈이 정확하게 기능할 수 있도록 한다. 사시가 있는 학생이 교정을 받지 못한다면 약시(amblyopia)가 될 수 있다.

상대적 거리 확대(relative-distance magnification) 사물과 눈 간의 거리를 줄여서 망막에 맺히는 상의 크기를 확대한다.

상대적 크기 확대(relative-size magnification) 망막에 맺히는 상의 크기를 증가시키는 것으로 시각 목표물의 크기를 증가시키는 것이다. 예로 확대글자를 들 수 있다.

색각(color perception) 망막의 추상체 수용기에서 색을 지각하는 것이다. 망막의 적색, 녹색, 청색 추상체 수용기가 자극된 결과로 나타난다.

색맹(achromatopsia) 선천적 시각장애로 색의 일부 혹은 전부를 구분하지 못하는 것이다. 일반적으로 적색과 녹색을 구분하는 데 어려움이 있고, 때때로 청색과 녹색 혹은 청색과 황색을 구분하는 데 어려움이 있는데, 망막의 추상체에 결손이 있거나 추상체가 없어서 색을 식별하지 못하는 것이다. 극단적인 광민감증(photophobia), 중심 시각의 감소도 나타날 수 있다. 한 눈 혹은 두 눈 모두에 장애가 있을 수 있으며 여성보다 남성에게서 많이 나타난다. 색맹인 사람은 보통 약간의 시각 상실을 경험하는데 특히 밝은 빛에서 그렇다. 색맹의 정도는 다양하며, 색맹 치료는 가능하지 않지만 색맹인 사람은 자신의 증상을 조절할 수 있다. 예로 색안경 혹은 색 콘택트렌즈를 써서 밝은 빛을 통제할 수 있다. 읽기를 위해 저시각용 확대경과 다른 보조구를 사용할 수 있으며, 먼 거리에 있는 사물을 보기 위해 망원경을 사용할 수 있다.

선천성(congenital) 출생 시 혹은 생애 초기 연령에 나타나는 것을 말한다. 생후 6개월 혹은 12개월 이내 혹은 2세 이하에 발생한 경우다.

선호 거리(preferred distance) 사물을 가장 편안하게 볼 수 있는 거리다.

선호 망막 부위(preferred retinal locus) 중심와에 이상이 생겨 중심 시야를 사용하여 과제를 수행하지 못할 때 중심 시야 과제를 수행하기 위해 중심외 보기 방법에서 주로 사용되는 망막 부분이다.

선호 시야(perferred visual field) 대부분의 사물을 주목하는 시야의 특정 위치(location)를 말한다.

선호 응시(preferential looking) 말을 하지 못하거나 말 사용 이전의 아동의 시각을 검사하는 방법이다. 시각적으로 두드러진 형태의 자극물(patterned stimuli)을 아동의 왼쪽 혹은 오른쪽에 제시하여 자극물로 향하는 아동의 눈의 움직임을 파악하는 것이다.

손 아래 손 기법(hand-under-hand technique) 학습자의 손 아래에 지도자의 손을 놓고 사물로 안내하거나 사물을 같이 탐색하는 기법을 말한다.

수렴(convergence) 사물에 접근할 때 양 눈으로 들어온 분리된 상을 뇌에서 연합하기 위해 두 눈이 서로 가까워지는 것을 말한다.

스넬렌 시력표(Snellen eye chart) 최상단에 크고 굵은 체의 E 자가 있고 그 아래 행의 글자들은 점점 크기가 작아지는 시력표다. 1863년에 안과의사의 이름을 따서 명명된 시력표로 다양한 거리에서 얼마나 잘 볼 수 있는지를 알아보는 데 사용된다.

시각(vision) 외부 세상에서 눈을 통하여 들어온 시각상(visual image)에 의미를 부여하는 과정이다.

시각 기술 지도(visual skills instruction) 주목하기(attending), 응시하기(fixating), 추적하기(tracking), 사물 사이에서 시선을 이동하기(shifting attention), 주사하기(scanning), 사물에 도달하기 같은 시각 기술 사용을 격려하는 교수 프로그램이다.

시각 능력(visual abilities) 시각의 기능적인 측면을 말하며, 시력, 시야, 눈 운동, 뇌 기능 조절, 빛 지각과 색 지각 등을 포함한다.

시각 변별(visual discrimination) 무엇인지를 알아내기 위해 사물 속에서 충분한 세부(細部, 예: 글자 혹은 숫자)를 식별하는 능력이다.

시각 재활 서비스(vision rehabilitation service) 최대한으로 시각을 활용할 수 있도록 광학 보조구와 비광학 보조구를 처방받고 활용법을 지도받는 것과 관련한 임상 및 교수 서비스를 말한다.

시각피질(visual cortex) 시신경을 통해 전달된 전기 충격을 받아들여 완전한 상으로 재구성하는 뇌의 특정 부분이다.

시각 혼잡(어수선함, visual clutter) 시각상과 어수선한 세부 배경 간의 결합 정도를 말한다. 시각적인 배경 속에서 목표물을 확인하는 능력이 필요하다.

시력(visual acuity) 물체의 존재 및 형태를 인식하는 능력이다.

시력검사(visual acuity testing) 스넬렌 시력검사로 시력을 측정하는 것이다. 보통 거리 시력은 20ft(6.2m)에서 행해지고, 검사자가 검사표에서 지적한 시표를 소리 내어 읽는 것으로 검사가 이루어진다.

시신경(optic nerve) 망막에서 뇌의 시각피질로 시각상을 전달하는 길고 가느다란 망막섬유로 구성된 다발이다.

시신경 위축(optic nerve atrophy) 눈에서 뇌로 시각 정보를 전달하는 시신경의 변성을 말한다. 시신경 위축이 있는 사람은 희미하거나 뿌연 시각을 경험하고 시야 감소도 나타난다. 대비하여 보거나 세부를 식별하는 데 어려움을 보이는데, 시신경 위축으로 인한 시각 상실은 영구적이다. 그러나 이것을 발생시키는 원인이 확인되어 성공적으로 치료된다면 더 이상의 시각 상실은 방지할 수 있다. 밝은 조명, 높은 대비, 선명한 색깔은 명확하게 보는 데 도움을 줄 수 있다.

시야(visual field) 눈이 한 점을 주시하는 영점(null point)에서 그 눈이 볼 수 있는 범위를 말한다. 주시점에서 30도까지의 범위를 중심 시야라 하고, 그 범위를 제외한 범위를 주변 시야라고 한다.

시야검사(visual field test) 한 번에 한 눈을 검사하고, 중심 시야와 주변 시야에 반짝이는 빛에 대한 반응을 빛 지도로 만들어서 시야를 검사하는 것이다. 검사받는 사람이 확인한 빛과 확인하지 못한 빛이 있는 위치를 확인하여 시야가 손상된 부분을 확인할 수 있다.

신경병증(neuropathy) 신체 기능에서 필요한 신경 능력의 감소다. 예로, 당뇨성 신경증으로 촉각 신경의 기능이 감소되어 촉각 능력이 감퇴되는 것을 들 수 있다.

시기능(visual functions) 시각을 사용하는 행동으로 응시점 이동하기(shifting gaze), 주사하기(scanning), 추시하기(tracing), 추적하기(tracking) 등이 있다. 기능 시각(functional vision) 참조.

시야(visual field) 특정 지점에 양 눈을 고정하고 있을 때 볼 수 있는 반경이다.

시지각(visual perception) 시각상에 대해 의미를 부여하는 과정이다.

시효율(visual efficiency) 잔존 시각이 효율적으로 사용되는 정도다.

신생혈관 형성(neovascularization) 망막에 비정상적인 신생혈관의 성장을 말한다. 신생혈관 형성은 습성 황반변성(wet age-related macular degeneration: ARMD), 증식성 당뇨망막증(proliferative diabetic retinopathy), 신혈관성 녹내장(neovascular glaucoma)으로 발생한다.

안검하수증(下垂症, ptosis) 약한 눈꺼풀 근육 혹은 마비로 인하여 눈꺼풀이 내려와 눈을 덮은 증상으로 선천적으로 발생할 수 있다.

안구(eyeball) 구형의 감각기관으로 빛을 받아들이고 시각 정보를 중추신경계에 전달한다. 방수, 수정체, 초자체로 둘러싸인 3개의 주요 막(각공막, 포도막과 망막)으로 구성되어 있다.

안구건조증(xerophthalmia) 안구는 눈물막의 윤활유, 물과 점액으로 구성되는데, 눈물막에서 눈물이 너무 적게 만들어지거나 빨리 증발되어 나타날 수 있으며, 비정상적인 눈물막으로 인해서도 나타날 수 있다. 안구의 점막에 염증이 생길 수 있고, 눈이 불편하고 때때로 각막이 영구적으로 손상될 수 있다. 가렵고 화끈거리고 따가운 증상을 경험하게 되는데, 일부는 눈에 이물감을 느끼면서 자극감(irritation)이 생기기도 한다. 안구건조증은 여러 원인으로 나타나며, 예로 장기간 콘택트렌즈를 착용하여서나 건조하거나 먼지가 많은 환경 속에서 살면서 나타날 수 있다. 약물의 부작용 혹은 특정 질병의 증상으로 나타나기도 하며, 특히 폐경기에 있거나 폐경기 이후의 여성에게서 많이 나타난다. 안과의사는 특수 안약인 인공 눈물을 처방하는데, 인공 눈물은 공기 중에 습도를 높이기 위해 가습기를 쓰는 것처럼 눈에 수분을 제공하는 것이다. 눈을 문지르지 말고, 담배 연기는 안구건조를 심하게 할 수 있으므로 피한다.

안구로(眼球癆, phthisis bulbi) 안구 손상 혹은 질환으로 인해 크기가 줄어든 안구를 말한다. 시각 기능이 가능하지 못해 맹안(blind eye)이라고도 한다.

안구 운동(ocular mobility) 6개의 외안근에 의해 조절되는 안구 움직임이다.

안구진탕(nystagmus) 눈의 불수의적인 떨림이다. 대개 리듬을 가지고 빠르게 반복해서 한 방향으로 움직이며, 상하나 양옆으로 혹은 원 모양으로 움직인다. 안구진탕은 출생 시에 나타나거나 드물지만 질병 혹은 손상으로 나타날 수 있는데 출생 시에 나타나는 경우 생후 6개월 안에 확인되며, 각막혼탁, 백내장, 백색증, 무홍채, 맥락망막염 혹은 시신경 위축 같은 질병의 결과로 나타날 수 있다. 안구진탕은 시각을 감퇴하거나 방해할 수 있는데, 그 예로 안구진탕이 있는 아동은 읽기를 하다 자주 읽던 곳을 놓칠 수 있다. 책에서 읽을 부분에 집중할 수 있게 읽기 보조구 즉 독서 보조판(typoscope)을 사용하거나 줄 아래에 대고 읽을 수 있는 자 등을 사용할 수 있다.

안구 흑색종(ocular melanoma) 흑색종은 악성 종양으로 멜라닌으로 불리는 색소를 생산하는 세포를 만든다. 이 색소는 피부와 눈에 동시에 발견되면서 피부암 혹은 안암이 확인될 수 있다. 장(長)파장

자외선(UVA radiation)과 안구 악성종양 발생과 명백한 연관이 있는 것으로 추측된다.

안내 수정체 이식(intraocular lens implant) 백내장으로 인해 본래 수정체를 사용할 수 없는 경우 인공 수정체를 삽입하는 수술이다.

안와(orbital cavity) 두개골에 원뿔 모양으로 움푹 들어간 부분으로 안구가 외상으로 손상되지 않게 보호하는 부분이다.

암점(scotoma) 망막 손상의 결과로 나타나는 시야의 맹점이다. 암점이 시력에 지장을 주는 정도는 중심 시야 혹은 주변 시야에서 생겼느냐에 달려 있다. 암점의 일반 원인은 황반변성, 녹내장, 시신경염으로 암점 때문에 심각한 시각 상실을 경험하는 사람은 확대경, 밝은 조명, 확대 읽기물이 도움이 된다.

알코올 약시(alcohol amblyopia) 중심 시야의 결함으로 양측 눈 모두의 시각이 상실된 상태다. 이것은 알코올중독으로 나타나는 것으로 알려져 있으며, 영양 부족으로도 나타날 수 있다.

앰슬러 격자무늬판(Amsler grid) 중심 시야 결손 혹은 왜곡이 있는지 알아보는 그래프 용지 같은 검사지다. 특히 황반변성이 있는지 알아보기 위해 사용된다.

양안 망원 시스템(bioptic telescope system) 일반 안경의 양쪽 렌즈에 붙이는 소형 망원경이다. 전방을 쳐다보는 시선의 위쪽 혹은 아래쪽에 위치시킨다. 중간 거리와 원거리 보기에 사용된다.

양안성(binocularity) 양 눈을 함께 사용하는 능력이다.

양안시(binocular vision) 양안으로 각각 들어온 상을 뇌에서 연합하여 형성하는 3차원의 시각을 말한다.

어셔 증후군(Usher syndrome) 부분적으로 혹은 완전하게 청각이 상실되면서 망막색소변성(retinitis pigmentosa)으로 인해 서서히 시각 상실이 나타나는 선천적 상태다. 일부는 균형 감각에 문제가 생기며 치료가 불가능하다. 그러나 조기 진단으로 어셔 증후군이 있는 사람들에게 보청기를 제공하고, 수화와 독화 지도를 하고, 보조구를 제공하고, 장래를 위한 상담을 제공한다.

연령 관련 황반변성(age-related macular degeneration[ARMD] or age-related maculopathy) 황반 부위에 망막 광수용체와 색소 상피에 변성이 일어나서 생기는 질환이다. 중심 시각이 서서히 상실되며 주변 시각은 대개 온전하게 유지된다.

오목렌즈(concave lens) 근시를 교정하기 위해 광선을 수정체에 상이 맺히게 하는 렌즈로 마이너스 렌즈라고도 한다.

우세 눈(dominant eye) 양 눈 중 잘 쓰는 눈을 말한다. 시각에 선호하는 눈이고 양안 운동 시에 다른 눈을 이끌고 통제 역할을 하는 눈을 의미한다.

우안(oculus dexter[OD] or right eye[RE]) 오른쪽 눈을 말한다.

원거리-근거리(distance and near: D+N) 시력을 측정하는 데 사용되는 참조점이다. 원거리는 대개 20ft(6m)이고, 근거리는 16in(40cm)다.

원추각막(keratoconus) 각막이 얇아지면서 원뿔 모양으로 돌출되는 질환으로 시각이 감소되며, 선천성인 경우가 많다. 시각이 뿌옇거나 왜곡되며, 대개 양 눈에 영향을 준다. 이 상태에 있는 사람들은 초기에는 안경으로 시력을 교정할 수 있으나 시간이 경과함에 따라 증상이 심해지면 특별하게 제작된 콘택트렌즈가 필요하다. 대부분의 원추각막이 있는 사람은 심한 시각장애를 경험하지는 않으나 5명 중 1명은 각막 이식이 필요하다.

원시(hyperopia, farsightedness) 안구의 길이가 너무 길어서 생기는 굴절 이상으로 눈 안으로 들어온 빛이 망막 뒤에 가서 맺힌다. 원시인 경우는 멀리 있는 사물은 잘 보이나 가까이 있는 사물은 흐릿하게 보인다. 원시로 인해 특히 읽기를 할 때 눈에 피로를 느끼고 두통이 나타날 수 있다. 볼록 렌즈로 교정이 가능하며, 레이저 수술로 시각 교정이 가능하다.

원통형 렌즈(cylindrical lens) 난시를 교정하기 위해 사용되는 렌즈로 각 자오선에 다른 굴절률을 가진다.

응시(fixation) 양 눈을 모아 목표물을 똑바로 바라보는 것이다. 자신이 본 사물의 상이 중심와에 맺히게 하기 위해 눈을 사물로 움직이고 조절(accommodation)하는 능력이다.

의안(prosthesis) 적출된 본래 안구를 대신해서 사용되는 인공 안구로 안구건조증후군의 증상을 완화한다.

이중 매체 교수(dual media instruction) 일반 활자와 점자를 모두 사용하여 문해 기술(읽기와 쓰기)을 지도하는 것이다.

이중감각장애(dual sensory impairments) 두 가지 감각이 손상된 상태를 말한다. 주로 시각장애와 청각장애의 두 장애가 동시에 수반되는 경우다. 농맹(deaf-blindness) 참조.

인공 눈물(artificial tears) 실제 눈물과 같게 만든 일종의 안약이다.

인지 맵(cognitive map) 특정 공간 배치에 대한 정신적 표상(mental representation)이다. 사물과 사물 간의 관계를 포함한다.

읽기 효율(reading efficiency) 개인에게 가장 편안한 읽기 매체를 사용하여 내용을 80% 정도 이해하면서 읽어 나가는 속도 혹은 읽은 비율이다.

자외선(ultraviolet[UV] radiation) 태양 같은 빛 근원에서 방사되는 특정 파장의 에너지다. 태양의 전자 에너지는 장(長)파장 자외선(UVA ray), 중(中)파장 자외선(UVB ray), 단(短)파장 자외선(UVC ray)으로 구성되어 있다.

재활(rehabilitation) 시각장애 발생 전에 습득했던 기술을 시각 상실 후에 다시 배우거나 새로운 기술을 배우는 것이다. 예로, 적응 보조구와 기법을 사용하여 직업 기술과 일상생활 기술을 배우는 것이 있다.

작업 거리(working distance) 작업하는 동안에 눈과 사물 간의 거리다.

저시각(low vision) 교정 렌즈를 사용하더라도 시각 과제를 수행하기 어렵게 하는 시각 상실을 의미하나 활용 가능한 시각을 보유하고 있다. 저시각은 황반변성, 백내장, 녹내장 혹은 기타 눈 상태 혹은 질병으로 인해 나타나며, 중등도 손상에서 전맹에 가까운 수준까지 다양하게 나타난다. 저시각인 사람은 전자 확대 안경(electronic magnifying glasses) 혹은 안경 탑재 망원경(eyeglass-mounted telescopes) 같은 다양한 광학 보조구를 사용하여 도움을 받을 수 있다. 덧붙여 특수 소프트웨어는 저시각인용 컴퓨터 사용자를 위해 개발된 것으로 화면의 내용을 확대해 주거나 소리 내어 읽어 준다. 비광학 보조구 활용 혹은 환경 수정이 일상 과제를 계획하고 수행하기 위한 시각 활용에 도움이 될 수 있다.

저시각 보조구(low vision device) 저시각인이 시각 정보에 쉽게 접근할 수 있도록 도와주는 광학 혹은 비광학 보조구다.

전맹(total blindness) 응시하고 있는 점을 경계로 하여 양 눈의 시야의 전 부분이 안 보이는 상태다. 빛조차 확인하지 못하는 상태로 완전 실명 상태에 있다고 할 수 있다.

적출(enucleation) 수술로 안구가 제거된 상태를 말한다.

전자 확대 시스템(electronic magnification systems) 상을 확대할 수 있는 전자 저시각 보조구를 의미한다. 비디오 확대경과 확대용 컴퓨터 시스템을 포함한다.

정시안(emmetropia) 굴절 이상이 없는 정상 눈을 말한다.

정적 시력(static visual acuity) 머리와 눈을 고정한 채 정지되어 있는 다양한 목표물을 식별하여 확인하는 능력이다.

정적 시야(static visual field) 머리와 눈을 고정한 채 목표물을 보고 있을 때의 사람이 볼 수 있는 영역을 말한다.

조절(accommodation) 거리에 따라 수정체의 모양을 변화시켜 명확한 상을 맺는 눈의 능력을 말한다.

좌안(oculus sinister[OS] or left eye[LE]) 왼쪽 눈을 말한다.

주사하기(走査, scanning) 한 목표물에서 다른 목표물로 옮겨 가며 응시를 반복하는 것이다. 정보의 위치를 파악하기 위해 탐색 패턴(search pattern)으로 사용한다.

주시 거리(critical viewing distance) 사물을 최초로 정확하게 확인하는 거리다.

주요 사건 평가(critical incidents assessment) 실제 이동 상황을 관찰하여 이동 문제를 평가하는 방법이다.

중심 시각(central vision) 황반을 중심으로 하는 시각으로 주시점에서 30도 이내 시야 범위 내에서의 시각 능력을 말한다.

중심 암점(central scotoma) 시야의 중심 부분에 생긴 검은 점으로 인해 그 부분의 시각이 없어지는 것이다.

중심와(fovea centralis) 광수용세포가 가장 많이 집중되어 있는 황반의 중심인 움푹 들어간 곳이다. 중심와에 추상체가 집중적으로 분포되어 있어 색과 세부를 식별하며, 가장 명확한 시각이 형성되는 곳이다.

중심외 보기(eccentric viewing or eccentric fixation) 망막의 기능이 살아 있는 부분에 상을 맺히게 하기 위해 의도적으로 중심와 외의 부분으로 보는 것이다.

지각 폭(perceptual span) 개인이 한 번 응시(fixation)해서 해독(decode)하고 단기기억으로 저장하는 정보의 양이다. 정상 성인은 7자에서 10자를 본다. 저시각인의 경우 지각 폭은 눈과 독서물 간의 거리, 중심 시야의 손상 여부, 광학 보조구의 렌즈 강도로 결정된다.

지표(landmarks) 쉽게 인식되면서 항상 활용될 수 있는 사물, 소리, 냄새, 온도, 촉각 혹은 시각 단서를 말한다. 이 지표를 사용하면 특정 공간의 위치를 파악하는 데 도움이 된다.

찰스 버넷 증후군(Charles Bonnet syndrome) 황반변성으로 인해 시각 손상이 있거나 인생 후반기에 시력 상실을 경험하는 사람에게서 나타나는 시각장애(방해, 어긋남)다. 이 증후군이 있는 사람은 단순한 형태에서 사람, 동물과 빌딩까지 비교적 많은 시각상을 볼 수 있는데, 정신질환 징후는 아니다. 사람들은 자신이 보고 있는 것이 진짜가 아니라는 것을 깨닫게 되며, 치료는 불가능하다. 그러나 이 증상은 자주 스스로 중지할 수 있다. 이 증후군이 있는 사람은 안과전문의에게 상담하여 도움을 받는 것이 바람직하다.

초자체(vitreous humor) 안구 용적의 80%를 차지하는 투명한 젤라틴 같은 물질이 있는 곳이다. 안구가 구 모양을 유지하도록 한다.

초점(focal point) 사물에서 반사되어 온 평행 광선이 수정체에 맞추어지는 점이다.

초점 거리(focal distance) 사물에서 반사되어 온 평행 광선이 눈 안에서 맺히는 점과 수정체 간의 거리다.

추상체-간상체 영양결손(cone-rod dystrophy) 망막의 광감세포의 변성을 일으키는 유전적 질환이다. 일반적으로 시력의 감소를 경험하고 이어서 주변 시각과 색각을 상실하게 된다. 가장 일반적인 추상체-간상체 영양결손이 망막색소변성이며, 치료가 불가능하다. 추상체-간상체 변성(cone-rod degeneration), 진행성 추상체-간상체 영양결손(progressive cone-rod dystrophy), 망막 추상체 영양결손(retinal cone dystrophy)으로 알려져 있다.

추상체 변성(cone dystrophy) 유전적으로 추상체에 변성이 일어나 시각 감소와 색각 부족 현상이 나타난다.

추시하기(追視, tracing) 환경 속에서 하나 혹은 중복의 정지된 선을 눈으로 좇아가는 능력이다.

추적하기(tracking) 움직이는 사물을 눈으로 좇는 능력이다.

축소(minification) 상의 크기를 작게 만드는 과정이다.

컴퓨터 시각 증후군(computer vision syndrome: CVS) 연령에 상관없이 매일 수시간 동안 컴퓨터를 사용할 결과로 나타나는 시각 증후군이다. CVS가 영구적인 안구 손상을 일으키지는 않지만, 눈피로, 두통, 건조하고 따끔거리고 눈물이 생기고 타는 듯한 눈, 목, 허리, 어깨의 뻣뻣함 혹은 통증을 초래한다. 흐릿한 시각 혹은 복시, 왜곡된 색 지각, 눈부심이 생기며, 이 증상을 줄이기 위해 다음의 방법을 고려한다. 안경은 이중 또는 다중 초점 렌즈를 사용하고, 렌즈에 눈부심을 막아 주는 코팅(anti-glare coating)을 하는 것을 고려한다. 컴퓨터 화면으로 인해 눈부심이 일어나지 않도록 주위의 빛을 조절하며, 창문으로 들어오는 빛을 차단하기 위해 커튼을 치거나 블라인드를 사용한다. 전등은 머리 위에 있을 때 눈부심이 덜하므로 위치 설정에 주의하며, 그래도 눈부심이 초래된다면 모니터용 눈부심 필터(glare filter) 사용을 고려한다. 컴퓨터 화면은 눈높이에서 대략 15~20도 아래에 있도록 하고, 양발은 마룻바닥에 평평하게 댄다. 모든 읽기 자료는 적절한 거리에 놓아야 하고, 책상 높이는 26in가 적당하다. 양팔은 키보드를 사용할 때 90도를 이루도록 위치시켜야 하고 컴퓨터 모니터를 너무 가까이 보지 않도록 한다. 컴퓨터 사용 시 20-20-20 규칙을 지킨다. 20분 사용 후에 컴퓨터 화면에서 눈을 떼어 20ft 전방을 20초 동안 쳐다본다. 2시간마다 15분씩 휴식을 취하도록 한다. 하루 5~6시간 정도만 컴퓨터를 사용한다.

태아알코올증후군(fetal alcohol syndrome) 알코올중독인 산모에게서 태어난 영아에게 나타나는 장애다. 성장 · 발달이 느리고, 정신지체, 눈꺼풀 이상, 사시, 근시와 재생불량성 시신경이 나타난다.

터널 시각(tunnel vision) 주변 시각의 심각한 제한으로 나타나는 시각이다. 터널 속에서 보는 것처럼 중심 시각 부분만 볼 수 있다.

투사각(angle of incidence) 물건의 표면에서 빛이 부딪혀서 나타나는 빛의 각도다. 투사점이 있어서 그 지점의 표면과 반사광선이 짓는 각으로 입사각 혹은 반사각(反射角)이라고 한다.

편차(deviation) 눈이 안쪽 혹은 바깥쪽으로 돌아가 있어 나타나는 것으로 정상적인 응시에서 벗어난 경우를 말한다. 약시, 사시 등에서 이 편차가 관찰되며, 외안근 불균형으로 인해 눈의 정렬이 불가능하다.

폐색(occlusion) 양 눈 중 강한 눈을 가리개로 가려 약시(amblyopia)를 치료하는 방법이다. 이것은 수 주일 혹은 수개월에 걸쳐 이루어지며, 약한 눈으로 들어온 상을 뇌에서 받아들이도록 훈련을 하는 것이다.

포도막염(uveitis) 눈 안에 염증이 생겨 망막에 대부분의 혈액을 제공하는 구조에 영향을 준다. 포도막염은 한 눈 혹은 양 눈에 영향을 줄 수 있다. 포도막염이 있는 경우 눈이 충혈되어 있고, 눈이 뿌옇게 보이고, 빛에 민감해진다. 통증을 느낄 수 있으며 비문증(floaters)도 보일 수 있다. 치료가 이루어지지 않는다면 흉터(scarring)가 남거나 시각을 잃게 된다. 치료는 안구 구조가 영향을 받았는지나 포도막염이 주된 질병으로 인해서 나타난 것인지에 달려 있다. 안약(eye drops)과 기타 약(medications)이 염증을 줄이는 데 처방된다.

프레넬 프리즘 혹은 렌즈(Fresnel prism or lens) 유연성 있는 플라스틱 렌즈로, 한쪽 면은 접착이 가능하도록 만들어져 있어 안경알에 부착할 수 있다. 눈의 편차 혹은 굴절 이상이 있는 눈을 교정하거나 망막 중 기능하는 부분으로 주변 시각 정보를 보내기 위해 사용된다.

프리즘 렌즈(prism lenses) 특수 삼각형 렌즈로 눈 안으로 들어가는 빛을 조정하기 위해 일반 안경 위에 덧씌워 사용한다. 양 눈을 재정렬해 주고 양안시가 가능하도록 해 준다. 또한 시야를 넓혀 주어 상이 맺히는 위치를 옮겨 준다.

피질 시각장애(cortical visual impairment or cerebral visual impairment: CVI) 시각과 관련된 뇌의 특정 부분의 손상으로 인한 시각장애다. 눈은 정상이지만 뇌는 받아들인 정보를 적절하게 처리하지 못한다. 시각 상실의 정도는 경도 혹은 중도가 될 수 있으며, 시각장애의 상태는 매일 크게 달라질 수 있다. CVI는 일시적이거나 영구적일 수 있으며, 보기 위해 눈을 사용하는 것에 어려움이 있다. 예로, 얼굴을 인식하는 데 어려움이 있고, 그림을 인식하기 어렵고, 길이를 지각하기 어렵거나 전경과 배경을 구분하기도 어려울 수 있다. CVI가 있는 아동은 눈을 사용하여 찾아야 하는 것을 미리 알려 주었을 때 더 잘 볼 수 있다. NVI(neurological visual impairment)로도 알려져 있다.

학습 채널(learning channel) 학습에서 사용되는 한 가지 이상의 감각(시각, 청각 혹은 촉각)을 말한다.

험프리 시야 분석기(Humphrey field analyzer) 시야를 평가하는 진단 도구다.

환경 배치(environmental layout) 환경 속의 사물을 차례나 간격에 따라 일정한 자리에 나누어 두는 것을 말한다. 시각장애인은 사물 간의 관계를 거리와 방향을 중심으로 파악하게 된다.

환경 수정(environmental adaptation) 최대로 시각을 활용하도록 환경에 변화를 주는 것을 의미한다.

환경 조정(environmental manipulation) 시기능을 높여 주기 위해 환경 속의 사물의 크기, 조명, 대비, 색, 거리에 변화를 주는 것이다.

확대(magnification) 망막에 크게 상을 맺히게 하기 위해 사물의 크기를 증가시키는 것이다.

확대경(magnifier) 상의 크기를 확대하기 위해 렌즈 혹은 렌즈 시스템을 사용하는 저시각 보조구의 일종이다.

황반(macula) 망막의 중심 부분에 광감세포가 모여 있는 곳으로 중심 시각과 색 지각을 담당한다. 세부도 지각한다.

황반변성(macular degeneration) 망막의 중심 부분인 황반의 역기능(dysfunction)을 일으키는 질병으로 읽기, 운전, 사람 얼굴과 색 인식 등의 일상 활동에 필요한 중심 시각에 영향을 준다. 이것은 연령 관련 황반변성(age-related macular degeneration: ARMD)으로 알려져 있는데, 노년층의 시각장애를 유발하는 주요 원인으로 꼽히고 있다. 그러나 스타가르트병(Stargardt's disease)과 베스트병(Best's disease) 같은 또 다른 유형의 황반변성도 있다. 황반변성은 뿌옇고 왜곡되거나 희미한 시각을 유발하고, 중심 시야 부분에 암점을 생성한다. 주변 시각은 일반적으로 영향을 받지 않는다. 황반변성이 있는 사람은 통증 없이 서서히 병이 진행되기 때문에 처음에는 작게 이루어지는 변화를 인식하지 못한다. 치료 방법은 없으나 약물 요법, 레이저 수술 혹은 기타 의학적 치료가 이 병의 진전을 늦추거나 시각 상실을 막는 데 활용될 수 있다. 황반변성이 있는 사람은 또한 망원경, 고강도 전등(high-intensity lamps)과 포켓 사이즈의 망원경 같은 저시각 보조구의 사용이 도움이 될 수 있다.

황반부종(macular edema) 황반 부위에 액체가 차올라 황반이 부어오르고 두꺼워져 정상적인 위치보다 좀 더 올라와 있는 상태다. 황반부종은 당뇨성 망막증의 어느 단계에서든 발생할 수 있다.

후두엽(occipital lobe) 대뇌피질의 뒷부분으로 시각과 시지각을 담당하는 시각피질을 포함한 부분을 말한다.

후천성(adventitious or acquired) 출생 후에 발생하였거나 생애 발달 초기에 나타난 경우를 말한다.

흡광 렌즈(absorptive lenses or sunglasses) 눈 속으로 태양빛이 지나치게 많이 들어가는 것을 막기 위해 색을 입힌 렌즈를 끼운 안경이다. 렌즈는 많은 빛을 흡수하여 눈 안에 들어가는 빛의 양을 조절한다. 밝은 햇빛 아래서 눈을 편안하게 하기 위해 사용된다.

참고문헌

강용규, 이종복, 임옥빈, 류동수, 조당호(2013). 노인복지론. 고양: 공동체.

고수현(2009). 노인 복지 이론과 실제. 서울: 학현사.

공안과(2010. 9. 13). 안질환과 치료. https://www.kongeye.co.kr/default_index.asp.

곽형우(1999). 당뇨병에서의 전반적인 눈의 변화. 정흠 외. 당뇨병과 눈(pp. 37-46). 서울: 서울대학교 출판부.

곽형우(2010. 9. 13). '그림의 떡' 황반변성치료제. 중앙일보.

권중돈(2012). 노인복지론(제5판). 서울: 학지사.

김명, 고승덕, 서미경, 서혜경(2004). 노인보건복지 이론과 실제. 서울: 집문당.

김명한(1983). 노인성 백내장 환자의 임상통계적 고찰. 대한안과학회지, 24(1), 149-155.

김미옥(1987). 노인의 소외감과 신체적 노화에 관한 연구. 대한간호학회지, 17(1), 64-78.

박기호(1999). 당뇨병과 녹내장. 정흠 외. 당뇨병과 눈(pp. 201-209). 서울: 서울대학교 출판부.

보건복지가족부, 계명대학교 산학협력단(2008). 2008년도 노인실태조사. 서울: 보건복지가족부.

보건복지부(2012). 국민기초 생활보장 수급자 현황.

서미경(1999). 노인건강관리, 보건교육사 양성과정 교재. 서울: 한국보건교육 · 건강증진학회, 전국대학보건관리학교육협의회.

아산사회복지재단(1985). 노인복지편람. 서울: 아산사회복지재단.

윤진(1985). 성인 · 노인심리학. 서울: 중앙적성출판사.

이병두(1999). 한국인 당뇨병의 역학적 특성. 정흠 외. 당뇨병과 눈(pp. 11-19). 서울: 서울대학교 출판부.

이순희(2001). 노인교육 프로그램의 개발 및 효과 분석. 한국노년학, 21(2), 85-98.

이은희(2013). 신노인복지론. 서울: 학지사.

이장호, 김영경(2006). 노인상담: 경험적 접근. 서울: 시그마프레스.

이홍규, 김성연, 박경수(1999a). 당뇨병의 병인론과 진단. 정흠 외. 당뇨병과 눈(pp. 1-9). 서울: 서울대학교 출판부.

이홍규, 김성연, 박경수(1999b). 당뇨병의 증상. 정흠 외. 당뇨병과 눈(pp. 21-27). 서울: 서울대학교 출판부.

정연철(1999). 백내장. 정흠 외. 당뇨병과 눈(pp. 183-199). 서울: 서울대학교 출판부.

정옥분, 김동배, 정순화, 손화희(2008). 노인복지론. 서울: 학지사.

진용한(1999). 신경계통의 눈 합병증. 정흠 외. 당뇨병과 눈(pp. 211-214). 서울: 서울대학교 출판부.

최성재, 장인협 (2010). 고령화사회의 노인복지학. 서울: 서울대학교 출판문화원.

통계청(2005). 2005 고령자 통계. http://www.kostat.go.kr.

통계청(2009). 2009 고령자 통계. http://www.kostat.go.kr.

통계청(2011). 2010 인구주택총조사 표본 집계결과. http://www.kostat.go.kr.

통계청(2012). 장래인구추계.

한국정신문화연구원(1982). 평생교육의 체제와 사회교육의 실태. 서울: 한국학중앙연구원.

American Association of Retired Persons. (1990). *A profile of older Americans*. Washington, DC: Author.

American Foundation for the Blind. (1972). *An introduction to working with the aging person who is visually handicapped*. New York: American Foundation for the Blind.

American Foundation for the Blind. (2001). *Eye health*. http://www.visionaware.org.

Atchley, R. C. (2000). *Social forces and aging* (9th ed.). Belmont, CA: Wadsworth Thomson Learning.

Bader, J. E. (1986). Socioeconomic aspects of aging. In A. Rosenbloom & M. Morgan (Eds.), *Vision and aging: General and clinical perspectives*. New York: Professional Press.

Barraga, N. C. (1976). *Visual handicaps and learning*. Belmont, CA: Wadsworth.

Bate, H. L. (1992). Hearing impairment among older persons: A factor in communication. In A. L. Orr (Ed.), *Vision and aging: Crossroads for service delivery* (pp. 119-135). New

York: American Foundation for the Blind.

Baumgart, D., Browen, L., Pumpian, I, Nisbet, J., Ford, A., Sweet, M., Messina, R., & Schroeder, J. (1982). Principle of practical participation and individualized adaptations in educational programs for severely handicapped students. Available from www.mncdd.org/parallels2/pdf/82-WIP-TAS.pdf.accessed November 19, 2007.

Beaver, B. I. (1983). *Human service practice with the elderly.* Englewood Cliffs, NJ: Prentice Hall.

Bengtson, V. L., Burgess, E. O., & Parrott, T. M. (1997). Theory, explanation, and third generation of theoretical development in social gerontology. *Journal of Gerontology: Social Sciences, 52B*(2), 72-88.

Birren, J. E. (1959). Principles of research on aging. In J. E. Birren (Ed.), *Handbook of aging and the individual* (pp. 3-42). Chicago: Loyola University Press.

Birren, J. E. (1964). *The psychology of aging.* Englewood Cliffs, NJ: Prentice Hall.

Birren, J. E., & Botwinick, J. (1955). Age differences in finger, jaw, and foot reaction time to auditory stimuli. *Journal of Gerontology, 10,* 429-432.

Birren, J. E., & Williams, M. V. (1982). A perspective on aging and human function. In R. Sekuler, P. Kline, & K. Dismukes (Eds.), *Aging and human visual function.* New York: Alan R. Liss.

Botwinick, J. (1975). Behavioral processes. In S. Gershon & A. Raskin (Eds.), *Aging* (Vol. 2, pp. 1-18). New York: Raven Press.

Botwinick, J. (1978). *Aging and behavior* (2nd ed.). New York: Springer.

Botwinick, J., & Thompson, L. W. (1966). Components of reaction time in relation to age and sex. *Journal of Gerontology, 108,* 175-183.

Bozeman, L., & McCulley, R. M. (2010). Improving orientation for students with vision loss. In W. R. Wiener, R. L. Welsh, & B. B. Blash (Eds.), *Foundations of orientation and mobility* (Vol. II, pp. 27-53). New York: American Foundation for the Blind.

Campbell, A. J., Robertson, M. C., LaGrow, S. J., Kerse, N. M., Sanderson, G. F., Jacobs, R. J., et al. (2005). Randomized controlled trial of prevention of falls in people aged ≥75 with severe visual impairment: The VIP trial. *British Medical Journal, 331,* 817-820.

Carroll, T. J. (1961). *Blindness: What it is, what it does, and how to live with it.* Boston: Little, Brown.

Chaffin, K. (1997). Sample success stories: Case studies from consumers served in Rural Ohio Independent Living Services for Older Individuals who are blind program. In J. Scott, L. Lidoff, & A. L. Orr (Eds.), *Advocacy tools*. New York: American Foundation for the Blind.

Congdon, N., O'Colmain, B., Klave, C. C. W., Klein, R., Munoz, B., Friedman, D. S., Kempen, J., Taylor, H., Mitchell, P., Hyman, L., Eye Diseases Prevalence Research Group. (2004). Causes and prevalence of visual impairment among adults in the United States. *Archives of Ophthalmology, 122*(4), 477-485.

Cooper, B. A., Ward, M. W., Gowland, C. A., & Mclntosh, J. M. (1991). The use of the lanthony new color test in determining the effects of aging on color vision. *Journals of Gerontology, 46*, 320-324.

Corn, A. (1983). Visual function: Theoretical model for individuals with low vision. *Journal of Visual Impairment & Blindness, 77*(8), 373-377.

Corn, A. L., & Lusk, K. E. (2010). Perspectives on low vision. In A. L. Corn & J. N. Erin (Eds.), *Foundations of low vision: Clinical and functional perspectives* (2nd ed., pp. 3-34). New York: American Foundation for the Blind.

Crews, J. E. (2000). Aging and vision loss: A conceptual framework for policy and practice. In J. E. Crews, & F. J. Whittington (Eds.), *Vision loss and aging society: A multidisciplinary perspective* (pp. 21-53). New York: American Foundation for the Blind.

Crews, J. E., & Luxton, L. (1992). Rehabilitation teaching for older adults. In A. L. Orr (Ed.), *Vision and aging: Crossroads for service delivery* (pp. 233-253). New York: American Foundation for the Blind.

Crews, J. E., & Whittington, F. J. (Eds.). (2000). *Vision loss and aging society: A multidisciplinary perspective*. New York: American Foundation for the Blind.

Cummings, R. W., Whittaker, S. G., Watson, G. R., & Budd, J. M. (1985). Scanning characters and reading with a central scotoma. *American Journal of Optometry and Physiological Optics, 68*, 218-223.

Cunningham, P., & Johnson, A. (1980). Edge detection: A new test of visual function. Paper presented at the ANZAAS Jubilee Conference, Adelaide, Australia.

DeSilvia, D., & Williams, A. (1989). Health and housing continuum. In *Optometric gerontology: A resource manual for educators* (pp. 5–13). Rockville, MD: Association of Schools and Colleges of Optometry.

Duffy, M. A. (2002). *Making life more livable: Simple adaptations for living at home after vision loss.* New York: American Foundation for the Blind.

Echt, K. V. (2002). Designing web-based health information for older adults: Visual considerations and design directives. In R. W. Morrell (Ed.), *Older adults, health informationm and the world wide web* (pp. 61–87). Mahwan, NJ: Erlbaum.

Eisner, A., Fleming, S. A., Klein, M., & Mouldin, M. (1987). Sensitivities in older eyes with good acuity: Cross-sectional norms. *Investigative Ophthalmology and Vision Science, 28*, 1824–1831.

Erickson, E. H. (1963). *Childhood and society* (2nd ed.). New York: W. W. Norton & Co.

Farmer, L. (1980). Mobility devices. In R. Welsh & B. Blash (Eds.), *Foundations of orientation and mobility* (pp. 357–402). New York: American Foundation for the Blind.

Fazzi, D. L., & Naimy, B. J. (2010). Orientation and mobility services for children and youths with low vision. In W. R. Wiener, R. L. Welsh, & B. B. Blash (Eds.), *Foundations of orientation and mobility* (Vol. II, pp. 655–721). New York: American Foundation for the Blind.

Ficke, S. C. (1985). *An orientation to the older Americans act* (rev. ed.). Washington, DC: National Association of State Units on Aging.

Fried, A. N. (1980). *Rehabilitation: An essential component of low vision care.* Melbourne, Australia: Australia National Council of and for the Blind.

Friedman, D. S., West, S. K., Munoz, B., Park, W., Deremeik, J., Massof, R., Frick. K., Broman, A., McGill, W., Gilbert, D., & German, P. (2004). Racial variations in causes of vision loss in nursing homes: The Salisbury eye evaluation in nursing home groups (SEEING) study. *Archives of Ophthalmology, 122*(7), 1019–1024.

Gallagher, D., & Thompson, L. W. (1983). Depression. In P. M. Lewinsohn & L. Teri (Eds.), *Clinical geropsychology* (pp. 7–37). New York: Pergamon.

Geruschat, D. R., & Smith, A. J. (1997). Low vision and mobility. In B. Blash, W. Wiener, & R. Welsh (Eds.), *Foundations of orientation and mobility* (pp. 85–88). New York: American Foundation for the Blind.

Globe, D. R., Varma, R., Torres, M., Wu, J., Klein, R., & Azen, S. P. (2005). Self-reported comorbidities and visual function in a population-based study: The Los Angeles Latino eye study. *Archives of Ophthalmology, 123*, 815-821.

Goodrich, G. L., & Quilman, R. D. (1977). Training eccentric viewing. *Journal of Visual Impairment & Blindness, 71*, 377-381.

Graffin-Shirley, N., & Welsh, R. L. (2010). *Teaching orientation and mobility to older adults* (pp. 286-308). New York: AFB press.

Hadley, E., Radebaugh, T. S., & Suzeman, R. (1985). Falls and gait disorders among the elderly. *Clinic in Geriatric Medicine, 1*(3), 497-500.

Haegerstrom-Portnoy, G., Schneck, M. E., & Brabyn, J. A. (1999). Seeing into old age: Vision function beyond acuity. *Optometry Vision Science, 76*, 141-158.

Havighurst, R. J.(1972). *Developmental tasks and education* (3rd ed.). New York: David McKay.

Hendricks, J. (1992). Social aspects of aging and visual impairment. In A. L. Orr (Ed.), *Vision and aging: Crossroads for service delivery* (pp. 69-91). New York: American Foundation for the Blind.

Hiatt, L. (1981). The color and use of color in environments for older people. *Nursing Homes, 30*, 18-22.

Hiatt, L. G. (1985). Understanding the physical environment. *Pride Institute Journal of Long-Term Home Health Care, 4*(2), 12-22.

Hill, E., & Ponder, P. (1976). *Orientation and mobility techniques: A guide for the practitioner*. New York: American Foundation for the Blind.

Horn, J. L., & Cattell, R. B. (1967). Age differences in fluid and crystallized intelligence. *Acta Psychologica, 26*, 107-129.

Hooyman, N., & Kiyak, H. A. (1999). *Social gerontology: A multidisciplinary perspective*(5th ed.). Needham Heights, MA: Allyn & Bacon.

Horowitz, A., Teresi, J. A., & Cassels, L. A. (1991). Development of a vision screening questionnaire for older people. In N. Weber (Ed.), *Vision and aging: Issues in social work practice* (pp. 37-56). New York: Haworth Press.

Hull, R. H. (1977). *Hearing impairment among aging persons*. Lincoln, NE: Cliggs Notes.

Hull, R. H. (1982). *Rehabilitation audiology*. New York: Grune & Stratton.

Ingalls, J. (1973). *A trainer's guide to andragogy*. Waltham, MA: Data Educational.

International Council of Ophthalmology. (2002). International standards: Visual standards-Aspects and ranges of vision loss. Resolution adopted by the International Council of Ophthalmology, Sydney, Australia, April 20, 2002.

Jose, R. T. (1992). Orientation and mobility services for older persons. In A. L. Orr (Ed.), *Vision and aging: Crossroads for service delivery* (pp. 209-232). New York: American Foundation for the Blind.

Jose, R. T., & Ferraro, J. (1983). A functional interpretation of the visual fields of low vision patients. *Journal of American Optometric Association, 54*, 885-893.

Kasper, R. L. (1983). Eye problems of the aged. In W. Reichel (Ed.), *Clinical aspects of aging* (2nd ed.). Baltimore: Williams and Wilkins.

Kirchner, C. (1996). *Unpublished memorandum.* New York: American Foundation for the Blind, Department of Policy Research and Program Evaluation.

Kirchner, C., & Peterson, R. (1988). Data on visual disability from NCHS, 1977. In C. Kirchner (Ed.), *Data on blindness and visual impairment in the U. S.* (2nd ed., pp. 285-293). New York: American Foundation for the Blind.

Kirchner, C., & Philips, B. (1988). Report of a survey of U. S. low vision services. In C. Kirchner (Ed.), *Data on blindness and visual impairment in the U. S.* (2nd ed., pp. 285-293). New York: American Foundation for the Blind.

Knowles, M. S. (1980). *The modern practice of adult education.* Chicago: Association Press.

Knowles, M. S. (1984). *Andragogy in action: Applying modern principles of adult learning.* San Francisco: Jossey-Bass.

Koenig, A. J., & Holbrook, M. C. (1995). *Learning media assessment: Guidelines for teachers* (2nd ed). Austin, TX: The Texas School for the Visually Impaired.

LaGrow, S. J., & Blash, B. B. (1992). Orientation and mobility services for older persons. In A. L. Orr (Ed.), *Vision and aging: Crossroads for service delivery* (pp. 255-287). New York: American Foundation for the Blind.

Lawton, M. P. (1985). An introduction and overview to environment. *Pride Institute Journal of Long-Term Home Health Care, 4*(2), 1-11.

Lawton, M. P., & Brody, E. M.(1969). Assessment of older people: Self-maintaining and instrumental activities of daily living. *The Gerontologist, 9*(3), 179-186.

Lighthouse International, About low vision and blindness. Retrieved from http://www.

lighthouse.org/. 2011. 4. 24.

Long, R. G., & Hill, E. W. (1997). Establishing and maintaining orientation for mobility. In B. B. Blash, W. R. Wiener, & R. L. Welsh (Eds.), *Foundations of orientation and mobility* (2nd ed., pp. 39-59). New York: American Foundation for the Blind.

Maddox, G. L., & Douglass, E. B. (1973). Self-assessment of health: A longitudinal study of elderly subjects. *Journal of Health and Social Behavior, 14*, 87-93.

Mancil, G., & Owsley, C. (1988). "Vision through my aging eyes" revisited. *Journal of the American Optometric Society, 59*, 288-294.

Marron, A., & Bailey, I. (1982). Visual factors and orientation mobility performance. *Journal of Optometry and Physiological Optics, 59*(5), 413-426.

McNeil, J. M. (1993). Americans with disabilities: 1990-1992. *Household Economic Studies*, 70-33.

Myrberg, M., Bäkman, Ö., Lennerstrand, G. (1996), Reading proficiency of elderly visually impaired persons after rehabilitation. *Journal of Visual Impairment and Blindness, 90,* 541-351.

Nesselroade, J. R., Schaie, K. W., & Baltes, P. B. (1972). Ontogenetic and generational components of structural and quantitative change in adult cognitive behavior. *Journal of Gerontology, 27*, 222-228.

Neugarten, B. (Ed.). (1968). *Middle age and aging: Reader in social psychology*. Chicago: University of Chicago Press.

Ordy, J. M., & Brizzee, K. R. (1979). Functional and structural age difference in the visual system of man and nonhuman primate models. In J. M. Ordy & K. R. Brizzee (Eds.), *Sensory systems and communication in the elderly*. New York: Raven.

Orr, A. L. (1991). The psychosocial aspects of aging and vision loss. *Journal of Gerontological Social Work, 17*(3-4) 1-14.

Orr, A. L. (1992). Aging and blindness: Toward a systems approach to service delivery. In A. L. Orr (Ed.), *Vision and aging: Crossroads for service delivery* (pp. 3-31). New York: American Foundation for the Blind.

Orr, A. L. (1998). *Issues in aging and vision: A curriculum for university programs and in-service training*. New York: AFB Press.

Orr, A. L., & Rogers, P. (2006). *Aging and vision loss*. New York: AFB press.

Owsley, C., Ball, K., & Keeton, D. M. (1995). Relationship between visual sensitivity and target localization in older adults. *Vision Research*, *35*, 579–587.

Owsley, C., McGwin, G., Scilley, K., Meek, G. C., Dyer, A., & Seker, D. (2007). The visual status of older persons residing in nursing homes. *Archives of Ophthalmology*, *125*(7), 925–930.

Parr, J. (1980). The interaction of persons and living environments. In L. W. Poon (Ed.), *Aging in the 1980s: Psychological issues* (pp. 393–406). Washington, DC: American Psychological Association.

Peck, R. C. (1968). Psychological developments in the second half of life. In B. L. Neugarten (Ed.), *Middle age and aging* (pp. 88–92). Chicago: University of Chicago Press.

Penrod, W. M., Smith, D. L., Haneline, R., & Corbett, M. P. (2010). Teaching the use of electronic travel aids and electronic orientation aids. In W. R. Wiener, R. L. Welsh, & B. B. Blash (Eds.), *Foundations of orientation and mobility* (Vol. II, pp. 462–485). New York: American Foundation for the Blind.

Porkony, J., Smith, V. G., & Lutze, M. (1987). Aging of the human lens. *Applied Optics*, *26*, 1437–1440.

Perla, F., & O'Donnell, B. (2004). Encouraging problem solving in orientation and mobility. *Journal of Visual Impairment & Blindness*, *98*(1), 47–52.

Rawson, N. E. (2006). Olfactory loss in aging. *Science of Aging Knowledge Environment*, *5*, 6.

Riolo, L. (2000). *Reduced useful field of view in older adults is explained using physical performance measures*. New Orleans, LA: American Physical Therapy Association.

Rosen, S., & Crawford, J. S. (2010). Teaching orientation and mobility to learners with visual, physical, and health impairments. In W. R. Wiener, R. L. Welsh, & B. B. Blash (Eds.), *Foundations of orientation and mobility* (Vol. II, pp. 564–623). New York: American Foundation for the Blind.

Rosenbloom, A. A. (1984). A overview of low vision care: Accomplishments and ongoing problems. *Journal of Visual Impairment & Blindness*, *78*(10), 491–483.

Rosenbloom, A. A. (1992). Care of the visually impaired elderly patient. In A. A. Rosenbloom & M. W. Morgan (Eds.), *Vision and aging* (2nd ed., pp. 237–366). Stoneham, MA: Butterworth-Heinemann.

Rubin, G. S., West, S. K., Munoz, B., Bandeen-Roche, K., Zeger, S., Schein, O., Fried, L. P.,

& SEE Project Team. (1997). A comprehensive assessment of visual impairment in a population of older Americans. *Investigative Ophthalmology and Visual Science, 38*(3), 557–568.

Saunders, G. H., & Echt, K. V. (2007). An overview of dual-sensory impairment in older adults: Perspectives for rehabilitation. *Trends in Amplification, 11*(4), 243–258.

Schuchard, R. A., & Fletcher, D. C. (1994). Preferred retinal locus: A review with applications in low vision rehabilitation. *Ophthalmology Clinics of North America, 7*, 243–256.

Shanas, E., & Maddox, G. L. (1976). Aging, health, and the organization of health resources. In R. H. Binstock & E. Shanas (Eds.), *Handbook of aging and the social sciences, 9* (pp. 592–618). New York: Van Nostrand.

Shingledecker, C. (1983). Measuring the mental effort of blind mobility. *Journal of Visual Impairment & Blindness, 77*(7), 334–339.

Sims, R. V., Owsley, G., Allman, R. M., Ball, K., & Smoot, T. M. (1998). A preliminary assessment of the medical and functional factors associated with vehicle crashes by older adults. *Journal of the American Geriatrics Society, 46*, 556–561.

Smith, A. J., & Geruschat, D. R. (2010). Orientation and mobility for adults with low vision. In W. R. Wiener, R. L. Welsh, & B. B. Blash (Eds.), *Foundations of orientation and mobility* (Vol. II, pp. 833–870). New York: American Foundation for the Blind.

Spear, P. D. (1993). Neural bases of visual deficits during aging. *Vision Research, 33*, 2589–2609.

Stephens, B. (1994). Analysis of Title VII, Chapter 2, independent living services for older Americans with visual impairments, fiscal year 1992–1993. Mississippi State: Mississippi State University, Rehabilitation Research and Training Center on Blindness and Low Vision.

Stephens, B. (1996). Analysis of Title VII, Chapter 2, independent living services for older Americans with visual impairments, fiscal year 1995. Mississippi State: Mississippi State University, Rehabilitation Research and Training Center on Blindness and Low Vision.

Strehler, B. L. (1977). *Time, cells and aging* (2nd ed.). New York: Academic Press.

Sunness, J. S., Applegate, C. A., Haselwood, D., & Rubin, G. S. (1996). Fixation patterns and reading rates in yes with central scotomas from advanced atrophic age-related macular degeneration and stargardt disease. *Ophthamology, 103*, 1458–1466.

Sunness, J. S., Bressler, N. M., & Maguire, M. G. (1995). Scanning laser ophthalmoscopic analysis of the pattern of visual loss in age-related geographic atrophy of the macula. *American Journal of Ophthalmology, 119,* 143-151.

Terlau, T., & Penrod, W. (2008). *"K" sonar instruction manual: Version II.* Louisville, KY: American Printing House for the Blind.

Traynor, R. J. (1982). Vestibular rehabilitation: The role of the audiologist. In R. H. Hull (Ed.), *Rehabilitative audiology* (pp. 479-489). New York: Grune & Stratton.

Tuttle, D. (1984). *Self-esteem and adjusting with blindness.* Springfield, IL: Charles C Thomas.

U. S. Department of Health and Human Services. (1998). *Vision research — A national plan 1999-2003: A report of the national eye advisory council.* NIH publication 98-4120. Bethesda, MD: National Eye Institute.

Watson, G. R. (1996). Older adults with low vision. In A. L. Corn & A. J. Koenig (Eds.), *Foundations of low vision: Clinical and functional perspectives* (pp. 363-394). New York: American Foundation for the Blind.

Watson, G. R., & Berg, R. V. (1983). Near training techniques. In R. Jose (Ed.), *Understanding low vision* (pp. 317-362). New York: American Foundation for the Blind.

Watson, G. R., & Echt, K. V. (2010). Aging and loss of vision. In A. L. Corn, & J. N. Erin (Ed.), *Foundations of low vision* (2nd ed., pp. 871-916). New York: American Foundation for the Blind.

Weber, N. (Ed.). (1991). *Vision and aging: Issues in social work practice.* New York: Haworth Press.

Welsh, R. (1980). Visually impaired older persons. In R. Welsh & B. Blash (Eds.), *Foundations of orientation and mobility* (pp. 420-428). New York: American Foundation for the Blind.

Wiener, W. (1980). Audition. In R. Welsh & B. Blash (Eds.), *Foundations of orientation and mobility* (pp. 115-185). New York: American Foundation for the Blind.

Winn, B., Whittaker, D. Elliot, D. B., & Philips, N. J. (1994). Factors affecting light adapted pupil size in normal human subjects. *Investigative Ophthalmology and Vision Science, 35,* 1132-1137.

Wolffe, K. E. (2010). Rehabilitation services for adults with low vision: Personal, social, and independent living needs. In A. L. Corn, & J. N. Erin (Eds.), *Foundations of low vision* (2nd ed., pp. 729-759). New York: American Foundation for the Blind.

Yeadon, A. (1992). Self-help, empowerment, and advocacy. In A. L. Orr (Ed.), *Vision and aging: Crossroads for service delivery* (pp. 327-346). New York: American Foundation for the Blind.

Zarit, S. H. (1980). *Aging and mental disorders: Psychological approaches to assessment and treatment*. New York: Free Press.

Zarit, S. H. (1992). Psychological aspects of aging and visual impairment. In A. L. Orr (Ed.), *Vision and aging: Crossroads for service delivery* (pp. 93-117). New York: American Foundation for the Blind.

Zimmerman, B. J. (1998). Developing self-fulfilling cycles of academic regulation: An analysis of exemplary instructional models. In D. H. Schunk & B. J. Zimmerman (Eds.), *Self-regulated learning: From teaching to self-reflective practice* (pp. 1-19). New York: Guilford.

찾아보기

◀◀ 인 명 ▶▶

◀◀ 내 용 ▶▶

저자 소개

▪ 박순희 (SUNHI BAK)

이화여자대학교 사범대학 특수교육과(문학학사)
이화여자대학교 사범대학 특수교육과(문학석사)
Perkins School for the Blind(시각중복장애아 교사 양성 과정) 수료
University of Northern Colorado, Department of Special Education
(교육학박사)
현재 순천향대학교 특수교육과 교수

[저서]
『시각장애아동의 이해와 교육』 외 다수

노화와 시각 상실

2013년 9월 25일 1판 1쇄 인쇄
2013년 9월 30일 1판 1쇄 발행

지은이 • 박순희
펴낸이 • 김진환
펴낸곳 • (주) 학지사
121-837 서울특별시 마포구 서교동 352-29 마인드월드빌딩 5층
대표전화 • 02)330-5114 팩스 • 02)324-2345
등록번호 • 제313-2006-000265호

홈페이지 • http://www.hakjisa.co.kr
커뮤니티 • http://cafe.naver.com/hakjisa

ISBN 978-89-997-0209-9 93370

정가 22,000원

저자와의 협약으로 인지는 생략합니다.
파본은 구입처에서 교환해 드립니다.

이 도서의 국립중앙도서관 출판시도서목록(CIP)은 서지정보유통지원시스템 홈페이지(http://seoji.nl.go.kr)와 국가자료공동목록시스템(http://www.nl.go.kr/kolisnet)에서 이용하실 수 있습니다.
(CIP제어번호: CIP2013016006)